陕西师范大学史学丛书

丛书主编／何志龙

北洋史研究新论

张华腾／著

科学出版社

北京

图书在版编目(CIP)数据

北洋史研究新论 / 张华腾著. —北京：科学出版社，2015.12
（陕西师范大学丛书）
ISBN 978-7-03-046353-1

Ⅰ.①北 Ⅱ.①张… Ⅲ.①北洋军阀史－研究 Ⅳ.①K258.207

中国版本图书馆 CIP 数据核字（2015）第 270157 号

责任编辑：陈 亮 任晓刚 / 责任校对：郭瑞芝
责任印制：张 伟 / 封面设计：黄华斌 陈 敬
编辑部电话：010-64026975
E-mail：chenliang@mail.sciencep.com

科学出版社 出版
北京东黄城根北街 16 号
邮政编码：100717
http://www.sciencep.com
北京建宏印刷有限公司 印刷
科学出版社发行 各地新华书店经销
*
2015 年 12 月第 一 版 开本：720×1000 1/16
2022 年 1 月第二次印刷 印张：24 1/2
字数：410 千字
定价：108.00 元
（如有印装质量问题，我社负责调换）

丛书总序

在高等院校,教学与科研是一般教师关注的主要对象,教师们不仅关注自身的教学与科研,也关注他人的教学与科研,但对于学校和学院,高度关注的则是学科,即我们通常讲的学科建设。所谓学科建设,一般包含学科平台建设、师资队伍建设、科学研究和人才培养四个方面。学科平台建设,主要指硕士学位授权点和博士学位授权点的设置和建设,博士后科研流动站的设置和建设,另外也包括教育部人文社会科学重点研究基地的设置和建设,以及其他各类研究平台的设置和建设。师资队伍建设,主要指师资队伍的规模、职称结构、学历结构、年龄结构、学缘结构等方面。科学研究,主要指师资队伍成员从事学术研究所产出并公开发表和出版的学术论文、著作以及研究报告等。人才培养,主要指硕士学位授权点和博士学位授权点所培养的硕士研究生和博士研究生的数量、质量及其在学术界的影响和社会各行业的影响。学科建设的四个方面相互依托,相互促进,相辅相成,共同构成了学科建设的有机整体。其中,学科平台是基础,有了学科平台,有利于引进人才和加强队伍建设,有了学科平台,才能招收研究生,进行人才培养。队伍建设是核心,拥有一支合理的师资队伍,才能支撑和维持学科平台,才能有进行科学研究和人才培养的主体。科学研究是关键,科学研究的成果体现学科平台的力量,也是培养人才的前提和基础,没有较强的科学研究能力,不可能培养出合格的人才。人才培养是目标,人才培养必须依托学科平台,同时,人才培养不仅必须要有师资队伍,而且必须要有具备科学研究能力的师资队伍,才能完成合格的人才培养。

与国内大多数高校的历史学科一样,陕西师范大学的历史学科建设,在2012年之前,主要进行的是学科的外延建设。所谓外延建设,就是指增加学科的数量和规模,如拥有几个一级博士学位授权点,几个国家重点学科以及几个教育部人文社会科学重点研究基地等。随着我国改革开放的深化和综合国力的增强，民众对高等教育有更高期待，党的"十八大"明确提出推动高等教育的内涵发展，走以质量提升为核心的内涵发展道路，高校学科建设进入了一个新的时期，学科建设的重点由外延建设转向内涵建设。外延建设主要强调量，而内涵建设则更加注重质，外延建设为内涵建设奠定了坚实的基础。也就是说，在已有学科平台的基础上，凝练高水平的队伍，产出高水平的成果，培养高质量的人才，将成为学科发展的关键所在，而统领这三方面的正是学科特色。凡大学都应该有自己的特色，大学的特色集中体现在学科特色上。所谓学科特色，主要指在某一学科的某一领域，凝练一支高水平的研究团队，产出一系列有影响的研究成果，同时培养出一批在学术界和相关行业有影响的人才。为什么说学科特色是学科内涵建设的灵魂，原因有三：一是从人力资源配置看，很难有一个高校有能力支撑一个学科（一级学科）所包含的所有学科领域。二是从财物资源配置看，很难有一个高校有能力支持一个学科（一级学科）所包含的所有学科领域发展所需要的财力和物力。支持学科建设不仅要有研究团队，而且要有为研究团队提供从事科学研究所必需的财力和物力，如从事历史学研究所必需的场所设施、网络环境和图书资料等，只有满足人、财、物的合理配置，才能进行科学研究。三是只有发展学科特色，资源配置才能实现成本最低，效率最高。如果学科领域广泛，需要配置的文献资源也必然广泛，相应地如果学科领域相对集中，需要配置的文献资源也相对集中，成本低而利用率高。另外，发展学科特色，易于承传学术传统，易于形成内部合作，易于产出系列成果，易于团队培养人才，易于形成学术影响，也易于保持学术影响。

发展学科特色需要考虑诸多因素。作为历史学科建设，要充分考虑地方历史文化，形成自己的学科优势，这种优势既能更好地服务地方，也能充分彰显自己的学科特色。要注重已有学术传统，顺应国家长期发展的重大战略目标，着眼未来，长远规划学科特色。要充分考虑学校的实力地位，谋划学校能够实现的规划，因为学科建设规划只有在人、财、物的可持续投入基础上才能实现。

陕西师范大学的历史学科，依托地处周秦汉唐历史文化中心，考古资源丰富，出土文物规格高和数量大的优势，经过几代历史人70多年的不懈努力，逐步形成了以周秦汉唐历史为主要研究领域的学科特色，中国古代史国家重点学科的获批，也是对这一学科特色的充分肯定。随着国家对历史学科精细化分类管理，原来既是门类也是一级学科的历史学一分为三，调整为中国史、世界史、考古学三个一级学科。根据学校地位的变化和学校对历史学科人、财、物的持续投入状况，面对三个一级学科的评估和建设，在国家一流大学和一流学科建设中，我们面临着前所未有的巨大挑战。在严峻的挑战面前，思路必须明确，决策必须正确，行动必须快捷。环顾国内外高等院校学科建设成功者，无不具有显著特色。我们在学科内涵建设中，特色发展是唯一选择。作为中国史一级学科，其统属的中国古代史和历史地理学两个国家重点学科，是我校的特色学科，也是我校的优势学科，在国内学科建设的激烈竞争中，只有加大建设力度，才能保持优势地位。而要保持传统优势学科的地位，除了加大已有建设的力度，还必须不断探索新的学科增长点，才能进一步强化学科优势，彰显学科特色。中央提出的"一带一路"建设，是我国发展的大战略，为地处丝绸之路起点的我校历史学科发展迎来了难得的发展机遇，学院"丝绸之路历史文化研究中心"的建立，不仅顺应了国家重大战略需求，同时也是我院探索新的学科增长点的体现。中国史升格为一级学科后，发展中国近现代史学科势在必行，而从时间和空间上看，中国近现代史学科的研究领域同样极为广泛，我们也必须选择某一领域，重点建设，特色发展。西北地区的近现代史研究是中国近现代史研究的重要组成部分，把西北地区的近现代史作为我校中国近现代史学科的发展方向，同样具有明显的地域优势，也必将成为我校的学科特色和新亮点。

此外，文物与博物馆学也是学院谋求学科建设发展特色的一大发力点。2008年1月23日，中宣部、财政部、文化部和国家文物局联合下发《关于全国博物馆、纪念馆免费开放的通知》，根据该通知，全国各级文化文物部门归口管理的公共博物馆、纪念馆，全国爱国主义教育示范基地将全部实行免费开放，博物馆已成为国民素质教育的重要基地。在全国范围内，博物馆如雨后春笋，发展迅猛，但博物馆学的专业人才却明显不足，这就为高等院校博物馆学人才培养提出了新的要求。陕西是考古大省、文物大省，更是博物馆大省，博物馆的人才需求也相对较大。基于地缘优势和省内学科建设差异化发展的思路，我校在考古学学科下重点发展博物馆学，经过十多年的发展，取得了一定成就，陕西省文物局与我校签订战略合作框架协议，国家文物局在我校设立文博人才培训示范基地，充分说明我校重点发展博物馆学符合陕西省和国家对博物馆人才培养的需求，特色建设博物馆学的思路得到了肯定和支持。我们将在国内博物馆学研究的基础上，学习、借鉴、吸收国外博物馆学的理论和方法，深入探索努力构建我国博物馆学的学科理论体系，彰显我校博物馆学的学科特色。

彰显学科特色的要素很多，但产出颇具影响的系列研究成果尤为重要。为此，学院设计出版《陕西师范大学史学丛书》。本丛书首批 17 本，均为学院教师近年新作，每本书的内容不少于三编，作者自序。丛书的内容广泛，涉及中国古代史、中国近现代史、世界史等。希望通过出版本套丛书，集中展现学院教师近年来学术关注的领域和成就。鉴于本丛书是在我校大力推进一流学科建设的开启之年规划完成的，故以一流学科建设的思路代为本套丛书之总序。

何志龙

2015 年 12 月 25 日陕西师范大学长安校区文汇楼 C 段 209 室

自序

2015年，无论是从国家、民族的历史记忆还是我个人经历、成长的道路来讲，都是一个特别值得纪念的年份。2015年是第二次世界大战暨中国抗日战争胜利70周年纪念的年份，恰值我60周岁，开始步入花甲之年，同时还是我从教40周年纪念的年份。① 如果从学术生涯说起，32年前我于河南大学毕业，开始从事中国近现代史的研究，在《历史教学》② 发表处女作《郑观应兵战思想》，并得到著名历史学家、华东师范大学教授夏东元先生的函件表扬。③ 而在我从事中国近现代史研究以后，又开始对袁世凯与北洋史进行研究，并作为以后主要研究方向，屈指算来，也有20个年头了。另外，在北洋史研究方面持续深入，进一步开阔研究视野，得益于我的老师——著名历史学家、复旦大学资深教授、教育部中外现代化进程研究中心主任姜义华老师的教诲和培养④，恰好2015年7月初，从复旦大学毕业整整10年。在普天同庆中国抗日战争胜利70周年的喜庆日子里，迎来了自己成长、经历的几个值得纪念的绝好年份数字，我将自己的

---

① 1975年高中毕业，开始从事农村教育。
② 张华腾：《郑观应的兵战思想》，《历史教学》1984年第12期。
③ 夏东元先生是著名洋务运动史研究专家，盛宣怀、郑观应研究专家。我与夏先生虽然素不相识，但久慕其名。我的文章发表后不久，一天惊喜地收到夏先生的来函表扬，原话为："张华腾同志你好！你的郑观应兵战思想文章写得不错，我也没有注意到这点，但郑观应的有些资料你还没有看到，看到可以再丰富一些。"我是一个刚刚本科毕业的青年教师，夏先生为德高望重的学者、华东师范大学教授，竟然注意到我刚发表的一篇文章，并来函表扬与鼓励，我受宠若惊，马上致函夏先生表示感谢。此事忽忽已30年矣，我仍记忆犹新。
④ 姜义华老师，著名历史学家、中国近现代史研究专家、中国近代思想史研究专家、史学理论与现代化研究专家，曾任复旦大学人文学院首任院长，教育部社会科学委员会委员，教育部历史学科教学指导委员会副主任委员，复旦大学学位委员会副主席，上海市政协六、七、八、九届常委，上海市历史学会会长，上海市社会科学界联合会副主席等，现为复旦大学资深教授，教育部中外现代化进程研究中心主任。

学术史尤其是近 10 年有关北洋史的研究进行简单的总结，以利于进一步的研究，从这个角度出发，不仅有必要，而且有着多方面的意义。本书的编纂正是基于上述机缘。

一、北洋史研究之前的学术研究简况

32 年前我走上研究中国近现代史的学术道路，最初研究洋务运动史、中国近代思想史。研究中国近代思想史，主要受大学本科最敬爱的老师——河南大学教授胡思庸先生的影响。胡思庸先生是著名中国近现代史、中国近代思想史、鸦片战争史研究专家[①]，他博闻强记，治学严谨，思想敏锐，逻辑严密，博通中西，淹贯经史，学风、教风朴实敦厚，影响了我的学术生涯，我之所以走上研究中国近现代史的学术道路，直接受胡先生的影响。幸运的是，我本科毕业论文指导分到胡先生名下，得先生言传身教。论文题目《郑观应思想研究》就是在胡先生的指导下完成的，成绩自然是胡先生不轻易给出的优秀。后来毕业论文析分为《郑观应的兵战思想》、《郑观应的商战思想》分别发表，这在 30 年前应该是很了不起的，在夏东元先生函件赞扬之前，我曾得到胡先生的表扬与鼓励。毕业后我还撰写了《郭嵩焘的中西文化观》、《论谭人凤的思想特色》等，还曾顺应复归传统文化潮流，出版了《孟子语录》《佛教故事》等。[②] 这些研究现在看来虽然比较天真和幼稚，但为我以后的学术研究奠定了初步基础。

大约从 20 世纪 90 年代起，我由主要从事思想史研究转移至主要从事中国近代政治史研究，研究方向集中于中华民国史、孙中山研究、辛亥革命史研究、中国近代议会史及宪政史研究，先后发表了《护法运动的下限与孙中山晚年思想的变化》、《孙中山与广东革命根据地》、《宋教仁的法制思想》、《巾帼英雄马青霞》、《代议制在中国的厄运》、《近年来中国议会史研究》、《试析国民党竞选众议院议长的失败原因》、《天坛宪法草案新论》、《各省都督府代表联合会述论》等。这些研究，集中于辛亥革命以后的中华民国史早期研究，有的研究还产生了一定的影响。例如，《护法运动的下限与孙中山晚年思想的变化》一文，是为

[①] 胡思庸老师（1937—1993），河南大学教授、河南社会科学院首任院长，曾任中国史学会理事、河南史学会会长等。

[②] 《孟子语录》，郑州：中州古籍出版社，1992 年；查洪德等主编：《佛教故事》，《三教慧海》下，郑州：中州古籍出版社，1994 年。

1986 年由中山大学、孙中山研究会与广东省政协发起的在中山大学举行的"纪念孙中山先生诞辰 120 周年全国青年学者学术研讨会"而撰写的论文;《天坛宪法草案新论》一文发表于《郑州大学学报》1991 年第 6 期,《高校文科学报文摘》1992 年第 2 期摘要;《各省都督府代表联合会述论》一文,是 1991 年由辛亥革命研究会、华中师范大学、湖南师范大学发起的、在湖南师范大学举行的"纪念辛亥革命 80 周年全国青年学者学术研讨会"的会议论文,经修改补充发表于《殷都学刊》1993 年第 3 期,后由人大复印资料《中国近代史》1993 年第 10 期转载,《高校文科学报文摘》1994 年第 2 期摘要。这些研究成果激发了我进一步研究的兴趣,为下一步研究北洋史打下了一定的基础。

二、介入北洋史研究之原因

在我从事辛亥革命、孙中山、议会史、宪政史研究的过程中,产生了一些困惑。比如,清末新政时期的袁世凯可谓新政的旗手,大刀阔斧进行全面改革,取得骄人成绩。其辖区北洋,实际成为新政的模范省区。其改革如编练新军,练出中国第一支现代化的陆军,加强了国家国防力量。其教育改革,废科举、兴办新式学堂,培养了一大批新型人才。其经济改革,大力支持和扶持新兴工商业,促进了资本主义的发展。其社会治理改革,创办巡警,天津、北洋区域治安稳定,为进一步改革发展奠定了社会基础。其政治改革,为宪政而从事地方自治试验,1906 年在天津县成立全国第一个县级议事会。袁世凯派人代表自己表示祝贺:"今日为天津议事会成立之日,可以为天津贺,并可为直隶全省贺,不但为直隶一省贺,且可为我中国前途贺!"[①] 然而就是这样一个人物,为何能在辛亥革命中得到南北方各种政治势力的支持和拥护,至有"非袁莫属"呼声的高涨而被参议院全票选举为中华民国临时大总统?为什么登上大总统宝座,就立刻成为扼杀民主共和国、镇压民主势力的反动人物?是凶相毕露,还是其他原因?又比如,袁世凯在清末新政时期培育的北洋军政势力,为什么后来演变为北洋军阀?北洋军阀反动势力的统治,为什么在思想文化方面却一度繁荣?新文化运动为什么能够展开?百花齐放、百家争鸣的局面为什么于此时形成?中国资本主义经济为什么如此发展,成就了资本主义的黄金时代?如此

---

① (清)甘厚慈:《天津议事会成立之日卢学使代督宪袁演说文》,《北洋公牍类纂(一)》,天津:天津古籍出版社,2013 年,第 119 页。

等等，均为研究辛亥革命史、中华民国早期史所避不开的问题，鉴于如此原因，我于20世纪90年代开始进行袁世凯研究和北洋史研究。

三、北洋史研究之主流

众所周知，关于北洋史，长期以来简单冠以北洋军阀史。关于北洋军阀及北洋军阀的统治，长期以来学术界是给予全面否定的，认为北洋军阀是一个反动统治集团，北洋军阀的统治是中国社会最为反动和最黑暗的时期，北洋军阀对外妥协卖国，对内破坏民主，镇压革命民主力量，军阀割据，混战不已，民不聊生，因此北洋军阀是革命的对象，是社会发展的障碍和阻力，必须打倒。我们的教科书以及绝大多数学术专著就是如此描述和解读这段历史的。在阶级斗争奋发激扬的革命年代，用革命史观解读北洋史是有一定意义的，曾经发挥了一定的作用，即深刻揭露北洋军阀统治的负面影响，对动员民众投入国民革命、民主革命起了一定的积极作用。对弘扬孙中山先生的革命精神和坚持不懈的努力，以及后继者中国共产党的前仆后继的奋斗，为振兴中华，建设美好社会付出的贡献和牺牲给予高度评价，在弘扬革命奋斗精神方面有着积极的影响。

在改革开放30多年后的今天，尤其是北洋军阀被打倒近90年的今天，近代史学界主流，仍然如此书写这段历史就不可理解了。比如有学者继续认为"北洋军阀集团的统治在卖国媚外的同时，对内则施行其凶残酷虐的统治"，"使中国进一步陷入半殖民地的深渊，丧权辱国，连年战乱，给人民带来了更加深重的灾难"。[①] 有学者认为，"1912年开始的北洋军阀统治，徒有中华民国虚名。在北洋军阀统治下，大大小小的军阀与帝国主义相勾结，或拥兵自重，或恃强凌弱，相互之间为了各自的利益，你争我夺"，"北洋军阀的黑暗统治"，导致了人民的反抗。[②] 这些著作都不是中共党史、中国革命史专著，而是近年出版的学术界颇有影响的大部头中华民国史专著。这些学者总体上对北洋军阀统治是持否定态度的，其观点在近代学术界仍然居统治地位，尽管近年来传统观点受到质疑，但没有发生根本变化。

北洋时期是中国社会发展过程中一个特殊的历史时期，是其重要转型期，矛盾众多且复杂多变，如帝国主义和中华民族的矛盾、封建主义和人民大众的

---

① 来新夏等：《北洋军阀史》，天津：南开大学出版社，2000年，"绪论"，第31页。
② 朱汉国、杨群主编：《中华民国史总序》第一册，成都：四川人民出版社，2006年，第1页。

矛盾、反对外国侵略和向西方学习的矛盾、反帝与反封的矛盾、现代与传统的矛盾、革命与国家之间的矛盾、改革与保守的矛盾、激进与温和的矛盾、开放与外患的矛盾等，这些矛盾纵横交织在一起，形成错综复杂的阶级关系和矛盾冲突。对这样的社会和这一时期的历史人物，不可轻易否定。正如有人告诫说："不读尽天下书，未可轻议古人。然真能读尽天下书者，益知古人不可轻议。"①

传统的北洋史研究开辟的基础性探索，为深入研究北洋史打下了一定的基础，为深入研究北洋史打下了一定的基础。历史唯物主义要求我们，研究历史必须实事求是，必须全面、客观地正视历史，必须抛弃感情因素和狭隘的党派利益。对北洋史的研究，更应该如此。郭沫若先生在评价历史人物的时候曾说："我们评定一个历史人物，应该以他所处的历史时代为背景，以他对历史发展所起的作用为标准，来加以全面分析。这样就比较易于正确地看清他们在历史上所应处的地位。"② 评价历史人物如此，评价历史事件和历史时期何尝不是如此呢？

四、我的北洋史研究成果

自 20 年前确定将研究方向转至北洋史研究以来，我兢兢业业、刻苦攻读、孜孜不倦，没有双休日、没有节假日，除了教书育人的三尺讲台以外，绝大部分时间，不是在图书馆、档案馆查阅资料，就是在自己的空间——书房静静地思考和奋笔疾书。③ 日积月累，积少成多，终于取得一批北洋史研究成果。这些北洋史研究成果，应该说还比较齐全。从大类方面来说有国家、省部级项目，有学术专著与学术论文，近 20 年尤其是近 10 年的北洋史研究成果可谓丰富多彩。具体陈述如下：

（一）主持完成的省部级以上的北洋史研究项目

（1）《清末新军研究》，2009 年国家社科基金项目，已完成，40 万字。

（2）《袁世凯年谱长编》，2006 年教育部全国高等院校古籍整理项目，已完

---

① 张明仁：《古今名人读书法》，http://blog.sina.com.cn/S/blog_5d6cf0360102e3m2.html（2013-07-13）。
② 郭沫若：《关于目前历史研究中的几个问题》，《郭沫若全集·历史篇》第 3 卷，北京：人民出版社，1984 年，第 486 页。
③ 大学时代自然铸成的习惯，没有压力，没有功利，持续至今。不羡慕高官厚禄，不追随时髦华丽，走自己的路，让别人随便说去吧。

成,220万字。

(3)《北洋集团兴衰研究》,2003年河南省社科基金项目,已完成,35万字。

这些项目,均为北洋史研究范围,只不过《清末新军研究》范围更广而已,不仅研究北洋新军的编练与成长,还研究南方新军、皇室新军的编练与影响,为研究北洋史打下坚实的基础。

(二)出版的北洋史学术专著

近10余年间,我出版了9部学术专著,其中的8部属于北洋史研究范围,具体为:

(1)《北洋集团崛起研究》,中华书局,2009年,32万字。

(2)《洪宪帝制》,中华书局,2007年,20万字。

(3)《袁世凯与近代名流》,新华出版社,2003年,27万字。

(4)《袁世凯与中国近代化》,与苏全有合著,青海人民出版社,1999年,27万字。

(5)《反复:艰难的共和之路》,北方文艺出版社,2011年,24万字。

(6)《陕西光复》(与两个博士生合著),陕西人民出版社,2011年,19万字。

(7)《新政、革命与清末民初社会研究》,河南人民出版社,2010年,28万字。

(8)《1912—1915年的袁世凯》,译著,河南人民出版社,2010年,25万字。

(9)《中国1913》,陕西人民出版社2014年版,26万字。

以上9部著作中,《陕西光复》为专门研究陕西辛亥革命及民国初年陕西政局及社会发展方面的著作,虽然非北洋史研究专著,但是在北洋史研究的范围之内。《1912—1915年的袁世凯》为译著,著者为美国学者欧内斯特P.杨,但在出版序言中阐发了自己的看法。《反复:艰难的共和之路》是为纪念辛亥革命100周年,由著名学者中国社会科学院近代史所陈铁健先生策划的丛书中的一种,实际是从共和道路艰难的视角研究北洋史的专著。上述著作或是从一个人物,或是从一个事件、一种政治势力着眼,分别进行北洋史一部分研究或整体研究,在研究中阐发自己的观点。

除学术专著之外,我还主编了三部北洋史研究范围的著作:

(1)《袁世凯与北洋军阀》,苏智良、张华腾、邵雍主编,上海人民出版社2006年版,56万字,已被不少大学列入北洋史研究的必读之书。

(2)《纪念陕西辛亥革命 100 周年学术研讨会暨第三届孙文论坛论文集》,张华腾主编,陕西师范大学出版社,2013 年,92 万字。

(3)《社会转型时期的人物研究——辛亥革命与袁世凯》,张华腾主编,河南大学出版社,2014 年,120 万字。

《袁世凯与北洋军阀》一书,是我 2004 年主持召开的"全国首届袁世凯与北洋人物学术研讨会"论文的精选结集。《纪念陕西辛亥革命 100 周年学术研讨会暨第三届孙文论坛论文集》一书,是我 2011 年 10 月主持召开的"纪念陕西辛亥革命 100 周年学术研讨会暨第三届孙文论坛"中论文的精选。《社会转型时期的人物研究——辛亥革命与袁世凯》一书,是我 2011 年 12 月主持召开的"纪念辛亥革命 100 周年:辛亥革命与袁世凯学术研讨会"论文的结集。三部论文集是学术界近年研究袁世凯暨北洋史的最新研究成果,也是我对北洋史研究的贡献。三部论文集耗费了我大量的时间和精力,负责从发放通知、组织会议、精选文章、校对修订到印刷出版等一系列工作。可喜的是这一切有效地推动了北洋史研究,三次会议的召开与三部论文集的出版,将载入北洋史研究的史册。

(三)发表的北洋史研究学术论文

著作之外,我还发表了一系列关于北洋史研究的论文。从这些论文题目中可以窥见我的研究旨趣与研究内容。学术论文之要者,如表 0-1 所示。

表 0-1 北洋史研究论文、发表刊物及其影响

发表年份	论文题目	发表刊物	转载、影响
2015	《北洋史研究的几个问题》	《社会科学辑刊》2015 年第 2 期	南开大学 2014 年 12 月"第一届北洋时期中国社会学术研讨会会"论文
	《关于中华民国早期历史研究的几点认识与思考》	《河北学刊》2015 年第 9 期	中国社会科学院近代史所、河南大学 2014 年 8 月"中国近代史研究热点问题与理论前沿"学术研讨会论文
2014	《武昌起义后清廷组编新军三军考略》	《南开学报》(哲学社会科学版)2014 年第 1 期	人大复印资料《中国近代史》2014 年第 5 期复印;《辛亥革命研究动态》2014 年第 2 期摘要;美国周锡瑞等主编:《清王朝是如何覆灭的?》(Joseph W. Esherick and C. X. George Wei, China How the Eempire Fell, 2014)收录
	《袁世凯与清末新政》	《历史教学》2014 年第 2 期	—

续表

发表年份	论文题目	发表刊物	转载、影响
2013	《袁世凯对辛亥革命的认同态度及其影响——以民国国庆纪念为重点的考察》	《史学月刊》2013年第5期	—
	《袁世凯在清末社会变革中的历史地位》	《中州学刊》2013年第9期	—
	北洋人物研究的几个问题	《倪嗣冲与北洋军阀》,安徽人民出版社2013年版	—
	《二次革命,一场可疑的讨伐》	新浪网"纪念二次革命100周年"专题采访,2013年7月	收入张晓波、周绍刚主编:《1913革命的反革命》,中华书局2014年版
2012	《民初"袁头币"的铸造、流通及其影响》	《历史教学》2012年第7期	2011年中国金融史学术研究会论文
	《袁世凯与清末民初中国的早期现代化》	《郑州大学学报》2012年第3期	—
	《袁世凯对日本侵略的抵制与妥协》	《民国史研究》2012年秋季号	—
	《"辛亥革命与袁世凯学术研讨会"述评》	《近代史研究》2012年第5期	—
	《义和团时期袁世凯新军实力的扩张及其作用》	《义和团运动110周年国际学术会论文集》,山东大学出版社2012年版	—
	《项城袁氏大家族》	《寻根》2012年第1期	—
2011	《新军编练与新疆辛亥革命研究》	《新疆社会科学》2011年第2期	人大复印资料《中国近代史》2011年第8期
	《袁世凯与济南城市早期现代化》	《史林》2011年第4期	《辛亥革命研究动态》2011年第2期摘要
	《纪念陕西辛亥革命100周年学术研讨会暨第三届孙文论坛综述》	《陕西师范大学学报》2011年第6期	《辛亥革命研究动态》2012年第1期全文转载
2010	《袁世凯对东北问题的关注与东三省改制》	《中国边疆史地研究》2010年第2期	人大复印资料《中国近代史》2010年第10期
	《京汉铁路赎回的是非得失》	《南开学报》2010年第2期	—
	《吴长庆与袁世凯关系述论》	《安徽史学》2010年第4期	—
	《洹上渔翁垂钓照考释》	《文博》2010年第1期	—
2009	《100年前中国大西北的珍贵史册》	《博览群书》2009年第8期	《新华文摘》2009年第6期全文转载
	《莫理循1910年西北行记——〈1910,莫理循中国西北行〉、〈一个澳大利亚人在中国〉的史料价值》	《文博》2009年第2期	

续表

发表年份	论文题目	发表刊物	转载、影响
2008	《封建买办政权还是资产阶级政府？——1912—1915年北京政府性质新议》	《史学月刊》2008年第2期	人大复印资料《中国近代史》2008年第5期
	《北洋军阀词语探源——简论北洋军阀、北洋集团概念的使用》	《史林》2008年第3期	人大复印资料《中国近代史》2008年第10期论点摘要
	《民国新旧约法与蔡锷的认同取向》	《历史档案》2008年第3期	—
2007	《袁世凯的军事思想及其特点》	《河南大学学报》2007年第5期	—
	《试论中国近代社会的发展演进——兼论北洋集团与中国早期现代化》	《史学集刊》2007年第6期	《高校文科学报文摘》2008年第2期重点摘要，摘录6000字
2006	《对立中的统一：辛亥革命前后同盟会、北洋集团关系述论》	《江海学刊》2006年第1期	人大复印资料《中国近代史》2006年6期；《中国社会科学文摘》2006年第2期摘要
	《统一中的对立——民国元年同盟会、北洋集团的合作与斗争》	《历史档案》2006年第3期	—
	《袁、段矛盾与洪宪帝制的败亡》	《殷都学刊》2006年第2期	—
2004	《辛亥革命前后的北洋集团》	《民国档案》2004年第2期	《辛亥革命研究动态》2004年第3期摘要
	《周学熙的现代化思想及其实践》	《史学月刊》2004年第4期	—
	《全国首届袁世凯与北洋人物研究学术讨论会综述》	《历史档案》2004年第3期	人大复印资料《中国近代史》2004年第10期
2003	《辛亥以后的袁世凯与康有为》	《历史档案》2001年第3期	—
2002	《试析庚子战前袁世凯对教案的态度》	《纪念义和团运动100周年国际学术讨论会论文集》，山东大学出版社2002年版	—
1999	《清末练兵处述论》	光明日报1999年5月7日	—
	《康、袁交往与戊戌维新政治格局》	《史学月刊》1999年第5期	纪念戊戌维新暨北京大学成立100周年国际学术研讨会论文
	《维新变法时期的袁世凯与康有为》	《湘潭大学学报》1999年第3期	—
	《袁世凯与〈临时约法〉》	《安阳师范学院学报》1999年第1期	—
	《袁世凯与千年科举制度的废除》	《安阳师范学院学报》1999年第1期	—

续表

发表年份	论文题目	发表刊物	转载、影响
1998	《袁世凯与唐绍仪关系述论》	《历史档案》1998年第2期	人大复印资料《中国近代史》1998年第10期
	《北洋军河间会操兵力考订》	《历史档案》1998年第4期	—
1997	《蔡锷与袁世凯》	《纪念蔡锷逝世80周年国际学术讨论会》论文集，湖南人民出版社1997年版	—
	《论袁世凯对天津的治理》	《城市史研究》第13辑	—
1996	《清末袁世凯与岑春煊关系论述》	《河南大学学报》1996年第5期	《高校文科学报文摘》1997年第2期摘要
	《袁世凯与民初议会》	《殷都学刊》1996年第2期	
1995	《宋教仁法制思想》	《南都学坛》1995年第2期	
1993	《各省都督府代表联合会述论》	《殷都学刊》1993年第3期	人大复印资料《中国近代史》1993年第10期；《高校文科学报文摘》1994年第2期摘要
1991	《天坛宪法草案》新论	《郑州大学学报》1991年第6期	《高校文科学报文摘》1992年第2期摘要

上述所列20余年的50篇文章，按照目前流行的分类法则，绝大部分为CSSCI以上的核心期刊，极少数为一般期刊文章。而这些文章，也并非我这些年所发表文章的全部，而是择其有关北洋史方面的内容。《北洋史研究新论》中所选择的文章，也不是上述所列文章，而是以近10年的文章为主，以早期文章为辅，以能特别突出新意的文章为主干，兼及北洋史研究的多个层面。收入文章27篇，仅4篇早期的文章，即20世纪90年代的两篇：《袁世凯与民初国会》（1996年）与《袁世凯与唐绍仪关系述论》（1998年），以及20世纪80年代末的两篇：《代议制在中国的厄运》（1989年）、《护法运动下限与孙中山晚年思想的变化》（1987年）。其余尽皆近10年所作，可谓新论。之所以称之为新论，更为主要的还是相对于传统研究而言，近年来的新思考、新想法，既有宏观方面的理论探索，又有微观方面的实证研究。应该说这些新思考和新论证，均具有学术创新意义，故谓之新论。无论新论、旧论，一律保持发表原貌，有些文章可能相互矛盾，但不作更改，以观自己思想的变化和学术的不断进步。但为了统一体例，对一些章目作了一些稍许修改与调整。

根据《北洋史研究新论》中所选择的27篇文章的内容，析分为北洋史研究理论探索、北洋集团研究、北洋时期人物研究、北洋时期政治经济研究四部分，各部分既独立又相互联系,充分体现了笔者研究北洋史的方方面面。

五、《北洋史研究新论》之新

从人类认识的规律来看,一般来说总是由简单到复杂、由肤浅到深入的认识过程。对历史规律的认识也是如此。随着人们认知水平的提高,新研究理论的运用和新史料的不断发现,对历史研究的认知发生了新的变化。就自己的研究实践来说也正是如此。我最初对北洋史的认识与学界同仁一样,看不上复杂黑暗的乱世北洋史,更对主导北洋社会发展的北洋军阀看不上眼,更多的是抨击和批判。但随着时间的推移,对北洋史料积累的增加及新史料的相继发现,加上对史学理论的不断学习和对北洋史的不断思考,对北洋史的研究逐渐脱离了学界主流,形成了自己的见解,或称之为"异端邪说",或称之为创新。这些"异端邪说"或创新体现在我近20年的作品之中,尤其是近10年的研究之中。具体表述如下:

(一)现代化理论的指导与运用

以马克思主义唯物史观为指导研究历史是永恒的真理和法则,这是我们必须强调的,过去是,今天是,明天仍然是,这也是历史学的本质所决定的。在以马克思主义唯物史观为指导研究历史的前提之下,是否还有其他理论可以指导呢?西方现代化理论自20世纪80年代传到国内,与国内正在进行的现代化实践基本一致,引起学术界的广泛关注。现代化理论经过学者的学习与探索,逐渐被马克思主义化和中国化,成为一种新的理论——马克思主义的现代化理论。以马克思主义现代化理论为指导研究中国近现代史成为时髦,一时蔚然兴起一种思潮,涌现出一批史学新著,如《曾国藩与中国近代化》、《李鸿章与中国近代化》、《洋务运动与中国近代化》等。我也不免俗,在现代化研究思潮的冲击之下,早在1999年就尝试写作出版了《袁世凯与中国近代化》。关于近代化、现代化名词的歧义,后来经北京大学教授罗荣渠先生的正名,基本统一在现代化词意之下。我自己所撰写的论文,无不以现代化理论为指导。

现代化是人类社会发展的共同潮流和规律,是不以人的意志为转移的。它的基本含义是:一个国家或一个地区,由传统农业社会向现代工业社会转化或过渡的历史过程。现代化理论本身是多元的,主要理论基础是发展社会学、发展经济学、发展政治学、历史社会学等,最早源于社会学,是发展社会学的一种理论。所以从发展社会学的角度讲，现代化是指在近现代科学和技术革命的推动下，人类社会已经发生和正在发生的全面社会变革过程，或者说人们利用近现代的科学技术，全面改造自己生存的物质条件和精神条件的过程，是一个包括政治、经济、社会、文化等诸多方面的整体性社会变迁过程。现代化研究的正是这一过程，这一历史巨变。

中国迈上现代化道路的时间并不晚，19世纪60年代的洋务运动便开启了中国的早期现代化。清末民初是中国早期现代化发展较快、成效较为显著的时期。在这一时期崛起、发展的北洋集团为早期现代化做出了多方面的贡献，在我的著作和论文中给予了充分的肯定，对清末社会与民国初年社会给予了不同于传统观点的解读。

(二) 学术观点的突破与创新

1. 北洋社会、北洋时期的最新解读

运用现代化理论，给予北洋社会、北洋时期以最新解读。对1912—1928年北洋势力统治时期的北洋社会如何认识，是制约我们研究北洋史的一大问题。长期以来，学界一直认为北洋统治时期的北洋社会是一个乱世，是中国社会最黑暗、最反动的时期。我则认为，北洋社会确为乱世，但乱世是正常的，乱中有发展、有进步。

北洋社会虽然时间不长，仅仅十几年时间，但却是独立发展的十余年。北洋社会，可以说是一个激荡、起伏、发展的社会，是近代以来变革最剧烈的时代，是进步发展的时代。这一时代不是完美和理想的时代，而是一个过渡的时代，是社会发展的转型期，是一个充满矛盾的时代，新与旧、中与西、先进与落后、进步与反动，传统与现代并存，反对外国侵略与向西方学习同在，各种矛盾纵横交织，呈现出的是一个极端混乱、无序的时代。其实，这是非常正常的现象，任何一个社会大变革时代莫不如此。孔子不是惊呼春秋战国时代是"礼坏乐崩"吗？然而我们谁都承认春秋战国时代发展了，进步了。北洋社会也是这样，固然是乱世，中国社会就是在混乱矛盾中发展前进的，这就是历史的辩证法。①

2. 北洋军阀统治的起点与"北洋军阀"一词的考证

关于北洋军阀统治的时间问题，学术界主流观点认为袁世凯在北京就任临

---

① 张华腾：《新政、革命与清末民初社会研究》，郑州：河南人民出版社，2010年，"前言"。

时大总统，北京政府成立，就开始了北洋军阀的统治，直到1928年张学良东北易帜，北洋军阀覆灭。但在境外确有不同说法，认为1916年袁世凯去世，北洋集团分裂，才开始了北洋军阀统治时期。① 我个人倾向于境外学者的观点。但学术依据是什么？针对这个问题，我从最基础开始，对"北洋"、"北洋军阀"词汇进行了较为详细的考证。在袁世凯统治时期，主要政治人物、学界、商界及媒体没有提出或使用"北洋军阀"一词，而将这一时期称之为"北洋军阀的统治"，是后来的称谓。"北洋"一词最初为纯粹的地理概念，后来逐渐演变为政治术语，在1870年李鸿章继任直隶总督并兼任北洋大臣以后，"北洋"一词特指李鸿章。李鸿章去世，袁世凯继起，"北洋"一词专指袁世凯，袁世凯的势力即北洋势力。

"军阀"一词在古代是褒义词，指有功于国家、朝廷的军事世家。近代"军阀"一词是从日本移植过来的名词，是贬义词，特指干涉政治、扰乱政坛的军事官员。将北洋、军阀两词合组为"北洋军阀"一词，特指袁世凯的北洋集团，时间为1918—1919年。直到"民国十年（1921）前后，'北洋军阀'就成了国人指目之名词"。②

北洋军阀词源的考证并非一个无足轻重的小问题，北洋军阀一词在袁世凯去世之后逐渐成为社会的流行语，恰好印证了北洋军阀统治的史实。袁世凯统治时期为什么没有如此流行语，说明袁世凯统治时期的政治人物也好，媒体也好，并不视袁世凯为军阀，袁世凯的统治不能称之为北洋军阀的统治。此考证印证了海外学者观点的合理性。当代社会的流行语反映了社会现实，印证了我的考证与判断。比如，改革开放之初流行的"改革"、"开放"等词语，逐渐发展为"温饱"、"小康"、"发展"、"和谐"之类。今天的媒体也好，民间话语也好，无不为"贪污"、"腐败"、"廉洁自律"、"勤俭"、"核心价值观"之类，客观反映了社会问题与社会治理的现实。

3. 北洋势力崛起的肯定

以袁世凯为首的北洋势力，起源于甲午战争之后袁世凯的小站练兵，崛起

---

① 港台学者以张玉法为代表，他在主编的《现代史论集》第五辑例言中说："本辑题名《军阀政治》，主要概括民国五年到十六七年间军阀操持国政期间的政治情况。"国外以齐锡生、麦金诺为代表。齐锡生在其《中国的军阀政治》一书中，一开始就开宗明义地说："任何一个稍微了解中国现代史的人都知道1916—1928年时期的两个情况：第一，那是'军阀'时期，第二，那是一个混乱的破坏性时期。"

② 张国淦：《北洋军阀的起源》，杜春和等编：《北洋军阀史料选辑》上册，北京：中国社会科学出版社，1981年，第1页。

于清末新政期间。对北洋势力的崛起，学术界主流是持否定意见的。我则综合考察了北洋势力崛起的全过程与活动轨迹，鲜明地指出：

> 北洋集团兴起时期的19世纪末20世纪初，正是中国社会发展和社会转型明显加快的时期，中国外受列强的侵略，中华民族危机进一步加深，中华民族进一步觉醒，中国民族主义思想激荡。外部的政治压力促使中国社会内部发生大的变化，促使中国社会内部产生新的力量，孙中山的革命党、康有为的维新派和袁世凯的北洋集团是这一时期几乎同时产生的新的社会发展力量。……北洋集团和孙中山的革命党、康有为的维新派各有自己的政治目标，其设计的发展道路和发展方向也不一致，但他们犹如恩格斯所说的在平行四边形的框架内互为作用的几种力量，他们的合力推动了近代中国社会的发展。①

将袁世凯的北洋势力与孙中山的革命党、康有为的维新派等同，它们均为甲午中日战争后崛起的新兴势力和进步势力，应该是大胆的和独创的认识，所不同的是孙中山、康有为在体制之外发展，袁世凯则在体制之内努力。

4. 对北洋集团的动态评价

我对北洋集团的肯定绝不是静止的、一直不变的，而是动态的、发展的。北洋集团的崛起，是一种新兴势力、进步势力，对中国社会的发展起了积极作用。例如，北洋集团练出了一支现代化的军队，加强了中国的国防力量。北洋集团在清末新政中力行改革，成效显著，促进了中国社会的发展进步。辛亥革命中北洋集团与革命党结成政治同盟，共同推翻清王朝。即便在掌握中央政权之后，为国家统一与资本主义发展也作出一定的贡献。但北洋集团对中国社会的发展既有积极的作用，又有消极的阻碍作用。北洋集团的发展有一个过程，其兴起之初，为中国社会的发展作出过一定的贡献。袁世凯称帝及其以后，北洋集团演变为北洋军阀，祸国殃民，成为中国历史发展的障碍。我们不能因为北洋集团后来的变化而否定其曾经作出的贡献，也不能因为其前期有所贡献而淡化其后期的罪恶。

辛亥革命前后或者说清末民初的历史时期，是我国社会发展的一个极其

---

① 张华腾：《北洋集团崛起研究》，北京：中华书局，2009年，第297—298页。

重要的时期,是新旧变化非常剧烈的时期,是中国由传统社会向现代社会过渡的转型时期。在这一时期,在新的代表历史发展方向的力量还比较弱小的情况下,北洋集团作为一种新兴势力登上中国历史舞台,为中国社会的发展曾经起了一定的积极作用。但北洋集团绝不是一种全新的社会力量,它是在旧的土壤中培育出来的,封建的东西根深蒂固,是一种亦新亦旧的力量。在旧的力量被推翻之后,这种力量可以取重一时,为人们所看重,但绝不能成为主导社会发展的力量。随着社会的发展进步,新的社会力量的壮大,这种力量必然为新的力量所取代。北洋集团就是这样的一种力量。①

5. 对袁世凯的全面认识

袁世凯是清末民初中国政治舞台上最为重要的政治人物,是北洋集团领袖型人物。对袁世凯的评价,传统观点给予全面否定,近年来情况有所变化,但无论是政界还是学术界,仁者见仁,智者见智,很难有一个一致的说法。早在10年前,我就对袁世凯给予了全面的辩证分析,综合评价,认为"袁世凯以军旅起家,虽然没有像众多的仁人志士那样高瞻远瞩,站在时代的最前列,振臂高呼,腔洒热血,但他在许多方面,顺应了近代中国发展的趋势,做出了一定的努力,促进了社会的发展"。②比如,练新军、变军制,促使中国军队走上现代化道路;参加维新运动,大力推行新政,政绩卓著;顺应共和,颠覆清王朝,有功于民国;制定发展工商业的政策、法规,促使经济的较快发展等。③

辛亥革命以后,袁世凯在国家统一、社会稳定与经济发展等方面也作出了不少努力,但晚年逆历史潮流而动,帝制自为,天怒人怨,举国声讨,终被民主潮流所吞没,他自己也成为一个悲剧性的人物。孙中山先生曾指出,"世界潮流,浩浩荡荡,顺之则昌,逆之则亡",④袁世凯就是这样的人物。

6. 旧约法的弊端与新约法的合理之处

对《中华民国临时约法》(简称旧约法),学术界历来评价甚高,维护《中华民国临时约法》与否,成为判定政治人物、政治势力进步与反动的标准。10

---

① 张华腾:《辛亥革命前后的北洋集团》,《民国档案》2004年第2期,第54—60页。
② 张华腾:《袁世凯与北洋军阀》,上海:上海人民出版社,2006年,第18页。
③ 张华腾:《袁世凯与清末民初中国的早期现代化》,《郑州大学学报》(哲学社会科学版)2012年第3期。
④ 孙中山:《孙中山先生选集》上册,北京:人民出版社,1956年,第186页。

余年来，有不少学者开始对《中华民国临时约法》的负面影响给予揭露与批评，我亦然。我认为，《中华民国临时约法》弊端有三：其一、抛弃了中华民国南京临时政府时期的总统制，而改行内阁制，这是民国初年中国政治制度方面的一次重大变革，孙中山任大总统时期采取总统制，袁世凯做大总统改行内阁制，有明显的对人立法的嫌疑。其二、《中华民国临时约法》将议会权力规定的无限大，违背三权分立、相互制衡的原则。其三，《中华民国临时约法》规定的大总统与内阁的权限不清，造成行政中枢的二元化，造成大总统、内阁的矛盾冲突，从而影响政局的稳定。① 《中华民国临时约法》规定的参议院、临时大总统和国务员三者的关系中，参议院有广泛的权力，国务员负实际的责任，只有临时大总统几乎不能独立行使其法定的许多权力，从而反映了资产阶级力图通过议会和责任内阁这两个法宝，限制袁世凯的权力、维护辛亥革命的成果、维护共和国的长存的意愿。其主观愿望是好的，但不符合民国初年北洋社会面临的实际。辛亥革命之后，南北需要统一，社会需要稳定，经济需要发展，外蒙古、西藏问题需要解决，一切问题都需要议会决议才能处理，制约了行政效率。所以从这个角度讲，袁世凯对《中华民国临时约法》的突破是可以理解的。

袁世凯废除《中华民国临时约法》，抛出《中华民国约法》（即民三约法，或称袁记约法、新约法），一直为人们所诟病和谴责，《中华民国约法》被人们认为是专制集权之法，为复辟帝制作准备。目前几乎还没有人对《中华民国约法》给予正面评价。我则认为，《中华民国约法》废除《中华民国临时约法》的内阁制，实行总统集权制，其利有以下几个方面：其一，消除了《中华民国临时约法》总统、内阁权限不明，避免行政矛盾纠纷，提高行政办事效率。其二，膨胀行政权力，打压议会权力，减少议会的制约。其三，《中华民国约法》虽然实行总统集权制，但还在共和体制的范围之内。无论是总统制还是内阁制，都是共和体制的一种形式，只不过权力中心不同而已，内阁制权力中心在议会，总统制权力中心在总统。况且民国初年，兴革之后，百废待理，加强总统集权是必要的。其四，总统集权制运行的实践证明，这种政治体制符合民国初年社会实际，效果明显，政局稳定，经济发展，国库存银，收支基本平衡而稍有积余，民国元年、二年依靠借款度日的日子一去不复返了。

---

① 张华腾：《中国1913——民初的政治纷争与政治转型》，西安：陕西人民出版社，2014年，第2—3页。

《中华民国约法》的最大弊端是行政权力无限大，议会权力被削弱殆尽，走向了另一个极端，几乎没有限制、制约的政治氛围，促使袁世凯向帝制的转换。袁世凯恢复帝制，使新约法仅仅施行了两年就寿终正寝，实在是有些遗憾。当然，后来人们在否定帝制的同时连带否定了新约法，也是不公正的。①

7. 对二次革命的重新认识

孙中山领导的二次革命，一向是得到好评的，这是一次反对袁世凯独裁专制的英勇斗争和果敢行为。但100年后的今天，以更广阔的视野重新来认识二次革命时，我得出不同于以往的评价。

（1）二次革命使得国家丧失了辛亥革命后一次和平发展的良好机遇，各派政治势力的矛盾由和平协商转向暴力解决，直接影响了辛亥革命后中国的社会转型。孙中山等革命党人本可以在法律上进行较量，他们发起二次革命的理由不够充分，违背了全国人民要求稳定、要求发展的愿望，其失败是必然的。

（2）二次革命虽然失败了，但革命党人无所畏惧的革命顽强精神还是应该肯定的，他们的主观动机也是好的，即为了中国社会的发展进步，为了实现真正的民主共和。

（3）二次革命的失败，对革命党本身，对民国初年政治、整个国家产生了重要影响。

（4）二次革命失败，对革命党人造成了沉重的打击，不仅仅失去了南方诸省的地盘，也失去了国内最大政治势力的影响，革命党人领袖、骨干，不得不再次流亡海外，几乎失去了对国内政治的发言权。再加上为检讨二次革命失败的原因，两大领袖孙中山、黄兴互相埋怨、互相指责，导致革命党分裂为中华革命党和欧事研究会两股势力，力量更为弱小，基本上被排除于国内政治圈外。

（5）二次革命的失败，国民党武装力量被消灭殆尽，辛亥革命后各派政治势力的均势被打破，严重影响了民国初年的政治发展。从此北洋势力一支独大，失去了受牵制的力量，从而促使袁世凯得意忘形、无所顾忌，不把任何力量放在眼里，又为其向专制集权道路上进一步迈进创造了一定的条件。

（6）更为重要的是，二次革命的爆发与失败，使国家丧失了辛亥革命后一次和平发展的良好机遇，各派政治势力的矛盾由和平协商解决转向暴力解决，

---

① 张华腾、南友锋：《民国新旧约法与蔡锷的认同取向》，《历史档案》2008年第3期，第107—111页。

直接影响了辛亥革命后中国的社会转型,影响了中国早期现代化的进展。①

8. 1912—1915 年的北京政府是资产阶级的政府

对当时北京政府的认识,学术界几乎异口同声地讨伐与鞭挞,认为这个政权是大地主、大官僚、大军阀的封建政权、买办政权、反动政权。经过长期的研究与分析,我认为 1912—1915 年的北京政府,是资产阶级性质的政府。我主要从四个方面进行进行探索与论证:

> 首先,北京政府虽然实行总统独裁制度,但仍然属于资产阶级政体的一种形式,只不过更趋保守而已。其次,不少资产阶级的著名人物参加了北京政府,在政府中发挥了重要作用。再次,北京政府制定了一系列的发展资本主义工商业的政策、措施和法令法规,这些政策、法令、法规代表了资产阶级的利益。正因为北京政府的政策、法规、法令代表了资产阶级的利益,所以得到了资产阶级的拥护。最后,执政的北洋集团的性质是资产阶级的,是资产阶级的一个政治派别。②

袁世凯以后的北京政府,虽然中央集权式微,地方势力、军事力量膨胀,但北京政府发展经济的努力持续进行,经济发展是北洋社会发展的主要表征。

9. 国会、议员应该承担的责任

国会是民主制度的载体和象征,先进的中国人经过几代人的努力,才将西方的国会制度移植到中国。宪法乃国家根本大法,北洋时期的政治精英非常重视宪法,为此采取了不懈的努力,试图制定一部确保民主共和的永久宪法,修法、护法是北洋时期政治生活中的重大内容。

与中国人民的良好愿望相反的是,民国初年国会屡遭践踏与破坏,1914年、1917 年两次被非法解散。资产阶级性质的宪法——《中华民国临时约法》几次被废除,造成了中国宪政史上的悲惨结局。国会被非法解散、宪法被废除,致使中国人民的良好愿望不能实现。历史责任该由谁、哪种势力来负?长期以来几乎众口一词,以袁世凯为首的北洋势力是罪魁祸首。③

---

① 张华腾:《二次革命,一场可疑的讨伐》,张晓波、周绍刚主编:《1913 革命的反革命》,北京:中华书局,2014 年,第 88—100 页。
② 张华腾:《封建买办政权还是资产阶级政府?——1912—1915 年北京政府性质新议》,《史学月刊》2008 年第 2 期,第 60—69 页。
③ 张华腾:《北洋史研究的几个问题》,《社会科学辑刊》2015 年第 2 期,第 121—127 页。

国会被解散，民主被破坏，人们一致声讨袁世凯的违法行为，是没有问题的，袁世凯罪责难逃。今天，让我们抛去感情色彩，从立法原则和宪法本质方面深入细致地研究总统、国会的宪政争斗，我们发现，国会是强者方，而真正强者的袁世凯北洋势力是弱者方，双方实力不对等。但无论袁世凯采取何种办法与手段，国会拒不采纳袁世凯的政治诉求，导致袁世凯采取非法律手段解散国会。我们重新认识这场国会悲剧，袁世凯仍然应该受到谴责，但国会自身，尤其是激进的国会议员、国会宪草委员，脱不了此事的干系。所以我认为，"从制定宪法过程中国会与袁世凯的博弈中看，国会议员的愿望是好的，其孜孜追求政治民主精神可嘉。但他们昧于国情，不顾辛亥革命后中国社会实际，片面追求理想，企图以掌握的立法权制约总统权力的行使，迷信法律万能，对袁世凯多次提出的宪法诉求拒不采纳，毫不妥协，缺乏议会政治艺术与技巧，到头来还是吃了大亏，不仅民主理想不能实现，连参与政治的机会也被取消了"。①

10. 提出评价北洋人物遵行的原则

长期以来，学术界在北洋人物的研究中存在着一边倒的现象，即对北洋人物全面否定，没有任何肯定之处。近年来随着思想的进一步解放和实事求是学风的复归，学术繁荣发展，这种现象有所改变。但在评价北洋人物中应该坚持什么原则，如何把握评价北洋人物的分寸，以避免翻案的嫌疑或戴上顽固保守的帽子呢？

我认为评价北洋人物，首先，要遵行历史唯物主义和辩证唯物主义为指导的原则。历史唯物主义也好，辩证唯物主义也好，马克思主义的精髓、核心思想就是实事求是。从毛泽东到邓小平，没有一个不讲实事求是的，但真正做到实事求是是很不容易的。很长时间以来我们评价北洋人物，就没有做到实事求是，而是形而上学，主观上先设定他是军阀，军阀就是坏人。既然是坏人，那么他所做的一切都是坏事，甚至从娘肚子里爬出来就做坏事。史实真的如此吗？显然不是这样。就拿臭名昭著的张勋来说，复辟帝制使他声名狼藉，但他早期在抗法、抗日战争中，曾经立下战功。

其次，遵行民族独立和现代化的原则。所谓民族独立和现代化的原则，即一个人或者一个团体、一个政治派别、一个政党的所作所为，是为了中华民族

---

① 张华腾：《中国1913——民初的政治纷争与政治转型》，西安：陕西人民出版社，2014年，第252页。

的独立，是为了中国的现代化，凡是顺应这种趋势的，我们就给予较高的评价，给予肯定。这一原则适用于评价北洋人物。用现代化理论评价北洋人物，拓宽了我们的研究视野。例如，以袁世凯为首的北洋集团在清末新政中大刀阔斧的进行改革，创造了北洋新政的辉煌业绩，他们是清末新政的引领者和创造者，"一时北洋新政，如旭日之升，为全国所具瞻"。① 北洋新政推动了全国新政的开展，北洋新政的每一项措施都经朝廷谕旨颁行全国，"凡将校之训练，巡警之编制，司法之改良，教育之普及，皆创自直隶，中央及各省或转相效法"。② 如果所有的督抚大臣都像袁世凯那样倾心新政，新政效果将更为突出，国家实力将大大增强。国家实力的增强，为民族独立奠定坚实的基础。

最后，遵行国家至上和民族利益至上的原则。以国家利益和民族利益为最高准则，维护国家的统一，反对外国侵略是20世纪前半个世纪的主要政治目标，也是我们评价北洋人物的政治准则。比如，袁世凯坚决反对外蒙古独立，对外蒙古上层晓之以理，劝说他们回归祖国："外蒙同为中华民族，数百年来严如一家，现在时局阽危，边事日棘，万无可分之理。……各蒙与汉境唇齿相依，犹堂奥之于庭户，合则两利，离则两伤。今论全国力量，足可以化外蒙之贫弱为富强，置于安全之域，旧日苛政，当此新基创始，自必力为扫除。此外如有要求，但能取消独立，皆可商酌。"③

袁世凯还以全国为后盾，对外蒙古分裂分子采取强硬与说服相结合的政策，"今各蒙旗，除贵喇嘛用兵迫胁之库伦各地外，其他蒙旗各部落，无不赞成民国，力拒库伦，王公、喇嘛等或亲身赴京，或遣代表前来，献馨输诚，络绎不绝，贵喇嘛何敢以一隅之地，冒称蒙古全国。现各省将领，金以领土损失，治权亏缺，愤激甚烈，各思纠集健儿，以与贵喇嘛相见。本大总统以仁慈为怀，多方解劝，令其静候和平解决，以望贵喇嘛之悔悟"④。

限于国内政局的稳定及经济困境，当时的北京政府不得不与沙俄、外蒙古上层进行谈判，对之多有妥协，但在国家核心利益方面，坚持不懈，外蒙古为中国领土之一部分，哲布尊丹巴呼图克图汗名号由中华民国大总统册封，外蒙

---

① 周小鹃编：《周学熙传记汇编》，兰州：甘肃文化出版社，1997年，第278页。
② 徐文霨：《跋》，沈祖宪辑：《养寿园奏议辑要》，台北：文海出版社，1966年，第885－886页。
③ 袁世凯：《致库伦活佛书（一）》，《袁大总统文牍类编》，上海：会文堂书局，1929年，第61页。
④ 袁世凯：《复库伦哲布尊丹巴书》，《袁大总统文牍类编》，上海：会文堂书局，1929年，第63页。

古使用民国年历。在此前提条件下，外蒙古于 1915 年 6 月 9 日致电北京政府，取消独立及国号、年号，中国恢复了对外蒙古行使主权。①

经过当时北京政府的努力，中华民国汉满蒙回藏五族共和、国家统一的局面得以维持下来，国家领土主权维持了清末的旧貌。袁世凯以后的北京政府在 1919 年还派遣徐树铮出兵外蒙古，迫使外蒙古撤销自治。对外蒙古如此，对分裂祖国的西藏上层仍然如此。即使对日本提出的二十一条问题，限于国弱，不得不进行谈判，通过谈判，尽量减少国家利益的损失。虽然最后不得不答应日本的最后通牒，应允了日本的部分要求而不是全部要求。② 袁世凯及其政府的这些行为该如何评价，他们是卖国贼、卖国政府吗？

北洋社会是极其复杂的，生活在北洋社会的北洋人物也是极其复杂的，好人与坏人，进步与反动，卖国与爱国，前进与倒退，有的人可能集多种情况于一身，有的前后可能发生很大的变化，都需要我们根据掌握的第一手资料谨慎地分析，不可轻易地乱戴反动的帽子。

对评价北洋人物提出如此原则，应该是我自己的独创，供学界同仁所借鉴。

以上独创或创新，不仅仅限于上述几个方面，说明我一直在思考和努力。尽管我在 20 余年里作了许多努力，取得了一定的成绩，但在整个北洋史研究中只能说奠定了初步的基础，或者说如万里长征中的第一步，要走的路还很长很长。我相信以后的北洋史研究将更客观，更接近历史实际，研究成果更多、更辉煌灿烂。同时期待更多的学者尤其是青年学者加入北洋史的研究队伍中来，开阔北洋史研究的新天地。本书的出版如果能为北洋史研究增砖添瓦，对人们认识北洋史有益，对人们研究北洋史具有一定参考价值的话，我则足矣。

鉴于水平有限，视野还不够开阔，文稿中多有不足之处，恳请专家学者提出批评意见。

张华腾
2015 年 7 月盛夏于师大文汇书室

---

① 李新、李宗一主编：《中华民国史》第二编上册，北京：中华书局，1987 年，第 218—219 页。
② 张华腾：《袁世凯对日本侵略的抵制与妥协》，《民国研究》2012 年秋季号，第 129—143 页。

目录

丛书总序 ··· i
自　序 ··· v

第一编　北洋史研究理论探索 ··································· 1

北洋史研究的几个问题 ··· 3
北洋军阀词语探源——简论北洋军阀、北洋集团概念的使用 ········ 18
关于中华民国早期历史研究的几点认识与思考 ················ 27
北洋人物研究的几个问题 ·· 36
试论中国近代社会的发展演进——兼论北洋集团与中国早期现代化 ······ 45
激荡、起伏、发展：清末民初社会的大变革——如何认识清末民初社会？ ·· 57
民国初年民主共和道路何其艰难？ ································ 62

第二编　北洋集团研究 ·· 71

辛亥革命前后的北洋集团 ·· 73
袁世凯对东北问题的关注与东三省改制 ························ 86
武昌起义后清廷组编新军三军考略 ······························ 109
对立中的统一：辛亥革命前后同盟会、北洋集团关系述论 ······ 137
统一中的对立——民国元年同盟会、北洋集团的合作与斗争 ······ 151

第三编　北洋时期人物研究 ······································ 165

百年袁世凯传记研究述评——兼谈《1912—1915年的袁世凯》 ······ 167

近代东亚格局新变化与袁世凯的被动应对 …………………………… 176
袁世凯与清末民初中国的早期现代化 …………………………………… 187
袁世凯对辛亥革命的认同及其变化——以民国国庆庆典为重点的
　考察 ………………………………………………………………………… 198
袁世凯与民初议会 ……………………………………………………………… 220
袁世凯对日本侵略的抵制与妥协 …………………………………………… 237
袁世凯与唐绍仪关系述论 …………………………………………………… 254
辛亥以后的袁世凯与康有为 ………………………………………………… 267
袁、段矛盾与洪宪帝制的败亡 ……………………………………………… 277
民国新旧约法与蔡锷的认同取向 …………………………………………… 285

第四编　北洋时期政治经济研究 ………………………………… 295

二次革命，一场可疑的讨伐 ………………………………………………… 297
封建买办政权还是资产阶级政府？——1912—1915年北京政府
　性质新议 …………………………………………………………………… 313
民初"袁头币"的铸造、流通及其影响 …………………………………… 332
护法运动下限与孙中山晚年思想的变化 ………………………………… 345
代议制在中国的厄运 ………………………………………………………… 354

第一编 北洋史研究理论探索

北洋史研究的几个问题

长期以来，北洋史研究一直没能深入开展下去，究其原因，如陈振江先生所说，"二十世纪四五十年代，袁世凯和北洋军阀一样全然被定为走狗、卖国贼和祸国殃民等一丘之貉而不值一哂！学界学人则远离政治学术之是非而束之高阁。因此，多年来研究袁世凯和北洋集团与北洋军阀史者很少"。[①] 但北洋史毕竟是中国通史的重要组成部分，尤其是关乎中华民国早期的历史，所以还是受到学界、学人的重视。改革开放以来尤其是近年来，北洋史研究开始为更多的学者所关注。2006年中国社会科学院近代史所举办"1910年代的中国国际学术研讨会"，2013年近代史所与四川大学联合举办"第二届中华民国史高峰论坛"，推动北洋史的研究。这次南开大学历史学院联合中国社会科学院《近代史研究》编辑部、天津社会科学院历史研究所，在天津举办"第一届北洋时期中国社会学术研讨会"，以北洋时期的政治变动、经济发展为主题，无论是会议主题还是会议地点，是最恰当不过的了，是对北洋史研究的一次大推动，相信一定会产生更多的成果。

笔者较早走上研究北洋史的学术道路，在北洋史研究方面有一些思考，奉献于此，供专家学者指导和批评。[②]

一、对北洋、北洋派、北洋军阀、北洋集团概念的认识

目前制约北洋史研究的一个主要问题，就是对甲午战争之后兴起的以袁世

---

① 陈振江：《序言》，张华腾：《北洋集团崛起研究》，北京：中华书局，2009年。
② 此文为2014年12月20日在南开大学举办的"第一届北洋时期中国社会学术研讨会"会议论文。

凯为首的北洋势力冠以"北洋军阀"的称谓。长期以来，人们一直认为北洋军阀对内镇压革命，对外卖国，争权夺利，连年进行战争，阻碍社会发展，只能成为革命的对象，没有什么可研究的。其实"军阀"一词，在唐代是褒义词，是指有军功的世家，含有门庭显赫的意思。但在近代中国乃至当代，在我们国人的心目中，在现代汉语中就是一个贬义词，意指依仗军事势力，割据一方，蛮横、霸道、无知、不讲理。笔者不否认将北洋势力称为北洋军阀，但北洋势力的发展有一个过程，是一种动态势力，不能随便在任何时候都称他们为北洋军阀，只有在北洋社会晚期才能称他们为北洋军阀。

笔者对"北洋"、"北洋军阀"词汇进行了较为详细的考证。"北洋"一词最早纯粹是一个地理概念，以长江吴淞口为界，以南即南洋，以北是北洋。洋务运动及其以后兴起的商家、学堂、军队等新兴事务前冠以"北洋"称谓均为地理概念，如北洋水师、北洋大学、北洋女子师范学堂、北洋武备学堂、北洋官报、北洋大药房、北洋海防、北洋商务等。"北洋"一词具有政治含义，始于第二次鸦片战争之后清政府设置北洋通商大臣一职，简称北洋大臣。由于李鸿章、袁世凯相继任职直隶总督兼北洋大臣，所以人们先后以"北洋"一词代称李鸿章、袁世凯，成为政治含义的代名词。袁世凯势力在新政中崛起，被时人称之为北洋势力。

北洋派乃是1912年中华民国建立以后形成的政治名词，"逮民国成立，乃形成所谓北洋派，盖对南方其他军派而言"。① 北洋人物自称其政治势力为北洋团体或北洋派，如袁世凯张口"我们北洋团体"，闭口"咱们北洋团体"。其他北洋人物，如王士珍、王占元、冯玉祥、张作霖等均如此称谓。②

袁世凯北洋势力被称为军阀，是在袁世凯死后的1918—1919年。不过北洋势力被称为军阀的同时，南方执政者也被称之为军阀。据现在看到的资料，在此期间，孙中山、梁启超、李大钊等几乎同时使用军阀一词称呼执政者。孙中山于1918年1月17日在《宴请滇军第四师官佐会上的讲话》中说："外人多以南北为二团体，其实不然。在北，冯有冯一团体，段有段一团体，其余师长、

---

① 张国淦：《北洋军阀的起源》，杜春和等编：《北洋军阀史料选辑》上册，北京：中国社会科学出版社，1981年，第1页。

② 陶菊隐：《北洋军阀统治时期史话》上册，北京：生活·读书·新知三联书店，1983年，第306页。

督军，拥兵自固，各有一团体。南方亦然。今日中国遂成一纷纷之逐鹿之现象。"① 孙中山虽然还没有使用"军阀"一词，但意思表达得相当清晰，"军阀"一词已呼之欲出。同年10月26日《申报》载梁启超对某报记者发表的谈话中，首次使用"军阀"一词。他说："试问中央对于北方诸督威信何在，愈主战而愈倒持大阿，以授彼在外拥兵之军阀，……况我国之为军国主义，乃由少数蠢如豕贪如羊狠如狼之武人，窃取名号以营其私，若此者无南无北，无新无旧，已一丘之貉也。"② 李大钊于1919年3月，在《现在与将来》一文中使用了"军阀"一词。他说："试看那强盗军阀，那个不是忙着搜括地皮，侵扣军饷，拿到他家，盖上些比城墙还坚的房子，预备他那子孙下辈万世之业？"③ 孙中山在1919年10月《复于右任函》中称南方执政者为"南中军阀"④。其后，使用"军阀"一词称呼南北执政者的人逐渐多了起来。

把"北洋"、"军阀"二词连在一起而成为政治概念，并成为专用于袁世凯北洋势力的专有名词，针对的是袁世凯去世之后北洋军人继续掌握军政大权的现实。1919年11月中旬，孙中山在《与留法学生的谈话》中说："袁世凯现在虽然死了，北方政府仍然在北洋军阀、官僚、政客的手里。所以我非在广东组织护法政府，重新革命，不能挽救中华民国。"⑤ 北洋军阀的政治概念或政治名词被广泛运用，是在民国十年（1921）前后，"民国十年前后，'北洋军阀'就成了国人指目之名词"。⑥

在笔者对"北洋军阀"一词进行考证的同时⑦，北京大学徐勇教授进行了更深入、更细致的专门考查。⑧ 徐勇认为，其实中国近代"军阀"一词是舶来词，

---

① 孙中山：《宴请滇军第四师官佐会上的讲话》，中国社会科学院近代史研究所中华民国史研究室等编：《孙中山全集》第4卷，北京：中华书局，1985年，第300页。
② 丁文江、赵丰田编：《梁启超年谱长编》，上海：上海人民出版社，1983年，第869—870页。
③ 李大钊：《现在与将来》，《李大钊文集》上册，北京：人民出版社，1984年，第671页。
④ 孙中山：《复于右任函》，中国社会科学院近代史研究所中华民国史研究室等编：《孙中山全集》第5卷，北京：中华书局，1985年，第106页。
⑤ 孙中山：《与留法学生的谈话》，中国社会科学院近代史研究所中华民国史研究室等编：《孙中山全集》第5卷，北京：中华书局，1985年，第165页。
⑥ 张国淦：《北洋军阀的起源》，杜春和等编：《北洋军阀史料选辑》上册，北京：中国社会科学出版社，1981年，第1页。
⑦ 后来经过修改，2009年由中华书局出版。
⑧ 徐勇：《近代中国军政关系与"军阀"话语研究》，北京：中华书局，2009年。

"可以确认'军阀'是来源于日本,而且可以确认它出现在大正初年(1912),其后于1917年前后在中国得到传播运用"。① 徐勇进一步考证,李大钊是最早引进并使用"军阀"概念的中国学者,李大钊之所以最早引进并使用"军阀"一词,与李大钊在日本留学经历有着直接关系(李大钊1913年年底到日本早稻田大学学习,1916年5月回国)。李大钊留学日本期间,正是日本民主运动反对军部专权之时,他接受了日本民主运动反抗军阀擅权的思想,回国正值督军团干政,所以运用"军阀"术语直陈时政则是很自然的。李大钊借用日本"军阀"一词直陈中国时政,得到时人的认可并广泛运用开来,说明了这一社会之实际,北洋派发展至北洋军阀,开始为人们所厌恶,成为社会进一步发展的阻力。

北洋军阀的形成有一个过程,如果一开始就称他们为军阀,那么就掩盖了其形成过程中的一系列事实,影响了对他们的客观评价。我们应该使用一个中性的词来称呼以袁世凯为代表的北洋势力,笔者认为称之为"北洋集团"比较合适,与北洋势力的自称接近。他们是由北洋集团最后发展为北洋军阀的,由北洋集团发展演变为北洋军阀,经历了约20年的时间。北洋集团兴起之初,为中国社会的发展作出过一定的贡献。② 袁世凯称帝及其以后,北洋集团演变为北洋军阀,祸国殃民,成为中国社会发展的障碍。我们不能因为北洋集团后来的变化而否定其曾经作出的贡献,也不能因为其前期有所贡献而淡化其后期的罪恶。③

总之,"北洋"一词本意纯属地理名词,没有政治含义,没有负面影响。北洋势力被称之为北洋军阀,是由北洋势力发展而来的,赋有政治含义是在袁世凯以后特殊政治环境形成的。北洋军阀史不能替代北洋史,北洋史研究具有更广阔的视野,不仅仅研究北洋军阀,还要研究其他政治势力,以及这一时期的中国社会全貌、经济发展、文化传承及社会问题等。

二、对北洋社会的认识

对1912—1928年北洋势力统治时期的北洋社会如何认识,也是制约我们研究北洋史的一大问题。长期以来,我们一直认为北洋统治时期的社会是一个乱

---

① 徐勇:《近代中国军政关系与"军阀"话语研究》,北京:中华书局,2009年,第204—226页。
② 张华腾:《北洋集团崛起研究》,北京:中华书局,2009年。
③ 张华腾:《北洋集团崛起研究》,北京:中华书局,2009年,"绪论"。

世，是中国社会最黑暗、最反动的时期。诚然，这种说法是有一定道理，北洋社会，军阀统治，争权夺利，军阀专制，镇压革命，军阀割据混战，政局不稳，政府更换频繁，民众生活困苦。以此来看，北洋社会不仅是一个黑暗的社会，而且还是一个倒退的社会，更甚不如衰败贫穷的大清社会。

长期以来笔者也是如此认识的，对北洋社会不屑一顾。随着近20年来对北洋史料的学习、梳理和思想的进一步解放，笔者认为这种认识是片面的，只看到北洋社会阴暗的一面，没有看到北洋社会的另一面，仅仅从革命史观解读北洋社会，没有从社会发展与社会转型的角度认识北洋社会。

其实，北洋社会是中国社会发展中一段独特的社会，是中国由传统的农业社会向现代工业社会转型的重要转折时期，辛亥革命推翻了封建专制统治，结束了清王朝的旧有统治，开辟了资产阶级民主共和的新时代，迈上了现代社会的新起点。北洋社会虽然时间不长，仅仅十几年时间，但却是独立发展的10余年。北洋社会，可以说是一个激荡、起伏、发展的社会，是近代以来变革最剧烈的时代，是进步发展的时代，是中华5000年文明发展史上从来没有的时代。西方民主共和制度的引进，生产力的发展，资本集团林立，言论出版自由，现代城市崛起等。当然，这一时代不是完美和理想的时代，而是一个过渡的时代和社会发展的转型期，是一个充满矛盾的时代，新与旧、中与西、先进与落后、进步与反动、传统与现代并存，反对外国侵略与向西方学习同在，各种矛盾纵横交织，呈现出的是一个极端混乱、无序的时代。其实，这是非常正常的现象，任何一个社会大变革时代莫不如此，孔子不是惊呼春秋战国时代是"礼坏乐崩"吗？然而我们谁都承认春秋战国时代发展了，进步了。北洋社会也是这样，固然是乱世，中国社会就是在混乱矛盾中发展前进的，这就是历史的辩证法。①

具体说来，北洋社会还具有以下几个特点。

首先，从政治方面来说最明显的特点是乱世。政治舞台上各种政治势力竞相表演，斗争激烈。诸如三权分立的国家政治体制的确立，造成立法机构国会与行政机关的争斗，国会内部党派之间的厮杀，总统府与国务院权力之争，中央与地方之间的矛盾，南方与北方的对立，南北方内部各自的分裂等，这些争斗让人目不暇接、眼花缭乱。各种政治势力中以北洋势力最强，但其内部的层

---

① 张华腾：《新政、革命与清末民初社会研究》，郑州：河南人民出版社，2010年，"前言"。

层分裂和争斗大大削弱了北洋势力，多次丧失袁世凯以后统一中国的良机。

其次，从经济方面来审视北洋时代是发展的时代。北洋社会伊始，北洋政府就制定了一系列经济法规，据不完全统计，仅1912—1915年就发布了40多项经济法规，① 这些经济法规与法令，初步确立了市场经济，于是乎有了经济的发展。这一时期经济快速发展，是中国历史上经济发展较快的时期之一，"企业集团开始形成，使中国的资本主义经济登上了一个新的台阶"。② 据外国学者研究，1912—1920年，中国经济增长率平均每年达到13.4%。③ 中国学者研究，同一时期的工矿业和公用业资本，年均增长率为8.7%。④ 五四前后，中国资本主义发展到了黄金时代，著名的资本集团，如钢铁大王、棉纱大王、造船大王、面粉大王、烟草大王等均是这一时期涌现出来的。过去我们将经济发展的原因归结为第一次世界大战的影响，第一次世界大战确实给中国经济发展带来契机，但不是决定性的，决定性的还是中国北洋社会内部，第一次世界大战结束，中国经济继续发展，尤其是棉纺织业、面粉业方面。据统计，1920—1927年的8年间，民族资本主义工矿业年均增长率为8.5%—8.6%，其中棉布机设备年均增长12.3%（1922—1927年）。⑤ 整个北洋时期的经济发展是有充分史实依据的。

最后，从思想文化方面来看，北洋时期是活跃的时代、开放的时代，是春秋战国以来百花齐放、百家争鸣的局面再现。一系列新生事物、新的思想学说、新的政治组织都是在这一时期涌现出来的。诸如新文化运动、中国共产党的诞生、中国国民党改组等均是在这一时期进行的，西方资产阶级各种思想流派和政治学说包括马克思主义等都是在这一时期传入的。在北京大学的讲坛上，不管何种学术流派，只要自圆其说，均有一席之地。

总之，北洋社会拥有的这些特点，确实使我们不好准确定位。北洋社会处

---

① 张华腾：《封建买办政权还是资产阶级政府？——1912—1915年北京政府性质新议》，《史学月刊》2008年第2期，第60—69页。
② 虞和平：《走向现代化的历程（经济卷1900—1949）》，北京：人民出版社，2010年，第143页。
③ 章长基：《1912—1949年中国的工业生产》，张仲礼：《中国近代经济史论著选译》，上海：上海社会科学院出版社，1987年，转引自罗荣渠：《现代化新论——世界与中国的现代化进程》增订本，北京：商务印书馆，2004年，第346页。这一数字虽然不尽科学，但有着重要的参考意义。
④ 虞和平：《走向现代化的历程（经济卷1900—1949）》，北京：人民出版社，2010年，第242页。
⑤ 虞和平：《走向现代化的历程（经济卷1900—1949）》，北京：人民出版社，2010年，第242—254页。

于中国社会的重要转型时期,传统与现代体现得淋漓尽致,但现代性总体要多一些,代表了中国社会发展的大方向。

三、对北洋政府的认识

当时的北京政府总体上为北洋集团所控制,从北洋集团被指认为北洋军阀方面来看,北洋政府是一个反动的政府、卖国的政府、与人民为敌的政府,坏事做尽,只能作为革命的对象。诚然,北洋政府确实做了不少对国家、对社会、对人民不利的事情,在处理国家事务方面有许多缺陷和不足。但另一方面,北洋政府在国家治理、社会发展和进步、维护国家主权方面也做过不少有利的事情,不承认这一点,就不是唯物主义的态度。

对1912—1915年的北洋政府,笔者曾经撰文论述,称其不是封建买办政府,而是资产阶级政府。为什么如此说呢?从北洋政府属性及其发展经济的实绩进行考察,首先,当时的北京政府虽然实行总统独裁制度,但仍然属于资产阶级政体的一种形式,只不过更趋保守而已。其次,不少资产阶级的著名人物参加了北京政府,如前期的唐绍仪、宋教仁、蔡元培、王宠惠、王正廷、熊希龄、刘揆一等,后期的梁启超、周学熙、汪大燮、汤化龙、张謇等,他们在政府中发挥了重要作用。再次,北京政府制定了一系列发展资本主义工商业的政策、措施和法令法规,这些政策、法令、法规代表了资产阶级的利益。北洋政府大总统袁世凯非常重视发展经济,他在清末重视发展实业人所共知,民国初年任大总统期间更注意发展实业。袁世凯在参加北京临时参议院开院礼中申明:"民国成立,宜以实业为先务。故分设工商、农林二部,以尽协助提倡二义。凡学校生徒,尤益趋重实业,以培国体。吾国实业尚在幼稚时代,实言之,中华实农业国也。垦荒、森林、畜牧、渔业、茶桑富藏于地,类多未辟之菁华。愿我国民,无从空中讨生活,总须从脚底下着想,即以矿产言之,急须更改矿章,务从便民,力主宽大,以利通行。且商律与度量、权衡,亦应迅速妥订实行。"①袁世凯发展实业不是一般号召,而是雷厉风行地实行。他特发出命令,让各省军政长官发展实业。他说:"凡关于保护兴业各法令,凡经前清规定者,但于民

---

① 朱宗震、杨光辉编:《民初政争与二次革命》上编,上海:上海人民出版社,1983年,第12—13页。

国国体毫无抵触，应即遵照前次布令概行适用，次第施行。各省民政长有提倡工商之责，须知营业，自由载在国宪，尤应尊重。务望整饬所属，切实振兴，以裕国计。举凡路、矿、林、垦、蚕桑、畜牧以及工艺场、厂，一切商办公司，其现办者，务须加以保护，即已停办及有应办而未办者，亦应设法维持，善为倡导。一面由农林、工商两部，迅将各种应行修订法律分别拟设草案，提交国会公决施行。"① 北洋政府为发展经济制定了许多措施，取得了较为显著的成效，如上所述经济部分。最后，执政的北洋集团的性质是资产阶级的，是资产阶级的一个政治派别。他们执政时推行发展经济政策、法令，下野后大都投资于工商金融企业，成为华北尤其是天津经济发展的助力。据经济史学家虞和平统计，1912—1922年的11年间，共有547人次的军阀官僚投资和创办了197家企业。②

北京政府发展经济取得实效，其财政政策和对财政的整理也取得了显著成效。北京政府成立之初，全靠借款度日，而到1915年，北京政府的财政收支达到了基本平衡，国库开始有了存银。1915年收入1.306 781 37亿元，支出银元1.390 364 54亿元。③ 有很多方面的资料说明了这一时期较好的财政状况。时任财政总长的周学熙说："中央威信已著，各省解款皆能如数而至。关、盐两税亦集权中央，故库有存余，且约计每年可余二千万。"④ 后人更把1915年称之为"我国财政之黄金时代，当时财政已能收支相抵，为后来所未有"。⑤ 照此状况发展下去，如果没有洪宪帝制的逆流，中国还是非常有希望的。

正因为北京政府的政策、法规、法令代表了资产阶级的利益，所以得到了资产阶级的拥护。除资产阶级激进派之外，资产阶级的温和派或在野党拥护北京政府，或直接参与北京政府，成为北京政府中的要员，与执政的北洋集团通力合作。尽管资产阶级温和派对北京政府也不十分满意，但总体上说是支持和拥护北京政府的。他们对北京政府的作为给予充分肯定，"四年之间，国是已经

---

① 袁世凯：《通令各省提倡实业文》，《袁大总统文牍类编》，上海：会文堂书局，1925年，第121—122页；《袁世凯关于修订各项经济法规以利实业发达令》，中国第二历史档案馆编：《中华民国史档案资料汇编》第三辑，南京：江苏古籍出版社，1991年，第15—16页。
② 虞和平：《走向现代化的历程（经济卷1900—1949）》，北京：人民出版社，2010年，第166页。
③ 贾士毅：《民国财政史》第一编上册，上海：上海书店，1990年，第52—53页；李新、李宗一主编：《中华民国史》第二编上册，北京：中华书局，1987年，第445页。
④ 周学熙：《周止庵先生自编年谱》，周小鹃编：《周学熙传记汇编》，兰州：甘肃文化出版社，1997年，第40页。
⑤ 周小鹃编：《周学熙传记汇编》，兰州：甘肃文化出版社，1997年，第223页。

大定，内外官吏，诚能以国家为前提，辅弼鸿猷，绥厥中土，国力日见其发展，国基日见其巩固"。①

袁世凯以后的北洋政府，虽然中央集权式微，地方势力、军事力量膨胀，但北京政府发展经济的努力持续进行，经济发展是北洋社会发展的主要表征。

北洋政府在维护国家主权方面也做出了诸多努力，如外蒙古独立一事。乘中国辛亥革命爆发之际，沙俄鼓动与支持外蒙古上层脱离中国而独立。北京政府为此与沙俄、外蒙古上层进行了长期的斗争，虽然斗争中不得不妥协，但北洋政府坚持将"外蒙古是中华民国的一部分"写入协约，坚持哲布尊丹巴呼图克图汗名号由中华民国大总统册封，外蒙古使用民国年历。在此前提条件下，外蒙古于1915年6月9日致电北京政府，取消独立及国号、年号，中国恢复对外蒙古行使主权。② 外蒙古上层取消独立，中国政府允许其自治。1919年7月至1920年年初，北洋政府抓住时机，派遣西北筹边使徐树铮入蒙，成功迫使外蒙古撤销自治，回归祖国大家庭。北京政府的外蒙古撤治，从而有效地控制了西北地区，保持了中国北部边陲的稳定，维护了国家的主权和领土完整，是清末以来中国历史上少有的亮点，"历史上未有之盛事"。③

沙俄在北方策动外蒙古上层独立之时，英国则乘机策动西藏上层独立，脱离中国。1914年7月3日，英国密谋与西藏地方政府签订了《西姆拉条约》，北京政府立即发布正式声明："凡英国与西藏地方本日或他日所签订的条约或类似的文件，中国政府一概不能承认。"④ 以后历届北洋政府均坚持这一坚定立场，英国分裂西藏之阴谋始终没有得逞。

即使日本乘第一次世界大战爆发、西方列强无暇东顾之际向中国提出二十一条要求，北洋政府也不是无所作为的，在日强我弱国力悬殊的特殊背景下，北京政府通过外交谈判维护国家主权少受损失，迫使日本提出修正案。在日本最后以武力威胁，以最后通牒方式迫使中国政府接受时，北洋政府才不得不妥协接受。中国政府接受的是二十一条的一部分，而不是全部，接受的部分都是

---

① 章伯锋、李宗一主编：《北洋军阀：1912—1928》第二卷，武汉：武汉出版社，1990年，第1049页。
② 李新、李宗一主编：《中华民国史》第二编上册，北京：中华书局，1987年，第218—219页。
③ 《大公报》，1920年1月5日。
④ 《西藏地方历史资料选辑》，北京：生活·读书·新知三联书店，1963年，第300页。

已经形成事实的部分，即日本已经控制了东北南部和蒙古东部部分地区、山东胶州湾地区的现实。[①] 中国被迫接受了日本的最后通牒，国家主权受到极大损失，北洋政府认为是奇耻大辱，为此定5月7日为国耻日。袁世凯以后的北洋政府通过各种机会要求收回失去的国家主权，先后有巴黎和会上的斗争、华盛顿会议上的斗争，最终在华盛顿会议上，达到了中国收回山东主权的要求。

1917年，以段祺瑞为首的北洋政府，顶着国内反对对德宣战的强大压力，采取一切手段——正当的和不正当的手段，最终对德宣战，由此取得了战后参加巴黎和会的资格。中国政府利用参加巴黎和会国际舞台的机会，向世界申诉中国废除不平等条约，提出中国的正义要求。尽管中国政府代表竭尽全力，和会仍然无视中国的正义要求，将山东青岛由德国转给日本，中国外交失败。北洋政府、中国代表在忍无可忍的情况下，以巨大的勇气，敢于对列强说"不"，拒绝在巴黎和会和约上签字。不过需要特别说明的是，巴黎和会中国外交失败，是指中国收回山东青岛利权的失败，并非全部失败，失败中还有巨大的收获。中国通过参战，通过参加巴黎和会，中国代表团向和会提交了我们对德奥的要求条件，即废除中德、中奥条约，取消其在中国的条约特权。和会基本上按照中国的要求作了决议，除山东问题另行处理外，这些内容列入对德和约的第128—134条中。中德、中奥之间的所有不平等条约予以废除，德国、奥地利从中国取得的所有利权回归中国，还包括德国将《辛丑条约》及其一切附件中所取得的特权、利益统统放弃。还有德国将在天津、汉口之租界或在中国领土内所有属于德国政府之房屋、码头及浮桥、营房、炮台、军械及军需品、各种船只、无线电报之设备及其他公产等让中国，1900—1901年德国军队从中国取得的所有天文仪器，自条约实施后12个月内归还中国。[②] 这是中国近代以来外交方面的最大收获，北洋政府为了国家的主权、利益尽了最大的努力。

此外，北京政府成立后还启动关税自主谈判，裁厘加税谈判，1925年开始关税自主谈判等。

以上史实说明，北洋政府并非一个无能的政府、卖国的政府，基本上还是尽职尽责的，为此付出了他们的努力。

---

① 张华腾：《袁世凯对日本侵略的抵制与妥协》，《民国研究》2012年秋季号，第129—143页。
② 《凡尔赛条约》，《国际条约集》（1917—1923年），北京：世界知识出版社，1961年，第131—132页。

四、对北洋时期国会、宪法的认识

国会是民主制度的载体和象征，先进中国人经过几代人的努力，才将西方的国会制度移植到中国。宪法乃国家根本大法，北洋时期的政治精英非常重视宪法，为此采取了不懈的努力，试图制定一部确保民主共和的永久宪法，修法、护法是北洋时期政治生活中的重大内容。

与中国人民的良好愿望相反的是，民国初年，国会屡遭蹂躏与破坏，在1914、1917年两次被非法解散。资产阶级性质的宪法——《中华民国临时约法》几次被废除，造成了中国宪政史上的悲惨结局。国会被非法解散、宪法被废除，致使中国人民的良好愿望不能实现，历史责任该由谁、哪种势力来负？长期以来几乎众口一词，以袁世凯为首的北洋势力是罪魁祸首。北洋社会开始至今100余年了，100年后再看这段历史，从北洋社会特殊的历史背景与多方面的史料中，笔者产生了新的思考，供专家指导和批评。

关于议会，其实袁世凯最初是愿意与议会合作的，我们可以用议员自己的话来印证，议会中资格较老，从临时参议院议员到国会议员，而且后来为国民党党籍的议员谷钟秀说："前参议院时代，凡政府提出借款案，无不悉赞成。而政府于立约签字之先，亦靡不将交涉情况报告于参议院，征求同意。"① 从立法实践来说，合作也颇有成效，袁世凯与临时参议院的合作也颇有成效，制定了一系列的政制法规，如《国务院官制》、《国会组织法》、《参议员选举法》、《众议员选举法》等，奠定了中华民国立国的基础。民国初年内阁风潮，临时参议院对袁世凯提出内阁成员的一次次否决，袁世凯也不得不给予尊重，想方设法与临时参议院协商沟通，甚至宴请议员以求问题的解决。关于与议会的合作，袁世凯在第一届国会即将召开、临时参议院完成使命的闭院礼讲话中说："一年以来，世凯与诸君子艰难共历相见以心，倏忽岁欢，光景在目，虽立法、行政所处不同，而以国家为前提，视政治如家事，与诸君子均在忧勤惕厉之中，骇浪乘船，同心共济，缓急轻重，弦韦交资者，固可握手互谈，屑涕追语者也……"②

袁世凯与议会的矛盾冲突原因固然很多，但一个极其重要的原因就是南京

---

① 谷钟秀：《中华民国开国史》，上海：泰东书局，1914年，第124页。
② 徐有朋：《袁大总统书牍汇编》文辞，上海：广益书局，1924年，第12页。

临时参议院制定的《中华民国临时约法》有明显的缺憾。立法的原则是公平、公正，而《中华民国临时约法》的制定违背了这一原则，明显因人立法。独立各省都督府代表会议通过的《中华民国临时政府组织大纲》，规定中华民国采用美国式的总统制。南北议和成功，清王朝覆灭，袁世凯取代孙中山继任中华民国总统。为了限制袁世凯的权力，南京临时参议院抛出《中华民国临时约法》，将总统制改为内阁制，在参议院、临时大总统和国务员三者的关系中，参议院有广泛的权力，国务员负实际的责任，只有临时大总统几乎不能独立行使其法定的许多权力，从而反映了资产阶级力图通过议会和责任内阁这两个法宝，限制袁世凯的权力，维护辛亥革命的成果，维护共和国长存的意愿，其主观愿望是好的，但不符合民国初年北洋社会面临的实际。袁世凯在《致众议院咨请增修约法案文》中所说的，基本上客观反映了民国初年的实际。他说："《中华民国临时约法》之良否，究为政治良否之所关。本大总统证以二十阅月之经验，凡从约法上所生障碍，均有种种事实为凭"，"其于国家之根本组织，固系因约法施行之结果而粗具规模，然于国家之政治刷新，要亦因约法施行之结果而横生障碍。综计临时（政府）期内，政府左右支绌于上，国民疾首盛额于下，而关于内治外交诸大问题，利害卒以相悬，得失仅以相等。驯至国势日削，政务日堕，而我四万万同胞之憔悴于水深火热之中者且日甚。凡此种种，无一非缘约法之束缚驰骤而来"。① 南京临时参议院制定的《中华民国临时约法》，是为了防止袁世凯专制独裁，但在由乱至治的非常时期，对行政限制过死，制约了行政效率。袁世凯在此期间对《中华民国临时约法》的突破，有些是可以理解的，是得到一些政治势力支持的。例如，蔡锷就曾说过，"光复以来，叫嚣呶扰，牵制纷歧，政令不能厉行，奸究因而咨肆，未始非《临时约法》有以阶之厉也"。② 加强中央行政权力，在当时也是符合民族心理的。诚如袁世凯所说，"虽易帝国为民国，然一般人民心理，仍则望政府者独重，而则望议会者尚轻。使为国家元首而无权，即有权而不能完全无缺，则政权无由集中，群情因之涣散，恐为大乱所由生"。③

---

① 袁世凯：《大总统布告》第一号，《政府公报》1914年5月1日。
② 蔡锷：《致袁世凯等电》，曾业英编：《蔡松坡集》，上海：上海人民出版社，1984年，第631页。
③ 白蕉：《袁世凯与中华民国》，荣孟源、章伯锋主编：《近代稗海》第三辑，成都：四川人民出版社，1985年，第121页。

宪法是国家根本大法，代表统治者的意志。《中华民国临时约法》是南京临时参议院单方面制定的，南京临时参议院被革命党同盟会所控制，仅仅代表了革命党人的意志，与宪法的本质是不相符的。袁世凯与议会的矛盾激化以至于决裂，在于1913年首届国会成立后，准备制定一部正式宪法，以取代《中华民国临时约法》。袁世凯有了《中华民国临时约法》实行一年余的实践，对《中华民国临时约法》的弊端深有体会，因此对国会召开后制定新宪法非常重视，极力要消除《中华民国临时约法》的弊端，将北洋势力的意志纳入宪法之中。袁世凯的要求本来是非常正常的，但国会拒不采纳北洋势力及其他势力的宪法诉求，一味坚持独立制宪，导致国会与袁世凯北洋势力的决裂。袁世凯以部分国民党议员参加二次革命为借口，收缴国会中国民党议员的徽章、证书，使国会不足法定人数而无形解散。1914年年初，袁世凯更明发命令，将国会解散，导致了民国初年的宪政危机。

国会被解散，民主被破坏，人们一致声讨袁世凯的违法行为，是没有问题的，袁世凯罪责难逃。今天，让我们抛去感情色彩，从立法原则和宪法本质方面深入细致地研究总统、国会的宪政争斗，我们发现，国会是强者方，而真正强者的袁世凯北洋势力是弱者方，双方实力不对等。但无论袁世凯采取何种办法与手段，国会拒不采纳袁世凯的政治诉求，导致袁世凯采取非法律手段解散国会。我们重新认识这场国会悲剧，袁世凯仍然应该受到谴责，但国会自身，尤其是激进的国会议员、国会宪法起草委员，脱不了此事的干系。所以笔者认为，"从制定宪法过程中国会与袁世凯的博弈中看，国会议员的愿望是好的，其孜孜追求政治民主的精神可嘉。但他们昧于国情，不顾辛亥革命后中国社会的实际，片面追求理想，企图以掌握的立法权制约总统权力的行使，迷信法律万能，对袁世凯多次提出的宪法诉求拒不采纳，毫不妥协，缺乏议会政治艺术与技巧，到头来还是吃了大亏，不仅民主理想不能实现，连参与政治的机会也被取消了"。①

五、对北洋人物的认识

北洋社会是一个极其复杂的社会，处于由传统向现代转型的时期，社会矛

---

① 张华腾：《中国1913——民初的政治纷争与政治转型》，西安：陕西人民出版社，2014年，第252页。

盾众多且复杂多变。生活在这一时期的人物尤其是政治人物，同样极其复杂，具有新与旧、传统与现代的两面性。因此对北洋人物的评价，也是非常复杂的。评价北洋人物，我们应该以历史唯物主义和辩证唯物主义为指导，全面对其评价，不能因一件事的成败而给予定性，而应该看其一生的作为，看其对民族、国家、社会的贡献。历史唯物主义的核心就是实事求是，很长时间以来我们评价北洋人物，就没有做到实事求是，而是形而上学。北洋人物后来大多成为军阀，军阀就是坏人，既然是坏人，那么他所做的一切都是坏事，甚至从娘肚子里爬出来就做坏事。比如，对袁世凯的评价，虽然对他是否是军阀我们有不同的看法，但他孕育了军阀当然是没有问题的。有人说他一天好事也没有做过，这是标准的历史虚无主义。袁世凯在直隶总督兼北洋大臣任上，大刀阔斧地进行改革，创造了北洋新政的辉煌业绩，他是清末新政的引领者和创造者，"一时北洋新政，如旭日之升，为全国所具瞻"。① 北洋新政推动了全国新政的开展，北洋新政的每一项措施都经朝廷谕旨颁行全国，"凡将校之训练，巡警之编制，司法之改良，教育之普及，皆创自直隶，中央及各省或转相效法"。② 如果所有的督抚大臣都像袁世凯那样倾心新政，新政效果将更为突出，国家实力将大大增强。他在天津小站编练新军，促使中国陆军走上现代化，加强了国家的国防力量，此一军事方面的作为，目前基本上为学人所认可。即使伟大领袖毛泽东主席也曾给予高度评价。毛泽东主席说："中国军队的近代化，我看可以分作三个阶段。第一代是清朝末年搞的新军，第二代是黄埔军，现在的中国人民解放军是第三代。"③ 袁世凯在大总统任上，对社会发展的贡献和国家主权的维护也是为人称道的。晚年洪宪帝制，逆历史潮流而行，他自己也成为一个悲剧性的人物。但我们不能因洪宪帝制而对袁世凯给予全面否定，也不能因为他在其他方面的贡献而淹没其洪宪帝制的恶迹。

袁世凯的评价如此，其他北洋人物亦然。历史人物是丰富多彩的，北洋人物也是这样，具有鲜明的个性特色。有的北洋人物，如段祺瑞、吴佩孚等，贪权而不贪财，清廉、刚正、有风骨。段祺瑞的皖系与吴佩孚的直系，均曾崛起一时，为其他势力所侧目。段祺瑞、吴佩孚均坚持武力统一中国，我们是很不感

---

① 周小鹃编：《周学熙传记汇编》，兰州：甘肃文化出版社，1997年，第278页。
② 徐文霨：《跋》，沈祖宪辑：《养寿园奏议辑要》，台北：文海出版社，1966年，第885—886页。
③ 中共中央文献研究室编：《毛泽东文集》第六卷，北京：人民出版社，1999年，第355—356页。

兴趣的。其实在当时的情况下，统一中国只有两种方式，即武力统一、和平统一。在和平统一条件不成熟的情况下，武力统一无可厚非，孙中山先生也坚持武力统一。当然从现在我们的认知来看，和平统一最好，可以避免战争的破坏。但在和平条件不成熟的情况之下，武力统一就是选择，前提是为实现国家统一。

段祺瑞、吴佩孚虽然有师生情谊，但分属北洋皖、直不同政治势力，所以是根本对立的。不过他们在政治层面反动的一面又是相同的，如段祺瑞酿成"三一八"惨案，吴佩孚镇压"二七"大罢工，直接影响了我们对他们的评价。但段祺瑞、吴佩孚晚年均保持了民族气节，绝不为日本人做事，是值得赞许的。他们生活的一面，足为人们所称道。段祺瑞号称六不总理，即"不抽、不喝、不嫖、不赌、不贪、不占"。吴佩孚有"不住租界、不积私财，不借外债"三不主义的称谓。如此知名度之高的北洋人物，享有如此美誉，应该是极其少见的。段祺瑞、吴佩孚的为人说明，北洋人物尤其是北洋政治人物是非常复杂的，对他们的评价要从多方面全面审视，不能局限于革命史观的单一标准。

还有一点需要说明，北洋人物主要指军政人物、北洋官僚。北洋时期的人物则具有广泛性，思想家、教育家、企业家、科学家、文学艺术家等，凡在北洋时期对国家、民族、社会发展、文化传承等方面作出贡献的人物，都是我们研究的对象，都需要我们挖掘史料，给予相应的评价，丰富北洋史的内容。

以上关于北洋史研究之浅见，是笔者近年研究的一些不成熟的想法。非常可喜的是，这些不成熟的意见，部分得到学界的赞同和支持。更为可喜的是，近年来关于北洋史料的搜集与整理取得重大进展。例如，中国第二历史档案馆编的《北洋政府档案》（中国档案出版社，2010年）出版，骆宝善、刘路生先生倾几十年之力完成的《袁世凯全集》（河南大学出版社，2013年）等，为北洋史研究奠定了扎实的史料基础。清末民初是中国近代社会由农业传统社会向工业现代社会转型最快的时期，看得见，摸得着，无视此一时期的变化发展与进步，就是对历史的极不尊重。笔者坚信，随着思想解放的步步深入，以马克思主义唯物史观为指导，以现代化或现代化转型的视角研究北洋史，北洋史研究必将产生出更加丰富灿烂的研究之花。

原载（《社会科学辑刊》2015年第2期）

北洋军阀词语探源——简论北洋军阀、北洋集团概念的使用

北洋军阀祸国殃民，罄竹难书。北洋军阀给中国人民留下了深刻的痛苦记忆。北洋军阀的政治概念形成于何时，怎样科学地使用这一概念，本文试作初步探讨。

一、北洋、北洋派

"北洋"一词，据目前我们所看到的资料，最早出现在鸦片战争之前，在著名经世学者包世臣的政论中，"出吴淞口，迤南由浙及闽粤，皆为南洋；迤北由通海、山东、直隶及关东，皆为北洋。南洋多矶岛，水深浪巨，非鸟船不行。北洋多沙碛，水浅礁硬，非沙船不行"。① 可见"北洋"一词，最初纯粹是地域概念。"北洋"一词后来被赋予政治概念，经历了一个较长时间的发展过程。第二次鸦片战争之后，为适应对外的需要，清政府设立南北洋通商大臣，其管辖范围基本上就是上述所确定的地理范围。北洋通商大臣在天津，主要适应《天津条约》规定的天津、牛庄、登州三处对外通商，所以又称三口通商大臣，简称北洋大臣。北洋大臣从1861年设立到1870年期间，一直由满族的崇厚担任。1870年李鸿章任直隶总督，裁撤专设的三口通商大臣，其职权由直隶总督兼领，所以自李鸿章起，直隶总督就一直兼北洋大臣。北洋大臣的职权为，"掌北洋洋务、海防之政令，凡津海、东海、山海各关政悉统治焉。……凡招商之务，则

---

① 包世臣：《海运南漕议》，《包世臣全集》，李星点校，合肥：黄山书社，1993年点校本，第11页。

设局派员以经理之。其安设各路电线亦如之"。① 其职权范围非常广泛,除了北洋商务、海关税务、外交、海防外,还有电线之类,而电线的铺设和管理,还超出了北洋的范围。直隶总督兼北洋大臣一职,不仅要管理直隶的海防、商务、外交等,还要管理山东、奉天的海防、商务、外交等,而不限于直隶一省。此后,在洋务运动的过程中,以北洋命名的商家、学堂等新事务和术语层出不穷,如北洋水师、北洋大学、北洋女子师范学堂、北洋武备学堂、北洋官报、北洋大药房、北洋海防、北洋商务等。由于李鸿章从1870—1895年一直任直隶总督兼北洋大臣,并在此期间办理洋务,从而形成了一个包括政治、军事、经济等方面庞大的势力集团,人们约定俗成的称李鸿章的势力为北洋势力,"北洋"也就成了李鸿章的代名词,北洋一词于是主要成为政治术语。在沈祖宪、吴闿生所著《容庵弟子记》一书中,以北洋代称李鸿章的词语比比皆是,如"公献策北洋,宜早结法事,趁此机会请旨,责韩王政治不修","时驻韩商务委员陈树棠以职轻望微,乏肆应才,韩人及各国驻使咸不礼重,北洋议选干员,优予事权,前往镇抚"。② 1901年李鸿章去世后,袁世凯继任为直隶总督兼北洋大臣。他不仅完全继承了李鸿章的所有事业,而且还在其基础上大为发展,大办新政,编练新军——"北洋常备军",③ 不久由清政府统一称之为陆军,但习惯上仍称袁世凯训练的军队为北洋新军或北洋军。袁世凯任直隶总督兼北洋大臣近6年,结成了一个远比李鸿章势力更为强大的军事政治集团,这时候的"北洋"、"北洋势力"才确指为袁世凯和袁世凯的北洋集团。1905年,清政府设江北提督,袁世凯推荐其属员刘永庆为第一任江北提督。光绪近臣恽毓鼎在当天的日记中说:"加军令司正使刘永庆兵部侍郎衔为江北提督,镇、道以下皆归其节制。北洋兵权并及南洋矣。"④ 1907年东三省改制,三省督抚徐世昌、唐绍仪、朱家宝、段芝贵皆为北洋人物,均为袁世凯推荐。北洋势力扩充至东北,恽毓鼎忧心忡忡,在当天的日记中记道,"东三省建立行省,以徐世昌为总督,兼管三省将军,充钦差大臣。唐绍仪为奉天巡抚,朱家宝为吉林巡抚,段芝贵为黑龙江

---

① 《光绪会典》卷100,台北:文海出版社,1967年影印本,第451页。
② 沈祖宪、吴闿生:《容庵弟子记》,台北:文海出版社,1966年影印本,第31、40页。
③ 袁世凯:《北洋创练常备军厘定营制饷章折》,天津图书馆、天津社科院历史研究所编:《袁世凯奏议》中册,天津:天津古籍出版社,1987年,第508页。
④ 恽毓鼎著、史晓风整理:《恽毓鼎澄斋日记》上册,杭州:浙江古籍出版社,2004年,第269页。

巡抚,皆北洋所保荐也。三省为祖宗发祥之地,三百年来例用丰沛人镇守,前年授赵次帅将军,犹是汉军旗也。全用汉人,实自今始。而事权之重,为向来所未有。"① 这里说的北洋,就是袁世凯的代名词。北洋人物也这样称袁世凯,如张一麐。他说:"光绪三十年间,朝有大政,每由军机处问诸北洋,事权日重,往往有言官弹劾,赖中朝信任,未为动摇。"②

关于北洋派,乃是1912年中华民国建立以后形成的政治名词,"逮民国成立,乃形成所谓北洋派,盖对南方其他军派而言"。③ 所以北洋人物自称其政治势力为北洋团体或北洋派。袁世凯张口"我们北洋团体",闭口"咱们北洋团体。"④ 正如时人所说:"袁始终不能化除畛域,高掌远撝,转以'北洋'二字自限。"⑤ 袁世凯如此,其他北洋成员也同样,"北洋元老王士珍与人通函,常用我北洋团体之句"。王占元在公庭广众面前,自称"我们北洋派"。⑥ 即便后起的冯玉祥、张作霖等,也自视为北洋派。例如,张国淦所说:"后起者,如张作霖之奉军、冯玉祥之冯军,亦附属北洋派,每自命为北洋正统,口口声声说'北洋团体'"。⑦

二、北洋军阀

"军阀"一词,据来新夏先生所考,他见到的最早的文献记载是《新唐书·郭虔瓘传》,"郭虔瓘,齐州历城人,开元初,录军阀,累迁右骁卫将军兼北庭都护、金山道副大总台管"。⑧ 这里所说的军阀是褒义,是指有军功的世家,含有门庭显赫的意思,与我们所称的后世军阀的含义截然相反。袁世凯北洋势力

---

① 恽毓鼎著、史晓风整理:《恽毓鼎澄斋日记》上册,杭州:浙江古籍出版社,2004年,第348页。
② 张一麐:《古红梅阁笔记》,上海:上海书店出版社,1998年,第43页。
③ 张国淦:《北洋军阀的起源》,杜春和等编:《北洋军阀史料选辑》上册,北京:中国社会科学出版社,1981年,第1页。
④ 陶菊隐:《北洋军阀统治时期史话》上册,上海:生活·读书·新知三联书店,1983年,第306页。
⑤ 岑学吕编:《三水梁燕孙先生年谱》,台北:文海出版社,1972年影印本,第115页。
⑥ 吴虬:《北洋派之起源及其崩溃》,来新夏主编:《北洋军阀(一)》,上海:上海人民出版社,1988年,第1021页。
⑦ 张国淦:《北洋军阀的起源》,杜春和等编:《北洋军阀史料选辑》上册,北京:中国社会科学出版社,1981年,第1页。
⑧ 来新夏等:《北洋军阀史》上册,天津:南开大学出版社,2000年,第8页。

被称为军阀，则是在袁世凯以后的1918—1919年。据笔者目前看到的资料，在此期间，孙中山、梁启超、李大钊等几乎同时使用"军阀"一词称呼执政者。孙中山于1918年1月17日在《宴请滇军第四师官佐会上的讲话》中说："外人多以南北为二团体，其实不然。在北，冯有冯一团体，段有段一团体，其余师长、督军，拥兵自固，各有一团体。南方亦然。今日中国遂成一纷纷之逐鹿之现象。"① 孙中山虽然还没有使用"军阀"一词，但意思表达的相当清晰，对军阀一词已经呼之欲出。1918年10月26日《申报》载梁启超对某报记者发表的谈话中，首次使用"军阀"一词。梁启超说："试问中央对于北方诸督威信何在，愈主战而愈倒持大阿，以受彼在外拥兵之军阀，以此言威信，失将谁欺？……况我国之为军国主义，乃由少数蠢如豕贪如羊狠如狼之武人，窃取名号以营其私，若此者无南无北，无新无旧，已一丘之貉也。"② 最早在1919年3月，在孙中山的文献中，他在《现在与将来》一文中使用了军阀一词。他说："试看那强盗军阀，那个不是忙着搜括地皮，侵扣军饷，拿到他家，盖上些比城墙还坚的房子，预备他那子孙下辈万世之业？"③ 他在1919年10月的《复于右任函》中，称南方执政者为"南中军阀"④。李大钊使用军阀一词是在同年的11月9日，在《寺内死了》一文中说："寺内是日本军阀的元老，他生前作的罪恶不少。用军阀的势力压服他本国的平民，用残厉的时段虐待朝鲜的民族，最后他的内阁更与我们军阀勾结，弄得我们南北交阋，生民涂炭。而今寺内虽死，他那一把罪恶的枯骨，还在为我军阀所凭依。"⑤ 随后，使用"军阀"一词来称呼南北执政者的人逐渐多了起来。

把北洋、军阀二词连在一起而成为政治概念，并将其作为袁世凯北洋势力的专有名词的人，据我目前看到的资料是孙中山。1919年11月中旬，孙中山在《与留法学生的谈话》中说："袁世凯现在虽然死了，北方政府仍然在北洋军阀、官僚、政客的手里。所以我非在广东组织护法政府，重新革命，不能挽救中华

---

① 孙中山：《宴请滇军第四师官佐会上的讲话》，中国社会科学院近代史研究所中华民国史研究室等编：《孙中山全集》第4卷，北京：中华书局，1985年，第300页。

② 丁文江、赵丰田编：《梁启超年谱长编》，上海：上海人民出版社，1983年，第869—870页。

③ 孙中山：《现在与将来》，中国社会科学院近代史研究所中华民国史研究室等编：《孙中山全集》第4卷，北京：中华书局，1985年，第671页。

④ 孙中山：《复于右任函》，中国社会科学院近代史研究所中华民国史研究室等编：《孙中山全集》第5卷，北京：中华书局，1985年，第106页。

⑤ 《李大钊文集》下册，北京：人民出版社，1984年，第123页。

民国。"① 李大钊称北洋势力为北洋军阀是在1923年,他在《普遍全国的国民党》一文中说:"自从二次革命后,国民党受了北洋军阀重大的打击,一般懦弱的国民,不敢去参加国民党,国民党亦因此自懦。"② 北洋军阀的政治概念或政治名词,是在民国十年(1921)前后形成的,"民国十年前后,'北洋军阀就成了国人指目之名词'"。③

最早对北洋军阀进行科学研究的,是著名学者李剑农。他在1930年10月出版的著作《最近三十年中国政治史》中,对北洋军阀的兴亡作了较详尽的描述,"北洋军阀势力,在戊戌以后三十年的中国政治上,关系极为重要,袁世凯是创造北洋军阀势力的人,这是人人知道的"。④ 继李剑农之后的李鼎声,在1933年出版的《中国近代史》一书中称,"三月十日,袁世凯宣布就职,以唐绍仪为总理,国务员凡十人。都经参议院通过,政府乃由南京移入北洋军阀盘踞的北京。这是北洋军阀第一步的胜利"。⑤ 也有学者不如此称谓,如吴虬,他于1937年出版的《北洋派之起源及其崩溃》一书中⑥,称北洋势力为"北洋派"。直到1949年后,北洋军阀才成为政界、学术界乃至全国一致使用的政治名词和政治概念。

三、科学使用北洋军阀和北洋集团概念

由此看来,北洋军阀概念或政治符号的形成经历了一个长时间的发展过程。称以袁世凯为首的北洋势力为北洋军阀,在大陆学术界从来没有什么疑义,但在我国台湾和国外学术界却有不同的看法。大陆学术界一般都认为"北洋军阀是一个中国近代史上肇端于19世纪末而形成于辛亥革命之际的政治军事集团"⑦,"中国近代史上所谓北洋军阀,是指从辛亥革命后篡窃政权的袁世凯起到蒋介石国民党军阀出现以前的军阀势力"。⑧ 而我国港台地区和国外学者不这样

---

① 孙中山:《与留法学生的谈话》,中国社会科学院近代史研究所中华民国史研究室等编:《孙中山全集》第5卷,北京:中华书局,1985年,第165页。
② 《李大钊文集》下册,北京:人民出版社,1984年,第648页。
③ 张国淦:《北洋军阀的起源》,杜春和等编:《北洋军阀史料选辑》上册,北京:中国社会科学出版社,1981年,第1页。
④ 李剑农:《戊戌以后三十年中国政治史》,北京:中华书局,1965年,第34页。
⑤ 李鼎声:《中国近代史》,上海:光明书局,1941年,第223页。
⑥ 来新夏主编:《北洋军阀(一)》,上海:上海人民出版社,1988年,第961—1024页。
⑦ 来新夏等:《北洋军阀史》上册,天津:南开大学出版社,2000年,第1页。
⑧ 荣孟源:《北洋军阀的来历》,《历史教学》1956年第4期,第22—24页。

认为。我国港台学者以张玉法为代表，他在主编的《现代史论集》第五辑例言中说："本辑题名《军阀政治》，主要概括民国五年到十六七年间军阀操持国政期间的政治情况。"① 其意思表达的非常清楚，即否认袁世凯统治时期为军阀统治。国外以齐锡生、麦金诺为代表。齐锡生在《中国的军阀政治》一书中，一开始就开宗明义地说，"任何一个稍微了解中国现代史的人都知道1916—1928年时期的两个情况：第一，那是'军阀'时期。第二，那是一个混乱的破坏性时期"。② 实际上齐锡生也是否认袁世凯时期为军阀时期的说法的。麦金诺在《北洋军，袁世凯和现代中国军阀的起源》一文中指出，"导致20世纪20年代军阀的直线发展，军阀起源的问题应该在更宽的背景下重新审察而非仅军事方面。1916—1927年间的军阀现象也是阶级结构社会和政治结构而非军事迅速解体的结果"。③ 可见麦金诺和齐锡生的意见是一致的。

笔者认为台湾和国外学者的意见有一定的合理性，把袁世凯的统治称为军阀统治，把这个集团的兴起阶段（即1912年以前）也称为军阀似不科学，因为目前给北洋军阀的界定在袁世凯统治时期及其以前均不适用，众多学者各自从不同的角度给北洋军阀下了很多定义，这些定义综合起来其大致要点不外私兵、地盘和武治三点。④ 李新先生的意见更具有代表性，他说："我认为，军阀是封建社会和半封建社会特殊的政治现象，军阀是一种特殊的军事集团。他拥有以个人为中心，并由私人关系结合起来的一支私人军队，它通常据有一片固定的或比较固定的地盘。"⑤ 来新夏先生显然对这种说法不太满意，他在分析评价了各种说法之后给北洋军阀下了一个最新的定义，即"以北洋军阀为代表的近代军阀是以一定军事力量为支柱，以一定的地域为依托，在中学西用思想指导下，以封建关系为纽带，以帝国主义为奥援，参与各项政治、军事及社会活动，罔顾公义，而以只图私利为行使权力之目的的个人和集团"。⑥ 尽管这是目前给北洋军阀下的最精确、最完整的定义，但揆诸史事，仍觉得还有不适当之处。这

---

① 转引自来新夏等：《北洋军阀史》上册，天津：南开大学出版社，2000年，第5页注。
② 齐锡生：《中国的军阀政治》，杨云若、萧延中译，北京：中国人民大学出版社，1991年，第1页。
③ Stephen R. Mackinnon, The Peiyang Army, Yuan Shih-Kài, and the Origins of Modern Chinese Warlordism, Harvard Journal of Asiatic Studies, Vol. 32, No. 3, 1973, pp. 405-423.
④ 来新夏等：《北洋军阀史》上册，天津：南开大学出版社，2000年，第14—17页。
⑤ 李新：《军阀论》，《史学月刊》1985年第1期，第92—97页。
⑥ 来新夏等：《北洋军阀史》上册，天津：南开大学出版社，2000年，第17—18页。

个概念用于1916年以后的局面非常合适，而用之以前显然不妥。比如，甲午中日战争以后袁世凯小站练兵产生了袁世凯军事集团，主要是甲午战争中国战败的刺激。甲午战后中国社会各个阶级、各个阶层提出了众多的挽救民族危机要求变法的政治方案，而在众多的政治方案中，其中练兵自强则是共同的。无论是康有为、梁启超等维新派，还是张之洞等洋务派，抑或是以光绪为首的清政府，练兵自强，创建一支新式军队的呼声一浪高过一浪，"一时内外交章，争献练兵之策"。① 当时朝廷也痛下决心，以练兵相号召，"嗣后我君臣上下，惟期坚苦一心，痛除积弊，于练兵筹饷两大端实力讲求"②。所以袁世凯编练的新军是作为帝国主义的对立物而出现的，是中国民族主义的体现，是中华民族觉醒的标志之一。1899—1900年，德国加紧了对山东的侵略，清政府调新建陆军开赴山东前线，名为"弹压匪类，保护教民"③，实则遏止德国向山东内地的进犯。袁世凯在军中写给徐世昌的信中曾说全军士气高昂，准备与德军一战，"此来将士均甚高兴志在一打。如又了事，必挫锐气。德人兵力有限，应不至谋我后路，伊必专力谋山东，各守瓜分之界"。④ 这是新建陆军第一次被派到反侵略的第一线，虽然清政府不敢对德国采取行动，而只是作出一种姿态，但中国新式陆军已经对德国产生了一定的威慑力量。日俄战争期间，袁世凯加紧扩练新军，并将新军开赴"中立区"，也起到了防止帝国主义扩大战区的作用。日俄战争之后的1907年，北洋新军第三镇和由第二、四、五、六四镇抽调而组成的第一、第二混成协开赴东北，就是为了加强东北的国防力量。这些不仅不是以帝国主义为奥援，更不是为了适应帝国主义的需要，而是为了抵制帝国主义的侵略。军事史学家的看法是客观的，如张其昀说："甲午、庚子二役，中国创痛深巨，欲雪耻图强，不得不有新武力之要求。一时疆吏莫不锐意改革，选募新军，编练洋操……小站练兵上承淮军之余绪，下开北洋系统，关系尤为重要。"⑤ 1906年清政府加紧中央集权，剥夺了袁世凯对北洋新军的统率权，袁世凯虽然不服气，但还是乖乖地服从了。所以北洋新军是国家的军队，随着国家的需要而调遣，

---

① （清）刘锦藻撰：《清朝续文献通考》卷203《兵考二》，杭州：浙江古籍出版社，2000年。
② 《光绪朝东华录（四）》，北京：中华书局，1958年，第3595页。
③ 袁世凯：《请饬拨款添办行军车辆折》，天津市图书馆、天津社科院历史研究所编：《袁世凯奏议》上册，天津：天津古籍出版社，1987年，第23页。
④ 《袁世凯致徐世昌函》，《近代史资料》1978年总37号，第15页。
⑤ 张其昀：《中国军事史略》，上海：上海书店，1944年，第46页。

而不是袁世凯私人的军队。至于把袁世凯统治时期称之为军阀统治，显然也不合适。袁世凯是经国会选举出来的大总统，袁世凯又是统一的中华民国的象征，以袁世凯为首的军事政治集团是中华民国的统治集团，内部还没有分化，所以无所谓割据。北洋军阀产生于袁世凯集团之中，袁世凯军事集团孕育了北洋军阀，但不能说袁世凯的统治就是军阀统治。

笔者无意标新立异，要推翻数十年来形成的北洋军阀的政治概念，只是在进行这一课题的研究中，笔者认为北洋军阀的形成有一个过程，如果一开始就称他们为军阀，那么就掩盖了形成过程中的一系列事实，影响了对他们进行客观评价，这种倒放电影式的研究方式，不是历史唯物主义的态度。笔者认为应该使用一个中性的词来称呼以袁世凯为代表的北洋势力，称其为"北洋集团"比较合适。称袁世凯为代表的北洋势力为北洋集团，笔者的理由有两点：第一，与北洋人物自称的北洋派和北洋团体比较接近，更符合历史的实际。第二，以中性词汇"北洋集团"研究袁世凯北洋势力，可以看到其发展变化的轨迹，他们是由北洋集团最后发展为北洋军阀的，由北洋集团发展演变为北洋军阀，经历了约20年的时间。北洋集团与以康有为为代表的资产阶级维新派和以孙中山为代表的资产阶级革命派一样，都是甲午战争之后中国新兴起的政治势力，都对中国社会的发展作出了贡献。北洋集团崛起于清末新政时期，在新政中发展成长，其举措顺应了中国历史的发展趋势，如练新军、办警政、兴学校、振工商、行自治等，他们对东北的治理和在收回路矿利权运动中的作为、所发起的清末禁烟运动等，有许多是令人称道的。尤其是在辛亥革命中，北洋集团没有为清政府殉葬，而是和革命党联合，共同推翻了清王朝，从而成为掌握国家政权的统治集团，北洋集团是辛亥革命的最大受益者。北洋集团是由清末的一种进步势力逐渐演化为阻碍中国社会发展进步的反动势力。在袁世凯称帝及其以后，北洋集团分裂为直、皖、奉三个派系，各派系为争夺政权混战不已、祸国殃民，北洋集团至此才发展为北洋军阀。如果一开始就称他们为军阀，就认为其具有反动性，那么对北洋集团的存在该作何解释？对北洋集团在上升时期对中国社会发展所作出的贡献该怎么评价？笔者认为只有用一个中性的词汇"北洋集团"对其进行研究，才符合历史的实际。笔者认为北洋集团的发展可以分为三个时期：从甲午战争后小站练兵到1911年辛亥革命前，为北洋集团的兴起和遭受挫折的时期；从1911年辛亥革命袁世凯重新出山、继任中华民国临时大总统到1914年《中华民国约法》公布,为北洋集团发展的顶峰时期;从袁世凯称帝败亡到张学良东北易帜,是北洋集团发展为北洋军阀时期,同时也是北洋集团的衰落和灭亡时期。

北洋集团发展演变为北洋军阀,从具有某种进步性的势力演变为反动势力,成为中国社会继续发展进步的障碍,也是符合历史的辩证法的。因为北洋集团是清末民初中国社会转型急剧加快时期形成的政治军事集团,其本身就是新旧矛盾的结合体,是一种亦新亦旧的政治力量,而不是中国社会最先进、最进步的力量。北洋集团是在旧的土壤中培育出来的,封建的东西根深蒂固,在旧的力量被推翻之后,这种力量可以取重一时,为人们所看重,但绝不能成为主导社会发展的力量。随着社会的发展进步,新的社会力量的壮大,这种力量必然为新的力量所取代。北洋集团就是这样的一种力量。辛亥革命前后,以孙中山为首的革命党代表了历史发展的方向,但革命党的力量还比较弱小,还不足以主导历史发展的方向。而北洋集团则为人们所普遍看中,"共和之局,既成于北洋武人,虽种因却是党人,然革命党在事实上不能立时居政治中心地位,而袁、段、冯、王诸巨头,又系前清达官,亦新亦旧之人,与当时新旧过渡时代尊官卑民之群众心理适相吻合。故北洋为世所重,民党为俗所轻"。[①]

北洋集团在清末新政中崛起,为中国社会的发展进步作出了一定的贡献,但北洋集团又是一个狭隘的利己集团,本身具有不可克服的新与旧的矛盾性,其在清末改革中的奋发努力,大都与其争夺权力紧密联系在一起,而不是为了民族的独立和富强。辛亥革命以后,随着北洋集团掌握了国家中央政权,其狭隘自私的一面恶性发展,最终成为中国社会发展的障碍。

总之,笔者认为应该称袁世凯的北洋势力为北洋集团,袁世凯以后的北洋势力发展为北洋军阀,北洋军阀是北洋集团发展的最后阶段。这样的表述也更为科学。

原载(《史林》2008年第3期)

---

① 吴虬:《北洋派之起源及其崩溃》,来新夏主编:《北洋军阀(一)》,上海:上海人民出版社,1988年,第1021页。

关于中华民国早期历史研究的几点认识与思考

近年来,对中华民国史的研究颇为学者所重视,出版和发表了一大批学术成果。但这些学术成果中,绝大多数为民国后期成果,有关民国早期历史的研究相当薄弱,应该引起我们的高度重视①。

一、如何理解中华民国早期历史的指称

所谓中华民国早期历史,一般称之为民国初年,更多的称之为北洋军阀统治时期,还有北京政府时期的说法,时间上是指中华民国1912—1928年的历史,前后共17年。中华民国早期与中华民国后期有着很大的差别:第一,首都不同,前者在北京,后者在南京。第二,国旗不一样,前者是象征中华民族五大民族,汉、满、蒙、回、藏的红黄蓝白黑五色国旗,后者是象征国民党统治的青天白日满地红旗。第三,宪法也不同,前者是以《中华民国临时约法》为主体,后者主要是《中华民国训政时期约法》及《中华民国宪法》。第四,控制中央政府的统治集团不一样,前者主要是北洋集团,后者主要是国民党集团。第五,统治形式不一样,前者主要是西方政治体制(至少形式上如此)加武人专权,后者是修正的西方政治体制——即党国体制、五权分立。

鉴于中华民国前后两个时期如此大的差异,我们完全可以对其前、后期单独进行研究,按统治集团控制中央政府,前者可以称之为北洋军阀统治或北洋

---

① 本文所述仅限于大陆地区,关于我国港台地区的研究,将另文撰写。

统治、北京政府统治时期，前人已经这样做了。比如，20世纪30年代出版的李剑农先生的成名之作——《戊戌以后30年中国政治史》，其实就是一部完整的北洋史。1957年春有来新夏著的《北洋军阀史略》（湖北人民出版社）①，继而又有陶菊隐的《北洋军阀统治时期史话》（1957—1959年由三联书店陆续出版）。钱实甫编著的《北洋政府时期的政治制度》一书，1984年由中华书局出版发行。20世纪90年代，作为中国史学会主编的《中国近代史资料丛刊》12种中的最后一种——北洋军阀资料，一下子出版了两套，即来新夏主编的《北洋军阀》（上海人民出版社，1988—1993年）和荣孟源、李宗一主编的《北洋军阀》（武汉出版社，1990年）。两套资料各有侧重，来新夏所编的资料侧重于北洋建军方面，即北洋军阀的渊源方面；荣孟源、李宗一所编的资料侧重于民国初年。20世纪至21世纪之交，北洋军阀史的研究曾经出现了一个小高潮，先后出版了两部较大部头的专著：来新夏在《北洋军阀史稿》的基础上扩充的《北洋军阀史》（南开大学出版社，2000年）；郭剑林主编的《北洋政府简史》（天津古籍出版社，2000年）。

进入21世纪以来，北洋军阀的研究继续受到人们的关注，如邓亦武著的《1912—1916北京政府统治研究》（湖北人民出版社，2006年），张华腾著的《洪宪帝制》（中华书局，2007年）、《北洋集团崛起研究》（中华书局，2009年）。

将中华民国早期历史单独进行研究，称之为北洋史、北洋军阀史或者其他称谓是完全可以的，也较为符合中国历史的实际。而且经过几代人的不懈努力，有关中华民国早期历史的研究也取得了不少学术成果，这是需要肯定的。然而仍需指出的是，与近代其他历史时期的研究相比，尤其是与中华民国后期历史的研究相比，中华民国早期历史的研究又显得那么薄弱：第一，没有形成一定的规模，成果较少。第二，研究队伍薄弱。第三，研究的深度和广度有待进一步的拓宽等。这与其所处的历史地位——中国由传统迈向现代的过渡或社会转型期是极不相称的。因此，笔者极力呼吁加强这一历史时期的研究。

其实，早在五六年前，学术界就已经开始关注这一时期的研究了。2006年

---

① 该书后来增补修订为《北洋军阀史稿》，1983年由湖北人民出版社出版。

8月，中国社会科学院近代史研究所与四川师范大学历史文化学院在北京联合举办了"'1910年代的中国'国际学术研讨会"。会后出版的论文集《一九一〇年代的中国》的前言中认为，学术界对这一时代的关注不够，是整个中国近代史研究的薄弱环节，"长期以来，学界可能更多地关注其'突变'的一面，以至于'辛亥'至'五四'之间的历史长期以来或多或少受到学界的漠视和'冷落'。民国初年乃至整个1910年代历史的研究，至今仍是中国近代史研究中相对薄弱的环节，这也是我们以'1910年代的中国'为主题召开学术研讨会，期以加强并深化对这段历史研究的初衷"[①]。

2013年10月底，中国社会科学院近代史研究所与四川大学在成都举办了"第二届中华民国史高峰论坛"，专门对中华民国北京政府统治时期的中国社会进行了讨论，取得了丰硕的成果。其中，对北洋军阀、北洋政府、北京政府等称谓问题的讨论更是达成了一定共识，即学者们一致认为，北京政府时期包括了北洋军阀统治，北洋军阀统治仅仅是北京政府时期的问题之一，北洋军阀统治代表不了北京政府时期的全部内容。

二、北洋军阀或北京政府统治时期的合法性问题

将北洋军阀或北京政府统治称为中华民国早期历史的合法性问题，即北洋军阀或北京政府统治的合法性，对此，国民党是不认可的。国民党等发起的"国民大革命"，是以北洋军阀为革命对象的。1928年，国民党北伐成功，北洋军阀统治覆灭。国民党废掉原来的五色国旗，宣布以国民党的青天白日满地红旗为新国旗，并将国都南迁，宣布中华民国的新国都为南京，同时将北京改为北平，就是否认北京政府统治的合法性，表示他们直接继承了南京临时政府，继承了孙中山的事业，是中华民国的正统统治。当然，国民党是统治中华民国的正统，就意味着北京政府统治的非法。从当年国民党的不认可，到后来我们共产党的不认可（当然，两党不认可是政治上的因素，学术研究中对之比较肯定）。尽管改革开放以来实事求是的优良学风得到恢复，但主体意识形态仍然如此，在国人的心目中，北洋军阀是一个令人讨厌的恶名词。在辛亥革命过了100

---

① 中国社会科学院近代史所中华民国史研究室、四川师范大学历史文化学院编：《一九一〇年代的中国》，北京：社会科学文献出版社，2007年。

年之后的今天，我们站在历史的新高度，应该把这个问题说清楚。对此，笔者有以下几点看法：

第一，辛亥革命是资产阶级革命党人发动和领导的，不承认这一点，就没有一点历史常识。武昌起义后各省纷纷响应，一个多月的时间，长江以南所有省份和清政府在北方的陕西、山西地方政权瓦解，宣布成立革命军政府，由此形成了辛亥革命的高潮。但这个高潮的形成，主要不是革命党人的力量如何强大，而是清政府的政策失误造成的。我们看到没有革命党人的地方也可以独立，江苏最为典型。江苏巡抚程德全在立宪派的支持下，将江苏巡抚衙门的牌子一换，改成了江苏军政府，为了表示革命，将房子上的瓦打碎了几片，就算革命了。

清政府决策失误主要是皇族内阁的出台和铁路国有政策。1911年5月，皇族内阁的出台表明了清政府立宪的真面目，使立宪派对清政府完全丧失了信心，由此由立宪走向革命，走向清政府的对立面。武昌起义后，各省的立宪派在革命过程中发挥了特别重要的作用。无论是湖北、湖南，还是江苏、浙江、陕西，因为他们在地方上的影响绝对比革命党人大，他们在清朝地方政府瓦解、革命军政府建立的过程中发挥了革命派无法起到的作用。铁路国有政策本身没有问题，关键是时机不好，中国人民经过艰苦卓绝的努力，刚刚从外国人手里收回来铁路主权，允许民办和商办，清政府却又以国有的名义让外国人修筑，刺激了民愤，激发了民众的爱国情感，从而使清政府的统治失去了合法性和正当性。另外，处理方式不对，立宪派将保路运动控制在和平请愿的范围之内，合理合法正当，而清政府却采取严厉镇压的手段，给革命造成了机会。

第二，这个问题搞清楚了，我们才能理解下面的问题，为什么武昌起义之后在那么短的时间辛亥革命就能达到高潮？14个省独立，但为什么他们没有力量去推翻清政府呢？南方也曾组织了六路北伐，南京城内也曾聚集了数十万军队，但结果如何？几乎没有成效。为什么没有成效？一是没有军费，缺乏物质基础的北伐仅仅停留在口头上，陆军总长黄兴为筹集军费、维持军队的安定而累得吐血。二是南方独立各省各自为政，一盘散沙，形不成革命的合力。南京临时政府的号令几乎不出南京城。有此两点，何能直捣黄龙，推翻清政府？

第三，直接推翻清政府的力量，是以袁世凯为首的北洋集团。袁世凯出山后，实际上形成了革命党、清政府与北洋集团三种政治势力。袁世凯在南下镇压革命的过程中，认识到革命形势的发展和清政府灭亡的大趋势，谋求与南方议和。他在与革命党人达成谅解后，就着手逼清帝退位，其内阁从北京内部逼，武汉前线的北洋军从外部逼。尤其是以段祺瑞为首的北洋集团高级军官两次公开发布通电，赞成共和，谴责和声讨满洲贵族。第一次通电是在1912年1月27日，段祺瑞联合了北洋集团46位将领，主张共和，"祺瑞等受国厚恩，何敢不以大局为念。故敢比较利害，冒死陈言。恳请涣汗大号，明降谕旨，宣示中外，立定共和政体"①。第二次通电是在1912年2月5日，段祺瑞联合了第一军8名协统以上的更高级将领，威胁清廷，恐吓皇族，"共和国体，原以致君于尧舜，拯民于水火。乃因二三王公迭次阻挠，以至恩旨不颁，万民受困……三年以来，皇族败坏大局，罪实难数……瑞等实不忍宇内有此败类也，岂敢坐视乘舆之危而不救。谨率全军将士入京，与王公剖陈利害"②。

该电发出后，段祺瑞还将他的司令部从武汉前线搬到保定，如果清帝再不退位的话就将北洋军开进北京。段祺瑞的这一通电，使满洲亲贵、少壮派贵胄丧胆，在退位问题上再也不敢议论什么了。满洲贵族在这样的前提之下才被迫宣布退位，清政府就是这样覆灭的。在这个过程中，以袁世凯为首的北洋集团是有功的，对此革命党领袖孙中山、黄兴等都是给予充分肯定的。例如，黄兴说，"此次民国成立，合南北军民一致而成，袁公之功自不可没"③。孙中山在向参议院举荐袁世凯为总统的咨文中更推崇袁世凯说："此次清帝退位，南北统一，袁君之力实多。"④ 随后参议院举行总统选举会，袁世凯以全票当选，说明南方达成了政治共识，全国各种政治势力达成了共识，中华民国大总统非袁世凯不可，袁世凯政府统治的合法性既有法律依据，又为各种政治势力所认可。在此前提下，1912年3月10日，袁世凯在北京宣誓就任中华民国临时大总统。3月底，南京临时参议院选举产生了新的政府。4月初政府北迁，中华民国北京政府正式确立。1913年4月国会开会之际，中华民国北京政府得到列强承认，

---

① 中国史学会主编：《辛亥革命（八）》，上海：上海人民出版社，1957年，第174页。
② 中国史学会主编：《辛亥革命（八）》，上海：上海人民出版社，1957年，第178—179页。
③ 黄兴：《复电江苏都督庄蕴宽及李书城》，《民立报》1912年2月24日。又见毛注青编著：《黄兴年谱长编》，北京：中华书局，1991年，第275页。
④ 中国社会科学院近代史研究所中华民国史研究室等编：《孙中山全集》第2卷，北京：中华书局，1982年，第85页。

直到1928年被南京国民政府所取代。

三、如何总体上认识中华民国早期历史或北洋军阀统治时期的民国初年社会

对中华民国早期历史，即对民国初年社会或1912—1928年的北洋集团、北洋军阀统治如何评价，长期以来甚至直到现在，学术界主流是持否定态度的，认为北洋军阀是黑暗统治，北洋军阀对内镇压民主力量，对外卖国投降，军阀割据，民不聊生。如果在过去的阶级斗争年代，如此说法还可以理解的话，那么今天仍然如此，就不能理解了。有学者认为，"北洋军阀集团的统治在卖国媚外的同时，对内则施行其凶残酷虐的统治"，"使中国进一步陷入半殖民地的深渊，丧权辱国，连年战乱，给人民带来了更加深重的灾难"。[①] 有学者认为，"1912年开始的北洋军阀统治，徒有中华民国虚名。在北洋军阀统治下，大大小小的军阀与帝国主义相勾结，或拥兵自重，或恃强凌弱，相互之间为了各自的利益，你争我夺"，"北洋军阀的黑暗统治"，导致了人民的反抗。[②] 这些著作是近年出版的在学术界颇有影响的大部头中华民国史专著。这些学者总体上对北洋军阀统治是持否定态度的。

我们抛弃感情因素，真正地、彻底地用历史唯物主义去审视中华民国早期历史，将会得出截然不同的结论。笔者认为，中华民国早期历史或者说北洋军阀统治时期或北洋社会是中华5000年文明史上一段独立、独特的社会，虽然时间不长，不到20年的时间，但却是独立发展的20年。这20年间的民国初年社会，是一个激荡、起伏、发展的社会，是近代以来变革最剧烈的时代，是进步发展的时代。当然，这一时代不是完美和理想的时代，而是一个过渡的时代，是社会发展的转型期，是一个充满矛盾的时代，新与旧、中与西、先进与落后、进步与反动、传统与现代并存，反对外国侵略与向西方学习同在，各种矛盾纵横交织，呈现出一个极端混乱的时代。其实，这是非常正常的现象，任何一个社会大变革时代莫不如此。民国初年也是这样，中国社会就是在混乱矛盾中发展前进的，这就是历史的辩证法。

---

① 来新夏等：《北洋军阀史》，天津：南开大学出版社，2000年，"绪论"，第31页。
② 朱汉国、杨群主编：《中华民国》第一册，成都：四川人民出版社，2006年，"总序"，第31页。

民国初年社会或者说北洋军阀统治时期,无论是政治、经济、司法、外交方面,还是思想文化、军事国防方面,都体现了社会的进步和发展。具体言之:

第一,政治上,由民主政治到中央专制集权重建,再到中央政权式微、地方势力坐大,这是传统的封建专制政治体制崩溃、西方民主共和政治体制尝试的时代。1912—1913年的中国,实行的是和西方完全一样的政治制度——国会、政党、宪法、内阁,三权分立。但尝试的结果,不是我们当年的知识精英所期盼的那样,实行了西方的政治体制,中国就可以富强了,一切问题就可以解决了。相反,专制体制的崩溃,造成了中国社会的无序和混乱,于是人们进行反思,得出的结论就是民国不如大清,起码在统治秩序方面不如大清。于是包括严复在内的知识精英带头倡导读经,出现了民国初年复古思潮。在民国初年复古思潮出现的同时,袁世凯扬弃了《中华民国临时约法》,炮制了《中华民国约法》,加强了专制权力,这是适应民国初年社会发展的,因此得到了国人的支持和谅解。但他专制集权过了头,尤其是再回归到旧形式的帝制时,就不为人们所容了。原来支持他的梁启超、蔡锷等进步党人,反而成为打倒他的主要力量。民国初年中国以共和之名,行专制之实,维护稳定的社会秩序,大力发展民族经济,则是最好的、最符合国情的政治制度。可惜袁世凯之后,中国没有再出现像袁世凯那样的权威人物,中央政权式微,地方势力坐大,武人专权,国家混乱的局面出现了。

第二,这一时期经济快速发展,是中国历史上经济发展好的时期之一。好到什么程度,到五四前后,中国资本主义发展到黄金时代,这是我们大家都认可的。关于中国民族资本主义发展的具体情况,我们可以用一组数字来表示:1912—1918年的6年间,投资总额比清末甲午中日战争之后到辛亥革命的16年的投资总额还多3000多万元。中国著名的资本集团,如钢铁大王、棉纱大王、造船大王、面粉大王等均是这一时期涌现出来的。工厂企业多了,工人阶级的队伍当然也壮大起来了。辛亥革命之前,中国工人阶级有60万,到1920年达到200多万。这一时期经济发展有许多方面的原因,如辛亥革命的影响,南京临时政府政策法令颁布,第一次世界大战的影响等。但忽略了一个最重要的原因,就是北洋政府的积极努力,尤其是袁世凯执政时期的努力。袁世凯政治上集权专制,但发展经济不遗余力。他继承、继续了晚清北洋新政的事业并进一步发展，制定了一系列发展经济的政策、法令、法规，重要的达40多项，① 为经济的发展奠定了政治基础和法制保证。袁世凯以后的北京政府，也都十分重视发展经济，这是这一时期中国经济发展的内在动力。

第三，思想文化方面是自由的，中国历史上继春秋战国以后的第二次百花齐放、百家争鸣的思想大解放，是在这一时期形成的，西方各种政治学说、学术流派都被接纳进来、相互交流、相互驳难，从而促进了思想文化的发展和人们的思想解放。

第四，外交、国家主权方面。北京政府实行妥协外交，但妥协不是投降，妥协伴有斗争。这一时期北京政府经历了中俄外蒙古谈判、中英西藏谈判、中日"二十一条"谈判等，谈判中虽然有妥协，但均坚持了国家主权。外蒙古被迫取消独立，回归到中华民族大家庭中来；北京政府拒不承认英国与西藏地方政府签订的《西姆拉条约》，使英国分裂西藏的阴谋没有得逞；中日关于"二十一条"的谈判，北京政府施展了一切外交手段，用尽了心计，虽然最后不得不答应日本的最后通牒，但绝不是承认、答应其"二十一条"要求，而是承认了部分要求，不超过10条。这些文献资料白纸黑字写得很清楚，但就是有人不尊重史实，硬说袁世凯接受了日本的"二十一条"要求，岂不太荒唐？就是巴黎和会，中国政府也尽了最大的努力，山东主权没有收回，外交是失败了。但我们得到的东西也不少，失败中有胜利，但从来没有人去说，更没有人去宣传。这是历史唯物主义吗？中国取得的第一个收获，就是中国在1917年参战时废除了中德、中奥条约，取消其在中国的条约特权。1917年8月14日中国对德国、奥匈帝国宣战时，同时声明废除1861年《中德条约》、1880年《中德善后章程》、1869年《中奥条约》，以及《辛丑条约》和其他国际协约中有关德奥的内容。战争结束后，中国需要通过和会对上述予以确认。所以在1919年3月9日，中国代表团向和会提交了我们对德奥的要求条件。和会基本上按照中国的要求作了决议，除山东问题另行处理外，这些内容列入了对德和约的第128—134条中。比如，德国将《辛丑条约》及其一切附件中所取得的特权、利益统统放弃，归还中国。再比如，要求德国将在天津、汉口的租界或在中国领土内所有属于德国政府之房屋、码头及浮桥、营房、炮台、军械及军需品、各种船只、无线

---

① 张华腾：《封建买办政权还是资产阶级政府？——1912—1915年北京政府性质新议》，《史学月刊》2008年第2期，第60—69页。

电报之设备及其他公产等让予中国。还有1900—1901年德国军队从中国取得的所有天文仪器,自该条约实施后12个月内归还中国。① 后来又经过1922年的华盛顿会议,北京政府最终解决了山东问题。

总的来说,北京政府不仅保住了清政府留下来的领土主权和权益,而且还部分收回,不能简单地将之称为一个卖国的政府。

原载(《河北学刊》2015年第9期)

---

① 《凡尔赛条约》,《国际条约集》(1917—1923年),北京:世界知识出版社,1961年,第131—132页。

北洋人物研究的几个问题

长期以来，学术界在北洋人物的研究中存在着一面倒的现象，即对北洋人物全面否定，没有任何肯定之处。近年来随着思想的进一步解放和实事求是学风的复归，学术得到繁荣发展，这种现象有所改变。但在北洋人物的评价中应该坚持什么原则，如何把握评价北洋人物的分寸，以避免翻案的嫌疑或戴上顽固保守的帽子。笔者以以下小文试图作一尝试，请同行给予指导和批评。

一、研究北洋人物需要遵行的原则

（一）历史唯物主义和辩证唯物主义的指导原则

以历史唯物主义和辩证唯物主义为指导来研究北洋人物，我们这里绝不是打招牌和说空话，而是真正要以历史唯物主义和辩证唯物主义为指导思想来研究北洋人物。历史唯物主义也好，辩证唯物主义也好，其精髓、核心思想就是实事求是。从毛泽东到邓小平，没有一个不讲实事求是的，但真正做到实事求是是很不容易的。很长时间以来我们评价北洋人物，就没有做到实事求是，而是形而上学，主观上先设定他是军阀，军阀就是坏人。既然是坏人，那么他所做的一切都是坏事，甚至从娘肚子里爬出来就做坏事。比如，对袁世凯这样一个北洋集团的领袖人物，有人说他一天好事也没有做过。真是这样吗？我们的回答是否定的。历史人物是丰富多彩的，北洋人物也是这样，具有鲜明的个性特色。有的北洋人物，如段祺瑞、吴佩孚、冯玉祥等，贪权而不贪财，清廉、刚正，有风骨；而有的人物则聚敛钱财、富甲一方。有的北洋人物对内专制、集权，镇压民主运动，如段祺瑞、吴佩孚等，但在对外方面坚持民族利益，其晚年坚持民族气节，拒不为日本人做事。甚至袁克定、曹锟这些臭名远扬的人物，其民族气节也令人可敬可佩。① 有的人在一些事件中主张对外妥协甚至使国家利益受损，如段祺瑞主持的西原借款，但在另一些事件上坚持国家、民族立场，如段祺瑞坚持对德宣战，加入协约国一方。正是把握了这一机遇，才使中国有机会登上国际舞台，在巴黎和会上向国际社会伸张正义。尽管中国在巴黎和会上失败了，但世界人民从此听到了中国人的吼声。所以不管段祺瑞犯有多少错误，他坚持参战对国家是有利的。当然也有少数北洋人物，如王克敏、王揖唐、齐燮元之类，认贼作父，甘当汉奸。对这些北洋人物我们都需要实事求是地进行分析，辩证地来看问题。我们将北洋人物僵化、格式化、脸谱化，统统定位为卖国反动的军阀，显然是非马克思主义的。对复杂的北洋人物，"马克思主义辩证法要求对每一特殊的历史情况进行具体的分析"。②

（二）民族独立与现代化的原则

所谓民族独立和现代化的原则，即一个人或者一个团体、一个政治派别、一个政党的所作所为，是为了中华民族的独立，是为了中国的现代化，凡是顺应这种趋势的，我们就给予较高的评价，给予肯定。这一原则适用于评价北洋人物。用现代化理论评价北洋人物，拓宽了我们的研究视野。

北洋人物为中国民族独立和早期现代化有没有做出贡献？回答当然又是肯定的。

以袁世凯为首的北洋集团在清末新政中大刀阔斧地进行改革，创造了北洋新政的辉煌业绩，他们是清末新政的引领者和创造者，"一时北洋新政，如旭日之升，为全国所具瞻"。③ 北洋新政推动了全国新政的开展，北洋新政的每一项措施都经朝廷谕旨颁行全国，"凡将校之训练，巡警之编制，司法之改良，教育之普及，皆创自直隶，中央及各省或转相效法"。④ 如果所有的督抚大臣都像袁世凯那样倾心新政，新政效果将更为突出，国家实力将大大增强。国家实力的增强，将为民族独立奠定坚实的基础。

---

① 袁克定后来家境极为困难，日本人要买袁氏在彰德的洹上村，袁克定拒不出卖。日本人要他出来做事，以此号召北洋人物，他坚决不答应。
② 《列宁选集》第 2 卷，北京：人民出版社，1960 年，第 857 页。
③ 周小鹃编：《周学熙传记汇编》，兰州：甘肃文化出版社，1997 年，第 278 页。
④ 徐文霨：《跋》，沈祖宪辑：《养寿园奏议辑要》，台北：文海出版社，1966 年，第 885—886 页。

在北洋统治的时代，尽管由于国弱民穷，在面对外国侵略时，北洋政府、北洋人物对侵略者有过妥协，如袁世凯曾屈辱地答应日本经过修正的所谓"二十一条"；但也有过激烈的斗争，中国政府承认的仅仅是"二十一条"的部分内容，而不是全部"二十一条"，如果说袁世凯政府承认了"二十一条"是对历史的不尊重，是滑天下之大稽。再如西藏问题，对西藏地方政府与英国签订的《西姆拉条约》，北洋政府坚决不予认可，曾经庄严声明："凡英藏本日或他日所签之约，或类似之文件，中国政府一概不能承认。"① 就是在与俄国妥协签订的《中俄蒙协约》中，北洋政府坚持将"外蒙古是中华民国的一部分"写入协约，坚持哲布尊丹巴呼图克图汗名号由中华民国大总统册封，外蒙古使用民国年历。在此前提条件下，外蒙古于1915年6月9日致电北京政府，取消独立及国号、年号，中国恢复了对外蒙古行使主权。② 北洋政府此举是不是在捍卫民族的利益和国家主权？

民族独立和现代化是互为作用的，争取民族独立就是为了实现现代化，没有现代化就不可能实现真正的民族独立。凡是为了民族独立和现代化而作出努力的人我们就应当给予肯定，不管他是北洋人物还是南洋人物。

（三）国家至上和民族利益至上的原则

我们评判北洋人物，还应该坚持国家至上和民族利益至上的原则。以国家利益和民族利益为最高准则，维护国家的统一，反对外国侵略是20世纪前半个世纪的主要政治目标，也是我们评价北洋人物的政治准则。阶级分析的原则和方法，实际上是与这一原则相违背的。比如，在日本提出侵略中国的"二十一条"时，中国因国弱无法以实力与日本进行抗争，以袁世凯为首的中国政府采取了与日本政府进行谈判的斗争方式，通过谈判，据理力争，避免民族利益受到更多损失。应该说袁世凯的这一斗争方式是见效的，经过3个月的谈判，日本没有完全达到他们的目的。我们视袁世凯政府的艰苦谈判而不见，认定参加谈判的人都是卖国贼，是对历史极端的不负责任。而当时及稍后的学者、外交家、历史学家都能从实际出发，对袁世凯及其政府的行为给予高度评价。例如，

---

① 《西藏地方历史资料选辑》，北京：生活·读书·新知三联书店，1963年，第300页，转引自李新、李宗一主编：《中华民国史》第二编上册，北京：中华书局，1987年，第237页。
② 李新、李宗一主编：《中华民国史》第二编上册，北京：中华书局，1987年，第218—219页。

当时在美国留学的胡适在日记中说:"吾国此次对日交涉,可谓知己知彼,既知持重,又能有所不挠,能柔也能刚,此则历来外交所未见。"①

著名历史学家蒋廷黻先生更把袁世凯等参加中日谈判的人称之为"爱国者,并且在当时形势之下,他们的外交已做到尽头"。②

近代著名职业外交家、参与中日"二十一条"谈判的顾维钧③,也称袁世凯"是一个爱国者,即他在处理对外关系中,特别是对日关系中,唯恐丧失中国的主权"。④

著名历史学家、中国近代史专家陈恭禄先生就袁世凯等的"二十一条"谈判给予客观公正地评价。他说:"就国际形势而言,中日强弱悬殊,和战均不利中国,衡其轻重利害,决定大计,终乃迫而忍辱签订条约,何可厚非!"⑤

笔者认为以上学者、专家对袁世凯等人的评价,其标准和指导思想都遵循国家至上和民族利益至上的原则,而不是某一个阶级和政党评价人物的标准。

抗日战争爆发后,中国共产党放弃了打倒蒋介石、打倒国民党反动派、打倒地主的口号,而提出停止内战,一致抗日的口号。共产党为什么要这样做?为了国家,为了民族,坚持国家至上和民族利益至上,如果亡国了还有什么政党和阶级,所以政党利益、阶级利益必须服从国家和民族利益。抗战期间我们共产党的做法赢得了其他政党和老百姓的拥护和支持,为最后的胜利奠定了基础。

当前最大的政治问题应该是中华民族的完全统一问题,我国对香港、澳门相继恢复行使主权,它们回到中华民族的大家庭中来。而台湾地区还存在一个独立的政治实体。邓小平同志提出的"一国两制"的思路解决台湾问题,其根本原则就是国家的统一、民族的统一。国民党等坚持一个中国的立场,坚持世界上只有一个中国,海峡两岸的人民都是中国人,所以我们就支持他,甚至抛弃了抗日战争胜利后60年的两党成见。2005年4月28日,胡锦涛主席在北京会见中国国民党主席连战,是民族利益、国家利益高于一切的典范之举,由此

---

① 胡适:《胡适留学日记》,上海:上海书店,1990年影印本。
② 《国闻周报》1933年12月4日,第10卷,第48期。
③ 最初袁世凯选择顾维钧参与谈判,但日本以顾维钧有美国背景为由予以反对。顾维钧虽然没有直接参加谈判,但参加谈判的幕后工作。
④ 顾维钧:《顾维钧回忆录》第一册,北京:中华书局,1983年,第367页。
⑤ 陈恭禄:《中国近代史》,上海:商务印书馆,1935年,第52页。

赢得了海内外华人的高度评价。所以我们评判中国近现代史人物也好，北洋人物也好，必须坚持国家至上和民族利益至上的原则。

（四）历史原则

历史原则即评价历史人物，不能脱离当时的时代，不能以现代人的思维去要求古人，要求前人，对古人、前人不能有过于苛刻的要求。历史人物的所作所为，不能超越他所处的时代，他当时只能那样做，这就是历史的局限性。过去我们很长时间的研究就违背了这项原则。比如，对袁世凯、段祺瑞、吴佩孚坚持的武力统一中国，我们是很不感兴趣的。其实在当时的情况下，统一中国只有两种方式，即武力统一、和平统一。在和平统一条件不成熟的情况下，武力统一无可厚非。孙中山先生不是也坚持武力统一吗？当然从现在我们的认知来看，和平统一最好，可以避免战争的破坏。但在和平条件不成熟的情况之下，武力统一就是选择，前提是为了国家统一。

郭沫若先生评价历史人物有一段精彩的论述，笔者认为用来评价北洋人物也是适用的："我们评定一个历史人物，应该以他所处的历史时代为背景，以他对历史发展所起的作用为标准，来加以全面分析。这样就比较易于正确地看清他们在历史上所应处的地位。"[①]

二、研究北洋人物需要几个方面的结合

（一）北洋人物与北洋社会的结合

我们评价北洋人物，离不开北洋人物生活的北洋社会。北洋社会是中华5000年文明史上一段独立独特的社会，虽然时间不长，不到20年时间，就是追溯到清末10年，也不过上下30年时间，但却是独立发展的30年。这30年间的清末民初社会，是一个激荡、起伏、发展的时代，是近代以来变革最剧烈的时代，是进步发展的时代，是中华5000年文明发展史上从来没有的时代。但长期以来的革命史观却不看好这一时代，极力否认这一时代的进步性与合法性，对民国初年以袁世凯为首的北洋集团统治，更视为黑暗的反动统治。当然，这一

---

① 郭沫若：《关于目前历史研究中的几个问题》，郭沫若著作编辑出版委员会编：《郭沫若全集·历史篇》第3卷，北京：人民出版社，1984年，第486页。

北洋人物研究的几个问题

时代不是完美和理想的时代,而是一个过渡的时代,是社会发展的转型期,是一个充满矛盾的时代,新与旧、中与西、先进与落后、进步与反动、传统与现代并存,反对外国侵略与向西方学习同在,各种矛盾纵横交织,展现出一个极端混乱的时代。其实,这是非常正常的现象,任何一个大变革时代莫不如此,中国社会就是在混乱矛盾中发展前进的,这就是历史的辩证法。清末民初时代与中国社会其他历史变革最大的不同是,这次变革发生在中华民族落后于西方欧美各国、民族不独立的时代,相对于其他时代,变革更为复杂、更为剧烈,是真正的历史大变革。

怎么看待生活在大变革时代的人物?我们评价生活在大变革时代的人物,即北洋人物,就应该以他们在这个社会中的变革、创新为主要标准,以他们对时代的贡献为标准。北洋人物是这一时代的统治阶级,他们为变革社会、社会发展作出了许多努力。就北洋领袖袁世凯来说,他在清末编练新军、创办警察、兴办学校、改良司法、发展实业、试行地方自治等方面,均有很多创举。即使在担任民国大总统时期,他制定了一系列发展经济的法令、法规,大大促进了中国民族资本主义的发展,这些是不是评价袁世凯的主流?

袁世凯如此,其他北洋人物亦然。1907年,东三省由军府制改为与其他省区统一的行省制,北洋人物徐世昌、唐绍仪、朱家宝、段芝贵被分别任命为东三省总督、奉天巡抚、吉林巡抚、黑龙江巡抚①,成为东三省最高军政领导。他们任职东北期间,大力推行新政,巩固加强东北国防,促进了东北地区的社会发展。②《盛京时报》曾发表社论赞扬徐世昌对东三省的初步治理时说:"徐督自授命出而总制东三省,当此草昧初开之时代,举凡改官更制,变法维新诸要政,斩棘披荆,事皆草创,而能于不数月间,已大概具有规模……东三省承将军统治之弊,数百年来,吏治因循,民生困敝已久在朝廷圣鉴之中,是以命徐督来三省,极力整顿,而依为东方之半臂"。③

北洋社会是一个过渡的时代,也是一个充满矛盾的时代,生活在北洋时代的北洋人物,必然受时代的局限,成为极其复杂的人物,在他们的身上充分体

---

① 段芝贵被弹劾去官,未能成行。
② 张华腾:《袁世凯对东北问题的关注与东三省改制》,《中国边疆史地研究》2010年第2期,第77—92、149页。
③ 《盛京时报》光绪三十三年(1907)八月十八日。

现出复杂性和多面性、新与旧、中与西、先进与落后、进步与反动、传统与现代并存。他们有许多失误和不足，有些甚至是致命的错误，但除了极少数民族败类外，大部分不能再以反动人物视之。

（二）北洋人物一生的考察

我们对北洋人物的评价，不能太宏观、太主观、太简单的轻易下结论，而应该多方面地了解，了解其一生的作为，分段进行评述，对其一生进行客观公正地评价。如果这样我们就会发现，有的北洋人物，其早期作为还是相当不错的。例如，张勋早年在中法战争中屡建功勋，"是年（1884）五月，在观音桥督队大捷出力，记保免补本班，以守备尽先补用，并加都司衔。八月在船头连捷出力，经督办广西军务巡抚潘鼎新等会衔奏保，免补外把千总，以守备尽先补用，并加都司衔，赏戴花翎。十一年（1885）二月，克复越南谅山省城、长庆府各城，经汇案内奏保，免补都司守备以游击尽先补用"，[①] 他在甲午中日战争期间"随毅军防守奉天"。[②] 战后袁世凯小站练兵，张勋"前来投奔袁世凯"。[③] 袁世凯对张勋也委以重任，任命其为中军官（介于今之副官长与侍卫长之间）。从此以后，终袁世凯一生，张勋追随袁世凯，成为他手下的一员猛将。日俄战争刚一停战，袁世凯就调张勋率北洋淮军马队10个营急速开进东北，接收东北主权。袁世凯在奏陈中说："东三省日本军队已撤地方，照约应由中国酌派军队，以资治安。现奉天北路日军，次第撤退，业经臣商明盛京将军赵尔巽，派正任四川建昌镇总兵张勋，督率所统淮军马队驰往，驻扎昌图府一带。"[④] 由此可见，在反外国侵略的斗争中，张勋曾经立下战功。而对张勋的这些作为，我们从来没有讲过，我们只知道张勋复辟，臭不可闻，这是否片面？

还有一些北洋人物，民国以来做了都督、将军、督军，成为某一个省区的领袖人物，一方面，为了权力争夺和资源的充分占有而不惜诉诸武力，进行军阀混战；另一方面，为了治理一方，保境安民，也曾采取发展经济、促进地方

---

① 秦国经主编：《清代官员履历档案全编》第8册，上海：华东师范大学出版社，1997年，第86页。
② 《张勋、康有为传》，《清史稿》卷473，北京：中华书局，1977年，第42册，第12827页。
③ 郭剑林：《北洋灵魂徐世昌》，兰州：兰州大学出版社，1997年，第34页。
④ 袁世凯：《请准将朝阳府吴燾调赴奉省襄理驻防营务片》，天津图书馆、天津社科院历史研究所编：《袁世凯奏议》下册，天津：天津古籍出版社，1987年，第1340页。

社会发展的措施,这些措施促进了这一地区的发展和进步,这也是应该给予肯定的。

时任安徽都督兼民政长的倪嗣冲是典型的北洋人物,他在参与一系列军事活动的同时,在安徽辖区严厉禁烟,其禁烟态度之坚决、实行禁令之严苛,是我们绝对想象不到的。例如,1914年1月,他发布禁烟令,要各县知事遵照办理,"令六十县知事:案查禁烟政策以禁种为第一要义。本省各属烟苗虽于去年三四月间经各该县知事先后报告净绝。诚恐乡愚无知,希图重利,仍旧私种。现值冬令,正烟苗出土之时,若不重申禁令,严切查禁,将何以绝根株而清毒源?除咨请都督府分别咨令各军队一体协办外,为此令行各该县,迅即查照本署从前通告:凡私种烟苗在20株以上者,立予枪毙,并将地亩充公办法。认真办理。一面出示晓谕,一面仍派员密查,双方并进,期无枉纵。该知事身任地方,于禁烟要政责无旁贷,倘虑匪徒抗拒,力有未逮,准由该县就近咨请驻扎军队协同查办,以利进行。本民政长仍派员周历各属,随时密查,倘该知事等视为具文,玩误要政,定予重惩不贷。懔之!慎之!仍将奉文日期报查。此令"。①

他同时发出禁烟公告,告知军民等人人皆知:"照得鸦片流毒中国百有余年。近来屡颁严禁,不啻三令五申。惟禁吸必先禁运,禁运必先禁种。前经本省通布各属,凡种烟苗在二十株以上者处以枪毙之刑,并将种烟地亩悉令充公。本都督兼民政长前在颍州督办剿匪,凡拿获种烟人犯亦均立予骈诛……本都督兼民政长不忍不教而诛,用特重申禁令,剀切晓谕。除通令各县知事切实禁止并随时派员周历各属,严密稽查外,为此布告,仰尔农民人等一体知悉。须知内地不种烟苗,外人即不运烟土,不种不运,自然无人吸食,不特鸩毒从此消灭,即农食亦更可充裕,实与国计民生均有裨益。自此次通布之后,务必谨遵前次禁令,已种者亟宜速自拔除,改植杂谷;未种者切勿轻于尝试,致犯刑章。倘敢故意抗违,一经查获,定即照章枪毙,决不宽贷。"②

1914年2月,倪嗣冲再次以民政长的身份发布禁烟令:"令六十县:案照禁种烟苗为近今要政,业经本民政长申明本省定章,通令切实查禁在案。兹复有本民政长撰拟布告分发各属张贴,俾众周知。为此训令该知事,仰将发来布告

---

① 李良玉、陈雷主编:《倪嗣冲函电集》,北京:社会科学文献出版社,2011年,第67页。
② 李良玉、陈雷主编:《倪嗣冲函电集》,北京:社会科学文献出版社,2011年,第68页。

遍行张贴，以免无知愚民误触禁纲，是为至要。仍将奉到布告日期及张贴情形具报查考。切切。"①

1914年4月，他再次发出禁烟公告，重点是严禁贩卖，"兹特严定禁运办法：凡私贩烟土10两以下者，除按律惩办外，并查明所运烟土重量，每土1两罚缴银币10元；其逾10两以上者，一经查出，即将私贩之人永远监禁并将家产查封充公，以昭炯戒"。②

仅此禁烟一项，就使我们对倪嗣冲这个北洋人物刮目相看。

倪嗣冲如此，北洋后起之秀——五省联帅的孙传芳亦如之，"在浙时收拾民心，与地方感情颇不恶。比至苏，首裁附加捐税，民誉大起。农田以负担减轻而涨价，闻最贵者至每亩值一百五十元云。某绅献策，请行亩捐，每亩征银二角，以助军费，传芳弗许也"。③

民心是评价政治人物的重要尺度，由此我们看到了北洋人物在各地统治的另一面。

对北洋人物不同阶段的作为，我们应该分别评述，而不能因为他们的一件事而否定其一生。例如，张勋复辟臭不可闻，但其抗法、抗日业绩值得称赞，这就是我们的认知，不能以点带面，不能以部分代替全体，而应该全面地看问题。

北洋社会是极其复杂的，生活在北洋社会的北洋人物也是极其复杂的，好人与坏人，进步与反动，卖国与爱国，前进与倒退，有的人可能集多种情况于一身，有的前后可能发生很大的变化，都需要我们根据掌握的第一手资料谨慎地分析，不可轻易地乱戴反动的帽子。

原载（《倪嗣冲与北洋军阀》，安徽人民出版社2013年版）

---

① 李良玉、陈雷主编：《倪嗣冲函电集》，北京：社会科学文献出版社，2011年，第74页。
② 李良玉、陈雷主编：《倪嗣冲函电集》，北京：社会科学文献出版社，2011年，第83页。
③ 徐一士：《一士类稿》，荣孟源、章伯锋主编：《近代稗海》第二辑，成都：四川人民出版社，1985年，第200页。

试论中国近代社会的发展演进——兼论北洋集团与中国早期现代化

长期以来,尤其是1949年中华人民共和国成立以来,我们对中国近代史、中国近代社会的发展、晚清社会变革的诠释局限在"以阶级斗争为纲"的单线突进的阶级斗争史观方面[①],把中国近代社会的发展进程具体限定在太平天国——戊戌变法和义和团运动——辛亥革命三大革命高潮层面,从而极大制约了对中国近代社会的客观研究。如果说这种革命史观的研究范式,在中国革命胜利后的一定时期内在理论界居统治地位是可以理解的话,那么中国在改革开放加速现代化建设的今天,仍然拘泥于这种研究范式,则就显得落后于时代和社会的进步。上述研究范式实际在改革开放的初期就遭到了激烈的挑战。李时岳先生提出太平天国——洋务运动——戊戌变法——辛亥革命四个阶梯的说法,来说明中国近代社会发展的基本线索,这相对于前者来说是一个大的进步。而实质上四个阶梯的说法仅仅是对三大革命高潮说的修正,还没有从根本上脱离阶级斗争史观的影响,连李时岳本人也如此说。[②] 20世纪80年代中期以来,伴随着中国现代化建设的实践和西方现代化理论的传入,学术界开始以现代化为中心研究中国近代史,对近代社会发展作出了新的解释,这是一种全新的视角,逐渐成为一种新的研究范式。这种新的研究范式,是对革命史研究范式的扬弃和发展。北京大学的罗荣渠先生、华中师范大学的章开沅先生和复旦大学的姜

---

① 这里所说的中国近代史、近代社会,是传统意义上的中国近代史,指1840—1919年的中国社会。
② 李时岳:《中国近代史主要线索及其标志之我见》,《历史研究》1984年第2期,第122—132页。李先生原话为:"四个阶梯对三次高潮并非根本对立,只是部分的修正和补充。"

义华先生等是中国现代化研究的奠基者，他们将西方的现代化理论中国化，形成了中国的现代化理论并各有自己的研究特色。① 到20世纪90年代，学术界发表和出版了一系列论文和著作，用现代化理论研究中国近现代史已为许多学者所接受。② 作者也曾进行过尝试，并撰写了《袁世凯与中国近代化》一书③，将袁世凯放到中国早期现代化进程中进行考察。本文在此基础上将进一步研究北洋集团在早期中国现代化进程中的作用。

一、为中国现代化正名

由于英语modern一词本身就有现代、近代之意，而将modernization译为日语，所使用的汉字就是近代化，所以中国学者在使用这一词时非常混乱，有称近代化者，有称现代化者。罗荣渠先生认为"近代化"概念不适用于中国史，应当统称为"现代化"，并对现代化的涵义作了界定。同时为了和国际学术界保持一致，也应规范学术用语，统称现代化比较科学。④ 但一些学者不赞同罗荣渠先生的意见，如山西大学的乔志强、行龙认为，"现代"或"近代"是相对于传统而言的，传统社会和现代社会是两种不同性质的社会，由传统社会向现代社会变迁的过程就是现代化的过程。就中国历史而言，1840年发生的鸦片战争可视为由传统社会向现代社会过渡的界标，因为从此以后传统受到了现时的严峻挑战，中国人对现代化的探索已经开始，中国近代史上发生的现代化过程便可称之为近代化过程。因此，结合国内史学界研究的实际，称之为"近代化"更为妥帖和符合实际。⑤ 学术界至今仍在自由地使用"现代化"或"近代化"，甚至在同一个作者的同一篇文章中表达同样的涵义时交替使用这两个词汇。但笔

---

① 罗荣渠：《现代化新论——世界与中国的现代化进程》，北京：北京大学出版社，1993年；罗荣渠、牛大勇编：《中国现代化历程的探索》，北京：北京大学出版社，1992年；姜义华：《港台及海外学者论传统文化与现代化》，重庆：重庆出版社，1988年；姜义华：《论中国现代化进程中矛盾取向的分合和市场化道路的择定》，《新华文摘》1994年第9期；章开沅、罗福惠主编：《比较中的审视：中国早期现代化研究》，杭州：浙江人民出版社，1993年。

② 较重要的著作有：许纪霖、陈达凯：《中国现代化史》，上海：生活·读书·新知三联书店，1995年；虞和平：《中国的现代化历程》，南京：江苏人民出版社，2002年。

③ 张华腾、苏全有：《袁世凯与中国近代化》，西宁：青海人民出版社，1999年。

④ 罗荣渠：《现代化新论——世界与中国的现代化进程》增订本，北京：商务印书馆，2004年，第1—8页。

⑤ 乔志强、行龙：《中国近代社会史研究中的几个问题》，《史林》1998年第3期，第44页。

者注意到,使用"现代化"一词表述近代社会变迁的学者日益增多,规范学术用语需要一定的时间。笔者个人则赞成罗荣渠先生的意见,但笔者认为,中国在1840—1919年期间的现代化运动毕竟和我们今天的现代化运动有着本质的区别,称这一时期的现代化运动为早期现代化更为科学。章开沅先生早在10多年前就曾有过界定,并较早地使用了早期现代化一词。他说:"中国近代史上的现代化,是一种半殖民地半封建状况下,畸形的、屡遭挫折的、甚至可说是失败的现代化。为了区别新中国建立前后的现代化,我们把前者叫做早期现代化,把后者称为现代化。"① 台湾学者李国祁先生在其所著的《中国现代化的区域研究——闽浙台地区,1860—1916》一书的绪言中说:"现代化是指一个地区或国家趋向于现代理性社会的各种变化,它的目标是在不断追求适合于现代社会所要求的各种理性化。由于现代在时间观念上是不断的在演进,而永无止境,其理性化自亦变迁不已,故任何地区或国家现代化的追求也是永无止境的。"② 其实,李国祁先生所表达的和章开沅先生所说的区分绝对现代化和相对现代化的意义是一致的。章开沅先生说:"现代化既然是一个国家从传统的农业社会向现代大工业社会转变和继续发展的过程,那么当然不可能一蹴而就,甚至直到今天,我们还不能说哪一个国家的现代化已经发展到了极限。""而相对意义的现代化关注的是从传统社会向现代社会转变的每一个过程和步骤,认为人们在心理、思想、政治、文化科学和生产等方面,不断摆脱陈腐过时的旧事物的束缚,追求新的变化和发展,不断在外来威胁或启示下作出新的探索和选择,都具有现代化的意义。"③ 本文是在这个意义上来理解中国早期现代化及现代性。

二、洋务官僚:晚清现代化的第一代领导力量

中国的早期现代化启动于19世纪60年代的洋务运动,终止于1949年中华人民共和国的建立,将近90年的时间。这90年又以1911—1912年的辛亥革命为界,分为两个时期,前一时期为晚清的现代化,后一时期为中华民国的现代

---

① 章开沅、罗福惠主编:《比较中的审视:中国早期现代化研究》,杭州:浙江人民出版社,1993年,第29页。
② 李国祁:《中国现代化的区域研究——闽浙台地区,1860—1916》,台北:台湾"中央研究院"近代史研究所,1982年,"绪言",第1页。
③ 章开沅、罗福惠主编:《比较中的审视:中国早期现代化研究》,杭州:浙江人民出版社,1993年,第36—37页。

化。而50年的晚清现代化运动，由三个不同的阶段组成，即洋务运动、戊戌变法和清末新政。三个阶段名称各异、实质相同，都是在清政府的领导下自上而下的现代化运动。中国的早期现代化是在遭受西方列强的侵略下，为了挽救民族危机和国家的富强而不得不采取的应变运动，属于外源性现代化，"外源性的现代化，特别是延误了的晚近现代化，在其启动阶段非经济因素大于经济因素的作用，其中最突出的是国家即中央政权在推动经济增长与社会变革的重大作用"。① 这不论是在欧洲的德国、俄国，还是东方的日本，以及后来走上现代化的第三世界各国均大体如此，国家、中央政权在其中发挥了重要作用。

晚清的现代化与以上这些国家形似而质异。表面上看，晚清现代化是由国家领导的，而实际上晚清的现代化是在缺乏中央权威的情况下进行的，这就涉及早期现代化的领导力量问题。这是现代化研究中出现的一个大的学术问题。西方欧美国家的现代化，由资产阶级领导，这是不言而喻的。中国的早期现代化，肇端于19世纪60年代，而这时候资产阶级还没有产生，中国早期现代化的起步，是由中国封建统治阶级中的改革派——洋务官僚集团领导的。章开沅先生等认为，中国早期现代化的起步阶段不仅是洋务派领导的，而且"在其后的半个世纪中，洋务官僚集团和整个清王朝统治集团的所作所为，尤其是他们的自救性改革，既有阻碍中国早期现代化的作用，亦有继续促成中国早期现代化的客观效果。直到中国资产阶级形成以后，中国早期现代化的任务才部分转移到了资产阶级的肩上。但即使在那之后，中国资产阶级也没有单独承担起早期现代化的责任"。② "1904年以后各地商会的相继建立，当可视为中国早期资产阶级初步形成的一个重要界标。" "1912年'全国商会联合会'这一全国性的资产阶级联合团体正式宣告成立，才使中国资产阶级的组织程度发展到一个更高层次，标志着中国资产阶级完整形态的最后形成。"③ "中国的资产阶级由于迟至20世纪初才初步形成，所以，在中国早期现代化发动之后的几十年间，资产阶

---

① 罗荣渠：《现代化新论——世界与中国的现代化进程》增订本，北京：商务印书馆，2004年，第197页。

② 章开沅、罗福惠主编：《比较中的审视：中国早期现代化研究》，杭州：浙江人民出版社，1993年，第83页。

③ 章开沅、罗福惠主编：《比较中的审视：中国早期现代化研究》，杭州：浙江人民出版社，1993年，第90页。

级没有也不可能真正承担早期现代化主干载体的历史使命。"① 既然中国资产阶级没有也不可能领导早期现代化,那么,在当时的历史条件下,晚清的现代化运动只能由封建统治阶级来领导。问题的关键是,封建主义的统治能不能引导中国走向近代化?这是在现代化研究中李文海先生提出的一个命题。他认为那些对此问题作肯定回答的学者,是"对中国近代化片面理解或片面解释的结果。在有些作者看来,中国近代化主要是指经济的近代化,或曰工业化;而经济的现代化,又主要是指办了多少工厂,修了多少公里铁路,开了多少矿,即使扩展一点,也主要是考虑派了多少留学生,办了多少新式学堂等"。对近代化的片面理解,必然要把走向近代化的主要功劳归之于封建统治阶级代表人物,因为只有他们才可能有条件从事开工厂、修铁路、派留学生等活动,不掌握或大或小统治权力的人,除了极少数的民族资本家外,是很难在这方面有所作为的。至于革命者或现存统治秩序的叛逆者,他们的主要精力在从事政治斗争甚至武装斗争上,哪里有可能去开工厂、修铁路?李文海先生的意见很清楚,也很值得重视,孙中山等革命党人的斗争,是为了民族独立和政治民主,所以在谈到中国近代化的历史进程时,绝不能把争取民族独立和政治民主的斗争,排斥在近代化内容之外,更不能人为地把二者对立起来。② 实际上,晚清的现代化运动是封建统治阶级领导的,而封建统治阶级中的掌握中央最高领导权的满洲贵族,腐朽落后,昧于世界大势,无力也不可能领导中国的早期现代化,中国的早期现代化是由统治阶级中的以汉族为主体的地方督抚领导的。晚清的现代化是由封建统治阶级领导的,但封建统治阶级不可能领导中国人民实现现代化,这是一个问题的两个方面。

满清皇室代表中国的国家权威,掌握中央最高领导权,但满清皇室无力也不可能成为现代化的领导力量。清王朝是一个以满洲贵族为核心的满汉地主阶级联合专制的封建王朝,自始至终实施民族压迫和民族歧视政策,满洲贵族处于绝对统治地位。清王朝继承和发展了历代王朝的专制主义中央集权制度并发展到登峰造极的地步,军机处的设立是其显著标志。清王朝立国以来曾经是一个非常强大的王朝,也曾涌现出了无数的英雄人物,康熙、雍正、乾隆三代创

---

① 章开沅、罗福惠主编:《比较中的审视:中国早期现代化研究》,杭州:浙江人民出版社,1993年,第95—96页。
② 李文海:《晚清政治革命新论·序》,长沙:湖南人民出版社,1997年。

造了中国历史上少有的康乾盛世。但是,乾隆末世以来,清王朝开始沿着历代封建王朝的旧轨走下坡路。满洲贵族经过200年的养尊处优之后腐朽堕落下去,乾隆以后诸帝几乎没有一个有作为的。尤其是末世王朝连续立了三个冲龄皇帝,更进一步说明满洲贵族的腐朽和后继无人。晚清50年的皇权实际上由慈禧太后来行使,而慈禧太后是一个完全不懂世界发展趋势而善于玩弄权术的人物,她关注的是她绝对权力,威胁她权力的人物都要被她搞掉。早期现代化进行初期,皇族奕䜣多少有些世界眼光,在对现代化的起步和地方洋务派的支持中发挥了重要的作用,但慈禧太后认为触犯了她的皇权而早早把他赶下台。慈禧太后即使对某些洋务活动有所支持,也大多是从平衡权力或维护统治方面出发,根本没有现代化的理想和目标。清王朝中央核心50年来没有一个有作为的政治人物,慈禧太后一类的人物执掌皇权近50年,这是晚清现代化最大的悲剧。后来成年的光绪皇帝试图摆脱慈禧太后的控制而奋发有为,毅然和以康有为首的维新派结合,领导了戊戌变法运动,但由于没有真正掌握皇权,又急躁激进,所以很快失败。慈禧太后以后的皇权由载沣行使,而载沣是满洲少壮派贵胄的典型代表,无知无能,更担当不了早期现代化领导的重任。

  中国早期现代化的领导力量是以汉族为主体的地方督抚。50年来的现代化运动中,以汉族为主体的地方督抚产生了前后相接的两代领导力量,第一代是以曾国藩、左宗棠、李鸿章等为首的地方督抚,即所称的洋务派。他们在王朝统治危机的关键时刻崛起,挽救了清王朝的危机从而成为地方上的实力派人物。他们在中央缺乏强有力的人物全面领导现代化的情况下,在镇压人民起义的过程中,在和外国侵略者的交往中,了解到世界的发展趋势,认识到中外的悬殊差距和面临列强进一步侵略的危机,中国正面临"数千年大变局,识时务者当知所变计耳,"① 于是发起了求强、求富的洋务运动,早期现代化艰难起步,一直到甲午中日战争告一阶段,共进行了30余年的时间。应该说洋务运动的现代化成就还是非常显著的,创办了中国第一批的现代工矿企业和交通、通信事业,兴办了中国第一批新式学堂,向欧美派遣了第一批留学生,创建了中国现代化的第一支海军……为后来的现代化奠定了一定的基础。但由于地方督抚各自为政,各自在自己的辖区进行现代化建设,有着极大的局限性。加上清廷为防止

---

① (清)李鸿章:《复鲍华谭中丞》,《李文忠公全集·朋僚函稿》卷11,台北:文海出版社,1968年。

洋务派势力的坐大,扶植顽固派以反对洋务派,顽固派的非难和制约,使洋务派的每一项现代化措施都倍加艰难,这就大大降低了他们进行现代化的速度和水准。而洋务派自身由于受儒家思想的影响颇深,恪守君臣大义,他们只能在清廷许可的范围内进行有限度的改革,而不敢越雷池一步,所以由他们领导的现代化运动是一次较低层次的现代化运动,始终局限在物质层面的某些内容,与日本的现代化运动不可同日而语。甲午中日战争中中国军事力量惨败于日本,是对中国早期现代化运动的一次检验。

三、北洋集团:晚清现代化的第二代领导力量

以袁世凯、徐世昌、唐绍仪等为首的北洋集团是晚清现代化的第二代领导力量①,他们继承了曾国藩、李鸿章等领导的现代化事业,继续深入发展,创造了比他们的前辈更加显著的现代化业绩。

20世纪初,清王朝在义和团运动、八国联军侵华之后,痛定思痛,启动了清末10年新政,清末新政实际上是清王朝在灭亡之前领导的又一次现代化运动。清末新政的现代化程度远比洋务运动要深刻得多,无论是物质层面还是制度层面,或者是其他层面,几乎是全方位的现代化,尤其是在制度层面有许多创新。比如,军事上创立常备军制;经济上制定和颁发了一系列经济法规;教育上废除科举制,创造新型学制;政治上也大有作为,1906年起开始实施"预备仿行立宪",准备由君主专制过渡到君主立宪的资产阶级政治体制。为此清政府改革官职,中央行政设立商部(后改为农工商部)、学部、巡警部(后改为民政部)、邮传部、法部、度支部、陆军部、海军部等12个部,1911年5月还设立了内阁。而在此之前颁布了《钦定宪法大纲》,中央还成立了资政院,地方设立咨议局,西方现代民主制度在中国已具雏形。

---

① 我认为第二代督抚主要有袁世凯、张之洞、刘坤一、岑春煊、徐世昌、杨士骧、周馥、唐绍仪等。张之洞既属于第一代,也属于第二代,介于两代之间。岑春煊是清末著名督抚,其思想、行为和办事能力以及受宠于西太后的程度与袁世凯相等,他在两广总督任上推行新政,政绩突出,可惜与袁世凯不合,其与袁世凯的矛盾和斗争影响了这一时期的现代化的领导力量和现代化的成果。刘坤一坐镇东南,对江南的新政建设起了重要的作用。但张之洞、岑春煊、刘坤一皆各自为战,没有形成一定的团体力量。而袁世凯、徐世昌、杨士骧、周馥、唐绍仪等督抚,皆为北洋集团的重要成员,形成了巨大的群体力量,他们相继在山东、直隶、东三省等地区推行新政,进行早期现代化建设,且成效显著,所以他们是第二代督抚中的核心力量,是这一时期现代化的重要领导力量。

长达10年的清末新政，现代化成果非常显著，中国社会发生了深刻的变化，这是非常可喜的。虽然新政表面上由中央政府主持，如新政之初设立督办政务处，后期设立宪政编查馆，清廷也频频颁发诏书，但实质上仍然是由地方督抚促动和领导的。首先，新政是地方督抚促动的，其中湖广总督张之洞、两江总督刘坤一和山东巡抚袁世凯做了许多工作，清廷不得不为之。其次，新政初期的方案是地方督抚制定的，清廷并没有拟定也不可能拟定出新政方案，而是以刘坤一、张之洞的江楚会奏三折为蓝本，吸收了袁世凯的部分意见而确定了新政的初步方案。新政中后期主要采纳了袁世凯的意见，以至于"朝有大政，每由军机处问诸北洋"。①天津袁世凯的直隶督署有"第二政府"之说。这种说法并不是什么秘密，而是当时人们都认可的，甚至公诸于报端。1906年12月22日《大公报》报道说："……近年来兴学、练兵、整饬吏治，各省之中直隶为第一，而练兵处、政务处之实权，亦不在北京而在天津，此第二政府之说所由来也。"② 新政运行过程中的每一项重大决策和措施几乎都是由督抚促动的，如科举制的废除、预备立宪方案的确定和实施等，袁世凯、张之洞作出了相当大的努力。所以新政名义上由清廷主持，实际上是由地方督抚领导和实施的。

以袁世凯为首的北洋集团是地方督抚中的核心力量，北洋集团成员中位至督抚的，除袁世凯以外还有徐世昌、唐绍仪、杨士骧、周馥、朱家宝、陈昭常、周树模、吴重熹等，以及相当于督抚的江北提督刘永庆、王士珍、段祺瑞，还有在中央行政各部的陈璧、严修、赵秉钧、杨士琦、梁敦彦、王英楷等，这是一支庞大的力量。北洋集团在新政中崛起，并成为现代化的主体领导力量。北洋集团在清末早期现代化运动中的作用主要有三：

第一，影响和促进清廷的现代化决策，如上述清末新政的启动、新政中的每一项重大决策，以袁世凯为首的北洋集团都在其中起了关键性作用。袁世凯对科举制度的弊端的认识十分深刻，"是科举一日不废，即学校一日不能大兴，学校不能大兴，将士子永远无实在之学问，国家永远无救时之人才，中国永远不能进于富强，即永远不能争衡于各国"。③ 他把废科举与人才培养、国家振兴

---

① 张一麐：《古红梅阁笔记》，上海：上海书店出版社，1998年，第43页。
② 《大公报》1906年12月22日。
③ 天津图书馆、天津社科院历史研究所编：《袁世凯奏议》中册，天津：天津古籍出版社，1987年，第736—737页。

试论中国近代社会的发展演进

紧密联系起来,所以连上数折要求废除科举制度,并最终迫使清廷于1905年废除。① 袁世凯在促动清廷立宪方面发挥了更大的作用。立宪派张謇在清廷颁布预备立宪诏书后曾高度评价袁世凯在促动清廷立宪时的作用。他说:"自七月十三日朝廷宣布立宪之诏流闻海内外,公(指袁世凯,下同)之功烈,昭然如揭日月而行。而十三日以前,与十三日以后,公之苦心毅力,如水之归壑,万折而必东,下走独心喻之。亿万宗社之福,四百兆人民之命,繫公是赖。小小波折,乃事理所应有。以公忠贞不贰之心,因应无方之智,知必有屈信尽利者。伟哉,足以伯仲大久保矣!"②

第二,推动了个别部门的现代化。北洋集团最初是一个军事集团,而北洋集团首先改革中国军事,袁世凯在甲午战争之后进行小站练兵,创立新军,创造了中国陆军现代化的奇迹。中国陆军骑、步、炮、工、辎重等各兵种的合成军制、常备军制等都是由北洋集团首先创立的,北洋集团的袁世凯、段祺瑞、冯国璋、王士珍等在20世纪初的短短几年内创建了6个镇又一个协的北洋新军③,总数达八九万人。北洋新军是清末新军的主体,是新军中最具有战斗力的现代化军队。外国人评论说:"按西方标准,袁世凯的部队是大清帝国唯一装备齐全的军队。"④ 当代学者经过对清末新军的研究,得出了同样的结论。例如,我国台湾著名研究新军的专家刘凤翰先生,对清末新军以兵源、干部、装备、训练、成军时间、战场经验及兵员满额与否为评定标准,将新军分为优、良、佳、可、差五级,其中优级四个镇,即北洋新军第二、三、四、六镇。北洋新军第一、第五镇和湖北新军第八镇为良级。⑤

北洋集团还创办了中国的巡警制度,推动了治安管理的现代化。巡警最早由袁世凯、赵秉钧、段芝贵等创办于天津,由天津扩展于整个直隶地区。在1905年五大臣出洋考察宪政被炸事件后,北洋集团在天津、直隶的治安模式又移植于北京。一个在京的外国人评价北京的警政说:"首都的警政大有改进。南

---

① 张华腾:《袁世凯与千年科举制度的废除》,《安阳师范学院学报》1999年第3期,第56—61页。
② 张謇:《为运动立宪致袁直督函》,张謇研究中心、南通市图书馆编:《张謇全集》第一卷,南京:江苏古籍出版社,1994年,第102—103页。
③ 北洋新军除第一至六镇外,还有第十三协,第十三协先驻守直隶正定,后移师江北。
④ (美)拉尔夫·尔·鲍威尔:《中国军事力量的兴起(1895—1912)》,陈泽宪、陈霞飞译,北京:中国社会科学出版社,1979年,第93页。
⑤ 刘凤翰:《论新军与辛亥革命》,"中央研究院"近代史研究所编:《辛亥革命讨论会论文集》,台北:"中央研究院"近代史研究所,1983年,第147—185页。

城由袁（世凯）从省会调来的一支兵力维持治安，他们控制的街头交通令人赞佩。各城门不再出现堵塞现象，人人都必须循序而行，不准许向前猛冲猛撞。即便是由德国兵驾着的笨重四轮马车，也不准破坏马路规章。有一个讨厌的士兵装腔作势不肯服从指挥，并且拔出他的刺刀来，维持治安的警察便吹起警哨把这个兵逮了起来，押到附近的警察所去。"①

此外，北洋集团还在其主管的练兵处、巡警部（民政部）、邮传部、外务部等推行现代化，推动了中央行政各部的现代化。

第三，北洋集团在其势力所及的地区推行现代化，促进了中国区域现代化。山东、直隶是北洋集团的大本营，北洋集团首先在这两个地区推行现代化。山东、直隶地区的现代化，尤其直隶的现代化，是全国的模范。直隶新政是清末新政的样板，为各省所效法，"各行省咸派员视察，藉为取法之资"②，"一时北洋新政，如旭日之升，为全国所具瞻"。③北洋新政指导、推动、影响着全国新政的开展，北洋新政的每一项措施经朝廷谕旨颁行全国，"凡将校之训练，巡警之编制，司法之改良，教育之普及，皆创自直隶，中央及各省或转相效法"。④北洋新政在清末新政中的地位由此可见一斑。1907年后，随着北洋集团势力扩展至东三省，他们又在东北地区推行新政。东三省总督徐世昌、奉天巡抚唐绍仪曾派考察团到直隶考察新政，将直隶新政模式移植于东北，"督抚两宪为整顿要政起见，日前派谢观察宗华赴北洋调查新政，以资参考。并咨行袁宫保云，东三省改设行省，所有应行举办各项新政至为繁要，亟应遴员调查，藉资考镜，兹派谢道宗华前往北洋考查财政、工艺、巡警、学堂及自治局各项办法情形，应请由贵大臣分饬各该局、所查照，俾便调查"。⑤经过北洋集团的共同努力，落后的东北地区也很快走上了早期现代化的道路。到1909年5月，东北地区仅新式教育一项，就可显示出东北早期现代化的水平。奉天省在北洋集团治理前，"光绪三十一年（1905）全省学堂仅四十九处"。经过徐世昌、唐绍仪等人的努力，到"三十四年（1908）增至二千一百二十二处。在堂学生总数三十一年计

---

① （澳）骆慧敏编：《清末民初政情内幕：〈泰晤士报〉驻北京记者、袁世凯政治顾问乔·尼·莫理循书信集（1895—1912）》上册，刘桂梁等译，北京：知识出版社，1986年，第431页。
② （清）甘厚慈：《北洋公牍类纂续编·序》，台北：文海出版社，1966年。
③ 周小鹃编：《周学熙传记汇编》，兰州：甘肃文化出版社，1997年，第278页。
④ 徐文霨：《跋》，沈祖宪辑：《养寿园奏议辑要》，台北：文海出版社，1966年，第885—886页。
⑤ 《盛京时报》光绪三十三年（1907）八月初一日。

二千四百六十九人，三十四年至八万五千四百三十七人"。① 学校数目增长了47倍，学生人数增长了35倍。吉林省"两年以来内而学务公所，外而劝学所，类尽厥职，而小学教育之研究，私塾之改良，亦复不后于奉省。统计全省学堂三十三年（1907）仅四十所，次年增至一百八十八所"，"学生已及万余人。边荒阻塞，风气大开，弦诵之声，几希内地。熟谓边地不可兴学，要在实心实力以提倡之耳"。② 黑龙江省"三十一年（1905）设立学务处，始有高等小学二校，其明年增至三十四，内有专门三，师范三、女子学堂二焉。自是以后，逐渐扩充，至三十四年（1908），而官立学校统计都一百五十七所，公立一所，专门、实业、师范、普通各校，粲然具备，在堂人数统计几七千人"。③ 东北现代教育虽然起步比较晚，但经过北洋集团的努力，其发展速度还是非常快，现代教育在东北已初见成效。

北洋集团与他们的前辈曾国藩、李鸿章等洋务派相比，其现代性较多一些。他们中的一些人，或留学海外④，或毕业于国内新式学堂⑤，或长期从事外交工作⑥，或到外国进行过考察⑦，他们对世界形势和各国的发展了解得更多一些，观念更新一些，向西方学习的力度更大一些，所以他们的现代化成就比洋务派更为突出一些。但他们和洋务派一样，都是清王朝的汉族地方官员，他们在现代化运动中增强的政治军事势力，威胁到清廷的统治，造成清廷的恐惧和不安，清廷在统治阶级内部扶持了一个反对北洋集团的集团，反北洋集团以满洲少壮派贵胄为核心，以御史为先锋，对北洋集团的发展给予制约，或设置重重障碍，或给予沉重打击。到1909年年初，清廷更将北洋集团领袖袁世凯开缺回籍，对北洋集团大打出手，北洋集团遭到严重的摧残。以载沣为首的清廷在解除了北洋集团对自身的威胁后，开始直接领导现代化运动，但他们的领导水平和能力、

---

① 徐世昌等编纂：《东三省政略》卷九《学务》，李澍田等点校，长春：吉林文史出版社，1989年，第1388页。
② 徐世昌等编纂：《东三省政略》卷九《学务》，李澍田等点校，长春：吉林文史出版社，1989年，第1413页。
③ 徐世昌等编纂：《东三省政略》卷九《学务》，李澍田等点校，长春：吉林文史出版社，1989年，第1425页。
④ 如唐绍仪、梁敦彦、段祺瑞等。
⑤ 如段祺瑞、冯国璋、王士珍、王英楷等。
⑥ 如袁世凯、唐绍仪、梁敦彦、梁士诒等。
⑦ 如严修、冯国璋、王士珍、陈昭常等。

素质太差，而借新政加强满洲贵族专制主义的中央集权却不遗余力，结果激化了各种社会矛盾，导致了清王朝的覆灭和早期现代化运动的失败。

北洋集团虽然受到满洲贵族的沉重打击，但实力仍在，特别是他们领导现代化的业绩，受到了国人的高度称赞，满洲贵族对他们的打击，反而进一步提高了他们的政治声誉。所以武昌起义爆发后，袁世凯一出山，北洋集团就迅速恢复元气，国人就把未来的希望投向北洋集团。北洋集团顺应中国历史的发展趋势，和南方革命党人联合，共同推翻了清王朝，建立起全国统一的政权，北洋集团从此成为掌握中央政权的统治集团。至于中华民国以后的北洋集团及北洋集团发展演变为北洋军阀，成为中国社会发展的障碍，则不属于本文的讨论范围。

原载（《史学集刊》2007 年第 6 期）

激荡、起伏、发展：清末民初社会的大变革——如何认识清末民初社会？

清末民初社会，即20世纪前20年的中国，是一个激荡、起伏、发展的时代，是中华5000年文明发展史上真正的大变革时代。早在此前的40年，即19世纪的60—70年代，中国的政治人物，如李鸿章就已经敏锐地觉察到这个时代的来临，以及与以往其他时代的不同。他多次反复地强调，"合地球东西南朔九万里之遥胥聚于中国，此三千余年一大变局也。……数千年大变局，识时务者当知所变计耳"。①"我朝处数千年未有之奇局，自应建数千年未有之奇业"。② 可惜李鸿章只看到了这个时代来临的外在影响，即资本—帝国主义的侵略，使传统的中国社会不能照旧下去了，不得不适应世界潮流，不得不发生变革。他没有也不可能看到这个时代之后的时代，中国社会内部的巨大变化，更是一个数千年未有之大变局。李鸿章为了他那个时代的变革曾经作出了相当大的努力，可惜仅仅是他个人的努力，以及与他有同样认识的少数官僚群体，即洋务派的努力，而整个国家尤其是民众的努力微乎其微。1901年李鸿章的去世，标志着李鸿章时代的结束，一个新时代——激荡、起伏、发展的清末民初时代的到来。

清末民初时代与李鸿章所处的时代有着明显的不同，最大的不同笔者认为有三点：

第一，作为一种整体的力量，封建顽固势力退居政治核心之外，已经不足以成为阻碍历史发展前进的障碍。李鸿章时代，自始至终存在着强大的顽固势

---

① 李鸿章：《复鲍华谭中丞》，《李文忠公全集·朋僚函稿》卷11，台北：文海出版社，1968年。
② 李鸿章：《议复张家骧争止铁路片》，《李文忠公全集·奏稿》卷39，台北：文海出版社，1968年。

力，上至掌握国家权力的满洲贵族，下至以四书五经为安身立命之基的八股士人，他们固守着数千年的伦理纲常和古圣先贤之道，反对一切新兴事物，反对一切改革。维新时期大学士徐桐的言论最为典型，即亡国也不准变法。而到了清末民初时代，虽然北京或各地仍存在着顽固势力，但封建顽固势力作为一个整体的力量已退居次要位置，各种政治势力在改革方面只是激进或温和的区别而已。正因为如此，清末民初的改革步伐大大加快。

第二，国家力量的初次显示。此一时期，掌握国家政权的政治势力，不管是前期满洲贵族势力，还是后期袁世凯的新兴北洋势力，都是持续改革发展的领导力量，国家政权——中央政府终于成为改革的领导力量。他们通过中央政权的力量，自上而下地推行改革，制定了一系列现代化的政策和法令，因此改革的成效比任何时期都显著。此一政治实践，与美国著名政治学家亨廷顿的"强大政府论"相吻合。亨廷顿认为，落后国家的现代化，必须有一个有能力制衡政治参与和政治制度化的政府，通过自上而下的改革才能取得实效。① 清末新政10年的运作和民国初年袁世凯政府及其继承者的继续发展，中国社会虽然没有发生质的变化，如日本那样成功建设为独立的现代化国家，仍然处于半殖民地半封建社会，但现代化量的积累方面已非常突出，有众多方面的制度创新。比如，政治层面：由君主专制到民主共和，再由总统制易为内阁制，宪法、国会、总统、政党，西方资产阶级政治民主制度和民主形式均被移植过来；经济层面：保护工商，奖励投资，经济法规，公司经营等带来的经济的持续增长，是过去一切时代所没有的②；教育层面：延续1000多年的科举制度得以废除③，新型学制得以全面贯彻，声光电化的教学内容，学堂、留学培养人才的途径和方式，新兴知识分子群体的成长，成为国家最为活跃、最富生机的力量；军事

---

① （美）亨廷顿：《变化社会中的政治秩序》，王冠华等译，上海：上海人民出版社，2008年。

② 袁世凯在发展实业、引进现代教育、制定商法、维持秩序方面确实起到了相当积极的作用。袁世凯统治时期，从1914年后开始，政治相对稳定，又由于第一次世界大战转移了列强的注意力，中国经济以极快的速度增长，袁世凯的政治顾问莫理循曾在1914年5月27日写给袁世凯的一封信中表示，自从1914年袁镇压了反对派以后，"国内形势已经大见好转，瞻望前途可安心无虑，全国各地均属安定，财政情况已臻无须担忧的地步，铁路与工业发展到处受到鼓励，在中国与外国的关系中，出现了不同寻常的友好迹象"。（澳）骆惠敏：《清末民初政情内幕：〈泰晤士报〉驻北京记者、袁世凯的政治顾问乔·尼·莫理循书信集（1912—1920）》下册，刘桂梁等译，北京：知识出版社，1986年，第347页。

③ 美国学者罗兹曼在《中国的现代化》一书中说道："废止科举划时代的意义超过了辛亥革命，其意义不亚于1861年沙俄政府的废奴和1868日本明治维新后的废藩。"

激荡、起伏、发展：清末民初社会的大变革

层面：武科考试废除，军官由学堂培养，新军取代旧军，成为国家新的国防力量，常备军、续备军、后备军的机制，步、马、炮、工、辎重等多兵种合成兵制的培养，缩短了与西方国家的差距……这一切的一切，都是过去一切时代未曾有过的变化。

第三，民众力量的政治参与，更是过去一切时代所未曾有的现象。由于"君子群而不党"的传统观念和清政府对集会结社的封禁，所以"党会二字，当时视如蛇蝎"①，人们往往把"结党"与"营私"、"作乱"联系在一起。强学会在北京成立后，"有闻强学会之名者，莫不惊骇而疑有非常之举"②，不久就被顽固派以"植党营私，贩卖西学"之名查禁。但在清末民初时代，人民大众的政治参与空前高涨，几乎无人不关心国家、民族的命运，言论、出版、集会、结社载在宪法，清末商会、农会、教育会等社团纷纷成立，遍及城市乡村，民国初年政党更如雨后春笋般迅速成长起来。据张玉法先生统计，到1913年，有名可查的党会竟有681个。③ 民众力量成为推动社会发展进步最有生机的力量。为推动清政府迅速立宪，立宪派组织发动了数次和平请愿活动。当满洲少壮派贵胄一味加强以满洲贵族为中心的中央集权，其立宪真面目彻底暴露后，立宪派及其支持者就抛弃了清政府，在武昌起义之后加入革命行列，加速了清王朝的灭亡。民国初年袁世凯执政，当他违背民意复辟帝制，做起中华帝国的美梦时，又是民众的力量，打倒了洪宪王朝。更有五四爱国精英，在国家危难之时，以"外争主权，内除国贼"为号召，最终赢得国家尊严。在国内政治形势的影响下，出席巴黎和会的中国代表团拒绝在《凡尔赛和约》上签字，中国人第一次向列强主宰的国际社会喊"不"，表明这一时期的民众力量开始主导中国政治的走向。

清末民初时代是一个激荡、起伏、发展的时代，是近代以来变革最剧烈的时代，是进步发展的时代，是中华5000年文明发展史上从来没有的时代。但长期以来的革命史观却没有看好这一时代，极力否认这一时代的进步性与合法性，

---

① 张元济：《追述戊戌政变杂咏》，中国史学会主编：《戊戌变法（四）》，上海，上海人民出版社，1953年，第351页。
② 梁启超：《莅北京大学校欢迎会演说词》，《饮冰室合集》文集之二十九，北京：中华书局，1989年，第2册，第38页。
③ 张玉法：《民国初年的政党》附录一《民初党会调查表》，湖南：岳麓书社，2004年，第460—533页。

视清末新政为"假维新"、"伪立宪",是腐朽落后的封建专制统治。对民国初年以袁世凯为首的北洋集团统治,更视为黑暗的反动统治。这种史观对号召和动员人们起来进行反帝、反封建斗争,加快中国社会的进步,凝聚人心等方面起了很大的作用,但无视这一时期中国政治经济、社会文化的巨大变革,无视这一时代的进步,任意主观的割断历史,是极其片面的,与唯物史观的实事求是精神相背离。30多年来的思想解放和改革开放的实践,解放了我们的思想,拓宽了我们的视野,重新审视这一时代的时机成熟了。

其实早在2006年8月,学术界就已经开始关注这一时代。中国社会科学院近代史所与四川师范大学历史文化学院在北京联合举办了"1910年代的中国国际学术研讨会"。在会后出版的论文集《一九一〇年代的中国》的前言中,一方面认为学界对这一时代关注不够,是整个中国近代史研究的薄弱环节,"长期以来,学界可能更多地关注其'突变'的一面,以至于'辛亥'至'五四'之间的历史长期以来或多或少受到学界的漠视和'冷落'。民国初年乃至整个1910年代历史的研究,至今仍是中国近代史研究中相对薄弱的环节,这也是我们以'1910年代的中国'为主题召开学术研讨会,期以加强并深化对这段历史研究的初衷"。另一方面,该前言对这段历史第一次给予全面的客观的评价和正面认识。

> 其实,在1910年代,中国政治经济与社会文化的激变,恐怕不亚于20世纪的其他年代。持续了2000多年的王朝帝制宣告结束,千百年来不曾大变的文言文被白话文取代。一直被士大夫尊崇的孔教成为被打倒的对象,另如新型西式政治体制的尝试,新兴政治力量的崛起,新文化与新思潮的澎湃,马克思主义的传入,苏俄取代欧美列强成为中国人期望学习的榜样,资本主义经济的发展经过了大约10年的'黄金时代',等等。其中任何一方面的发展均可留存于史册,并可为后来学者所长久探究。如何将这10年间发生的如此巨大的历史变迁,以新的视野和角度予以综合考察,探究其前后脉络,理清其前后演进过程,知其然以及所以然,是我们也是与会学者的共同期望。①

---

① 中国社会科学院近代史所民国史研究室、四川师范大学历史文化学院编:《一九一〇年代的中国》,北京:社会科学文献出版社,2007年,"前言"。

笔者这里所说的清末民初时代，要比上所界定的时间要长，包括清末10年和民国初期10年，即20世纪的前20年，即辛亥革命前后各10年。因为笔者认为清末与民国初期10年不能割裂开来，清末10年为民国初期10年奠定了基础，民国初期10年是清末10年的进一步发展，不管是政治制度还是文化教育，还是各种政治力量，均是这样的发展脉络。所以不能以清王朝的终结和中华民国的建立将二者割裂，将清末民初联系起来进行研究，更能客观反映这一变革时代的真实面貌。

这一时代之所以称为大变革时代，是因为这一时代发生了两件紧密相连的大事件：清末新政和辛亥革命。新政为革命奠定了思想文化、物质力量和阶级基础，革命是新政的必然结果，无新政则无革命，此其一。其二，中国社会发展的道路，20年间经过了两种类型的尝试，即一种是和平改良的方式，另一种是暴力革命的道路，两种方式两条道路，殊途同归，都促进了中国社会的发展和进步，都对清末民初社会产生了重大影响。

当然，这一时代不是完美和理想的时代，而是一个过渡的时代，一个充满矛盾的时代，新与旧、中与西、先进与落后、进步与反动、传统与现代并存，反对外国侵略与向西方学习同在，各种矛盾纵横交织，体现出一个极端混乱的时代。其实，这是非常正常的现象，任何一个大变革时代莫不如此，中国社会就是在混乱矛盾中发展前进的，这就是历史的辩证法。清末民初时代与中国社会其他历史变革最大的不同，是这次变革发生在中华民族落后于西方欧美各国的情况下。民族不独立时代，相对于其他时代，变革更为复杂，更为剧烈，是真正的历史大变革。

要全面分析、客观反映这一时代，应该说是比较困难的。首先，需要勇气，勇于对过去的研究进行反思。其次，需要智慧和力量，需要马克思主义理论的指导、研究方法的创新和新史料的挖掘和利用，需要多角度、多层面、大视野，需要学界同仁的共同努力。

原载（《新政、革命与清末民初社会研究》，河南人民出版社2010年版）

民国初年民主共和道路何其艰难?

辛亥革命的政治精英推翻清政府,选择了民主共和道路,初步实现了政治现代化。中华民国的政治制度几乎为西方民主国家的翻版,总统、总理,国会、宪法,政党、团体,选举、自由,应有尽有。谁也不曾想到,民主共和道路的运行,极其艰难。从1912年共和国诞生到1927年的15年,中华民国遭到两次劫难:一次是袁世凯解散国会,废除共和国象征的《中华民国临时约法》,进而废除中华民国国号,以中华帝国取而代之;另一次是张勋复辟,解散国会,请出清废帝宣统"临朝听政,收回大权,与民更始",将中华民国六年(1917)改为大清宣统九年,虽然昙花一现,仅仅维持了12天时间,但其影响和造成的后果极其严重。以后的北洋军阀当政,虽然不敢像袁世凯、张勋那样明目张胆,而是维持中华民国的运行,但与民主共和的真谛相去甚远,中国一直处于军阀割据、南北纷争的极度混乱之中。

一、共和道路何其艰?

美国、法国开辟的民主共和道路,为什么在中国实行起来如此艰难呢?当然,北洋军阀的破坏是第一位的原因。北洋军阀是以封建的私人关系为纽带、维系发展起来的一个以军人为主体的军事政治集团,他们在中国近代社会转型期间——由传统社会向现代社会转型的过程中,由于势力强大而登上中国的政治舞台,成为中国的统治阶级,他们又不同于那些传统的封建统治者,多多少少也接受了一些新思想、新观念,对中国社会的发展也作出了一些贡献,如改革军事,发展经济,振兴教育等,这是不能讳言的。但这个军事政治集团,根民国初年民主共和道路何其艰难？

植于几千年的封建专制主义传统之中，私念、权欲是他们的最大特点，与孙中山的"天下为公"理念的差距不仅仅是十万八千里之遥，对于西方民主共和制度的内涵和政治现代化更是一窍不通。辛亥革命期间，北洋集团的领袖袁世凯出于对国家政权的觊觎，才接受了共和主义，而对共和民主制度的遵守和共和制度对他的制约，总是那么的不适应，故利用掌握的国家政权，对共和民主制度肆意践踏和破坏。袁世凯以后的继承人更是等而下之。北洋军阀是阻挠破坏共和民主制度的最大祸首，是中国近代政治民主化的主要障碍。北洋军阀是这样，西南军阀和其他军阀，包括由革命党转化而来的军阀亦然，完全是一路货色。

但历史的发展和社会的进步绝非如此简单，细细想想，仅仅对北洋军阀和其他军阀的口诛笔伐是远远不够的，军阀对共和民主制度的破坏是表面或者说是表层的，民主共和道路在中国实行起来如此艰难还有更深刻的原因。① 换句话说，这种艰难也是很正常的，是近代中国社会的必然现象。为什么如此说呢？

首先，共和民主制是西方资产阶级彻底战胜封建势力之后采取的管理国家的一种政治制度，是资产阶级专政的一种形式，资产阶级完全掌握了国家的命运。中国行使共和制的大前提与西方不同。中国资本主义在19世纪末20世纪初虽然有了一定程度的发展，但在整个国民经济中的比重仍然很小，民族资产阶级的力量薄弱，且天生的软弱性、妥协性表现突出。辛亥革命实际上是一次反满的民族革命，革命推翻了清王朝，建立了中华民国，满洲贵族在革命中受到冲击，但整个汉族地主阶级的统治丝毫未受到损失。相反，由于民族革命的完成，汉族地主阶级的势力得到强化，成为资产阶级最主要的敌人。对此，资产阶级并无清醒的认识，反而天真地认为，"武装革命时期已过，当注全力以争国会与宪法，即为巩固共和实现民治之正规"。② 孙中山更认为，推翻满清，建立了民国，"民族、民权两主义俱达到"，今后资产阶级当致力于民生主义。于是，资产阶级"尽让政权于袁氏"。③ 在封建势力异常强大、资产阶级不掌握国家机器的情况下，企图凭借《中华民国临时约法》的法律条文来保障共和民主制的

---

① 张华腾：《代议制在中国的厄运》，《史学月刊》1989年第1期，第59—63页。
② 胡汉民：《胡汉民自传》，台北：传记文学出版社，1982年。
③ 《陈其美致黄兴书》，李剑农：《戊戌以后三十年中国政治史》，北京：中华书局，1965年，第167页。

行使，这真是一个天真的幻想。实践证明，"如果没有政权，无论什么法律，无论什么选出的机关都等于零"。①

其次，共和民主制的行使有一定的思想基础和文化传统。在西方，早在希腊、罗马时代就有了共和制度的萌芽，后来西方进入"黑暗的中世纪"，教会和封建势力强大，但从文艺复兴时代就开始对封建专制主义的批判，经过17、18世纪启蒙思想家的升华，民主思想已深入人们的观念之中。中国则不然，中国是一个有2000余年封建专制统治的国家，封建专制制度非常完备，专制主义的思想根深蒂固。虽然在明末清初的思想界闪烁了一些民主思想的火花，但始终没有蔓延开来。进入近代以来，由于时时遭受外国的侵略，挽救民族危机是时代的第一课题，而对专制主义的批判十分不力，以至于专制制度被推翻、共和制在中国行使之时，专制主义的思想并没有败下阵来，"皇帝虽然退位，而人人脑中皇帝尚未退位"。专制主义思想是共和制民主主义思想的大敌，不彻底批判、批倒专制主义思想，民主制就无容身之地。新文化运动的志士们意识到这一点，掀起彻底的不妥协的反对封建专制主义的思想革命。这场革命的影响是巨大的，是中国思想界所从来没有的。但它局限于少数知识分子之中，没有也不可能达到推翻封建专制主义思想统治的任务。

最后，共和民主制又是和资产阶级政党制紧密相连的。一般说来，在资本主义发展充分的国家，资产阶级的政党制度完备、政党稳固。政党是资产阶级的工具，他们之间没有根本利益的冲突，所不同的是统治手法、政策、策略的缓进或激进而已。各个政党都企图控制议会，由议会中的多数党出面组织政府，少数党利用议会对政府进行监督，一旦执政党失策或违背资产阶级的利益，执政党下野，在野党成为执政党出面组织新政府。所以，资产阶级利用议会，调节各政党、各派系之间的关系和利益，从而使资产阶级的统治得以长治久安。

在近代中国，资本主义的发展既不充分也不平衡，资产阶级在发展过程中不仅形成上层和中下层两个政治派别，而且还形成许多区域性的派别。同时，又由于几个帝国主义侵略中国，在华划分势力范围，造成了民国以来的军阀割据，还形成了依附不同军阀的资产阶级派别。特别是中国半殖民地半封建的经济，形成了众多的小资产阶级派别。这些名目繁多的资产阶级、小资产阶级派

---

① 《列宁全集》第11卷，北京：人民出版社，1963年，第98页。

民国初年民主共和道路何其艰难？

别各自代表了不同集团的利益，所形成的政党派别纷杂，极不稳固，他们的利益也很难趋向一致。这种情况反映到国会中也如是。临时参议院时代，主要政党有同盟会、共和党和统一共和党等。民国元年（1912）国会选举时有国民党、共和党、民主党和统一党四党竞选。此后不久曾一度形成了国民党、进步党的两党对峙，但顷刻消失。国民党分裂为癸丑同志会、政友会、相友会、超然社、集益社、潜社、国民党等七个团体，进步党内共和党分离独立。民国五年（1916）国会恢复后，这些派别曾一度复合为研究系和商榷系，旋又分离。民国十一年（1922）国会二次复会时，五光十色的派别则更多，不可胜计，令人目眩，"今日国会中以广义言之，则有拥黎（元洪）派、拥孙（中山）派、拥曹（锟）派、袒奉（张作霖）派、袒段（祺瑞）派。以狭义言之，则有益友、政学、研究、壬戌、适庐、乐园……宪友、西北后桑公园、化石桥五十六号各议员俱乐部之别"。[①] 国会中各派别之争斗，尤为剧烈，以致多次闹成武剧，议场成为肉搏疆场。正如人们所说，"近数载来，无论在南在北，国会已非复政治势力之中心，而内部之党争，则愈演愈烈，往往朝为友党，夕成仇敌，且必不知计划久远，置其一党基础于国民之上，而依附军阀，资为猎取一部分政权之口，逢迎以邀宠，挑拨以居奇，甲军阀与乙军阀间之嫌隙于以发生，复从而煽动之，终至酿成肉搏疆场之残剧"。国会中没有一个政党、派别能够左右国会局势，以至于从国会成立到国会被抛弃，宪法无出，议案了了。中国如是，举凡资本主义经济不发达的国家采用共和制者也莫不如是。这些国家的政局经常动荡，政治生活极不正常。例如，南美革命后的诸国，大部分采取共和政治体制，大部分国家政局混乱。

如果我们了解了以上情况，或者说你认为以上的分析有道理，那么你对共和民主制度在近代中国实行之艰难，则就不难理解了。

二、共和魅力之所在

不过话又说回来，尽管近代中国共和的道路如此艰难，但共和之路还是持续走了下去，除了两个吃了豹子胆的袁世凯、张勋敢于对共和制度开刀之外，其余任何军阀、政客，不论北方的还是南方的，势力大的还是势力小的，都在

---

① 《大公报》（长沙）1922年11月19日。

维护共和，尽管其骨子里还是封建的，如吴佩孚直系军阀搞的"恢复法统"的政治举措，竟然得到社会各界的支持。共和国的牌子，在洪宪帝制和张勋复辟之后，没有任何人敢于去触动它，任何一个政府，合法的也好，不合法的也好，都要打着中华民国的旗号来装潢门面。段祺瑞是袁世凯以后最大的军阀和实力派，他控制中央政府的时间最久，对体现共和民主制度的《中华民国临时约法》、第一届国会也最仇恨。他执政期间几次都拒不恢复《中华民国临时约法》和旧国会，第一次是1916年袁世凯死后，第二次是1917年张勋复辟之后，公开宣称："一不要约法（指《中华民国临时约法》），二不要国会，三不要旧总统。"[①] 第三次是1924年北京政变之后他任临时执政。但他的执政，都是在中华民国共和国号的中央政府下进行的，包括他最后的执政，其中央政府名之为"中华民国临时执政府"。如果说段祺瑞是留德军事学生出身，还有些政治头脑和见识的话，那么草莽出身的张作霖，在其他军阀都作了充分表演后的北洋政府末期，也有机会登上元首宝座，名之曰"中华民国安国军陆海军大元帅"，同样在中华民国的国号下行动。

南方的政治人物亦然。孙中山是中华民国的开创者，他要在中国实现真正的民主共和国，虽然不久失去政权，但其一生一直在为实现真正的共和国而浴血奋斗。当然他在辛亥革命之后三次在南方建立政权，均以中华民国称之。例如，1917年政权为"中华民国军政府"，1920年政权为"中华民国政府"（一般称孙中山为非常大总统），1923年为"中华民国陆海军大元帅大本营"。孙中山于1925年去世之后，中国国民党将其政府改组为"中华民国国民政府"，将中华民国继续传承下来。

西南其他政治人物，包括军阀和政客，更没有共和民主的观念和意识，但出于反对北洋军阀武力统一，从维护地盘、割据一方的利益出发，反对专制，维护共和民主制度，站在孙中山革命民主派一边。他们与孙中山面和而心非，甚至与北方军阀时有勾结。当北洋军阀对南方的攻势缓和或有某种利益交换时，他们肯定与孙中山翻脸，但始终也在共和民主的招牌之下。护国讨伐袁世凯帝制时，南方政府称"中华民国军务院"，行使中央政府职权。后来孙中山在南方进行护法运动，他们又站到"中华民国军政府"的旗帜之下，并且在排挤了孙

---

① 觉民：《天津通讯二》，《民国大新闻报》1917年7月23日。

中山之后,也一直以"中华民国军政府"称之。虽然在此之前的1917年11月,陆荣廷、唐继尧为了分孙中山大元帅的权势,提议成立西南各省联合会,与孙中山的军政府分庭抗礼,其全称为"中华民国护法各省联合会",虽然没有成功,仅仅是谋划,但同样在中华民国的旗帜之下。

以上情况说明,共和民主制度虽然在近代中国行使极其艰难和曲折,但一直持续和传承下来,这就充分说明,实行共和民主制度是中国社会发展的趋势,共和制具有其自身的魅力。

从现代化的视角看,现代化是人类社会发展的必然趋势,是不以人们的主观意志为转移的。现代化是一个系统工程,包括经济现代化、政治现代化、军事国防现代化、教育现代化、社会现代化等。而政治现代化的核心就是民主化,不管你是何种性质的国家,西方国家也好,非西方国家也好,都必须朝着这个方向走。西方国家先行一步,较早的建设成为现代化国家。中国则是在遭受西方国家不断侵略,沦为半殖民地半封建国家之后才艰难地走上现代化之路,是在其他领域的现代化程度都不怎么显著的情况下开始政治现代化。清末民初是中国政治现代化的起步阶段,其艰难曲折的道路也是非常正常的,但其发展的趋势是任何人也阻止不了的,这就是共和的魅力所在。

三、共和道路任重道远

在近代世界范围内,政治现代化的道路也并非共和民主道路一条,它与君主立宪的现代化道路虽然形式有异,但其实质是相同的,一国采取何种形式,走什么道路,关键是与该国的历史文化、地理环境、各个阶级在国家中地位的不同有关。中国在辛亥革命之际选择了共和民主道路,是历史的选择,这就决定了中国的政治现代化道路必须朝着这个方向前进,凡是不符合这个方向的其他选择,必然以失败而告终。袁世凯洪宪帝制、张勋复辟就是最好的说明。从这个意义上讲,孙中山先生具有非凡的远见卓识和洞察力,所以他既是中国民主革命的先行者,又是中国政治现代化的先行者和早期领导者,永远值得我们怀念和纪念。

共和民主制度是西方的舶来品,从制度文化的层面讲,外来文化只能与中国固有文化的冲突、融合,才能深深的扎下根来,而这个过程需要一定的时间,非短期所能见效。从这个意义上讲,民主共和道路在中国之艰难是正常的,也是可以理解的。反之，那种认为西方的东西都是好的，在中国都应该非常顺畅，通行无阻，瞬间就扎根、开花、结果，反而是不正常的，是不可理解的。

孙中山是中国共和民主制度的倡导者和实践者，他对革命和共和民主制度运行过程中的艰难情况曾经有所思考和反思。共和民主制度一定或者说必然在中国实行，但现阶段还有一些困难，如专制主义的影响、民众的文化素质和思想觉悟，即维新思想家和革命思想家共同的认知——改造国民性问题，必须根据中国国情，结合中国实际，一步一步来，一步一个脚印的走。他提出的实现共和民主政治的军政、训政、宪政"三步说"的设计和构想，应该说是比较科学的，是结合中国国情且具有中国特点的宪政思想，或者说是中国实行共和民主政治的必由之路。孙中山认为，由资产阶级革命党人领导的革命军起事，到革命完成、民主共和制度的实现，需要一个相当长的过渡时期，必须经过军法时期、约法时期，最后到达宪法时期。"第一期为军法之治。军队与人民同受治于军法之下……地方行政，军政府总摄之。""第二期为约法之治。每一县既解军法之后，军政府以地方自治权归之其地之人民，地方座谈会议员及地方行政官员皆由人民选举。凡军政府对于人民之权利义务，及人民对于军政府之权利义务，悉规定于宪法，军政府与地方议会及人民各循守之，有违法者，必负其责任。"革命之后的这个过渡期有没有具体时间呢？孙中山认为，"以天下平定后六年为限，始解约法，布宪法"。这就是孙中山提出的军政、训政、宪政"三步说"思想[1]，"此三期，第一期为军政府督率国民扫除旧污之时代；第二期为军政府授地方自治权于人民，而自总揽国事之时代；第三期为军政府解除权柄，宪法上国家机关分掌国事之时代"。[2] 孙中山的"三步说"，既表明他对民主共和的坚定信仰和不懈追求，又表明他一直为真正实现民主共和的目标寻求具体途径，使他的民主共和思想具有较强的现实性和中国特色。

1923年1月29日，孙中山于《申报》50周年纪念专刊上发表《中国革命史》一文，再次阐述他的"三步说"理论，"从事革命者，于破坏敌人势力之外，不能不兼注意于国民建设能力之养成，此革命方略之所以必要也。余之革

---

[1] 中国社会科学院近代史研究所中华民国史研究室等编：《孙中山全集》第1卷，北京：中华书局，1981年，第297—298页。

[2] 中国社会科学院近代史研究所中华民国史研究室等编：《孙中山全集》第1卷，北京：中华书局，1981年，第298页。

命方略,规定革命进行之时期为三:第一为军政时期,第二为训政时期,第三为宪政时期"。鉴于辛亥革命后中国民主共和道路的艰难,孙中山认为其主要原因就在于"由军政时期一蹴而至宪政时期,绝不予革命政府以训练人民之时间,又绝不予人民以养成自治能力之时间,于是第一流弊,在旧污未能荡涤,新治无由进行。第二流弊,在粉饰旧污,以为新治。第三流弊,在发扬旧污,压抑新治。更端言之,第一为民治不能实现。第二为假民治之名,行专制之实。第三,则并民治之名而去之也"。孙中山这里对于历史教训的总结,对我们今天研究这段历史,具有一定的借鉴意义。

以孙中山的实现共和民主制度的"三步说",建设中国共和民主国家,是孙中山结合中国国情的深度思考,是实现真正共和国的一个科学方案。可惜辛亥革命中的大多数政治家很少去考虑孙中山的这种科学构想,而是在武昌起义革命成功的革命激情中一步到位,直接将西方现成的共和国方案移植到中国。民国初年共和道路的实践,充分证明孙中山对共和道路的设计是科学的,是比较符合中国国情的。可惜我们很少有人进行这方面的研究。

孙中山去世后,其缔造的中国国民党和他的同志、朋友及部下,在苏联和中共的帮助下推翻了北洋军阀的统治,建立了中华民国国民政府,宣言要继承孙中山的思想和遗志,推行孙中山建立共和民主国家的"三步说",由军政到训政,再到宪政。但其实质是国民党一党专制,与孙中山的"三步说"理论形似而质不同,要建设真正的民主共和国,任重而道远。

原载(《反复:艰难的共和道路》,北方文艺出版社2011年版)

第二编 北洋史研究的几个问题

辛亥革命前后的北洋集团

北洋集团形成于晚清新政，是清朝统治阶级中的一支新兴政治势力。辛亥革命为北洋集团的发展创造了良机，北洋集团与革命党人合作，共同推翻了清王朝，北洋集团也由此掌握了全国政权，可以说北洋集团是辛亥革命的最大受益者。同时北洋集团又是一个狭隘的利己集团，掌握全国政权后不仅不抓住民国初年历史发展的极好机遇，与革命党人密切合作，致力于发展民族经济，反而排斥和打击革命民主力量。北洋集团的领袖人物袁世凯进而复辟帝制，导致了北洋集团的一次大分裂，严重削弱了北洋集团的实力。北洋集团是辛亥革命时期的一大政治势力，直接影响了清末民初的政局。本文试对辛亥革命前后北洋集团发展、分化情况给予简要的叙述，实事求是地评价其历史作用。

一、北洋集团的崛起和遭受的挫折

北洋集团兴起于甲午战争之后，最初是一个纯粹的军事集团，袁世凯充其量是一个新军将领，统率着一支新式军队。直到1899年12月清廷任命袁世凯署理山东巡抚，1901年11月又任命其为直隶总督兼北洋大臣，袁世凯从此成为清政府的封疆大吏，具有了地方军政大权，他不断地举荐他的军事将领和文职官员为各级政府官吏，北洋集团开始由军事集团向军事政治集团转化。在清末新政的进行中，北洋集团迅速崛起，到1906年前后，北洋集团的实力高度膨胀，没有任何一种政治力量与之抗衡。军事上袁世凯编练了六镇新军，每镇1.2万人，全军七八万人，而当北洋六镇成军时，全国各省还没有一个完整的镇，只有湖广总督张之洞编练的第八镇才初具规模；经济上北洋集团接收了李鸿章淮系集团的全部家底，李鸿章创办的大型近代企业，如上海轮船招商局、电报总局等先后转移到袁世凯之手，山海关内外铁路、津镇铁路等路矿企业也由北洋集团具体经营。北洋集团注意发展工商业，他们自己还创办了许多近代企业，如滦州煤矿、唐山启新洋灰公司等。近代企业奠定了北洋集团雄厚的经济基础；政治上北洋集团控制了中央的一些部门和部分省区。1904年杨士骧出任山东巡抚，1907年东三省改制，徐世昌任东三省总督，唐绍仪为奉天巡抚，朱家宝为吉林巡抚，段芝贵为黑龙江巡抚（因杨翠喜案被罢免）。同一时期严修为学部侍郎，王士珍为陆军部侍郎，朱宝奎为邮传部侍郎。袁世凯自己除直隶总督兼北洋大臣外，还身兼中央的督办政务处大臣、会办练兵大臣等八项职务。

以袁世凯为首的北洋集团，其主要成员都是汉族官员，他们或接受过西方的教育，或到欧美、日本进行过考察，或留心西学，对西方和日本有比较多的了解，对现实不满并有着强烈的改革愿望。他们一般都在某一方面有所长，是当时国内不多的人才。例如，军事上有北洋三杰段祺瑞、冯国璋、王士珍；行政上有徐世昌、唐绍仪、赵秉钧等；教育上有教育家严修等；经济上有企业家、理财家周学熙等。他们在新政中发挥出了他们的所长，取得了一定的成就。这批人以袁世凯为中心结合在一起而形成的北洋集团，和其他政治集团严格区分开来。他们是清朝统治阶级中的一股新兴政治势力，这股新兴政治势力在新政中兴起，在新政的不断深入中壮大成长。

北洋集团的迅速崛起给清王朝的统治造成了极大的威胁，引起了满洲贵族尤其是少壮派贵胄的恐惧和不安。北洋集团和满洲贵族集团之间的矛盾日益加深，使得满洲贵族集团开始削弱和打击北洋集团，1906年清廷借官制改革剥夺了袁世凯对北洋六镇新军的指挥权，开去了袁世凯在中央的八项兼差。1907年又采取明升暗降的手法调袁世凯入京做军机大臣。1909年1月，在西太后、光绪皇帝死后不久，清廷借故将袁世凯开缺回籍，给北洋集团以沉重的打击。袁世凯被罢免后，满洲贵族集团又对北洋集团的成员先后开刀，邮传部尚书陈璧和侍郎唐绍仪、民政部侍郎赵秉钧、学部侍郎严修、江北提督王士珍、铁路总局局长梁士诒先后被革职或自请辞职，北洋集团的实力被大大削弱。

北洋集团虽然遭受如此打击，但仍有一定的实力，其元气未曾大伤，尤其是北洋军的各级军官都是袁世凯一手培植起来的，满洲贵族无法在短期内予以取代。满洲贵族也担心对北洋集团打击过甚，引起北洋军的造反。袁世凯虽然被开缺回籍，但是他在距北洋最近的河南彰德府洹上村隐居下来，暗中仍控制着北洋集团。满洲贵族在打击北洋集团之后，亲贵掌权，昏庸无能，使朝政更加混乱。满洲贵族打击北洋集团，反而进一步提高了北洋集团的声誉，使北洋集团赢得了更多的政治资本。满洲贵族打击袁世凯，打击北洋集团，也使北洋集团认识到一荣俱荣，一损俱损，其凝聚力更强。北洋集团中的文臣武将，不时将朝政情况向袁世凯汇报，逢年过节，或袁世凯及其夫人生日，他们都前往洹上村看望袁世凯。袁世凯、北洋集团正在悄悄地等待时机。

二、北洋集团的发展

清末的北洋集团尽管是一个强大的军事政治集团，其势力遍布朝野，但毕竟是一个地方集团，局限于北洋一隅。辛亥革命为北洋集团的发展创造了良好的历史机遇，北洋集团顺应了历史发展的潮流，与革命党人合作推翻了满清王朝，从而掌握了中央政权，其势力由北洋、北方发展到全国。

从武昌起义到民国三年（1914），北洋集团经过了三次大的发展：第一次是武昌起义后袁世凯复出到就任内阁总理大臣，组织袁世凯内阁，袁世凯、北洋集团掌握了清廷的军政大权；第二次是南北统一，袁世凯就任临时大总统，北洋集团取得了全国政权；第三次是民国二年到民国三年，二次革命后到《中华民国约法》公布，北洋集团统一中国，北洋势力由北方扩展至南方。

（一）北洋集团的第一次大发展

1911年10月10日，武昌起义爆发，清廷内部缺乏强有力的人物镇压革命，不得不重新起用袁世凯，10月14日任命袁世凯为湖广总督，27日又授为钦差大臣，11月1日再任命为总理大臣。而随着袁世凯的出山，北洋集团的实力不仅迅速得到恢复，而且发展很快。袁世凯及北洋集团的主要军职人员首先掌握了对军队的指挥权。武昌起义后不久，清廷将北洋军及中央禁军编为第一、二、三军，第一军由陆军大臣荫昌率领开赴武汉前线，第二军由冯国璋督率听候调遣，第三军由军咨大臣载涛督率守卫京畿。三个军的具体编制在10月14日的上谕中说得非常清楚，"现在派兵赴鄂，亟应编配成军。著将陆军第四镇及混成第三协、混成第十一协编为第一军，已派荫昌督率赴鄂，其陆军第五镇及混成第五协、混成第三十九协，著混为第二军，派冯国璋督率，迅速筹备，听候调遣。

至京师地方重要，亟应认真弹压。著将禁卫军及陆军第一镇，编为第三军，派贝勒载涛督率，驻守京畿，专司巡护"。① 以上三军包括了袁世凯训练的北洋六镇的大部和由六镇派生出来的第二十镇，以及袁世凯下野后皇族专司训练的禁卫军，是清王朝在北方的劲旅。10月27日，清廷任命袁世凯为钦差大臣，节制所有调遣各军。清廷谕令说："湖广总督袁世凯，著授为钦差大臣，所有赴援之海陆各军，并长江水师，及此次派出各项军队，均归该大臣节制调遣。"② 袁世凯获得了前线军事的全权指挥后，于10月30日走马上任，并对军事进行了重新部署，除从前线调回荫昌由冯国璋接统第一军外，又任命段祺瑞为第二军军统。其在攻克汉口、汉阳后，任命段祺瑞署理湖广总督，兼领第一军，任命冯国璋为第二军军统。不久，又让冯国璋取代载涛，兼统禁卫军，而王士珍已经成为袁世凯内阁的陆军大臣。而在此之前，清廷还发出谕令："现在军事未定，所有近畿各镇及各路军队并姜桂题所部军队，均著归袁世凯节制调遣。"③ 至此，袁世凯、北洋集团中的主要军事将领掌握了清廷的军事大权。

北洋集团还掌握了清廷的政权。袁世凯于1911年11月1日被任命为总理大臣，后又经资政院选举通过，合法当选。袁世凯于13日回到北京，16日组成袁世凯内阁，外务大臣梁敦彦、民政大臣赵秉钧、度支大臣严修、陆军大臣王士珍、邮传大臣杨士琦、学务大臣唐景崇、海军大臣萨镇冰、司法大臣沈家本、农工商大臣张謇、理藩大臣达寿等11名阁员中北洋集团重要成员占了大半，其他阁员也大都为亲北洋人物，内阁完全在北洋集团控制之中。④ 袁世凯不久又逼迫摄政王载沣"辞退监国摄政王之位，不再干预政治"，"嗣后用人行政，均责成内阁总理大臣、各国务大臣担承责任"。⑤ 至此，北洋集团已经掌握了清王朝的军政全权，由一个地方性的军事政治集团发展为控制清廷军政全权的军事政治集团。

（二）北洋集团的第二次大发展

武昌起义后不久，北洋集团由一个地方性的军事政治集团迅速发展为控制

---

① 张国淦：《辛亥革命史料》，上海：龙门联合书局，1958年，第105页。
② 张国淦：《辛亥革命史料》，上海：龙门联合书局，1958年，第107页。
③ 《德宗景皇帝实录》，《宣统政纪》卷六四，北京：中华书局，1987年，第1186页。
④ 其中梁敦彦、张謇、严修未就职，由次官胡惟德、陈锦涛、熙彦署理。
⑤ 《德宗景皇帝实录》，《宣统政纪》卷六六，北京：中华书局，1987年，第1222页。

清廷军政大权的军事政治集团，但这时的清王朝，仅仅是半壁江山，南方各省和北方的陕西、山西两省，以及全国最大的城市上海，已经宣布独立。到1912年1月1日，独立各省又联合组成了南京临时政府，宣告了中华民国的成立。南北两个政权对峙的局面正式形成。历史为袁世凯、北洋集团又提供了一次选择的机会：要么背叛清廷，改朝换代，自立为帝；要么尽忠于清廷，做曾国藩第二，全力剿杀革命；要么和革命党人合作，共同推翻清王朝，在中国确立民主共和制度。在这历史发展的转折关头，尽管袁世凯有着夺取全国政权不可告人的企图，也玩弄了许许多多的卑鄙手段，但他最终和南方结成政治同盟，以北洋集团的实力，给清廷以最后一击，和革命党人共同推翻了统治中国268年的清王朝，实现了革命党人在辛亥革命时期的革命目标。

袁世凯、北洋集团作出了顺应中国20世纪发展潮流的选择，袁世凯、北洋集团也因此获得了第二次大的发展。1912年2月12日清帝退位，清王朝覆灭。2月15日南京临时参议院选举袁世凯为中华民国第二任临时大总统。3月10日，袁世凯在北京正式就职。袁世凯由北洋集团的领袖，一跃而为中国的最高统治者。

1912年3月底，中华民国第一届内阁在南京成立。4月，临时政府北迁，南北统一。北京政府是由北洋集团和南方共同组成的，是一个联合政府，但北洋集团在政府中居要职，唐绍仪、段祺瑞、赵秉钧、刘冠雄均是北洋集团中的主要成员，北京政府的军政实权由北洋集团所控制。尤其是唐绍仪内阁倒台后，继任的陆征祥内阁、赵秉钧内阁一切唯袁世凯之命是听，北京政府成为北洋集团的政府。

在地方上，北洋集团控制了北方数省的军政。1912年3月，袁世凯任命张锡銮署理直隶都督，周自齐为山东都督，张镇芳为河南都督。9月，改任冯国璋为直隶都督，11月任命张锡銮署理奉天都督。

民国元年，北洋集团不仅控制了中央政权，而且还控制了北方数省的军政，其势力大为扩展。所以说北洋集团是辛亥革命的最大受益者。

（三）北洋集团的第三次大发展

辛亥革命后，北洋集团虽然控制了北京政府，但北京临时参议院和后来的国会里边，革命党议员仍居多数，他们以《中华民国临时约法》赋予的同意权、弹劾权、立法权等对袁世凯及北洋集团进行种种限制和监督。在地方上，北洋集团也仅仅控制了北方数省，北洋军队也局限于北方。在南方，除湖北、浙江等省为立宪党人所控制外，大部分省为革命党人所控制，尤其是江西、安徽、广东三省，是革命党人的大本营。

1913年7月，北洋集团发动了对南方的战争，北洋军沿津浦、京汉路南下，迅速击垮革命党的军队。北洋军进驻长江中下游各省，"上自湖北，下至浙闽，均为北洋各军——亦即袁世凯之军队之征服驻防地"。①

袁世凯以武力统一了中国，征服了南方，将北洋集团的要员派往南方任都督，其中倪嗣冲为安徽都督，张勋为江苏都督（后改为冯国璋），李纯为江西都督，刘冠雄兼署福建都督，汤芗铭为湖南都督，将湖北都督、副总统黎元洪请到北京专任副总统，其湖北都督一职，先由段祺瑞兼任，继而改由段芝贵专任。至此南方各省的军政大权，均转移至北洋集团之手，"袁世凯扫荡南服，尽驱民党诸督，而代以己派人物，为袁氏劳力极胜时代"。②

北京中央政府方面，1913年7月，袁世凯任命进步党人熊希龄组织第一流人才内阁，但到次年2月就将第一流人才内阁赶下台，组织以徐世昌为首的纯北洋系内阁。这一年1月，袁世凯下令解散了国会。5月，又废除了革命党人制定的《中华民国临时约法》，颁布了北洋集团自己制定的《中华民国约法》。至此，北洋集团将任何政治势力排除在外，控制了从中央到地方的一切军政大权，确立起北洋集团的专制统治。由此北洋集团发展到了它的最高峰。

三、北洋集团的分裂

北洋集团发展鼎盛之日，亦是其衰败之时。北洋集团主要是以封建关系维系发展起来的，是一个狭隘的团体，没有理论指导，没有国家观念，所以它不可能维系太久。在北洋集团的发展过程中曾经出现过二次大的分裂。

---

① 文直公：《最近三十年中国军事史》，章伯锋、李宗一主编：《北洋军阀：1912—1928》第一卷，武汉：武汉出版社，1990年，第5页。

② 张一麐：《直皖秘史》，荣孟源、章伯锋主编：《近代稗海》第四辑，成都：四川人民出版社，1985年，第17页。

辛亥革命前后的北洋集团

（一）北洋集团的第一次分裂

北洋集团的第一次分裂是在洪宪帝制时。北洋集团统一了中国，确立起北洋集团的专制统治之后，适逢第一次世界大战爆发，西方帝国主义忙于厮杀，暂时放松了对中国的侵略，如果袁世凯以共和之名行专制之实，发展民族经济，致力于国家的富强，人们对袁世凯的统治还是给予认可的。袁世凯没有到此为止，反而进一步搞起了帝制。袁世凯复辟帝制引起了北洋集团的一次大的分裂，北洋集团的上层人物几乎都不赞成帝制，袁世凯最为信赖的两员大将，即段祺瑞和冯国璋，各以不同的方式抵制帝制。深知北洋内幕的张一麐说："民国成立，袁世凯以北洋派之盟主为第一任总统，冯段皆奔走效命，同襄内政。其时北洋派之团体，最为融洽。迨袁世凯称帝，则北洋派内部始分裂。时则冯在外，段在内，同以反对帝制闻。"[①] 帝制公开前，段祺瑞辞去陆军总长，赴北京西山养疴。他对帝制始终未赞一词。袁世凯接受帝制劝进后对文武百官进行封赏，在封赏的百多人中，唯独没有段祺瑞。云南独立讨袁后，袁氏曾请段祺瑞出任征滇总司令，他拒不遵命。1916年2月，他甚至不顾袁世凯的面子，公然倡导南北停战，维持共和。

冯国璋在二次革命后出任江苏都督，坐镇东南，称雄一方。袁世凯称帝后曾任命他为参谋总长，后来又让他代替段祺瑞兼理征滇总司令，他均无应命。相反，他却与反袁各派保持着一定的联系。尤其是1916年3月10日，他联合赣、浙、鲁等五将军致电袁世凯，请其取消帝制，给袁世凯以沉重打击。

周学熙是北洋集团财力的有力支持者，曾两任北京政府的财政总长，日本人称之为"中华第一理财家"，[②] 他对帝制"坚不附和"。[③] 张一麐是袁世凯的亲信幕僚，自入北洋幕府后，"参与文牍，无役不从"，但"独不赞成帝制"。[④]

袁世凯称帝，导致了北洋集团的一次大的分裂。袁世凯之所以失败，尽管

---

① 张一麐：《直皖秘史》，荣孟源、章伯锋主编：《近代稗海》第四辑，成都：四川人民出版社，1985年，第11页。
② 周叔贞：《周止庵先生别传》，周小鹃编：《周学熙传记汇编》，兰州：甘肃文化出版社，1997年，第278页。
③ 周叔贞：《周止庵先生别传》，周小鹃编：《周学熙传记汇编》，兰州：甘肃文化出版社，1997年，第41页。
④ 张一麐：《古红梅阁笔记》，上海：上海书店出版社，1998年，第71页。

有许多原因，但北洋集团的分裂，北洋集团上层多不应命是一个重要的原因。北洋集团重要成员反对帝制，是辛亥革命民主共和潮流在北洋集团身上的折射。

（二）北洋集团的第二次分裂

北洋集团的第二次分裂，发生在袁世凯死后，此时北洋集团失去了共同的领袖，内部四分五裂。先是分裂为以段祺瑞为首的皖系和冯国璋为首的直系，继之东北的张作霖发展为奉系。直、皖、奉三系为争夺中央政权和地方利益，同室操戈，战争不已，严重破坏了中国的社会经济。北洋集团经过这次分裂之后，已经无法形成一种强大的政治力量，其主要成员演化为大小不等的军阀，祸国殃民，已经完全成为中国社会发展的阻力。北洋集团的体系之所以又延续了10余年，是新生力量一时还不够强大的结果。

四、北洋集团的历史作用

辛亥革命前后的历史时期，是我国社会发展的一个极其重要的时期，是新旧变化非常剧烈的时期，是中国由传统社会向现代社会过渡的转型时期，在这一时期，在新的代表历史发展方向的力量还比较弱小的情况下，北洋集团作为一种新兴势力登上了中国历史的舞台，为中国社会的发展曾经起了一定的积极作用。但北洋集团绝不是一种全新的社会力量，它是在旧的土壤中培育出来的，封建的东西根深蒂固，是一种亦新亦旧的力量。在旧的力量被推翻之后，这种力量可以取重一时，为人们所看重，但绝不能成为主导社会发展的力量。随着社会的发展进步，新的社会力量的壮大，这种力量必然为新的力量所取代。北洋集团就是这样的一种力量。辛亥革命时期，以孙中山为首的革命党代表了历史发展的方向，但革命党的力量还不足以主导历史发展的方向，而北洋集团则为人们所普遍看中："共和之局，既成于北洋武人，虽种因却是党人，然革命党在事实上不能立时居政治中心地位，而袁、段、冯、王诸巨头，又系前清达官，亦新亦旧之人，与当时新旧过渡时代尊官卑民之群众心理适相吻合。故北洋为世所重，民党为俗所轻。"[①]

---

① 吴虬：《北洋派之起源及其崩溃》，来新夏主编：《北洋军阀（一）》，上海：上海人民出版社，1988年，第1021页。

（一）北洋集团对中国社会发展的积极作用

北洋集团作为清末崛起的一种新的政治力量，为中国社会发展所起的积极作用，主要表现在以下几个方面。

第一，北洋集团练出了一支近代化的军队，加强了中国的国防力量。甲午丧师，马关签约，割地赔款，举国震动，中华民族空前危机，中华民族空前觉醒。战后不久，全国掀起了一股练兵自强的热潮，北洋集团就是在这股练兵自强的热潮中兴起的，"袁世凯练兵，动机起于对外"。① 袁世凯采用西方兵制，结合中国特点，严肃治军，倾心练兵，他以天津武备学堂的优秀毕业生段祺瑞、冯国璋等为骨干，短短几年，就练出了一支近代化的军队——新建陆军。20世纪初，他又抓住新政的有利时机，大肆扩练新军，到1905年练出北洋六镇新军，总数七八万人。北洋新军的练成，标志着晚清军事改革取得了阶段性的成果，标志着中国陆军步上了近代化的轨道，标志着中国野战军的正式形成，在中国军事史上具有划时代的意义。② 北洋新军是清末民初中国陆军的主体，是中国最主要的国防力量。北洋新军的练成，使中国国防力量大大加强。尽管北洋军缺乏抵御外国侵略的战绩，但北洋新军是作为外国侵略的对立物而出现的，它的出现，改变了外国人对中国军队的看法。③

第二，北洋集团在清末新政中力行改革，成效显著，促使了中国社会的发展进步。直隶是遭受八国联军蹂躏最严重的地区，然而这一地区在新政中北洋集团的治理下发生了深刻的变化，一跃而成为全国的模范省。新政中清廷的每一项措施，几乎都是北洋集团在直隶先行创办，然后以朝旨的形式推行到全国，"朝有大政，每由军机处问诸北洋"④，北洋已经成为"新政权舆之地"，"各行省咸派员视察，籍为取法之资"⑤，"一时北洋新政，如旭日之升，为全国所具瞻"。⑥

---

① 吴虬：《北洋派之起源及其崩溃》，来新夏主编：《北洋军阀（一）》，上海：上海人民出版社，1988年，第1021页。
② 张华腾：《河间、彰德会操及其影响》，《近代史研究》1998年第6期，第77—98页。
③ 张华腾：《河间、彰德会操及其影响》，《近代史研究》1998年第6期，第77—98页。
④ 张一麐：《心太平室集》卷七，上海：上海书店，1991年，第469页。
⑤ （清）甘厚慈：《北洋公牍类纂续编·序》，台北：文海出版社，1966年影印本。
⑥ 周小鹃编：《周学熙传记汇编》，兰州：甘肃文化出版社，1997年，第278页。

新政对清王朝来说是无奈之举,但它是中国社会发展过程中的一次深刻变革,新政促使了中国社会的进步。北洋集团在新政中的积极态度和取得的显著成效,为北洋集团在后来的辛亥革命中取得全国政权,奠定了政治、经济、军事等多方面的基础。

第三,北洋集团与革命党结成政治同盟,在推翻清王朝的过程中起了一定的积极作用。袁世凯、北洋集团没有像当年的曾国藩湘系集团那样全力剿杀革命,而是采取了非常灵活的手段,在攻下汉口、汉阳之后,主动和南方谈判,抛出了和平的橄榄枝。南方在没有足够的力量推翻清政府的情况下接受了北洋集团的和谈要求。南北议和实际上是北洋集团和革命党的议和,在南北议和的过程中,袁世凯为了取得最高统治权而要尽了手段,但最终和革命党达成了推翻清王朝、确立共和制度的一致意见,这正是革命党人的初衷,也是辛亥革命要达到的革命目标。尽管革命党人为推翻清王朝作出了极大的努力,摧毁了清王朝在大部分省份的统治,但清帝的退位,清王朝最后的被推翻,是由袁世凯、北洋集团实现的。为逼迫清帝退位,北洋集团动用了北洋军队,段祺瑞联合46名北洋将领发出主张共和的通电,向清廷施加压力,给清廷以致命的一击。当清帝不得不退位,但在尽量拖延时间时,段祺瑞又与北洋第一军8名协统以上的将领再次通电,"谨率全军将士入京,与王公剖陈利害"。① 不仅如此,段祺瑞还将其前线司令部由湖北孝感撤至河北保定,作出率兵入京的姿态。在北洋集团的逼迫下,清帝不得不于1912年2月12日颁布了退位诏书,清王朝就此灭亡。

清王朝的覆灭是孙中山等革命党人长期奋斗的结果,这是毫无疑问的,但北洋集团给了清王朝以最后一击,因此北洋集团也是有功的。

(二) 北洋集团对中国社会发展的阻碍作用

辛亥革命后,北洋集团掌握了国家政权,但北洋集团没有像人们所期待的那样,以政权的力量大力发展民族经济,致力于国家的富强,而是竭力维护其北洋集团的利益,扼杀民主制度,摧残民主力量,进一步复辟帝制,成为社会发展的障碍。

---

① 中国史学会编:《辛亥革命(八)》,上海:上海人民出版社,1957年,第179页。

北洋集团对社会发展的阻碍作用,主要表现在以下几个方面。

第一,排斥异己,扼杀民主制度,摧残民主力量。北洋集团是甲午中日战争以后发展起来的一股新生政治力量,但这股新生力量,是袁世凯依靠封建关系发展起来的,没有国家观念,没有民主意识,北洋军人"心目中并不知有国家,只知有他们的袁公保"。① 北洋集团是一个非常狭隘的利己集团。北洋集团与革命党合作,共同推翻了清王朝,组成了南北统一的中华民国北京政府,虽然是各派政治势力组成的联合政府,但北洋集团在政府中居主导地位。医治战争的创伤,顺应民心,致力于发展民族经济,是北京政府的首要任务。但北洋集团极力维护本集团的利益,为此排斥异己,不择手段。唐绍仪是北洋集团的主要成员,因致力于北洋集团与革命党的合作,维护民国法制,而被迫辞去内阁总理,脱离北洋集团。国民党人宋教仁是一位年轻有为的资产阶级政治家,因致力于政党内阁,危及北洋集团的统治而被北洋集团暗杀。国民党江西都督李烈钧、安徽都督柏文蔚、广东都督胡汉民都因反对政府大肆借款而被解职。北洋集团更以武力消灭了南方国民党的力量。黎元洪以副总统兼领湖北都督的身份,帮助袁世凯镇压了国民党的二次革命,但因为黎非北洋系,所以将黎调离湖北,到北京做有职无权的副总统,而代之以北洋集团成员。北洋集团就是这样一个狭隘的利己集团,袁世凯张口我们北洋团体,闭口咱们北洋团体。正如时人所说:"袁始终不能化除畛域,高掌远蹠,转以'北洋'二字自限。"② 袁世凯如此,其他北洋集团成员也同样,"北洋元老王士珍与人通函,常用我北洋团体之句"。王占元在大庭广众下,自称'我们北洋派'。"③ 北洋集团作为国家的一个统治集团,而自限于团体之间,限制了自己的视野,其发展前景是暗淡的。

民主共和制度在中国的确立,更是资产阶级历尽千难万险向西方学习的结果,是资产阶级不惜以牺牲政权的利益同袁世凯妥协换来的,但袁世凯、北洋集团以制约其权力的行使而加以破坏和摧残。唐绍仪内阁垮台后,责任内阁精神不复存在,1914年1月,袁世凯更是明令解散了国会,5月又废除《中华民

---

① 张国淦:《北洋述闻》,上海:上海书店出版社,1998年,第29页。
② 岑学吕编:《三水梁燕孙先生年谱》,台北:文海出版社,1972年影印本,第115页。
③ 吴虬:《北洋派之起源及其崩溃》,来新夏主编:《北洋军阀(一)》,上海:上海人民出版社,1988年,第1021页。

国临时约法》，民主共和制度被破坏无余，中华民国仅剩下一具"民主"的躯壳。

第二，辛亥革命后，北洋集团丧失了中国两次难得的发展机遇。第一次机遇在1912年年初清王朝被推翻之后，人们对新生的共和国、对袁世凯寄予莫大的希望："推翻四千余年之专制政体，而易建共和，实为我国历史上一重大转变，况当国难日亟，腐败之满清政府覆亡之后，国人于民国元首有非常属望，固也。"[①] "在此际革故鼎新，人多朝气，内而台阁，多属名流；外而封疆，多属首义，一时物议，庶几长此可以久安，目前可以图治。"[②] 如果袁世凯、北洋集团抓住这难得的历史机遇，顺应民心，与革命党人携手合作，励精图治，共谋建设大计，那将是中华民国史上的一次辉煌大业。但袁世凯却反其道而行之，不仅不与革命党人合作，反而大打出手，以武力消灭革命党人的力量。

第二次机遇是在二次革命后，袁世凯确立了北洋集团的专制统治。北洋集团经过两三年的努力，将国民党的力量消灭殆尽，国民党领袖孙中山、黄兴等逃亡海外，进步党在被短期利用之后也遭遗弃，北洋集团统一了全国。北京政府完全由北洋集团所组成，国内也几乎没有任何反对北洋集团的力量，经济又明显好转，而此时正当第一次世界大战爆发，西方列强暂时放松了对中国的侵略。如果这时北洋集团励精图治，致力于国家的经济建设，中国还是很有希望的，人们对北洋集团的专制统治也是可以接受的。"当欧战延长之际，乃吾国内政岌岌之日，借以立国延命者，在此时乎！"[③] "又窃尝谓当新约法公布、大总统集权制告成后，袁氏而能公忠谋国，无洪宪帝制之事，则其时人心厌乱，局面小康，财力称阜，足谋建设，而欧洲方多事之秋，正中国大有可为之时也。"[④] "民国四年度，为我国财政之黄金时代，当时财政已能收支相抵，为后来所未

---

① 白蕉：《袁世凯与中华民国》，荣孟源、章伯锋主编：《近代稗海》第三辑，成都：四川人民出版社，1985年，第275页。

② 蕉鹿客：《十年前洪宪纪元之回想》，荣孟源、章伯锋主编：《近代稗海》第三辑，成都：四川人民出版社，1985年，第270页。

③ 康有为：《康有为再与袁世凯促退位远游书》，荣孟源、章伯锋主编：《近代稗海》第三辑，成都：四川人民出版社，1985年，第256页。

④ 白蕉：《袁世凯与中华民国》，荣孟源、章伯锋主编：《近代稗海》第三辑，成都：四川人民出版社，1985年，第275页。

有。"① 可惜，北洋集团又没有抓住这次机遇，北洋集团的领袖袁世凯利令智昏，搞起了复辟帝制。

第三，逆历史潮流而动，复辟帝制。民主共和是 20 世纪初中国社会发展的历史潮流，虽然西方的民主共和制度移植到几千年封建专制统治后的中国，还需要一定时间的磨合，也需要与中国本土文化很好的结合，但这股潮流是大势所趋，是任何力量也扭转不了的。袁世凯称帝失败就是很好的说明。

袁世凯称帝造成了中国社会的政治动荡，破坏了中国的社会经济。袁世凯称帝也严重削弱了北洋集团的实力，袁世凯死后北洋集团再也没有力量统一中国。

第四，北洋集团酿成了长期的军阀混战，祸国殃民，严重阻碍了中国社会的发展。袁世凯死后，北洋集团失去了共同的领袖而四分五裂，北洋集团成员演变成大大小小的军阀，大小军阀为争夺中央政权和各方面的利益而诉诸武力，战争不已，甚至为发动战争不惜出卖民族利益。北洋军阀已完全成为中国社会发展的阻力。打倒北洋军阀统治成为中国社会各个阶级、各个阶层，各派政治势力的共识。随着新的民主力量的不断成长壮大，北洋军阀的灭亡已经为时不远。

原载（《民国档案》2004 年第 2 期）

---

① 周叔贞：《周止庵先生别传》，周小鹃编：《周学熙传记汇编》，兰州：甘肃文化出版社，1997 年，第 223 页。

袁世凯对东北问题的关注与东三省改制[①]

20世纪初,中华民族最大的民族危机就是东北问题。先是沙俄乘中国爆发义和团之际派兵十几万开进东北,企图将东北变成他的黄色俄罗斯,由于中国人民的强烈反对和国际干涉,不得不分期撤兵。但在撤兵的过程中,沙俄又向中国提出七项无理要求,由此引发了中国人民的拒俄运动。企图独占我国东北的沙俄与同样对我国东北有野心的日本之间的矛盾冲突,引发了1904—1905年的日俄战争。日俄战争之后,沙俄退居"北满","将南满"的权益转让给日本。而日本绝不满足于获得沙俄转让的权益,加紧了对中国权益的掠夺,东北民族危机进一步加深。

面对东北危机,清政府各种政治势力的态度如何,是衡量其爱国性的重要尺度之一。在各种政治势力之间,以袁世凯为首的北洋集团的态度最为积极,袁世凯促发了清政府对东北加强治理、对东北体制进行根本改革。为开放东北,建设东北,抵制日俄的进一步侵略,袁世凯作出了种种努力,虽然没有根本解决东北问题,但袁世凯及其北洋集团代表了中华民族对国家权益的极力维护和对外国侵略势力的反抗,这应该是引起我们注意的一个问题。但长期以来,我们把袁世凯的这一爱国举措,仅视之为向东北的一次势力扩张。[②] 近年来学术界已经有人开始关注这一问题,但人们仅仅注意到北洋集团对东北的治理,注意

[①] 本文是作者国家社科基金项目《清末新军研究》(批准号:09BZS029)和陕西师范大学社科基金项目《袁世凯与日本关系研究》的子课题。

[②] 杜春和等编:《北洋军阀史料选辑》上册,北京:中国社会科学出版社,1981年,第51页。

到徐世昌、赵尔巽的作用,却忽略了袁世凯的努力。① 本文则着重探讨袁世凯对东北问题的关注,对东北主权、利权的维护及其在东北改制中的作用。

一、袁世凯对东北问题的关注

袁世凯于1901年11月继李鸿章之后出任直隶总督兼北洋大臣。而直隶总督兼北洋大臣的职责本身对东北有一定的责任②,所以就目前我们接触到的资料而言,袁世凯是清政府官僚中最早关注东北问题的人。曾在袁世凯身边工作过的张国淦后来回忆说,袁世凯关注东北,是袁世凯的野心使然,"袁世凯政治上的野心,总是前进的。向来北洋控制东北,只在辽河以南各地区。袁氏督直后,即着手规划奉、吉、黑三省全部。日俄战争结束,他就条陈统一东三省方案"。③我们认为,袁世凯对东北问题的关注,有其政治野心的一面;但更重要的一面是,一个具有民族情感的地方官僚对国家主权和国家安危关注的责任心使然。而实际上早在日俄战争之前,在预计沙俄按期撤出东北之后,袁世凯就曾拿出一个关于东三省的改革方案④。这个东三省改革方案的要点,刊登在1903年5月18日的《大公报》上。⑤

> 袁制军之满洲政策:袁制军近日编成俄兵撤退后统治满洲新制度,于前月二十四号详细据实奏陈,此揭其要领如下:
>
> 1. 行政制度之改革。盛京、吉林两省仿照各省建制,总督、巡抚各一员,并设置府州县及以下官衙,隶属于该督抚。
> 2. 军队制度之改革。接代俄兵,镇抚两省。其军队皆采用洋式练军,

---

① 康佩竹:《日俄战争后的东北防务》,《近代史研究》1989年第3期,第77—91页;马平安:《北洋集团与清末东三省新政》,《中国边疆史地研究》2001年第4期,第46—56、101页;赵云田:《清末新政期间东北边疆的行政改革》,《中国边疆史地研究》2002年第3期,第33—42、118页;李侃:《赵尔巽与辛亥革命前后的东北政局》,《李侃史论选集》,北京:中华书局,2002年。台湾学者对此问题的关注早于大陆学者,如赵中孚:《清末东三省改制的背景》,《中央研究院近代史所集刊》1976年第5期,第313—335页;赵中孚:《辛亥革命前后的东三省》,《中央研究院近代史所集刊》1982年第11期,第117—130页。

② 北洋大臣的职权为,"掌北洋洋务、海防之政令,凡津海、东海、山海各关政悉统治焉"。见《光绪会典》卷100,台北:文海出版社,第451页。

③ 张国淦:《北洋述闻》,上海:上海书店出版社,1998年,第20页。

④ 作者经过多方努力,试图查到这个方案,但直到目前为止,仍然没有发现此文本。

⑤ 《大公报》1903年5月18日。据作者查知,此资料是第一次被使用。

所有枪炮兵器一律按照洋式，又计划国防军队……设提督一员，该提督须与督抚协议，图管内之治安。

3. 对外事件之审理。凡在留满洲之外国人，一切行政民事上之刑事，系累或牵涉中国人民及关于外国人经营事业者，宜于奉天、吉林两省设立华洋审裁局，以精确而审理之。

4. 重要市府之公开。欲图商业之发达，须开放重要都市，俾中外国人自由贸易。

5. 中国税关之新设。凡满洲陆路输入外国货物，须征之某输入税，宜于国境地方及内地重要都府新设税关。

6. 教育机关之新设。欲图人民知识之发达，宜于各都市新设学堂，授以外国语及普通教育，渐次进于高等教育。

袁世凯的东北政策，实际上是他对东北全面进行改革的方案，包括东北地区由军府制改为行省制的改革，在东北地区全面进行政治、军事、经济、教育等方面的改革，即全面推行新政，将早期现代化拓展至东北地区，以和其他省份相一致；还包括开放东北，正确处理和外国的关系等。袁世凯改革东北的方案，对于在东北推行新政，加强对东北的治理，建设东北，以改变东北的落后面貌，巩固东北的国防，抵制外国对东北的侵略，有着极其重要的积极意义。这个改革方案，是面对沙俄对东北侵占局面的即将结束而提出来的，因此是非常及时的。袁世凯改革东北的方案，由于沙俄没有如期撤兵和随后的日俄战争爆发而没有能够实现，但它却是全面改革东北的先声，对以后的改革产生了重大影响。

日俄战争爆发后，由于清政府的软弱和无奈，不得不选择了局外中立。局外中立是袁世凯提出和具体负责实施的[①]，在当时来说虽出于无奈，但也不失为明智之举，否则任两大列强在中国的任何地方进行厮杀，对中国的破坏和摧残将更严重。不过即使局外中立，也需要一定的实力准备，正如袁世凯所说，"就我现在情事而论，不得不谨守局外，然公法局外之例，以遣兵防边，不许客兵借境为要义。防之不力，守局立隳，不但人之溃卒，我之土匪，必须认真防堵，

---

① 局外中立有日本、美国劝导的背景，但选择权在中国。袁世凯等权衡利弊，认为只有局外中立一途，才对中国有利，才能适应当时的国际环境。

而两大拘兵,逼处堂奥,变幻叵测,亦不得不预筹地步"。① 他在给清政府的局外中立国所负责任要点中有这样一条,"局外者,不得允战国借境攻敌,如无力阻止,亦为背局外之责,敌国即可引兵入境,自行抵御"。② 袁世凯将北洋新军开赴战区,严守中立区域,密切注视着战局的发展变化。不过清政府的中立,是有着原则性的前提条件并向各国严正声明的,即"东三省疆土权力,无论两国胜负,仍舣中国自主,不得占据"。③

这里还有一个问题需要说明,即袁世凯在清末时对日本的认识问题。袁世凯在朝鲜12年的主要使命,即秉承李鸿章和清廷的意旨,维护中朝传统宗藩关系,抵制日本和其他列强向朝鲜的渗透。袁世凯在完成这一使命时有得有失,但总体上说他对日本是有一定的认识,对日本的抵制是非常明显。1882年,袁世凯参加了平定朝鲜"壬午兵变"的军事行动。1884年,袁世凯又亲自指挥中国军队平定了"甲申政变",粉碎了日本扶持开化党颠覆政府脱离中国的企图。正因为如此,甲申事变后中日两国谈判,日本代表提出要对袁世凯进行严惩。④ 袁世凯在任职驻扎朝鲜总理交涉通商事宜大臣期间对朝鲜的积极经营,促使中朝贸易额激增,1885—1893年竟增长了6倍多,而同一时期的日朝贸易额仅增长两倍,日本人惊呼,"我国商人与中国商人在朝鲜的竞争优势已失,朝鲜大量的商业利益从我国商人手中转向中国"。⑤ 这对野心勃勃要侵占朝鲜的日本来说是决不甘心的,终于在1894年发动了侵朝侵华的中日战争,打败中国吞并朝鲜。而袁世凯由于对日本侵略的抵制和对中国权益的维护而被日本视为仇敌,日本政府"以执政亲中国,疑朝鲜拒日,皆中国驻朝总办袁世凯所为,殊怨袁"。⑥ 对袁世凯"憾之刺骨,百般排陷之"。⑦

---

① 袁世凯:《密陈遵照传谕统筹布置防守情形折》,天津图书馆、天津社科院历史研究所编:《袁世凯奏议》中册,天津:天津古籍出版社,1987年,第875—876页。
② 袁世凯:《密陈遵照传谕统筹布置防守情形折》,天津图书馆、天津社科院历史研究所编:《袁世凯奏议》中册,天津:天津古籍出版社,1987年,第878页。
③ 日本外务省编纂:《日本外交文书》第37、38卷别册,《日露战争(一)》,东京:原书房,1958年,第755页。
④ 《李鸿章与日使伊藤等问答节略》,故宫博物院文献馆编:《清光绪朝中日交涉史料》卷七,北平:故宫博物院,1932年,第26页。
⑤ 日本外务省编:《日本外交年表及主要文书》上,东京:原书房,1972年,第123—124页。
⑥ 庄洪铸:《袁世凯与日本帝国主义的关系及其实质》,《新疆大学学报》(哲学社会科学版)1982年第4期,第46页。
⑦ 梁义群:《袁世凯与日本》,《历史教学》1991年第7期,第47页。

然而，日本是不以占领朝鲜为满足的，下一步的目标就是侵占中国，而侵占中国首先要占领东北。早在1890年，日本内阁总理山县有朋就抛出了《外交政略论》，提出主权线和利益线的新概念，"何谓主权线，即国家的疆土是也；何谓利益线，即与我国主权线安危相系的相关地区"，"我国利益线的焦点有三，即朝鲜、西伯利亚铁道和中央亚细亚是也"。① 侵略中国和朝鲜是日本明治维新以来对外扩张的既定目标，山县有朋把朝鲜和中国作为日本利益线的新概念，只不过是进一步确认日本政府的国策而已。所以沙俄向东北的扩张，沙俄利用八国联军侵华期间单独出兵东北，与日本向这一地区的扩张是相抵触的，日俄矛盾激化，最终导致日俄战争的爆发。

日俄战争期间，中国政府保持中立，而实际上无论是政府官员还是一般百姓，鉴于沙俄对东北的侵占和不按期撤兵，是倾向日本一边的。正如吴玉章所说："人们对沙俄的痛恨，还把同情寄予日本方面，听到日本方面打了胜仗，大家都很高兴。"② 王芸生也曾说过同样的话，"中国久受俄人凌虐，故当日俄战争期中，一般皆怀兄弟急难之义，虽云中立，在精神上和物质上均为日本之助"。③ 作为政府官员的袁世凯也是这样，他表面中立，实则偏向日本。而且他还为日本提供一些人员方面的支持，如派吴佩孚与日本情报人员一起深入东北地区，为日本收集情报等。加上他这一时期在北洋以日本为榜样，大力推行新政，聘请了一大批日本军事、警政、教育等方面的人员为教官和教习，对日本表示友好，因此一些日本人把他作为亲日派来看待，"那么就有这样一个结论，袁世凯被划入亲日派的巨头之中"。④ "日本外交官和军人都把他视为独一无二的朋友"，"在当今中国没有比袁更高明的人才，中国政府今后必定归他掌管，因此，现在如拥护他的立场，他则必定感恩戴德，更加采取亲日主义"。⑤ 而实际上袁世凯是一个非常讲求实际的实用主义者，在1898—1907年所谓的中日关系"十年黄金时期"⑥的大环境中，他有亲日的倾向是很正常的。但袁世凯绝不是一个亲日

---

① （日）大山梓编：《山县有朋意见书》，东京：原书房，1966年，第196—197页。
② 吴玉章：《辛亥革命》，北京：中国人民大学出版社，1960年，第56页。
③ 王芸生编著：《六十年来中国与日本》第四卷，北京：生活·读书·新知三联书店，1980年，第214页。
④ （日）岛贯重节：《日露战争战略》上，东京：原书房，1981年，第71页。
⑤ （日）黑龙会编：《东亚先觉志士记传》中卷，东京：原书房，1977年，第538页。
⑥ （美）任达：《新政革命与日本》，李仲贤译，南京：江苏人民出版社，1998年。

派,而是一个具有民族情感的官僚,日俄战争之后他对东北主权的维护和对日本侵略的抵制就是很好的说明。

日俄战争以日胜俄败而告结束,而战争一结束,袁世凯就迅速作出反应,立即派军队和行政官员接收地面,恢复行使中国主权。他说:"日俄方分期撤兵,清理地面为目下第一要义,而已撤之区,必须以全力保其治安,方免丛生枝节。惟日人新胜甚骄,狡计孔多,又须审慎详筹,方能有济。"① 袁世凯奏调张勋率北洋巡防淮军10个营开进东北,以接收地面。他在奏陈中说:"东三省日本军队已撤地方,照约应由中国酌派军队,以资治安。现奉天北路日军次第撤退,业经臣商明盛京将军赵尔巽,派正任四川建昌镇总兵张勋,督率所统淮军马队驰往,驻扎昌图府一带。"② 在日本阻止中国军队一时还不能进入东北的情况下,"是遣陆军入其界内,恐一时尚办不到,日人之作梗如此"。袁世凯主张采取灵活变通的办法,将军队秘密派往。他的办法是"拟在陆军内随时密□,将弁头目零星改装前往,再由关内招募壮丁,只杂入赴东苦工内陆续东行,先成一二营至五六营,编伍训练,或托名巡警,或托名巡防,如日军不生阻挠,便可竭加增添,倘其猜疑作梗,再另行筹商"。袁世凯还认为,为保证此项办法得以实施,必须严守秘密,暗自操作,即清廷也不必请示,"此为相机试办之法,只无确切把握,暂不必具折奏明。只不必多用文牍,恐有泄露,重生阻力"。③ 袁世凯采取非常的手段收复东北主权,而且为了减少麻烦,严守秘密,不向清政府汇报,只求收复失地的效果,这种行为是无可厚非的。像袁世凯这样积极的态度和高度的智慧收复东北主权,在满汉官员中是不多见的。

日俄战争之后,1906年11月7日,中日两国在北京召开会议,实际是确认沙俄转让给日本在"南满"的权益。参加中方的谈判代表为:全权代表为军机大臣兼总理外务大臣庆亲王奕劻,军机大臣兼署外务部尚书瞿鸿禨,直隶总督兼北洋大臣袁世凯。随员为署理外务部右侍郎唐绍仪、商部右参议杨士琦、外

---

① 《北洋大臣袁世凯为日俄停战撤兵等拟派军清理东三省地面办法函》,中国第一历史档案馆练兵处档。档案有破损处,"□"字无法辨认。
② 袁世凯:《请准将朝阳府吴焘调赴奉省襄理驻防营务片》,天津图书馆、天津社科院历史研究所编:《袁世凯奏议》下册,天津:天津古籍出版社,1987年,第1340页。
③ 《北洋大臣袁世凯为日俄停战撤兵等拟派军清理东三省地面办法函》,中国第一历史档案馆练兵处档。

务部右丞邹嘉来、翰林院检讨金邦平、商部主事曹汝霖。[1] 谈判伊始，奕劻就以年老事冗为词而离席，在以后的谈判中多请病假。瞿鸿禨则很少发言，中方谈判的全权代表实际为袁世凯。谈判的大局是确认日本从俄国转来的中国"南满"权益，这是任何人也扭转不了的。但袁世凯等在谈判中，在承认日本获取权益的同时，极力限制和防止日本在东北权益的扩张，维护国家主权和民族利益。谈判伊始，日本代表先发制人，拿出一个十一条大纲作为谈判的基础。这个十一条大纲，除第一条日俄军队撤出后由中国在该地方布置行政机关以维持地方秩序，第十一条"满韩"交界陆路通商彼此应按照待最优国之例办理，第六条中国承认俄国转让给日本的"南满"利益外，其余八条或是对中国主权的干涉，或是对中国权益新的掠夺。对中国主权干涉的如第二条，"妥实保护外国侨寓商民之命产为宗旨，应将东三省向来所施治政即行从事改善"。第四条，"中国政府无论如何措辞，非经日本国应允，不得将东三省地土让给别国或允其占领"。第五条，要求中国在东三省16处开埠通商。掠夺中国新权益的有：第三条，中国政府在东三省各地方保护在日俄战争中阵亡的日军将士的坟茔以及立有忠魂碑之地。第七条，铁路经营权。中国政府应允战争期间日本非法修筑的由安东至奉天省城、奉天省城至新民屯的铁路仍由日本政府继续经营。第八条，森林砍伐权。中国政府将与韩国交界的中国鸭绿江沿岸的森林砍伐权让与日本。第九条，内河航行权。中国政府允许各国船只在辽河、鸭绿江、松花江以及各该支流任便驶行。第十条，渔业权问题。中国政府允将奉天省沿海渔业权让日本臣民。[2] 对日本干涉中国主权及对中国新权益的掠夺，以袁世凯为首的中国代表除第三条、第六条、第十一条外或极力驳斥要求删去，或给予种种限制。例如第二条，中国代表认为有日本干涉内政之意，应删去。第四条有碍中国主权应删去。第五条东北开埠通商问题，中国代表修改为由中国自行宣布为自开商埠，中国自定开埠章程。第八条，关于森林采伐权，中国代表进行限制并修正为：中国政府允许设一合办木植公司，应行划定采伐地界至地段广狭年限多寡……第九条，内河航行权问题，中国代表修正为"在指定开设商埠地方均可照内港行船章程办理"。第十条，渔业权问题，中国代表认为该地方人民以渔业为生，

---

[1] 王彦威、王亮编：《清季外交史料》卷193，台北：文海出版社，1987年，第3103页。
[2] 《中日全权大臣会议东三省事宜节录第一号》，王彦威、王亮编：《清季外交史料》卷193，台北：文海出版社，1987年，第3103—3104页。

如让与日本则使他们无以生计，因此应该删去。① 除此之外，中国代表还向日本方面提出了正当的七项要求，即第一项，要求日本军队从速撤离，"应请日本国政府将现驻扎军队从速撤退，自日俄定约之日起，除旅大租界外于十二个月内一律全撤"。至于保护铁路之兵队，"由中国政府特选精锐分段驻扎巡护"。第二项，退还或赔偿侵占中国的公私财产，"中国政府为尊重主权起见，应请日本国政府将因变乱或军事，所有日本官民强占擅管中国各项公私权利产业地方，均即退出交还。若系有意损坏强取擅用公私财产，应有两国委员会会同查明，分别补还，以昭公允"。第三项，在日本军队尚未撤完之前，中国方面得以酌派军队驻扎，以弹压地方，防剿土匪。第四项，所有奉省所属铁路之矿产，无论已开还是未开，均应妥定公允详细章程，以便彼此遵守。第五项，"所有奉省已开办商埠暨难允开埠尚未开办各地方，其划定租界各办法，应有中国官员另行妥商厘定"。第六项，恢复中国营口主权，"营口向驻之中国官应立即饬令赴任视事，所有事权一如未经占据以前完全无缺"。第七项，交收奉天税捐，"日本国军官前代收奉天税捐等项，应即交还该地方官，以备地方善后之需"。② 由此可见，中国代表并非被动地接受沙俄转让给日本的南满权益，而是极力维护中国主权和阻止日本对中国新权益的掠夺，并向日本提出我国的正当要求，以后的谈判就如此进行。

谈判从1906年11月7日起，到12月22日中日签约，共持续了一个半月，会议进行了22次，签订了《中日会议东三省事宜》正约三款和附约十二款。正约三款实际上是中国政府承认日俄《朴斯茅茨条约》中关于沙俄转让给日本在"南满"的利益，这是中日谈判的主旨。附约十二款实际上是中日双方互相妥协的产物。在中国代表的斗争、妥协下，日本新的侵略要求部分得以实现。对照日方第一次会议提出的十一条要求，除第三款、第六款、第十一款为中国政府接受外，其余的或删去，或作了修正。日本方面从附约中取得的新权益主要是第八款，"中国政府允南满洲铁路所需各项材料，应豁免一切税捐厘金"。第十款，即森林砍伐权，"中国政府允许设一中日木植公司，在鸭绿江右岸地方采伐

---

① 《中日全权大臣会议东三省事宜节录第二号》，王彦威、王亮编：《清季外交史料》卷193，台北：文海出版社，1987年，第3104—3108页。

② 《中日全权大臣会议东三省事宜节录第二号》，王彦威、王亮编：《清季外交史料》卷193，台北：文海出版社，1987年，第3108—3109页。

木植，至该地段广狭年限多寡暨公司如何设立并一切合办章程，应另订详细合同"。日本原十一条方案中的第五条、第七条，经过中方的努力，作了修正。第五条是开埠通商问题，日俄军队撤离东北后，东北16处地方由"中国自行开埠通商"。第七条即非法修筑的铁路继续经营问题，体现在附约第六款中，"中国政府允将由安东县至奉天省城所筑造之行军铁路，仍由日本国政府接续经管，改为转运各国工商货物。自此路改良竣工之日起，以十五年为期，即至光绪四十九年止，届期彼此公请一他国公估人，按该路建制各物件估价售与中国。未售以前，准由中国政府运送兵丁饷械，可按东省铁路章程办理"。① 对中国代表提出的正当要求，日本方面也不得不部分接受。例如，附约第三款，恢复行使中国主权问题，"日本军队撤毕，则中国政府可得在各该地方酌派军队以维护地方治安。日本军队未撤退地方，倘有土匪扰害闾阎，中国地方官亦得以派相当兵队前往剿捕，但不得进距日本驻兵界限二十华里以内"。第四款，退还占有中国公私产业问题，"日本国政府允因军务上所必需，曾经在满洲地方占领或占用之中国公私各产业，在撤兵时悉还中国官民接受其属，无需备用者，即在撤兵以前亦可交还"。对于中国要求日本撤退护路兵的要求，日本百般狡辩，提出前提条件，附约第二款"如俄国允将护路兵撤退，或中俄两国另有商订妥善办法，日本政府允即一律照办……"② 实际上是不撤退其护路兵，这就为其将一部分军队留在东北找到了合法的依据。总之，中日关于东三省的谈判斗争是相当激烈的，以袁世凯为首的中国代表为恢复行使我国在东北的主权，抵制日本掠夺新的权益方面是尽了力的。但在当时的历史条件下，在日本以战胜国和"示恩"于中国的姿态与中国谈判的前提下，虽然中国代表竭尽全力，但仅通过外交谈判不可能完全制止日本对中国新的掠夺。

关于中日谈判的情况，参与谈判的曹汝霖后来回忆说："后商旅大租借权问题，袁全权说，应将俄国已享之年限扣除，为日本继承之年限。小村（日本外务大臣小村寿太郎——引者）略有辩论，即同意袁全权的意见……后袁全权提议铁路附属地，日本人经商应有范围，驻兵应有限制。驻兵目的为护路，不能随时增加。小村谓虽为护路之用，亦有保护侨民之任务，故不能加以限制。袁

---

① 王彦威、王亮编：《清季外交史料》卷195，台北：文海出版社，1987年，第3145—3147页。
② 王彦威、王亮编：《清季外交史料》卷195，台北：文海出版社，1987年，第3146页。

全权谓保护日本侨民，中国同负责任，何必多派兵……"① 袁世凯在会议上极力维护中国主权的主张和行为，日本方面大为不满。会后，小村寿太郎对曹汝霖说："此次我抱有极大希望而来，故会议时极力让步，我以为袁宫保必有远大见识眼光，对于中日会议后，本想与他作进一步讨论两国联合对抗俄国之事，不意袁宫保过于保守，会议时咬文嚼字，斤斤计较，徒费光阴，不从大处着想"。② 从日本人的反应来看，袁世凯在谈判中确实在力所能及地维护中国权益少受侵夺。曹汝霖的回忆，与《清光绪朝中日交涉史料》、《清季外交史料》所载会议录是一致的，因此是可信的。③

尽管袁世凯在中日谈判中极力维护中国权益使之少受损失，将日本的权益限制在一定的范围之内，但日本从来是不讲信用的，条约对他们的约束力是有限的。尤其是日本以打败俄国"示恩"于中国自居，对中国步步紧逼。不久日本又与俄国和解，日俄协调一致，共谋侵夺我东北的权益。东北危急，中华民族危急。关于东北危机的情形，如后来徐世昌等在考察东北的上奏中所说："东三省比岁以来，迭遭变故，创巨痛深，为二百余年所未有。""自日、俄战定，两强势力分布南北，一以哈尔滨为中心，一以旅顺大连湾为根据，囊括席卷，视同固有。名为中国领土，实则几无我国容足之地。且其开拓展布，有进无退。恐不数年间，而西则蔓延蒙古，南则逼处京畿，均在意计之内。盖根本既定，则以高屋建瓴之势，破竹而下，固地理形胜有以使之然也。事实至此，犹不亟图挽回之术，则此后大局益将无可措手。"④ 这绝不是危言耸听，而是中国面临的严峻危险局面。而清政府对东北的传统统治，200多年来没有什么变化，弊端百出，既不适应中国社会内部的发展，更不适应日俄战争之后东北的急迫局势，东北地区统治体制的根本改革势在必行。

适值清政府官制改革，清廷借官制改革加强中央集权，袁世凯的权力被削弱了许多，在中央的各项兼差被迫辞去，北洋六镇兵权被剥夺。袁世凯心灰意冷，曾有亲赴东北、别开一番天地的想法。有人记下了袁世凯的这一心理和活

---

① 曹汝霖：《一生之回忆》，香港：春秋杂志社，1966年，第45—46页。
② 曹汝霖：《一生之回忆》，香港：春秋杂志社，1966年，第48页。
③ 王彦威、王亮编：《清季外交史料》卷193—195，台北：文海出版社，1987年，第3103—3140页。
④ 徐世昌：《密陈考查东三省情形折》，《退耕堂政书》卷五，台北：文海出版社，1968年，第215页。

动,"官制改革之后,枢臣惟留庆邸、善化二人。项城见之,益有协以谋我之惧。自请开去八项兼差,居恒不乐,经冬足不下楼。时东三省事益迫,杨杏城侍郎说之往东,项城心颇动"。① 清廷也确有让袁世凯督署东北,以加强对东北治理的想法。《盛京时报》曾刊登了这一消息,"京友函云,去腊官场盛传政府拟调袁慰帅为东三省总督,以全国财力、全国人力整顿满洲等语。查去腊政府有此意。但闻慈意未允,谓前因李鸿章离去北洋,故有庚子之祸。今调袁他往,恐有意外,故袁慰帅督辽之说恐不果行"。② 袁世凯虽然没有外调至东北,对东北亲自治理,但袁世凯对东北问题的关注、对东北主权与利权的维护是具有积极意义的,他后来保荐北洋集团的一大批成员前往东北,以加强东北的统治力量,更具有积极意义,应该充分给予肯定。

二、徐世昌考察东北与东北改革方案的制定

袁世凯推动了东北的改制,先是于"光绪三十二年(1906)九月,命载振、徐世昌前往奉天,又由奉天前往吉林、黑龙江查办事件"③,继而又与徐世昌制定了东北的改革方案,促使清政府将东北改革方案付诸实践。

光绪三十二年(1906)九月至十一月,时任商部尚书的贝子载振和民政部尚书的徐世昌带领一班有外务部、民政部、商部、陆军部等人员在内的考察团数十员前往东北考察。清廷对这次考察极为重视,特批数万两银子作为经费,不烦地方招待,其目的是真正调查了解东北的实际情况。这次考察历时两个月,考察人员深入奉吉黑三地各个部门进行调查,了解到各个方面的情况,这次考察可以说是清末最为认真、最为实际的一次考察,考察后向清廷汇报的考察报告证实了考察团的工作情况。由载振、徐世昌领衔撰写的考察报告,是清王朝对东北地区一次最为详尽的了解。载振是"满洲"贵胄,没有思想和政治才能,以他和徐世昌领衔的考察团,仅仅说明考察团的规格和等级比较高而已,实际工作是徐世昌等人完成的。

---

① 刘体仁:《异辞录》,太原:山西古籍出版社,1996年,第193页。
② 《盛京时报》光绪三十三年(1907)正月十一日。
③ 杜春和等编:《北洋军阀史料选辑》上册,北京:中国社会科学出版社,1981年,第51页。载振、徐世昌是奉清廷谕旨前去东北进行考察的,此前袁世凯做了许多工作。考察团成员除载振外,几乎是清一色的北洋成员。

徐世昌等撰写的考察报告，首先直陈了东北面临的民族危机，如前所述，继而揭示了东北目前的各种弊端。例如，在统治体系和制度方面，徐世昌说："国家统治领土之法，莫要于行政机关有指臂相使之效，而我三省官职则以军署为之长官，以郡县为之僚佐，夫以治兵之职，而辖理民之官，所务不同，利害亦异，隔阂既甚，牵制斯多，其终乃无一利之能兴。"① 这是对沿袭200多年军府制的有力抨击。清王朝入关以后，在东北设置奉天（盛京）、吉林、黑龙江三个将军以统辖东北，将军以下，设置都统、副都统。这些将军、都统、副都统自然全是旗人和军职。这种统治体制如果说最初还能适应东北形势的话，那么到了后来，八旗腐朽没落，军府形同虚设。尤其是近代以来，内有大量汉民涌入，外有日俄列强的频频侵略，所谓的将军内不能理民，外不能抵御外国的侵略，这种体制再也不能继续下去了，必须进行彻底的改革。

至于三省的财政经济，更是一片残破，从流通中的货币中可以窥见一斑，"举三省万里之广，北用俄钞，南行日币，以我实获，易彼虚褚，官无抵制之法，民有信用之心。而我官商所发之钱贴，则真伪分歧，流弊错出，意在利国，适以病民，则财政又尽坏矣。以外交之困难也如彼，以内政之窳败也，又如此"。② 至于商品货物，则是外国商品占领了东北市场，（奉天）"日货无一有税，华货无一不税，且再税之税。是以日货畅销，华货愈滞"。③

军事方面，奉天"全省旗丁列兵籍者二万余人，实则与民无异"；吉林"军政则制兵一万二千余人，不归营，不应操，不复行围，旧制几同虚设"；黑龙江"今日虽有制兵一万三千人，而散漫窳惰，无械无饷，无教育训练，有兵之名，无兵之实"。"近年呼伦贝尔、满洲里虽设有交涉局，然俄商民有万人，俄兵有数千人。我呼伦贝尔仅有兵二百名，满洲里则止有护兵八人，实不足以守卫"。④ 东北边防竟到如此地步，怎么能抵御列强的侵略呢？无怪乎义和团期间俄国数十万军队开进东北，如入无人之境，几乎没有遇到什么抵抗。

---

① 徐世昌：《密陈考查东三省情形折》，《退耕堂政书》卷五，台北：文海出版社，1968年，第229页。
② 徐世昌：《密陈考查东三省情形折》，《退耕堂政书》卷五，台北：文海出版社，1968年，第231页。
③ 徐世昌：《密陈考查东三省情形折》，《退耕堂政书》卷五，台北：文海出版社，1968年，第217页。
④ 徐世昌：《密陈考查东三省情形折》，《退耕堂政书》卷五，台北：文海出版社，1968年，第220、221、225、330页。

其他，如"旗民之生计日窘，其官长又多肆意侵扣，阻挠新政，以至锢习未能尽化"，"新政无成效可言"，①等等。

徐世昌在报告的最后说："三省情形，既为臣等所亲睹，揆度时事，必须大加改革，于用人行政诸大端破成例，以全国之人力、财力注重东陲，乃可望补救挽回于万一。"②

徐世昌的考察报告详尽周密，真实可靠，洋洋数万言，充满感情的笔调，使"皇太后、皇上均为之动容"。③由此东三省改制被提上议事日程。

徐世昌在东北考察第一手资料的基础之上，结合袁世凯的满洲改革方案，提出了一个更加完备的改革东北的方案。方案的中心内容为：第一，废除军府制，改为行省制。设奉天、吉林、黑龙江三省，每省置巡抚一员，专理民事、吏治。第二，统一东北事权，设东三省总督一人，"予给全权，举三省全部应办之事悉以委之。除外交事件关系重要者仍令与外部咨商办理外，其财政、兵政及一切内治之事，均令通筹总揽，无所牵制"。三省巡抚，均受总督节制。④第三，开发东北，移民实边。东三省地域辽阔，人口稀少，有大量的地利尚待开发，而清王朝立国以来，对东北实行封禁政策，禁止其他省区人民移居东北，这种政策也必须改变。第四，开放东北，引进外资，设立东三省银行，修筑新齐铁路，以抵制日俄对东三省的经济垄断。他说："东三省界居两强，欲图保存，非借西人实力无以牵制。欲借西人实力，非有财政总汇之区无以招致。今拟先借国债四千万两，设立三省银行，首为流通财政，划一货币，次为各项商业代筹款项之总汇，兼为筹办林矿渔垦工艺各项实业发生之基，但不得移作行政消耗费用。""实行开放，多集各国人民商业，以平均其势力。"东三省铁路为日俄所垄断，对当时政府治理东北是一个极大的制约，所以必须修筑自己的铁路，正如徐世昌所说，"东三省南北满铁路横亘直贯，久为腹心之患，一旦有事，几为绝地。欲图挽救之方，惟有速修新齐铁路。今拟另借洋款，先修由新

---

① 徐世昌：《密陈考查东三省情形折》，《退耕堂政书》卷五，台北：文海出版社，1968年，第220、225页。
② 徐世昌：《密陈考查东三省情形折》，《退耕堂政书》卷五，台北：文海出版社，1968年，第232页。
③ 《大公报》1907年1月11日。
④ 徐世昌：《密陈通筹东三省全局折》，《退耕堂政书》卷七，台北：文海出版社，1968年，第371—372页。

民屯经洮南达齐齐哈尔之路,以通南北之气"。① 第五,加强国防力量,扩练新军。"用财最费者,莫如练兵。以三省幅员之大,新兵之数,至少亦须六镇,方敷布置。"②

徐世昌的改革东北根本体制的方案,包括政治体制的改革和经济体制的改革,以及国防外交等方面,既具体又全面,不失为一个适应日俄战争之后中国加强对东北统治的较好方案。这个方案,倾注了袁世凯、徐世昌等人的心血,代表了处于上升时期的北洋集团对国家重大事件的关注与思考,也是他们挽救民族危机的具体行为的体现。

徐世昌提出的东北根本体制改革的方案,除了吸收袁世凯之前提出的方案外,他们还进行过集体讨论,即徐世昌提出的东北改革方案,非徐世昌一人所为,而是北洋集团精心谋划的一个方案。关于整个方案酝酿制定的过程,日本情报部门非常关注,并搞到了会议进行情况的细节报道。③ 该情报名称为《1907年5月12日中村爱藏(音)的情报报告》。该情报的主要内容有以下几点:

(1)东北改革方案的制定是北洋集团的一次集团活动,袁世凯在其中起着核心作用。参加该方案的讨论者有袁世凯、徐世昌、唐绍仪、张锡銮、倪嗣冲等。日本情报部门的报告说:"满洲的行政机构已经改革,徐世昌和唐绍仪分别被任命为东三省总督和奉天巡抚。不过,他们仍留在北京,在制定出未来的管理方案之前,他们不会动身。他们的举止极其引人注目,尤其是徐世昌新近与(直隶)总督袁世凯秘密会议时更是如此。我相信,查明他们对满洲未来行政的意图是值得的……本月四日,新任总督徐世昌赴天津至直隶总督官邸,与总督袁氏密谈,直至深夜……翌日,他们把巡抚唐绍仪从北京召来,三人进行了认真的商讨。出席会议的还有东边道张锡銮、总督府营务处倪嗣冲……"

(2)治理东北面临着对日俄的交涉问题,在有关对日俄的交涉问题上他们达成了完全一致的意见,即要防俄,更要抵制日本。在有关领土主权问题上不

---

① 徐世昌:《密陈三省切要办法四条折》,《退耕堂政书》卷十,台北:文海出版社,1968年,第552—553页。

② 徐世昌:《密陈通筹东三省全局折》,《退耕堂政书》卷七,台北:文海出版社,1968年,第372页。

③ 该情报现存日本陆海军档案T.505,[R101 F06836],黄广域据1979年澳大利亚国立大学《远东史学集刊》第19辑英文译出。《丙午中俄谈判及丁未设东省总督资料两则》《近代史资料》1981年总45号,第137—139页。

作任何让步,但在次要问题上采取灵活的方针。袁世凯在发言中说:"日本为了不致引起其他列强的非难,已公开宣布维护门户开放政策和中国在满洲的领土完整,但要预言日本的真实意图何在乃是不可能的。在我们和他们交涉时,(他们)提出的许多问题都是与我们的主权互不相容的,因此谈判时常中断。就与俄国有关之事而言,我们必须严加警惕;但是对于日本,我们一定要怀有极大的戒心……不管是对于日本、俄国或某个其他列强,凡是有关领土完整的事情我们都不应作任何让步……为了在主要问题上达到我们的目标,在次要的方面让步也许会变得必要。这就是我们在外交政策中应执行的方针。"袁世凯对日本始终抱有极大的戒心,他对日本的认识是非常深刻的。徐世昌赞同袁世凯的意见,但考虑到面临的现实,又不得不与日本联系,"考察东省目前的形势,我们必须同日本保持一定程度的联系,但是在有关领土或人民主权的问题上,我们不应作任何让步"。

(3) 移民实边,开发东北。徐世昌说:"黑龙江是一个有战略意义的边疆地区,但因人烟稀少,因此没有办法开发它。不过,居民(旗民等)具有非常强烈的排外情绪,以至在考虑从直隶、山东、河南等地吸收汉族移民定居该地区时,要解决的第一个难题就是如何克服他们反汉族的偏见。"

(4) 袁世凯在确定东北行政体制根本改革方面,尤其是在给予东三省总督全权方面作出了积极的努力,尽可能地排除干扰和制约,为北洋集团推行东北改革方案奠定了基础。对此,徐世昌向袁世凯表示谢意。徐世昌说:"关于处理东省问题的适当办法,我的意图军机处不见得会采纳。关于此事军机处有各种不同的意见……您关于这一问题的奏折(袁氏奏折的要旨谓:如果中央政府不把对东三省总督权力的限制减至最小限度,中国在维持国内秩序,特别是在外交事务方面,就会处于不利的地位)即刻说服了皇上、太后和庆亲王,从而使我抱有我的建议八九成会被采纳的希望,为此,我非常感谢您。"[1] 从日本方面探查到的情报充分证明,东北改革方案的制定,是北洋集团的一次集体活动,袁世凯在其中起着重要作用。

三、推荐北洋集团重要成员,组成东三省军政领导集体

1907 年 4 月,清廷终于最后批准了袁世凯、徐世昌关于东北改制的方案。

---

[1] 《丙午中俄谈判及丁未设东省总督资料两则》,《近代史资料》1981 年总 45 号,第 137—139 页。

三月初八上谕宣布："东三省吏治因循，民生困苦，亟宜认真整顿，以除积弊而专责成。盛京将军著改为东三省总督，兼管三省将军事务，随时分驻三省行台。奉天、吉林、黑龙江各设巡抚一缺，以资治理。徐世昌著补授东三省总督，兼管三省将军事务，并授为钦差大臣。奉天巡抚著唐绍仪补授，朱家宝著署理吉林巡抚，段芝贵著赏给布政使衔，署理黑龙江巡抚。"①

清廷不仅批准了袁世凯、徐世昌的东北改制方案，而且将治理东北的重任交给北洋集团，东三省督抚大员，不仅全是汉员，而且是清一色的北洋人物，这在朝野引起了极其强烈的反响。作为皇帝近臣的恽毓鼎在当天的日记中写到，"东三省建立行省，以徐世昌为总督，兼管三省将军，充钦差大臣。唐绍仪为奉天巡抚，朱家宝为吉林巡抚，段芝贵为黑龙江巡抚，皆北洋（即袁世凯）所保荐也。三省为祖宗发祥之地，三百年来例用丰沛人镇守，前年授赵次帅将军，犹是汉军旗也。全用汉人，实自今始。而事权之重，为向来所未有"。②徐一士兄弟也评论此事说："东三省实行省制，主之者世凯，意在扩充势力，所谓大北洋主义也。丁未三月，徐世昌简东三省总督，并授为钦差大臣，兼三省将军，地位冠于各督。奉吉黑三巡抚，唐绍仪、朱家宝、段芝贵，四人皆出袁荐。东陲天府，悉为北洋附庸。"③此两段史料进一步证明，东北改为行省制度，袁世凯是主谋，东三省军政要员都是袁世凯推荐的，是清一色的北洋人物。不过此时人们的认识和思维方式，首先考虑的是政治斗争和派系纷争，而没有从国家、民族利益上考虑。东北危机，传统的一套统治体系不能适应东北面临的局势，必须进行改革，派北洋集团经营东北，更是为了加强清王朝的统治，有什么不好？御史言官们的这种思维模式，对后世影响颇深，一直到现在还影响着我们，他们的言论，成为我们评判人物的标准。而外国学者的认识，则比较接近历史的真实。吉尔伯特·罗兹曼在其主编的《中国的现代化》一书中评论东北改制时说："中国国内对北方处境危急的认识，导致了1907年的行政区划改组，满洲就此改为东三省，敞开大门，让中国关内居民不受限制地移入。于是，中国对一场在自己领土上进行的外国战争所采取的反应，使满洲转向受中央直接控

---

① 《谕旨》，《东方杂志》1907年第4期，第24页。
② 恽毓鼎著、史晓风整理：《恽毓鼎澄斋日记》，杭州：浙江古籍出版社，2004年，第348页。
③ 徐凌霄、徐一士：《凌霄一士随笔（二）》，太原：山西古籍出版社，1997年，第577页。

制,并实行了行政合理化。"①

东三省改制之日,正是清政府统治阶级内部权力剧烈斗争之时,面对日益强大的北洋集团,以满洲少壮派贵胄载沣、铁良等为首,结合御史及军机大臣瞿鸿禨、两广总督岑春煊等形成了一个势力强大的反北洋集团,他们处处以打击和削弱北洋集团为能事。对东三省督抚的任命,他们抓住段芝贵献杨翠喜于载振,以重贿得越级超擢署理黑龙江巡抚一事,大肆攻击,迫使清廷将段芝贵免去,而以程德全署理。然而,袁世凯并没有因此而退缩,而是进一步采取积极措施,总督巡抚以下的官员保举推荐了一大批,让他们随徐世昌进驻东三省。这批官员主要有:周树模任奉天左参赞兼领承宣厅,后来升任黑龙江巡抚。梁如浩继任奉天左参赞,钱能训任奉天右参赞。陈昭常为吉林延吉边务督办,加副都统衔,吉林全省各军翼长,后升任吉林巡抚。许世英任奉天高等审判厅丞,张国淦为黑龙江秘书官,朱启钤任东三省蒙务督办,金邦平任总督府文案,陆宗舆任东三省盐务总监等。这些人物,有的是袁世凯的属官,有的是徐世昌的部下,他们都是北洋人物。

徐世昌还奏调北洋新军开赴东北。开赴东北的北洋新军有第三镇和由第二、四、五、六四镇抽调而组成的第一、第二混成协,总兵力达两万余人,占整个北洋新军的1/3。徐世昌在《调东陆军底饷明年拟请仍用原处照拨折》中说:"臣等于前筹拨东省陆军折内声明,由陆军部调拨第三镇全队,由第六镇及二、四、五镇抽拨步、炮、马各队成立混成协皆令赴东填扎,听候调遣,饷项仍暂支原款,俟一年后查看财力,能否设法,再行奏明。"②徐世昌这里说得很清楚,调拨东北的第一、第二混成协,是除第一、第三镇外,是由第二、四、五、六各镇中抽调而成的,而且调拨东北所有军队的饷项,也是各由原供饷单位供应。供给北洋新军军饷的,除户部外,还有直隶省、山东省及江苏省。③

袁世凯此时已经失去了对北洋陆军六镇的控制权,只保留了对第二、四两

---

① (美)吉尔伯特·罗兹曼主编:《中国的现代化》,国家社会科学基金"比较现代化"课题组译,南京:江苏人民出版社,1998年,第199页。
② 徐世昌:《调东陆军底饷明年拟请仍用原处照拨折》,《退耕堂政书》卷十二,台北:文海出版社,1968年,第627页。
③ 第一镇饷项全部由直隶筹拨。第四镇由山东、直隶、江苏筹拨,江苏省主要承担原自强军的军饷,每年21万余两。第五镇由户部和山东省筹拨。其余由户部筹拨。《财政》,《东方杂志》1905年第7期,第125—127页。

镇的暂时训练权,所以更大力支持徐世昌的要求。从徐世昌《致陆军部王侍郎》函中,我们可以看出袁世凯对徐世昌的支持,"聘卿仁兄大人阁下:顷接项城宫保来电,照录奉呈。现准拨之第三镇及五、六镇一协,似应由大部整备遣往。刻计奉旨已久,日内应即起行。该各镇协急需开拔,整备一切,极关紧要。务照饬各该镇迅速筹备,俾利遄行"。① 谁能想到,由陆军第二镇、第四镇部分兵力组编的混成协是袁世凯亲自编成的。不仅如此,该混成协队官以上的军官也是袁世凯亲自任命的,他自己说得也非常清楚。他说:"现东三省亟需军队,既经奏明由北洋抽调一协,自应酌抽军队,编立混成一协,以资调往。所有该混成协统领,查有王副将汝贤堪以派充。由第二镇步队内抽拨第五标第一营,派宝复详管带。拨第六标第三营,派刘建章管带。拨第七标第一营,派郑及春管带。该三营编为一标,派聂汝清充该标标统带。由第四镇步队内抽拨第十三标第三营,派秋占鳌管带。拨第十四标第一营,派林绳武管带。拨十五标第二营,派朱绍曾管带。该三营编为一标,派陈廷会充该标标统带。由第二镇马队第二标内抽调第一营,派褚恩荣管带。由第四镇工程第四营内抽调后队一队,派刘吉庆充当队官。由第二镇辎重第二营内抽拨右队一队,派孙景元充队官。以上步队两标,马炮队各一营,辎重、工程各一队,编立混成一协,应归王汝贤统率前往。"② 袁世凯在这里不仅交代了组成混成一协各部分军队的番号,而且还任命了协、标、营、队各级军官。混成协编成后分批开往东北。随北洋新军开赴东北的新军高级将领主要有:第三镇统制曹锟,第五协统卢永祥,第六协统陈文运,第一混成协协统王振畿,第二混成协协统王汝贤,第三镇炮兵营标统吴广新。

除北洋新军外,袁世凯奏调张勋率领的北洋巡防淮军10个营先于新军驻扎在东北。此外,在东北任军职的还有:张锡銮任奉天巡防营营务处总办,倪嗣冲任黑龙江布政使兼巡防营翼长,孟恩远任吉林巡防营翼长,傅良佐任奉天督练公所参议等。这些将领,几乎都是袁世凯小站练兵时期的人物。北洋集团的大批人员进驻东北,成为日俄战争之后东北地区的主要军政统治者。

清廷的最高统治者西太后听从了袁世凯、徐世昌的建议,同意在日俄战后

---

① 徐世昌:《致陆军部王侍郎》,天津历史博物馆:《北洋军阀史料·徐世昌卷》第2册,天津:天津古籍出版社,1992年,第659页。

② 《盛京时报》光绪三十三年(1907)四月十六日。

进行东北改制，加强中央政府对东北的控制，派北洋集团军政要员治理东北，一来表明她对北洋集团的信任和对北洋集团能力的认可。她曾解释说没有让袁世凯出任东三省总督，而是让他坐镇北洋，主要考虑徐世昌是袁世凯的朋友，让徐世昌督东，北洋与东北连在一起，她更为放心。① 二来是对在官制改革中受到打击和削弱的袁世凯的一种补偿。她善于使用如此手法，笼络各派政治势力，以巩固她的最高统治地位。

史实证明，西太后的这一决策是很有见地的。徐世昌、唐绍仪等北洋集团在治理东北的两年中②，"固边防、理蒙务、慎交涉、饬军事、定官制、扩民政、理财用、恤旗民、兴学校、创司法、开实业、广邮政，黾勉以赴，恒恐后时。自政界观之，程功之速，已大异于内地"。③ 他们发挥了其特有的智慧，竭尽全力，在东北推行新政，加强了中国中央政府对东北的治理，增强了中国在东北的国防力量，在一定程度上抵制了日俄对东北的进一步侵略。其在东北采取的政治改革和推行的一系列新政措施，初步改变了东北的面貌，缩小了与其他省区的差距，有效地促进了东北地区的社会发展，我们应该给予充分肯定。如果不是政局的变化，北洋集团对东北治理的时间再长一些，其效果会更好。随着光绪皇帝、西太后去世，袁世凯被逐，少壮派贵胄开始掌握中央的权力，对北洋集团采取打击政策，使得徐世昌、唐绍仪先后离开东北。

四、为维护东北利权，制定联美制日的外交方针

袁世凯为维护东北的利权，抵制日俄尤其是抵制日本对东北的垄断，还制定了联合美国以抵制日本的外交方针。袁世凯制定这一外交方针，是与这一时期国际局势的发展变化紧密相关的。

日俄战争之后，日、俄两国的矛盾暂时得以缓解，出于共同的对华利益，他们进一步勾结起来，垄断东北的利权。这一时期的日本外交非常积极活跃，不仅与英国签订了第二次同盟条约，而且同时与俄国、法国也签订了同盟条约。

---

① 《盛京时报》光绪三十三年（1907）正月十一日。
② 从1907年4月清廷宣布东三省改制，任命徐世昌为东三省总督，到1909年5月徐世昌卸任东三省总督，内调邮传部尚书，恰好为二年。徐世昌、唐绍仪等主要成员内调后，虽然北洋集团成员部分留在东北，如吉林巡抚陈昭常、黑龙江巡抚周树模等配合新东三省总督锡良对东北继续进行治理，但均属于从属地位。
③ 钱能训：《东三省政略·跋》，长春：吉林文史出版社，1989年。

1907年6、7、8三个月间，日本相继与法国、俄国、英国签订了三个协定，"1907年之外交局势，日法两国首先妥协，日俄继之，英俄又继之。仅三个月时间，作成日法、日俄与英俄三大协定，形成四国妥协、两大同盟合作之局势。此一局势，将中国牢牢缚紧，直无挣扎余地"。① 中国要抵制日本，取得国际支援，只有联合美国。而日俄对东北的垄断，使得原来支持日本的美国对日本极为不满，沙俄、日本垄断东北与美国在东北要求门户开放的政策产生矛盾冲突，使中国联合美国有可能成为事实。1907年9月，清廷将袁世凯调离直隶，入京做军机大臣兼外务部尚书，主管外交，袁世凯联美制日的外交方针就是在此背景下出台的。

联美制日的第一项计划，就是修筑新齐铁路。② 东北铁路为日俄所垄断，如徐世昌所说："东三省南北满铁路横亘直贯，久为腹心之患，一旦有事，几为绝地。"要打破日俄的垄断，必须修筑中国自己的铁路。袁世凯、徐世昌、唐绍仪经过深思熟虑，决定引用美国资本，修筑一条几乎与南满铁路平行的铁路——新齐铁路，即由新民屯到齐齐哈尔的铁路。关于这条铁路的价值和作用，一些外国人对徐世昌他们的用意看得很清楚，瓦伦丁·姬乐尔在给莫理循的信中说："日本政府很清楚，中国正在筹建一条由直隶湾通往齐齐哈尔的铁路，这比拟议中的法库门——新民屯铁路又向西移了一大步。但是，根据日本的想法他还是要反对的。事实上，这会被当作对日本的直接挑战。"③ 最初，徐世昌、唐绍仪要引进英国资本，与英国保龄公司签订协议，但由于英国政府与日本签订了第二次友好同盟条约，并不想因区区一条铁路而得罪日本，所以对保龄公司修筑东北铁路不予支持。于是唐绍仪他们又转向美国。当时美国驻奉天领事司戴德对此事非常热心，于是由唐绍仪与司戴德出面，与美国铁路大王哈得曼草签了修筑东北铁路的协议。④

---

① 王芸生：《六十年来中国与日本》第五卷，北京：生活·读书·新知三联书店，1980年，第70页。

② 原计划修筑新法铁路，即由新民屯到法库门，日以与南满铁路太近侵犯其南满铁路利益为由强烈反对，中国不得不将线路西移。修筑新法铁路的计划，最早酝酿于1907年3月，由盛京将军赵尔巽提出。见赵尔巽：《遵筹东三省应办事宜电》，王芸生：《六十年来中国与日本》第五卷，北京：生活·读书·新知三联书店，1980年，第72页。徐世昌等到任后进一步完善此计划，并试图付诸实践。

③ （澳）骆慧敏编：《清末民初政情内幕：〈泰晤士报〉驻北京记者、袁世凯政治顾问乔·尼·莫理循书信集（1895—1912）》上册，刘桂梁等译，北京：知识出版社，1986年，第597页。

④ 这一计划由于哈得曼的突然去世而无法实现。

联美制日的第二项计划,就是袁世凯派唐绍仪出访美国,借赴美答谢美国退还部分庚子赔款之际,进一步与美国联络邦交,建立两国大使级的外交关系,用美国退还的部分庚子赔款建设东北,以抵制日本。这是一项具有战略意义的庞大计划。随同唐绍仪出访的徐世章曾说:"此次到美,携有秘密的计划,将与美缔结联盟,不仅对俄,而且对英日。此次计划极为重要,在枢府亦不尽人皆知。"① 研究远东国际关系的马士也指出,"事实上,这个使节的目的是同美国政府洽商中、德、美三国同盟问题,谈判满洲借款,并安排以退还的庚子赔款用于满洲经济开发"。② 这项计划,由于日本的破坏、美日关系的微妙变化和中国国内形势的变化而流产。美日关系此时得到了一定程度的改善,主要是日本为破坏中国的借款计划,日本驻美大使高平与美国国务卿罗脱为两国间的太平洋问题进行谈判并进行了换文,"美日交涉极为顺利,罗脱、高平换文于十一月三十日成立。此换文事实上虽未能缓和美日间之冲突,但在当时,唐绍仪之计划却大受打击。盖美国政府既于此换文中承认维持远东之现状,日本正可借其特殊地位以进行侵略,大规模的满洲借款意见、中美德同盟等事,美国自不便行之"。③ 中国国内形势也发生了重大变化,即光绪、西太后于11月14、15日先后死去,此时袁世凯不仅失去了清廷的支持,而且其政敌载沣担任摄政王掌握了清廷的最高权力,不久将袁世凯罢免,"唐绍仪为袁世凯所派,若袁倒彼亦不能立足"。唐绍仪出使美国、欧洲无功而返。

袁世凯联合美国以抵制日本的外交失败了。那么如何认识袁世凯的外交努力呢?袁世凯维护东北主权的手段是以夷制夷,在国弱被人欺的时代,这种手段是无可厚非的,袁世凯是这样,以后的中国外交家、政治家同样是这样。④ 西方学者对以袁世凯为首的北洋集团对东北经营的努力给予了较高的评价,"正是袁世凯在随后的三年内,从1906年到1908年在满洲进行了坚定的改革(赵尔巽

---

① 张国淦:《北洋军阀的起源》,杜春和等编:《北洋军阀史料选辑》上册,北京:中国社会科学出版社,1981年,第63页。
② (美)马士、宓亨利:《远东国际关系史》,姚曾廙译,上海:上海书店出版社,1998年,第510—511页。
③ 王芸生:《六十年来中国与日本》第五卷,北京:生活·读书·新知三联书店,1980年,第238—239页。
④ 金光耀在《顾维钧与中美关于"二十一条"的外交活动》一文中说,"实际上,此后民国各届政府在面临日本的威胁时,大都采取了相同的对策"。《复旦大学学报》(社会科学版)1996年第5期,第55—59、64页。

和徐世昌是在他的领导下进行的。原文——引者)，这激怒了日本。袁世凯和唐氏还企图影响美国在满洲进行大量的投资以抵抗日本和俄国在满洲的影响"。①袁世凯极力维护东北利权的时期，正是远东国际关系对日本非常有利而对中国非常不利的时期，如上所述，日英、日俄、日法同期签订了同盟关系。在如此困难的情况下，袁世凯联合美国以抵制日本侵略则更显得非常珍贵和很不容易。实际上，袁世凯联美制日的外交方针也产生了一定的作用，这一外交举措对日本已经产生了一些影响，"明治四十年，山县有朋发布意见书，指责中国在日俄战争以后，其外交开始强硬起来，阻碍我国对满洲的经营，以至于两国协议不能顺利实行，事业停滞，直接影响了日中关系"。②袁世凯时任外务部尚书，在外交上是总策划人，徐世昌、唐绍仪积极参与，唐绍仪具体执行，故有唐绍仪使美一行，"世凯固推荐绍仪赴美者，且谓唐绍仪之行足以抵制日本对东三省之侵略。日本则在东京用罗脱—高平换文证明唐绍仪之失败，兼以倾陷袁世凯"。③

联美制日是袁世凯的一项重大外交举措，这一政策的失败，除了日本的破坏为主要因素外，中国统治阶级内部的权力斗争，反北洋集团势力的阻挠也是一重要原因。刘体仁曾在其《异辞录》中说："唐侍郎聘于美，议加两国使臣之级为大使，不得要领而归。日本人忌之，有行反间计于摄政王者，曰：'日本之至中国也，在三日之内；美之援中国也，在二十日之外，夫不忧三日之祸而待二十日之援。谋臣失策为不忠'。度支部尚书为泽公，以武进盛侍郎为谋臣，袁、盛之仇固结不解，泽公亦不悦于项城所为，谗之曰：'岁费益巨万，仅得大使之虚名，岂计之上者'？项城乃被逐于外，而外交之策不行。"④上述外交政策谁对谁错，是非常清楚的！袁世凯的联美制日外交方针不但不能施行，反而遭到政治迫害，1909 年 1 月 2 日，清廷将袁世凯罢免，开缺回籍养疴。唐绍仪失去支持，联美无功而返。袁世凯被贬，徐世昌不安于位，请求辞职。不久，清廷调徐世昌入京供职，北洋集团对东北的两年治理至此结束。

---

① Stephen R. Mackinnon, Power and Politics in Late Imperial China: Yuan Shi-kai in Beijing and Tianjin, 1901—1908, Berkeley: University of California Press, 1980, P. 70.

② 北冈伸一：《日本陆军と大陆政策》(1906—1908 年)，东京：东京大学出版会，1979 年，第 21 页。

③ 王芸生：《六十年来中国与日本》第五卷，北京：生活·读书·新知三联书店，1980 年，第 239 页。

④ 刘体仁：《异辞录》，太原：山西古籍出版社，1996 年，第 211—212 页。

五、对袁世凯关注东北问题的评价

如何评价袁世凯对东北问题的关注,对东北主权、利权的维护,在东北改行行省制度及在东北治理中的作用,是一个长期以来被人们忽略的问题。袁世凯对东北问题的关注,其北洋集团向这一地区的扩张,有着扩张集团势力的意图,这是不能为讳的。但我们认为更重要的是,袁世凯对东北问题的关注和对东北主权、利权的维护,是20世纪初中国民族主义的体现。进入20世纪以来至辛亥革命爆发前的10年间,随着新政的推行和资产阶级力量的增长,中华民族进一步觉醒,中国的民族主义比以往任何时期都显著和强烈,拒俄运动、抵制美货运动、收回路矿利权运动等是最鲜明的标志。以往我们把关注的视角集中到资产阶级及其知识分子身上,而很少注意到统治阶级中的民族主义。而实际上统治阶级中的民族主义情绪和表现不仅不亚于资产阶级和资产阶级知识分子,甚至比资产阶级和资产阶级知识分子更为理性,由于他们掌握着一部分统治权力,又有着一定的国际法知识和斗争经验,因此他们抵制外国侵略的行动往往更为有效。但在阶级斗争的话语体系下,我们不可能去张扬他们的民族主义行为,这是非常片面的。今天,我们正处在一个非常开放的时代,禁锢我们思想的信条早已被解禁,我们才能真正以马克思主义的唯物史观认识我们的历史,评价我们的前人。以袁世凯为首的北洋集团是清末统治阶级中的一个政治派别或集团,这个集团在新政中形成,在新政中成长,与其他政治集团相比,更具有开放性和世界眼光,其民族主义表现更为充分。袁世凯对东北问题的关注,对东北主权利权的维护是其民族主义体现的重要表征。①

原载(《中国边疆史地研究》2010年第2期)

---

① 本文所论及的袁世凯及其北洋集团,只限于清末时期。清末时期袁世凯、北洋集团民族主义的另一主要体现,即袁世凯、北洋集团在收回路矿利权运动中的民族主义,笔者将另撰文说明。

武昌起义后清廷组编新军三军考略[①]

以往对辛亥革命的研究，从革命党方面研究得多，而从革命对象清政府方面尤其是军事方面研究得少。武昌起义后，清廷为了镇压革命，在军事方面作出了迅速反应，将新军精锐组编为三军，以一军守卫京师，一军南下前线，一军作为预备，随时听从调遣，并令海军提督萨镇冰率领舰队沿江西上，协同作战。但是在实际的军事行动中，这项决策并未得到贯彻，尤其是关键的第二军并未组成，更没有开拔到武汉前线，在武汉前线作战的主要是新军第一军。这就造成了武汉前线清军的兵力不足，直接影响了辛亥革命的结局。目前国内外学术界对清廷组编三军的情况还没有展开研究。本文根据掌握的有关资料，对清廷组编三军的情况、第二军没有组编成军及造成的影响等方面进行较为详细的考证分析，以期从清政府层面看辛亥革命，从军事层面看辛亥革命，从而加深对辛亥革命的研究。

一、清廷组编三军概况

到武昌起义之前，清政府的军事改革取得了一定的成效，共编练新军14个镇、18个混成协又一支禁卫军。这些新军中，以袁世凯训练的北洋新军六镇与张之洞编练的湖北新军第八镇和第二十一混成协编制最为规范，战斗力也最强。[②]

[①] 本文为作者国家社科基金项目《清末新军研究》（批准号：09BZS029）的前期成果。
[②] 台湾著名研究新军的专家刘凤翰，对清末新军以兵源、干部、装备、训练、成军时间、战场经验及兵员满额与否为评定标准，将新军分为优、良、佳、可、差五级，其中优级四个镇，即北洋新军第二、三、四、六镇。北洋新军第一、第五镇和湖北新军第八镇为良级。见刘凤翰：《论新军与辛亥革命》，"中央研究院"近代史研究所编：《辛亥革命讨论会论文集》，台北："中央研究院"近代史研究所，1983年，第147—185页。

武昌爆发革命的消息传到北京，在清政府内部引起了极大的反响。湖北新军造反起事，清政府所依靠的只有北洋新军了，对此清政府非常清楚，迅速作出反应，停止永平秋操①，调集秋操的近畿陆军开赴前线。1911 年 10 月 12 日（农历八月二十一日）清政府发布谕令，"著军咨府、陆军部迅派陆军两镇陆续开拔，赴鄂剿办"。13 日，陆军大臣荫昌就带队奔赴武昌前线，"二十二日陆军大臣荫昌、易乃谦、丁士源、何守仁诣阙请训②，即率全部幕僚于下午一时由北京西车站南下，有禁卫军一标到站欢送"。③

1911 年 10 月 14 日，清政府进行了周密的军事部署，将北方、近畿新军组编成三支军队，并对三军的组成、任务及司令官进行安排，特发布上谕宣布：

> 现在派兵赴鄂，亟应编配成军。著将第四镇暨混成第三协、混成第十一协编为第一军，已派荫昌督率赴鄂。其陆军第五镇暨混成第五协、混成第三十九协著编为第二军，派冯国璋督率，迅速筹备，听候调遣。至京师地方重要，亟应认真弹压，著将禁卫军暨陆军第一镇编为第三军，派贝勒载涛督率，驻守近畿，专司巡护。④

1911 年 10 月 27 日，关于第二军的组编作了一定程度的调整，将驻奉天的第二混成协调入，袁世凯在转述军咨府的命令中说：

> 第二军兵力本单，本府前已商明陆军部，将奉天第二混成协为筹备，听调遣，该协似可加入第二军，日内拟令移驻滦州附近；第五混成协已饬移驻新民府，该二协均可随时调用。⑤

---

① 清政府在直隶永平地方进行的现代化军事演习。参加永平秋操的清军分东西两路军。东军以第二十镇、第一镇、第二镇之一部分组编成混成一镇和混成第三协，由冯国璋为总统官；西军以第四镇为主力，加以禁卫军混成第二协，也组成一个镇和一个混成协，以舒清阿为总统官。皇室宗亲军咨大臣载涛任监操大臣，统揽全局。会操因武昌起义而中止。

② 以上数人为第一军军部各部门主要负责人。易乃谦为参谋长、丁士源为副官长兼总执法官、何守仁为军医处长，此外还有秘书官恽宝惠、一等参谋官徐孝刚等。

③ 丁士源：《革命史谭·梅楞章京笔记》，北京：中华书局，2007 年，第 313 页。

④ 《宣统政纪》卷六十一，北京：中华书局，1987 年，第 1101 页。

⑤ 方裕谨选编：《清政府镇压武昌起义电文一组》，《历史档案》1981 年第 3 期，第 20—30 页。

这一军事调整,在滦州兵谏①通电中得到证实:

> 我驻奉第二十镇、第二混成协及驻长第三镇奉命南征,各将佐士卒等,咸以目今政变之源,皆有政治不良引起,若不从政治改革著手,而徒恃征讨,窃恐治丝益纷。同仁等不忍国家沦胥,自相残杀,业已提出政纲十二条请愿朝廷。②

新军在编练过程中,是以一个镇为作战单位的。军一级的作战单位,在练兵处制定的营制饷章中有规定而没有实际,"一军之制,由第一军至若干军,每军两镇至三四镇不等。现在镇数无多,平时暂不编军,遇有军务,再酌量情形奏请编设"。③ 所以在清末编练的新军中是没有军这个作战单位的。清政府组编新军三军,说明他们对武昌起义的认识是深刻的,这绝不是一次简单的兵变,而是威胁到其根本统治,故采取非常措施来应对。

清政府组编的三军可谓新军之精华。其中第一军包括新军第四镇、第二镇的第三协和第六镇的第十一协,实际上为两个镇的兵力,足额应为 25 000 人左右。④ 而第二、第四、第六三镇,是袁世凯训练的北洋新军的精髓。其中第二镇是北洋六镇中成镇最早的军队,第六镇更是中国最早的新军,其主体是袁世凯在甲午战争之后亲自训练的新建陆军和义和团期间开到山东归袁世凯指挥训练的江南自强军。当时跟随陆军大臣荫昌往武昌前线的高级军官除了前面所说的第一军军部的将领外,还包括第四镇代理统制第八协的协统王遇甲⑤,第七协的协统陈光远,第二镇第三协统王占元,第六镇第十一协统李纯。⑥ 这些高级将领,为清一色的袁世凯训练的北洋军高级将领。

第二军司令官冯国璋,所辖第五镇全镇、第三镇之第五协、第二十镇之第

---

① 参加永平秋操的新军第二十镇统制张绍曾于 1911 年 10 月 27 日在滦州联络一批新军将领联名向朝廷施压,提出十二条政纲,请求朝廷尽快立宪,以政治变革回应南方革命党人的合理要求,推动中国政治进步。史称滦州兵谏。
② 杜春和编选:《辛亥滦州兵谏函电选》,《近代史资料》1997 年总 91 号,第 51—52 页。
③ 《大清光绪新法令》第 14 册,中国社会科学院近代史所中华民国史组编:《新军编练沿革》,北京:中华书局,1978 年,第 60 页。
④ 清末新军中,北洋六镇与湖北新军是足额的,一个镇兵力为 12 000 人左右。
⑤ 第四镇统制吴凤岭因病请假。
⑥ 丁士源:《革命史谭、梅楞章京笔记》,北京:中华书局,2007 年,第 314、317 页。

三十九协，以及后来编入的第二混成协，总兵力亦为两个镇，与第一军相当，人数足额也应当为25 000人左右。① 其中第五镇的基础是袁世凯巡抚山东期间编练的武卫右军先锋队，第三镇是最早编练成镇的北洋新军。第二十镇成镇于1910年1月，其成镇虽晚，但却是从北洋六镇中派生出来的。1907年徐世昌出任第一任东三省总督，奏请北洋第三镇和两个混成协随他到东北驻防。袁世凯从其第五、第六镇中抽出一部分军队组成混成第一协，② 从第二、第四镇中抽出一部分组编为第二混成协，后来第一混成协与奉天陆军第一标、第二标，以及部分巡防队合编为第二十镇。第二十镇辖两个协，即第三十九协和第四十协，原奉天军队大致为第三十九协，原调东北之第一混成协为第四十协。③ 第二混成协随同徐世昌开拔到东北，后来长期驻防在奉天旺官屯。

第三军由北洋第一镇和禁卫军组成，第一镇是袁世凯训练的以旗人为主体的军队。禁卫军是清廷罢免袁世凯以后由摄政王载沣亲自下令编练的，以满人为主体，直接听命于摄政王，实际上是皇室的御林军。清廷将新军第一镇和禁卫军合编为第三军，担负保卫京师的重任。

清政府在武昌起义后的第四天，在军事上作出最快的反应，将北方、近畿最优秀的新军组编为三军，以应对革命危机，从军事学的角度看是非常正确的，一军开往前线，一军作为预备队随时开拔，一军保卫大后方京师。但关键的问题是，清廷没有将这项军事计划贯彻下去。在前线作战的始终是第一军，第二军不仅没有开赴前线，根本就没有组织成军。

二、武汉前线的作战部队主要是第一军

按照清廷组编三军的战略部署，第一军实际上在前一日，即1911年10月13日就出发了，以后一直在武汉前线，直到南北议和。从战争开始至战争结束，第一军的活动轨迹是非常清楚的。

---

① 第五镇按一个协计。
② 徐世昌：《退耕堂政书》卷十二，台北：文海出版社，1968年，第627页；张华腾：《北洋集团崛起研究》，北京：中华书局，2009年，第122—123、261页。
③ 中国社会科学院近代史所中华民国史组编：《新军编练沿革》，北京：中华书局，1978年，第164—165页。

(一) 战争初期第一军全部开赴前线

荫昌率第一军司令部于1911年10月13日下午从北京出发，15日（农历八月二十四日）下午到达河南彰德，特下车拜访了在这里隐居三年刚刚被任命为湖广总督的袁世凯。袁世凯备宴招待。欢迎宴前，袁世凯与荫昌等有一段对话，对话说明，第一军主体已经经过彰德南下。

> 袁氏询曰：君等人足用否？丁曰：军队系宫保所练，惟三年以来改易颇夥，此时恐有多数编制，宫保或亦不明。袁氏惟曰：君等为国建功必矣。语至此，肃客入席（燕席）。荫大臣曰：无须费心。袁氏笑曰：无关也。协统王占元、代理第四镇统制王遇甲，业于昨日通过南下。于是众就席匆匆食毕，作别登车。①

1911年10月18日，负责铁路运输的邮传部尚书盛宣怀致函袁世凯，告知各路援军的情况，其中第四镇、第六镇所属已经通过铁路运至前线。盛宣怀告知说：

> 公此行，事权必须归一，各路援军闻只有湘豫两军先到，未详人数，大约共总不到十营。第四镇廿六卯刻已运完。保定第六镇一协廿九开车，今日空车已有拖过信阳者，闻初一起节，需车若干乞预示。②

1911年10月18日之前，第一军所属大部分到达前线。是日黎明五时，第一军副官长兼总执法官丁士源召集将领议事，实际上是督察各部情况，第一军所属军官大部分到位。丁士源记述说：

> 二十七日晨五时，列车已能行动。丁氏亦随各列车南下。及抵漯口，丁车吹集合号，代理第四镇统制第八协统领官王遇甲，第一混成协统领官王占元，二十二标统带官马继增及督队官张敬尧，辎重第八营管带萧安国，

---

① 丁士源：《梅楞章京笔记》，《革命史谭、梅楞章京笔记》，北京：中华书局，2007年，第314页。
② （清）盛宣怀：《愚斋存稿》，卷八十七，台北：文海出版社，1975年，第14—15页。

均集合于军车，分别报告前方经过。……未几，第七协统领官陈光远率所部到滠。陆军大臣专车，自信阳开至孝感，即在孝感停车办公。①

（二）战中及战后受奖的均为第一军将领

到 11 月底，武汉前线战事已经停止，南北双方开始谈判，谋求政治解决。早在 1911 年 11 月 15 日攻克汉口之后，清政府曾经对立功将领进行表彰，这些将领是清一色的第一军将领。

> 以攻复汉口出力，赏协统王占元、陈光远、步队标统王金镜、李厚基、马继增、何丰林、炮队标统刘启垣、蒋廷梓巴图鲁名号。②

27 日，清军攻克汉阳，袁世凯致电冯国璋，对第一军进行嘉奖。

> 电寄第一军总统冯国璋，③据电报，初六日军情览悉，将士连日苦战，忠勇可嘉，现已夺回黑山等处，尤属异常奋勇，著赏给银二万两，由度支部发给，所有出力将弁，著冯国璋择尤优奖，以示鼓励。④

次日，王占元得以晋升，"陆军第二镇统制官马龙标因病解职，以陆军协统王占元充第二镇统制官，并赏副都统衔"。⑤

1911 年 12 月 13、14、15 日三天，将第一军所有的高级将领均给予升职提衔。

> 陆军第四镇统制官吴凤岭因病解职，以陆军步队第八协统领陈光远为第四镇统制官，并赏陆军副都统衔。⑥

---

① 丁士源：《革命史谭、梅楞章京笔记》，北京：中华书局，2007 年，第 317—318 页。
② 《宣统政纪》卷六十四，北京：中华书局，1987 年，第 1190 页。
③ 战争初期第一军军统由陆军大臣荫昌兼任，冯国璋任第二军军统。袁世凯至武汉前线前，已调冯国璋到前线，接任第一军军统。
④ 《宣统政纪》卷六十五，北京：中华书局，1987 年，第 1208 页。
⑤ 《宣统政纪》卷六十五，北京：中华书局，1987 年，第 1212 页。
⑥ 《宣统政纪》卷六十六，北京：中华书局，1987 年，第 1231 页。

武昌起义后清廷组编新军三军考略

　　以陆军正参领何丰林充陆军第四镇步队第八协统领官。陆军正参领马继增充陆军第六镇步队第十二协统领官，均赏陆军协都统衔。①

　　以克复汉口前敌出力予护理第四镇统制王遇甲以协都统补用并赏副都统衔；赏马队第二标统带官都司贾德耀等巴图鲁名号。②

　　在上述获奖和升职的第一军高级将领中，未见第六镇第十一协统领官李纯的情况，李纯是否在武汉前线，是否立功？回答是肯定的。李纯所部是攻占汉阳的主力，1911年12月1日（十月十一日），李纯以书面形式全面向袁世凯汇报了攻克汉阳的情况：

上月二十七日，奉冯军统命令，任攻汉阳。自顾才轻任重，恐难达到目的，惟有竭死力以图进取，冀副列宪平日之期许。当率官兵等逐次进攻，但地势艰险，四面皆水，仅于襄河枪火之下，搭桥一座进攻；兼时值霖雨，官兵数日行卧于泥水之中，后方输送，尤为困难。匪党防御严密，死相抵抗，苦战经旬，各种战斗具备。幸赖各将士坚忍耐战，奋不顾身，辛以克复汉阳⋯⋯此次战斗剧烈，沐恩所属，不足一镇，官兵伤亡五百零七员名，实觉过多，殊堪悯悼。是役也，击毙匪人约二千余人，其逃窜渡江自行淹毙者约千余人。计夺得仙女山、汤家山、四平山、麦家山、黑山、龟山坚要炮台六座，夺得敌炮六十三尊，枪支子弹不计其数。⋯⋯至旬日战斗情况，容当详细具报。先肃寸禀，恭叩钧安。沐恩李纯谨禀。十月十一日。③

　　既然李纯是攻克汉阳的指挥官和功臣，为什么没有得到相应的奖赏呢？况且第一军高级将领都获得升职，为什么李纯没有？是李纯有其他问题吗？我们最终找到了答案，李纯升职，其实早于以上将领。1911年11月6日（九月十六日），因第六镇统制吴禄贞升任山西巡抚，第六镇统制一职，陆军部上奏由李纯递补：

第六镇统制官吴禄贞业经奉旨署理山西巡抚，所遗之统制一缺，拟请

---

① 《宣统政纪》卷六十六，北京：中华书局，1987年，第1231页。
② 《宣统政纪》卷六十六，北京：中华书局，1987年，第1232页。
③ 卞孝萱辑：《闵尔昌旧存有关武昌起义的函电》，《近代史资料》1954年总1号，第82—83页。

115

简派第十一混成协统领官李纯充补。①

除了第一军所属的将领外,我们没有看到其他部队的番号。第一军各级军官,在出征武汉前线的战事中立功受奖,一般来说,标统升协统,协统升统制。这一事实说明,武汉前线的北方新军,仅仅是第一军。

三、第二军未组编成军

清廷如按照三军组编计划的安排,迅速成军,并把第二军运赴武汉前线,在武汉前线的清军兵力将达到四个镇,这势必对革命党造成巨大威胁。因为第一、第二军不仅仅是北洋的精锐,而且也是所有新军中战斗力最强的军队,无论武器装备、官兵素质,还是作战方法等方面都优于武汉革命党的军队。可惜第二军并没有组编成军,更没有开赴武汉前线。

(一) 第二军各支军队之考查

第二军组编情况到底如何?是真的没有组编成功,更没有开赴武汉前线吗?让我们作点详细的考证,逐一来看第二军各部的行踪及未能开拔的情况。按照清廷的计划,第二军辖第五镇全镇、第三镇的第五协、第二十镇的第三十九协及第二混成协。我们先考察第二十镇的行踪。

1. 第二十镇之追踪

第二十镇驻防奉天新民屯,因永平秋操被调至滦州。1911 年 2 月,张绍曾出任第二十镇统制,张绍曾受同盟会的影响倾向革命,与同为"士官三杰"并掌握一部分新军兵权的第六镇统制吴禄贞、第二混成协协统蓝天蔚密谋,欲乘秋操之际发动革命,进军北京,推翻清廷。② 武昌起义的爆发,永平秋操的中止,打乱了他们的行动计划。但清廷调张绍曾率第二十镇之一部前往武昌镇压革命党,他不仅不应命,反而在策划以武力响应武昌起义,不久就发动了滦州

---

① 《宣统三年九月十六日陆军部奏片》,中国史学会主编:《辛亥革命(五)》,上海:上海人民出版社,1957 年,第 303 页。
② 鹿钟麟:《滦州起义的前前后后》,中国人民政治协商会议全国委员会文史资料研究委员会编:《辛亥革命回忆录》第六辑,北京:文史资料出版社,1981 年,第 166 页。

兵谏，给清政府以沉重打击。①

1911年10月14日，即清廷组编三军的当日，第二军总统官冯国璋一天之内两次电催张绍曾遵命带兵南下，镇压武昌起义。由此可见，冯国璋的态度是非常积极的。冯国璋发给张绍曾的第一封电报为：

> 站长转混成第二十镇张统制鉴：顷接部电，今日奉旨派璋充总统官，贵混成镇及第二协并第三、第五镇均编列其内。璋明日回京，二十六日来开平，特派张参谋到滦州接洽一切事宜。再，部司电开：二十镇张统制鉴：贵镇出发，现由天津银行先拨银二万两应用，祈派员赴领。又，奉堂宪面谕：随行官长现给两月薪水，目兵先加给出发津贴每月一两，由镇署发。鄂变日亟，望火速开拔，以资援救。速电复等因。璋。漾。②

由此电报可知，开往武汉前线的第二十镇之官军的薪水及开拔费，清政府均已准备妥当。优厚的薪水和开拔费，可解除官兵的后顾之忧，有利于军队战斗力的发挥。

冯国璋对张绍曾的第一电发出未久，紧接着发出第二电：

> 站长转混成第二十镇张统制鉴：顷接部电开：二十镇张统制，鄂垣警急，亟应派赴援。顷接军谘府命令，派尊处参与秋操之混成协编为第四十协，并派张统制绍曾带领，由秦皇岛乘兵轮开往长江一带，定二十九出发，粮饷、子弹均由本部设法预备。除电达东督外，仰即遵照电复等因。璋。漾。③

是电又进一步明确，军谘府将参与秋操的第二十镇所属编为第四十协，指明由张绍曾率领乘兵船开往武汉前线，而且粮饷、子弹、行程、乘载工具等均

---

① 赵润生、马亮宽：《辛亥滦州兵谏与滦州起义》，天津：天津人民出版社，2003年，第74—112页。

② 杜春和编选：《辛亥滦州兵谏函电选》，《近代史资料》1997年总91号，第49页。

③ 杜春和编选：《辛亥滦州兵谏函电选》，《近代史资料》1997年总91号，第49页。

已准备周全。清政府军事部门反应可谓迅速、敏捷,虑事甚密,不可简单谓之腐朽、昏庸,说明其军事改革取得显著成效,应对突发事变具有了一定的能力和效率,这与应对太平天国事变相比有着天壤之别。当时冯国璋为军咨使、第二军总统官,他发布的电报就是军令,作为军人、部下将领,按常理说是必须无条件服从和执行的。但张绍曾正在谋划滦州兵谏事宜,对冯国璋的命令置之不理。目前我们还没有发现张绍曾如何回复冯国璋的电文。

由于得不到张绍曾的回复,次日即10月15日,清政府又以督练公所、陆军部和军咨府厅长陈其采的名义,三次致电张绍曾,告知他军中有关情况,催促其迅速率部南下。三方面电文如下:

督练公所电为:

探报二十镇统制张鉴:顷奉军部电,贵部于二十九日在秦皇岛乘船,子弹、粮食由部中备。伍统领①于明日到山海关。特闻。督练公所。敬。

陆军部电为:

开平潘统领转二十镇张统制:顷准军谘府函称:东军气球队可编入混成第四十协,业已分电等语。仰即编入该协为盼。陆军部。敬。印。

军咨府厅长陈其采电:

滦州转第二十镇张统制:顷接军咨府电开:陈厅长、文司长鉴,东军气球(队)仰即转饬随同第四十混成协南下,所需车辆已告邮部照备矣。军咨府。敬。其采、华转。敬。印。

对上司的一系列电文、命令,张绍曾竟一概置之不理,我行我素,加紧兵谏的一切准备。16日,他两次致电在滦州的第四十协协统潘榘楹,要他多备粮食、弹药,作好在滦州的长期准备。

---

① 即第二十镇第三十九协协统伍祥桢。

武昌起义后清廷组编新军三军考略

张绍曾致潘榘楹第一电：

> 滦州混成四十协潘统领鉴：我队住滦，尚需时日，请在该地多备粮秣。曾。有。印。

张绍曾致潘榘楹第二电：

> 滦州四十协潘统领鉴：费克斯炮改为六门编成，存新之炮即运滦州。所缺马匹由炮三营补，炮弹、枪弹及米均可运存滦州。有。印。①

10月27日，张绍曾等在做好一切准备之后，毅然发动兵谏，上奏朝廷，提出12条政纲，给清政府以深重打击。是日张绍曾在告众人书中谈到为什么不奉命南下的原因：

> 绍曾告于众人曰：武昌革命，名正言顺，专尚征讨，殊乖民意，同种相残，尤悖人道，所有军队暂不前进。②

张绍曾的政治态度非常鲜明，就是赞成武昌起义，视之为"名正言顺"，不愿意打内战，镇压同胞兄弟，因此拒不执行上司、军事机关的所有命令。张绍曾的胆略，非一般军人所有，是非常令人佩服和敬仰的。

其实，在清政府未接到张绍曾等的兵谏消息前，军咨府曾再次催促二十镇的第四十协迅速出发。军咨府电曰：

> 火急，滦州张统制：四十协今日何时开拔？勿再迟误，速复。军咨府。鱼。印。

另一封电报以章远采的名义拍发，内容相近，

---

① 杜春和编选：《辛亥滦州兵谏函电选》，《近代史资料》1997年总91号，第50页。
② 罗正伟：《滦州革命纪实初稿》，第28页，转引自赵润生、马亮宽：《辛亥滦州兵谏与滦州起义》，天津：天津人民出版社，2003年，第93页。

> 火急，滦州张统制：奉邱谕①：饬四十协即刻开拔，勿稍延误等语。采。鱼。印。②

张绍曾一次次拒绝上级主官和军事机构的命令，使清政府再也不能容忍下去了，但清廷表现得也极为明智，没有进一步激化矛盾。1911年11月6日，仅下令免去张绍曾第二十镇统制之职，授予宣抚大臣，前往南方宣布朝廷德意，剥夺了张绍曾的兵权。

张绍曾离职后，第二十镇统制由第四十协协统潘榘楹接任，潘榘楹为了分化瓦解军中的革命力量，将部队分开驻扎，将第七十八标调往关外，第七十七标移驻锦州，第八十标开往临榆，滦州地方仅留第七十九标。③ 1911年年底，第七十九标部分官兵又发动了滦州起义。由此说明第二十镇中的革命力量一直在活动，第二十镇之所以没有遵从清廷命令开赴武汉前线的原因就在这里。

2. 第二混成协之去向

在最初组编的第二军中，没有第二混成协的番号，后来的军事调整，将第二混成协编入。第二混成协虽然驻防奉天，却是袁世凯北洋的基本部队，主要是从第二、第四镇中抽出部分军队组编而成，最初协统为王汝贤，是袁世凯亲自任命的。不仅协统王汝贤由袁世凯亲自任命，连协统以下的各级军官，均由袁世凯钦命。袁世凯曾有过较为详细的说明，他说：

> 现东三省亟需军队，既经奏明由北洋抽调一协，自应酌抽军队，编立混成一协，以资调往。所有该混成协统领，查有王副将汝贤堪以派充。由第二镇步队内抽拨第五标第一营，派宝复详管带。拨第六标第三营，派刘建章管带。拨第七标第一营，派郑及春管带。该三营编为一标，派聂汝清充该标统带。由第四镇步队内抽拨第十三标第三营，派秋占鳌管带。拨第十四标第一营，派林绳武管带。拨十五标第二营，派朱绍曾管带。该三营编为一标，派陈廷会充该标标统带。由第二镇马队第二标内抽调第一营，

---

① 应为军咨大臣载涛。
② 杜春和编选：《辛亥滦州兵谏函电选》，《近代史资料》1997年总91号，第53页。
③ 赵润生、马亮宽：《辛亥滦州兵谏与滦州起义》，天津：天津人民出版社，2003年，第168—169页。

派褚恩荣管带。由第四镇工程第四营内抽调后队一队,派刘吉庆充当队官。由第二镇辎重第二营内抽拨右队一队,派孙景元充队官。以上步队两标,马炮队各一营,辎重、工程各一队,编立混成一协,应归王汝贤统率前往。①

不过,第二混成协虽然是袁世凯的基本部队,但由于袁世凯北洋集团势力的膨胀,与满洲贵族尤其是少壮派贵胄的矛盾日益激化,清廷一直在削弱袁世凯的权力,第二混成协的成立与开赴东北,既有加强东北国防的一面,也有削弱袁世凯势力的企图。随后袁世凯调离直隶,入京做外务部尚书兼军机大臣,失去了对北洋军队的指挥权。1909年年初,清廷更将其开缺,勒令其回籍养疴。满洲少壮派贵胄在打击、处理了袁世凯之后,对袁世凯的北洋军队进行改造,将一些高级将领调离,而将一些从日本士官学校毕业回国的军事人才派往北洋军中,任为高级将领,张绍曾、吴禄贞、蓝天蔚等"士官三杰"就是在这一时期开始在北洋军中任职的。1910年,蓝天蔚从日本回国,任第二混成协统领官。

蓝天蔚任职第二混成协统领官后,对第二混成协进行了一定程度的改造,积极在军中发展革命力量。清廷调集第二混成协开往武汉前线,蓝天蔚不仅不应命出征,还率第二混成协参与滦州兵谏,不仅参与了滦州兵谏的一切活动,而且还在滦州兵谏之后,积极谋划东三省尤其是奉天的独立。1911年11月6日,他召集本部高级将领和地方革命党人秘密会议,准备驱逐东三省总督赵尔巽,宣布东三省独立,因担心日军干涉,决定实行"不流血革命"。计划11月中旬,由奉天咨议局召开各界代表大会,成立国民保安会。然后蓝天蔚以维持秩序为名,率第二混成协开进奉天城,占领主要衙署,逼走赵尔巽,宣布奉天的独立,事成后公推蓝天蔚为大都督。②

这是一个非常庞大的行动计划,通过不流血的革命,以和平方式谋求奉天的独立,响应武昌起义。但是,由于蓝天蔚在第二混成协任职时间不长,第二混成协绝大部分将领为袁世凯的部下,当时袁世凯已经被清政府任命为总理大臣,所以这些将领虽然参加了蓝天蔚的秘密会议,但在思想上与蓝天蔚有着巨

---

① 袁世凯:《酌由陆军第二、四镇抽拨混成一协移驻东省折》,天津图书馆、天津社科院历史研究所编:《袁世凯奏议》下册,天津:天津古籍出版社,1987年,第1481—1482页。
② 赵润生、马亮宽:《辛亥滦州兵谏与滦州起义》,天津:天津人民出版社,2003年,第158页。

大的距离。尤其是标统聂汝清又与蓝天蔚私人关系不好，事后将行动计划告知总督赵尔巽。赵尔巽立即行动，调张作霖的巡防营入城，加强防备。11月12日，赵尔巽抢先下手，在第二混成协大部分将领的支持和帮助下，在咨议局召开"奉天国民保安会成立大会"，控制了奉天的局势。14日，赵尔巽剥夺了蓝天蔚的第二混成协的军权，札派他到东南考察战事，并给予一些路费，实际上是礼送其出境。赵尔巽札文为：

> 查有第二混成协蓝统领天蔚，志趣正大，识见明敏，堪以派赴东南各省考察此次战事之实情、公众之意见，并传布奉省保安会宗旨，以谋国民之幸福。为此，札委到该协统，即便遵照，刻日前往妥办，随时报告。此札。①

蓝天蔚被迫离开奉天，标志着奉天的"不流血革命"的失败。而我们从蓝天蔚的行踪中，可以清楚地看到第二混成协的去向：参与滦州兵谏——谋划奉天独立，怎么可能会开赴武汉前线呢？

3. 第三镇之探寻

第三镇成军于1904年，首任统制（时称翼长）为段祺瑞，下辖步队第五协、第六协，驻防保定。1905年第五协奉命移驻锦州。1907年东三省总督徐世昌奏准第三镇全部移驻东北。② 当时第三镇统制为曹锟，第五协协统为徐占凤，第六协协统为徐万鑫，后卢永祥取代了徐占凤，陈文运取代了徐万鑫。移驻东北后，第三镇司令部、步队第六协司令处驻吉林长春，步队第五协司令处驻奉天昌图。武昌起义时，统制曹锟丁忧守制，第五协协统卢永祥护理统制。

武昌起义爆发，永平秋操中止，第三镇的第五协奉命开往武昌前线。但由于第三镇与第二十镇同驻东北，又都源于北洋新军，所以第二十镇统制张绍曾在滦州发动兵谏，第三镇参与其中，卢永祥还是滦州兵谏上奏清廷的五名高级将领之一。滦州兵谏之后，张绍曾宣布成立"立宪军"，在《立宪军义条》上，卢永祥的署名顺序第二，高级将领署名顺序依次为：第四十协统领潘榘楹、护

---

① 赵润生、马亮宽：《辛亥滦州兵谏与滦州起义》，天津：天津人民出版社，2003年，第162页。
② 中国社会科学院近代史所中华民国史组编：《新军编练沿革》，北京：中华书局，1978年，第108页。

理第三镇统制卢永祥、第二十镇统制张绍曾、第二混成协统领蓝天蔚、第三十九协统领伍桢祥、第六协统领陈文运。①

滦州兵谏之后，卢永祥率第三镇官兵奉清廷命令开赴北京丰台驻扎。11月5日，卢永祥从奉天致电张绍曾：

> 张统制鉴：敝协于今日开拔赴丰台，由滦经过，请关照。祥于是日乘照二列车到滦，再为面叙。祥。删。印。②

第三镇第五协开赴北京丰台后不久，又被调至山西，镇压太原新军起义。

关于卢永祥带领第三镇镇压太原新军起义的情况，参加太原新军起义的新军战士郭登瀛回忆说：

> 十二月初（误，应为十月初——引者），清军第三镇，号称二十个营，实有五、六千人（即第五协——引者），由协统卢永祥率领，沿正太线西进……旧历十月二十三日娘子关失守后，清军第三镇开进太原。③

山西都督阎锡山事后回忆中也记述第三镇入晋之事，"清廷以第六镇经此变故，不克平定晋事，乃于十月下旬复遣其精锐第三镇由娘子关攻入"。④

由此我们可知第三镇第五协的去向。

4. 第五镇之寻迹

第五镇兵员大部分来自山东，由山东巡抚统领，长期驻防山东。统制最初为吴长纯，后来长期为张永成，下辖步队第九协、第十协。

武昌起义后清政府组编的第二军，是以第五镇为主体，第五镇去向如何至为关键。从我们现在看到的资料，第五镇一开始就被山东地方留驻。最早在10月17日，即清廷组编三军的第三日，山东巡抚就以山东地方重要为由，上奏要

---

① 杜春和编选：《辛亥滦州兵谏函电选》，《近代史资料》1997年总91号，第70页。
② 杜春和编选：《辛亥滦州兵谏函电选》，《近代史资料》1997年总91号，第64页。
③ 郭登瀛：《太原起义的回忆》，中国人民政治协商会议全国委员会文史资料研究委员会编：《辛亥革命回忆录》第八辑，北京：文史资料出版社，1982年，第205页。
④ 阎锡山：《掌握山西武力与太原起义前后》，丘权政、杜春和选编：《辛亥革命史料选辑》下册，长沙：湖南人民出版社，1981年，第252页。

求第三镇半数留在山东。清廷是日电山东巡抚孙宝琦：

> 又谕，电寄孙宝琦：据电奏，五镇分调京鄂，东省为京畿门户，必赖重兵镇压，请酌留一半等语，著军谘府、陆军部酌复办理。①

对孙的要求，军谘府、陆军部并没有答应：

> 昨电请酌留五镇一半并添募巡防十营，顷接军谘府电，五镇不能酌留。②

27 日，袁世凯就有关军事调度问题致电内阁，曾经一度允许第五镇暂留山东。他说：

> 第五镇兵力仅剩一混成（协），山东地方吃紧，孙抚累次请留。缘该省巡防队现正招募，陆军别无可调，该镇似应暂留东省，以滋镇慑。③

两天后，即 1911 年 10 月 29 日，准备上前线督师的钦差大臣、湖广总督袁世凯改变看法，致电清廷，敦促陆军部及第二军所属的各地方督抚执行朝廷谕令，迅速将所属开赴前线。电文曰：

> 拟请饬下陆军部、东三省总督、山东巡抚，迅令第五、第二两混成协及第五镇全镇，赶紧开赴信阳，以资调遣。④

此电说明，至迟到 1911 年 10 月 29 日，即清廷组编三军已经整整半个月了，第二军的主力——第五镇，尚未开赴武汉前线，第二军其他所属亦然。

在前线将领的一再请求下，清政府也曾再令第五镇开拔。1911 年 11 月 3

---

① 《宣统政纪》卷六十一，北京：中华书局，1987 年，第 1108 页。
② 《宣统政纪》卷六十一，北京：中华书局，1987 年，第 1114 页。
③ 方裕谨选编：《清政府镇压武昌起义电文一组》，《历史档案》1981 年第 3 期，第 20—30 页。
④ 方裕谨选编：《清政府镇压武昌起义电文一组》，《历史档案》1981 年第 3 期，第 20—30 页。

日，袁世凯致电清廷说，

> 接奉督、东抚来电，第五协及五镇混成协，即将开拔。①

清廷在张绍曾等滦州兵谏的压力下，同日公布了《宪法重大信条十九条》，以为开放了民主，答应了滦州兵谏军方的要求，就可以缓和目前的危机了，因此11月7日下令第五镇暂缓开往武汉前线。

> 电寄孙宝琦，电奏悉，宪法信条十九条业经通行，电谕著再将条文逐条电致该抚，迅即宣布，妥为开导，所请停调五镇一节，著暂缓开拔。②

1911年11月初，第五镇，尚在山东驻防，没有开赴武汉前线。山东巡抚孙宝琦要求第五镇留驻山东，孙宝琦的后面还有山东各界的力量。1911年11月5日，各界召开座谈会，向清政府、山东巡抚提出请愿八条，其中第三条，即"现驻山东境内新军，不得调遣出境"。③不久山东独立，第五镇在其中发挥了正反两方面的作用。第五镇的许多中下级军官在革命党人的激励下，不少人倾向革命，统制张永成控制不住局面告病卸任，进步官兵拥戴第十协协统贾宾卿代理统制。贾宾卿是直隶大城人，与张绍曾是同乡，且与张绍曾、吴禄贞同在日本士官学校学习军事，思想进步，倾向革命。他于1911年11月13日推动了山东的独立，巡抚孙宝琦为都督，贾宾卿被推举为副都督。

山东独立后不久，在第五镇第二十标标统吴鼎元、炮标标统张树元及巡防营统领聂宪藩等一批军官的威逼下，又被迫取消独立。最主要的原因是袁世凯已经入京做了总理大臣，他要稳固北方，不希望北方诸省独立。而第五镇中的将领大部分为袁世凯的旧属，孙宝琦为亲近袁世凯的官僚，贾宾卿控制不了局面，山东取消独立也就不难理解了。

1911年11月21日，巡防营统领聂宪藩致袁世凯书，向袁世凯汇报山东独

---

① 卞孝萱辑：《闵尔昌旧存有关武昌起义的函电》，《近代史资料》1954年总1号，第65页。
② 《宣统政纪》卷六十三，北京：中华书局，1987年，第1178页。
③ 夏莲居：《山东独立前后》，中国人民政治协商会议全国委员会文史资料研究委员会编：《辛亥革命回忆录》第五辑，北京：中华书局，1963年，第294页；又见郭孝成：《山东独立状况》，中国史学会主编：《辛亥革命（七）》，上海：上海人民出版社，1957年，第323页。

立及取消独立的情况，对第五镇的行踪和在期间所起的作用，有比较详细的描述。他说：

> 山东自鄂事起后，人心初尚镇定。嗣闻各省纷纷告警，倡言独立，省城各学界勾合五镇，群起效尤之意，传单开会，气势汹汹。慕帅①虽欲严禁，因职道所部防营在省者，不足两千人，与五镇力不相敌，未敢轻动。该代表人要求代奏八条，遂以山东联合会名义，于九月二十三日在咨议局开会，邀请慕帅入席。当日职道决意不愿到场。嗣闻慕帅在会，再三警喻，不认独立之说，会党既多方挟制，而五镇代表人复登台狂演，遂遽行揭布三条，又举贾宾卿为副，以重要挟。斯时也，手枪炸弹，不知凡几，若稍有异词，则大局不堪设想，事机迫逼，无可如何。慕帅回署后，即传职道，密切筹商。职道因思彼等所挟者五镇，须由此处着手，方可转圜。当请慕帅一面敷衍该会，以泯痕迹；一面职道密商五镇吴鼎元等，妥拟办法。该员等均感戴国恩宪德，激发天良，遂定计反抗贾宾卿。于九月二十六日，公同函诘联合会，令即取消独立誓书及撤去独立旗帜，否则以兵力从事，限于二十四点钟答复。该会即颇有惧心，当以缓办独立具复。于二十九日，复商吴鼎元等公拒贾宾卿，不令回镇。并拟即将吴鼎元升署该镇统制，以资震慑，已面请慕帅电达钧座矣。其与贾宾卿同谋者三数人，亦经从宽另办，实缘内意尚在笼络党人，似未便遽下辣手。现在五镇兵心安定。初一日慕帅又犒赏该镇五千金，并犒赏职道防营四千金，均极欢跃听命。……窃思山东为京师屏蔽，若一时不能反正，无论独立省分互相煽乱，即完全如直隶、河南等省，亦恐势成孤立。今既已设法挽回，正当振臂一呼，以求响应。②

作为第二军主力的第五镇，受山东革命的影响，被限制在山东境内，无法开拔。

（二）清政府承认第二军没有组编成军

从以上的考查分析中我们看出，第二军所属的四支军队，第五镇、第三镇

---

① 孙宝琦（1867—1931），字慕韩，浙江余杭人。
② 卞孝萱辑：《山东假独立资料》，《近代史资料》1956年总8号，第133—134页。

之第五协、第二十镇之第三十九协（实际为第四十协）及第二混成协，都没有开赴武汉前线。1911年11月27日，随着袁世凯责任内阁的成立，军咨府大臣载涛请求将第三军番号撤销，将指挥权移交给袁世凯。

> 贝勒载涛奏，第三军内之第一镇营队，除步队四营、马队一营驻扎外城未便抽调外，其余各营，请改由袁世凯任便调遣，并请将第三军名目撤销。①

1911年12月1日，经南北双方的努力，在英国驻汉领事的调停下，武汉前线开始停战3天。3天期满后再续停战，最后一直持续下去，武汉前线的军事问题转向政治解决。清政府调整其军事部署和军事人员，武昌起义后组编的三军已经失去了原来的意义，下令裁撤。1911年12月9日清廷谕令中承认第二军未能组编成军。谕令曰：

> 谕内阁：内阁请更调军统。现在第三军业经撤销，第二军分驻各省，未能集合，应一并撤销。著军咨府、陆军部另行编配。第二军筹备畿辅及海防一带，著冯国璋兼充第二军军统。署湖广总督段祺瑞著兼充第一军军统。②

第二军没有组编成军的线索是非常清楚的，在此之前的第二军仅仅是文本、文献中的第二军，此后组编的第一军、第二军已经是另外的意义了。

四、第二军未能成军的影响

就清政府来说，第二军没有组编成军是致命的军事失误，直接影响了前方的战事。清政府在武汉前线作战的仅仅是第一军，在军事上没有绝对的优势，实际上处于劣势地位。从战略上说，没有第二军的战略配合，第一军还处于非常孤立的地位。这是必须引起我们注意的一个问题，前线清军兵力的不足，第

---

① 《宣统政纪》卷六十五，北京：中华书局，1987年，第1210页。
② 《宣统政纪》卷六十六，北京：中华书局，1987年，第1225—1226页。

二军未成军的客观事实,直接导致军事统帅袁世凯态度的转变,即由原来极力镇压革命党,逐渐变为以抚为主,以剿为辅,最后干脆与革命党进行南北和谈,直接影响了辛亥革命的结局。

(一) 袁世凯前线将领对第二军的企盼

武汉战事就清政府方面来说,实际上分为两个阶段:第一个阶段,从1911年10月13日荫昌率第一军南下,至10月30日袁世凯南下誓师,为陆军大臣兼第一军军统荫昌指挥阶段,双方战事处于胶着阶段,政府军已经开始进攻汉口;第二个阶段,从10月30日袁世凯南下至11月30日,时间恰好一个月,为袁世凯指挥阶段,政府军攻下汉口、汉阳,威逼武昌。荫昌指挥时期对第二军已经有所企盼,袁世凯指挥时期对第二军的企盼更甚。

实际上,袁世凯正式出山之前,就已经插手武汉前线的军事了。10月22日,他致电荫昌,主张先定守局,待充分准备好后再决进攻。他说:

> 前锋不竞,似宜择地集合,固布守局,以待筹备完善再图进取。①

袁世凯的这一思想是非常明晰的,两天后他致电内阁,重申他的这一思想。在安排具体军事部署时,主张派冯国璋为第一军军统,先在前线进行进攻准备工作。再派段祺瑞为第二军军统,兵临武汉,配合第一军作战,可操胜券。他说:

> 内阁王爷、中堂钧鉴:辰。顷与冯国璋详细筹商,前敌各营,筹备多未完全,士气亦未大振,亟须迅派统将,驰赴阵地,妥为布置,并安抚军心,激励士志。一面速为筹备,以免遗误。逆匪迭次渡江攻扑官军,夺占刘家庙,其气力雄厚已可概见,非力弱负隅之贼可比,未可轻玩。拟请先派冯国璋充第一军总统,即由此迅赴前敌,商承荫昌,先布守局,候筹备完善,足以制匪,再图进攻。现宜昌、黄州、长沙先后不保,军情益紧,亟宜厚集兵力,速攻武汉。该处兵多素练,饷械充足,召号日众,又有兵

---

① 方裕谨选编:《清政府镇压武昌起义电文一组》,《历史档案》1981年第3期,第20—30页。

工厂为之接济,实为诸匪之主脑。如克武汉,诸匪夺气,自将瓦解,不难依次荡平。拟请饬下府部即调第二军陆续开拨,在信阳州一带,择地集合。俟段祺瑞北来,即派充是军总统,会合第一军,早图规复。增此大军,前敌士气亦壮,反侧之徒亦可胆寒。建威销萌,裨益良多。是否有当,伏祈圣裁。①

清政府同意袁世凯的战略部署,于25日复电袁世凯:

着即照所拟办理,迅筹布置,以图进取。②

应该说袁世凯的这一战略设想是非常正确的,第一军司令官和第二军司令官分别由其最倚重的将领冯国璋和段祺瑞担任,第一军、第二军所属也几乎是他原来训练的北洋六镇精锐,指挥起来得心顺手。可惜他企盼的第二军始终没有开拨前线,尽管他一再请求,甚至是声嘶力竭。

1911年10月27日,清廷授袁世凯为钦差大臣,授予他武汉前线军事全权,即使陆军部、军咨府也不能遥控:

湖广总督袁世凯授为钦差大臣,所有赴援之海陆各军并长江水师暨此次派出各项军队均归该大臣节制调遣,其应会同邻省督抚者随时会同筹办,凡关于该省剿抚事宜由袁世凯相机因应,妥速办理,军情瞬息万变,此次湖北军务,军谘府、陆军部不为遥制,以一事权而期迅奏成功。③

同日,袁世凯致电内阁,要求迅速派遣第二军开赴前线。他甚至抱怨军咨府,没有与他很好配合。他说:

查世凯前日电奏,请饬下军谘府、陆军部即调第二军陆续开拨,在信阳一带集合,俟段祺瑞北来,即派充是军总统等语。初四日已奉旨:著即

---

① 方裕谨选编:《清政府镇压武昌起义电文一组》,《历史档案》1981年第3期,第20—30页。
② 张国淦:《辛亥革命史料》,上海:龙门联合书局,1958年,第107页。
③ 《宣统政纪》卷六十二,北京:中华书局,1987年,第1140页。

照所拟办理,迅筹布置,以图进取,该衙门知道。钦此钦遵在案。惟准军谘府来电,似尚未奉到此旨,究应如何办法,应请钧示祗遵。①

1911年10月29日,清军进攻汉口的战斗已经打响,他再次请派第二军赶赴前线。

> 顷接荫大臣电开,匪在跑马场据极坚防御,死力抗守,我军奋勇进扑,并用炮力侧击,持久乃下,军队已抵汉口街市。惟官兵露营多日,奋力苦攻,实已疲倦,虽于汉口方面占领颇多,恐难遽覆匪巢。应否迅添调北军以为接应,并稍息兵力,悉候酌裁云。已复以虞电悉,忻欢莫名。兵入街市,恐涉兵险,请饬统将重悬赏格,或由西抄击,如能一气将汉口全复,固甚善,否则宜择要坚守,藉息兵力,切防反攻。并知会师舰游弋巡查,力遏武昌援匪,仍祈卓裁。近日已迭请军谘府早遣第二军前进,尚未得允,当再转请等语。半复汉口兵力已疲,请大府速发第二军接应。②

不仅如此,袁世凯还请清廷谕令第二军驻防区的行政长官和陆军部,赶紧将第二军所属各部队派赴武汉前线,以配合第一军攻克汉口。

> 拟请饬下陆军部、东三省总督、山东巡抚,迅令第五、第二两混成协及第五镇全镇,赶紧开赴信阳,以资调遣。③

1911年10月31日,袁世凯已经到达濒临前线的信阳指挥清军,主要是第一军持续攻打汉口。11月1日,清政府授予他内阁总理大臣之职,授权他继续指挥前线军事。次日,清军攻克汉口。4日,在总结汉口战事时,他致电清廷,埋怨第二军没有到位。他说:

> 汉口地居洼下,士卒守岸,两面受敌,日有伤亡,且日夜防守,兵力

---

① 方裕谨选编:《清政府镇压武昌起义电文一组》,《历史档案》1981年第3期,第20—30页。
② 方裕谨选编:《清政府镇压武昌起义电文一组》,《历史档案》1981年第3期,第20—30页。
③ 方裕谨选编:《清政府镇压武昌起义电文一组》,《历史档案》1981年第3期,第20—30页。

颇难支持。迭催第二军速来接应,迄未到防,后路阻扰迟延,未知是何居心。然照此防守,兵力日疲,久恐生险。①

埋怨是一方面,继续向北京请调第二军是根本之计。同日袁世凯致电内阁,即使第二军先到一部分,对前线来说也是至关重要的。他说:

> 党势复振。切盼第二军先来数人,用作分支,即可定期先取汉阳。现各镇、协兵祇万余人,伏守襄河长江堤岸,枪炮互击,未敢轻调,必须分兵潜渡猛攻,方可得手。切盼。以上祈秘密,勿使军部员司知之。②

袁世凯对第二军的企盼,由此可见一斑。

(二)第二军对战局的影响

前面我们说过,武昌起义后清政府迅速作出反应,在军事上组编三军,第一军开赴前线,第二军续进接应,第三军留守后方,保卫京师,这是一项很好的战略举措。可惜由于种种原因,第二军没有成军,更没有开赴战场,在武汉前线作战的仅仅是第一军。尽管第一军战绩颇佳,先后攻下汉口、汉阳,但毕竟是孤军③,在军队数量上与南方相比处于劣势。④ 这种情况势必影响前线将领的战略思考。事实上就是这样,袁世凯由最初的对革命党人主剿,后来逐渐改

---

① 《袁世凯致清政府电》(清陆军部档案),中国第二历史档案馆编:《中华民国史档案资料汇编》第一辑,南京:江苏人民出版社,1979年,第204页。
② 卞孝萱辑:《闵尔昌旧存有关武昌起义的函电》,《近代史资料》1954年总1号,第67页。
③ 从清政府组编三军的战略设想上来说就是孤军,因为第二军没有成军。但从清政府整个前线军事部署来说又非为孤军,除了陆军之外还有海军的配合,至于海军发挥多少作用则是另一回事。海军到达武汉江面并未发挥作用,海军官兵大多同情革命,不久萨镇冰托病离开舰队到上海养病,海军起义,成为革命军的一部分。所以总体来说,在武汉前线的第一军是孤军,应该是成立的。中国人民政治协商会议全国委员会文史资料研究委员会编:《辛亥革命回忆录》第六辑,北京:文史资料出版社,1981年,第87—126页。
④ 南方武汉革命军军队数量,湖北新军第八镇和第二十一混成协,按编制应为18 000人左右,武昌起义时,参加起义者为1/3,计6000人左右。但起义后先扩之四协,再迅速扩编为8个协,一协按5000人计,也有4万人左右。加上湖南援军1协5000人,江西等援军1000人,在武汉前线的革命军拥有4万—5万人。见中国史学会主编:《辛亥革命(五)》,上海:上海人民出版社,1957年,第97—98、103、163页。

变为对南方主和,这是其中的重要原因之一。①

1911年11月3日,袁世凯致电内阁,初次表露了他的这一思想。

> 凯原意厚集兵力,克复武汉,即分胜兵,进复长沙、九江、宜昌、西安,不难刻日荡平。乃第二军迄未开来,前敌万余人,伏守江岸,延绵二十余里,与匪持隔江河,进退两难,疲劳已甚。迭经多方激励,幸皆奋勇。匪据形胜,枪炮星布,非增兵不足言进攻,非露宿风日,势难持久,而对岸枪炮,不时狙击,颇难立足。昨与冯国璋筹商,用奇兵袭取汉阳,然以疲兵渡河攻坚垒,死伤必多,尚无把握,未便轻举。②

14日,袁世凯奏报兵力不足暂停反攻汉阳。他说:

> 今日赴漤口,与萨镇冰、冯国璋及各统将详细筹商。匪在武昌、汉阳夹岸列炮,师舰稍逼,即有损伤。匪炮隐伏岸后,船炮命中綦难,只可扰击,助陆军声势,难大得效。陆军出发仅万余人,除拨守后路及伤亡外,应敌仅及万人,苦战七八日,坚守又数日,以万人分守江岸廿余里。匪占汉阳龟、黑、榆、梅子等山,罗列多炮临下,与汉口只隔一河,宽仅三四十丈,时备船只,乘隙偷渡。武昌距汉口江面,不过四里,蛇凤青等山,设炮对轰。汉口地居洼下,士卒守岸,两面受敌,日有伤亡,且日夜防守,兵力颇难支持。迭催第二军拨来接应,迄未到防,后路阻挠迟延,未知是何居心。然照此防守,兵力日疲,久恐生险,现拟就此兵力,谋攻汉阳,而顾此失彼,亦多涉险,两险并计,宜从其轻。反复筹思,策难万全……是否有当,伏祈圣裁,谨请代奏,世凯谨肃。寒。印。③

袁世凯这里说明了三个问题:第一,开至前线的第一军从其编制番号方面

---

① 影响袁世凯主和的原因很多,如南方革命党对袁世凯的和平攻势,许以拿破仑、华盛顿的诱惑;武昌起义后革命迅速发展,各省纷纷独立;列强尤其是英国不希望战事扩大,担心影响其在华利益;袁世凯与清廷的矛盾、过节等,但军事上没有对南方的绝对优势应该是原因之一。
② 卞孝萱辑:《闵尔昌旧存有关武昌起义的函电》,《近代史资料》1954年总1号,第65页。
③ 中国第二历史档案馆编:《中华民国史档案资料汇编》第一辑,南京:江苏人民出版社,1979年,第204—205页。

来说有两个镇，25 000 人左右，但实际上仅一万余人。具体多少人？为什么如此？将需进一步的考证。①但笔者确信袁世凯的说法，因为如果确实是两万余人的话，他也不敢欺骗清廷说有一万余人。第二，第一军连日作战，既有伤亡，将士疲惫，影响了部队的战斗力。第三，第一军是孤军作战，第二军没有到防，没有战略配合，没有第二军的接应，将直接影响整个战局。加上南方各省纷纷独立，北方的陕西、山西也加入到南方阵营，此种局面对袁世凯的影响是不言而喻的。虽然两周后清军又攻下了汉阳，取得了军事上的又一胜利，但袁世凯与南方的和谈也正式开始了。

1911 年 11 月 30 日（农历十月初十）袁世凯等关于代拟暂时停战条款致电冯国璋：

> 我军既未渡江，英使领现出调停，按公理未可拒绝。兹代拟暂时停战条款：一、息战时各守现据界线，彼此不得稍有侵犯、窥探等情。二、息战之期订明由某日某时起至某日某时止，计三日，两军不得于此期内开战。三、军舰不得藉息战期内泊近武汉南北岸，以占优胜，须远驰武汉下游，至息战期满为止。四、停战期内，两军不得添军修垒及一切补助战力等事。五、息战之约，须有驻汉英总领事官画押为中证人，庶免彼此违背条件，以重公法。请转饬黄道与英领商办，有定议，速电示。黎党如派人来商事，可饬黄道、丁士源作执事代表接洽。除奏明外，望查照。昌、袁、荫。印。②

12 月 1 日，经过南北双方的努力，南北开始停战三天。袁世凯提出的议和条款得到南方同意，英国领事同意在停战协定上签字。议和条款内容如下：

（一）双方各自驻守现已占领的土地。不得秘密地进行侦察活动。

（二）停战期限定为三天。

---

① 北洋六镇在袁世凯训练统率时期是足额的，即一个镇 12 000 人左右。1906 年 11 月，清政府官制改革方案公布，陆军部统领全国军事，袁世凯失去了统率六镇的兵权。北洋六镇在满洲贵族的统率下发生了不少变化，如上述一些留日士官生吴禄贞、蓝天蔚等进入北洋军官高层。再如从北洋第二、四、五、六镇中抽出两个混成协开赴东北，第二、四、五、六镇是否补充等均需进一步查证。

② 中国第二历史档案馆编：《中华民国史档案资料汇编》第二辑，南京：江苏人民出版社，1981 年，第 47 页。

（三）在上述期间内，军舰不得利用停战的机会在武昌或汉口南北两岸停泊，从而获得一个更有利的地位。在停战期满以前，军舰必须退往武昌下游若干距离的地方。

（四）在停战期间内，任何一方不得增调援军，修建炮台，或在其他方面增加军事力量。

（五）为了防止对这些条件的违犯行为，英国总领事应作为证人在停战协定上签字。①

从此，南北之间的战争开始转为南北之间的和谈，由军事问题转为政治解决。这种结局，我们似乎看到了第二军未能成军开赴前线的影子。

至于第二军未能组编成军开赴武汉前线的原因也是非常复杂的。笔者认为主要原因有五：第一，第二军的一部分高级将领已经不是袁世凯的亲信将领，如第二十镇统制张绍曾、第二混成协协统蓝天蔚等，他们或是革命党人，或是倾向革命党的军人，他们在积极谋划响应武昌起义，因此对清政府的调令、军令抗命不遵。第二，地方官的一再请求，以地方重要为由，要求清政府不要将其辖区的新军开往前线，如第五镇，是在山东巡抚孙宝琦的一再请求下留驻原防的。第三，清政府高层，尤其是军事高层执行战略决策不力，或者说是动摇摇摆。例如，对第五镇的调遣，时而命其开拔，时而令其从缓。组编三军可谓英明决策，但贯彻不力。如果说第二十镇、第二混成协的军权一时被张绍曾、蓝天蔚所控制，那么第三镇的曹锟、卢永祥并非此类人物，清政府将第三镇改调山西，对湖北战场来说是一次严重的战略失误。第四，清政府军事决策者对袁世凯的牵制和制约。当时军咨府大臣为载泽，军咨使为良弼，掌握调兵大权。二人为满洲贵族中强有力的反袁者，极力反对袁世凯出山，更反对袁世凯与南方议和。期间他们是否主观上不向武汉派兵，以免增强袁世凯的实力，需要进一步的资料说明，但袁世凯对军咨府的抱怨是非常清楚的（见前叙述）。第五，北方革命党活动的影响。武昌起义之后，南方各省纷纷独立，建立起革命军政府。北方各省中仅仅有陕西、山西出现独立，北方各省中革命党人的活动，虽然在运动独立中先后失败，如山东、河南、奉天等，但他们的革命行动，牵制

---

① 《英国蓝皮书有关辛亥革命资料选译》上册，胡滨译，北京：中华书局，1984年，第103页。

了清政府北方的军事力量,尤其是牵制了第二军不能南下,客观上配合了南方的革命。从第二军没有组编成功且未开赴湖北前线的事例,我们看到了北方革命党的努力及其对整个局势的影响。

五、清政府覆灭的再思考

从以上我们对武昌起义后清政府组编新军三军考证的分析中可以得出,清政府之所以很快覆灭,退出中国历史的舞台,其中一个重要原因是前线武装力量出现不足,即组编的新军第二军未开赴前线,在武汉前线作战的主要军事力量仅仅是第一军。前线武装力量的不足,迫使清政府没有绝对优势的军事力量镇压革命党人。因而也就改变了前线武装力量总指挥钦差大臣袁世凯的战略思考,促使其由原来的一意主剿改变为与南方的妥协谈判,最终迫使清帝退位。

从清政府组编新军第二军失败的原因中我们看到了北方因素的重要影响,而北方因素中最重大的事件就是滦州兵变,滦州兵变打乱了清政府的战略部署,致使第二军不能开赴前线,从而导致清政府武昌前线兵力出现不足。而滦州兵变虽然有一些革命党人参与其中,但主谋者和主体力量均非革命党,而是改革派或者说立宪派,更明确的说是清政府新军中的立宪派力量。① 从这一视角来看,清政府的被推翻,不仅仅是革命党人的力量,更有立宪派的力量;不仅仅是南方立宪派张謇、赵凤昌等在武昌起义之后站到清政府的对立面,北方的立宪派尤其是新军中的立宪派在推翻清政府的过程中,也对清政府的覆灭产生了重要的影响。清政府被推翻,是革命党人、立宪派、北洋军事集团合力作用的结果,而不仅仅是革命党人一方面的力量。

武昌起义之后的第17日,即1911年10月27日,驻守滦州的第二十镇统制张绍曾,联合第二十镇第四十协协统潘榘楹,第二十镇第三十九协协领伍祥桢,第二混成协协统蓝天蔚,第三镇护理统制、第五协协统卢永祥(清廷组编第二军的主体力量),在数次拒绝上级调他们开赴武汉前线的命令后,于10月27日

---

① 滦州兵变的主要领导人张绍曾(1879—1928),直隶大城人,北洋武备学堂毕业后被保送到日本学习。归国后一直在北洋新军中任职,曾任北洋第三镇炮兵标统。1905年入直隶督练公所,任教练处督办。1911年调任为第二十镇统制。其政治思想的主体是君主立宪。卢永祥、潘榘楹、伍祥桢均为袁世凯北洋新军高级将领。而袁世凯在与南方的谈判中一直坚持君主立宪,只是后来看到君主立宪难以实现,才顺从了南方革命党人的民主共和主张。

发出要求清廷改良政治、迅速立宪的上奏，以及提出解决时局的 12 条政纲，要求清政府立即予以答复，"主决可否，迅于二十四点以内，即颁谕旨，明白宣示"。并以极其强硬态度表示"谨披甲执戈以待复命"。① 是为滦州兵谏。

滦州兵谏要求清廷改良政治、迅速立宪的核心内容为"皇位统系宜定，人民之权利宜尊，军队之作用宜明，国会之权限宜大，内阁之责任宜专，残暴之苛政宜除，种族之界限宜泯，而本于改定宪法，以英国之君主宪章为准的"。② 这就是要清廷放弃君权独大的日本宪政模式，采取英国君主立宪政治体制，削弱君权，扩张民权，12 条政纲是英国君主立宪模式的具体化。滦州兵谏的政治主张，否定了清廷借立宪而集权的政治行为，而与资产阶级立宪派的政治主张几乎完全一致，因此滦州兵谏的军事行动，充分体现了北方立宪派，尤其是新军中立宪派的政治行为和政治要求。

参加滦州兵谏的新军为新军第二十镇、第三镇和第二混成协③，这是清政府编练新军中的主要力量，不仅数量多，而且所驻扎之地距离北京很近，对清政府构成了巨大的威胁。他们在武昌起义之后不仅拒绝清政府的调遣，而且采取兵谏的方式威胁清政府，对南方革命党人是一种强有力的支持，对清政府则给予沉重的打击。正如《滦州革命纪实初稿》的作者罗正纬所说，"绍曾、天蔚等联名奏请立宪，朝野闻知，咸相警惧，清廷措置，盖亦綦难，其利有三：一、摧折清廷专制之余威，压迫放弃政权，渐进至于逊位。二、揭破社会封建之观念，廓清革命障碍，使其顺利进行。三、极力唤起各方，一致奋起，援助革命之声势，坚决前进，在当时政局言之，转移关键，力同锁钥，革命过程，亦至重也"。④

清廷被滦州兵谏吓破了胆，对滦州兵谏的政治要求，不得不马上答应，1911 年 11 月 3 日，清廷颁布了《第十九信条》，可惜时间不容清政府再等了。不久革命党、立宪派、北洋派三股政治力量的妥协与联合，共同推翻了清王朝的统治。

原载（《南开学报》2014 年第 1 期）

---

① 杜春和编选：《辛亥滦州兵谏函电选》，《近代史资料》1997 年总 91 号，第 68 页。
② 杜春和编选：《辛亥滦州兵谏函电选》，《近代史资料》1997 年总 91 号，第 68 页。
③ 足额应该为 30 000 人。
④ 罗正纬：《滦州革命纪实初稿》（未刊），北京：中国社科院近代史研究所，第 35 页。

对立中的统一：辛亥革命前后同盟会、北洋集团关系述论[①]

同盟会与北洋集团是甲午战争之后中国政坛崛起的两支新的政治力量，从阶级对立的角度来说，这两支力量是互为对立的政治力量，同盟会以推翻清政府为志向，北洋集团则以维护清政府的统治为责。从社会发展方面来看，二者都致力于社会的发展和改造，有许多共同的因素存在，只是方法和手段不同而已。正因为如此，所以在清末极其复杂的社会矛盾运动中，武昌起义促使这两支政治力量携手结为政治同盟，共同推翻了清王朝，建立起统一的中华民国。以往的研究多注重孙中山、袁世凯个人之间的斗争，而对两大集团两种政治势力之间的合作缺乏研究。本文试图对同盟会与北洋集团的关系作出新的诠释。

一、甲午战后同时崛起的新兴力量

同盟会和北洋集团都是甲午战争之后中国新兴起的政治势力，而且经过10年的发展，都在1905年崛起于中国的政治舞台，成为中国社会发展的重要力量。1905年中国同盟会宣告成立，而这一年也是北洋集团形成的标志年份。这两大新兴政治势力的崛起，为清末政治注入了新的生机。

1894年11月，还在甲午战争进行之际，孙中山愤于清廷的腐败无能，创办了资产阶级的革命团体兴中会，走上革命救国的道路。但由于国内还没有形成

[①] 2005年8月南京大学等"纪念中国同盟会成立100周年暨孙中山逝世80周年国际学术讨论会"论文。

革命的条件，所以尽管孙中山奋斗多年，其革命势力始终没有得到大的发展。"先生创立兴中会，欲纠合海外华侨为之助。不意风气未开，人心锢塞，在檀鼓吹，应者寥寥。"① 但到1905年，形势大变，孙中山"招集同志，合成大团"② 的想法立即得到东京留日学生的广泛响应，"举行中国同盟会成立大会，加盟者三百余人"。③ 1905年8月20日成立的中国同盟会，是中国第一个全国性的资产阶级政党，它与以往的资产阶级革命团体严格区分开来，不仅有着统一的革命纲领——三民主义，而且还建立了遍布国内外的组织体系，总部设于日本东京，国内设东（上海）、西（重庆）、南（香港）、北（烟台）、中（汉口）5个支部，国外设南洋（新加坡）、欧洲（布鲁塞尔）、美洲（旧金山）、檀香山4个支部，每省设分会。一年以后，同盟会制定《中国同盟会革命方略》，规定了革命进程中的三大发展阶段，由军法之治经约法之治达宪法之治，将中国建设为一个独立富强、自由平等的现代国家。④ 同盟会的革命纲领和革命方略，实际是革命党人彻底改造中国改造社会的纲领，预示着中国社会发展的大方向。同盟会领袖孙中山、黄兴等所设计的中国社会发展的前途是，"我等今日于前代殊，于驱除鞑虏、恢复中华之外，国体民生尚当与民变革，虽经纬万端，要其一贯之精神，则为平等、自由、博爱"。⑤ 这是在同盟会成立以前所有中国政治力量从来没有提出的政治现代化纲领，标志着中国向西方学习达到了较高的水准，标志着同盟会所从事的斗争，绝不是历代农民起义改朝换代的复制，而是要开辟一片新的天地，赶上世界现代化的潮流，建设中国的现代国家。同盟会成立以后，革命党人先后回国，他们按照既定的革命目标，以英勇的大无畏的革命精神，举行了数次武装起义，一次次失败，一次次再起，为革命高潮的到来创造良机，积蓄革命的力量。同盟会在革命的过程中锻炼了自己的队伍，集聚了一大批革命人才，除孙中山、黄兴外，宋教仁、谭人凤、胡汉民、汪精卫、陈其美、蔡元培、居正、刘揆一、于右任、廖仲恺、朱执信等成为革命的中坚力量。

---

① 罗家伦、黄季陆主编：《国父年谱》上册，台北：近代中国出版社，1994年，第77页。
② 孙中山：《致陈楚楠函》，中国社会科学院近代史研究所中华民国史研究室等编：《孙中山全集》第1卷，北京：中华书局，1981年，第275页。
③ 罗家伦、黄季陆主编：《国父年谱》上册，台北：近代中国出版社，1994年，第271页。
④ 孙中山：《中国同盟会革命方略》，中国社会科学院近代史研究所中华民国史研究室等编：《孙中山全集》第1卷，北京：中华书局，1981年，第296—298页。
⑤ 孙中山：《中国同盟会革命方略》，中国社会科学院近代史研究所中华民国史研究室等编：《孙中山全集》第1卷，北京：中华书局，1981年，第296页。

这一时期的袁世凯则代表了清政府中小官僚中的改革派,要求清政府进行改革。他在甲午中日战争之后的上光绪皇帝书中说:

> 窃谓天下大事,递变而不穷者也。变局之来,惟变法以应,则事变乃消弭于无形。此次军兴失利,势诚岌岌,然果能中外一心,不忘仇耻,破除积习,因时变通,不过十数年间,而富强可期,是亦更始之一大转机也。……试观三代之际,行井田设封建,秦汉而后,农政钞法,兵律官制,迭经更易,降至今日,旧制所存者,百难一举。以汉宋大儒名臣,亦不能强违时势,追复三代成规。盖因时制宜,人心运会,有必不能相沿者也。①

袁世凯在稍后的上翁同龢的两次说帖中,根据列强瓜分中国的严峻形势,更陈述了变法的迫切性,敦促朝廷迅速变法。他说,"俄已俨然认东北数省入其版舆;英复隐然视大江南北在其掌握;倭伺浙闽,法图滇桂,鹰瞵虎眈,各奋得时则驾之志,德人既发难于先,诸国将效尤于后,沓来纷至,群起而与我为难","今之时局,可谓极非常之变也矣",如再"不肯破胶固拘墟之成见,急起变法以应之,恐卒束手待毙,而不可救药也"。他认为,"中国目前情势,舍自强不足以图存,舍变法不足以自强,一国变可保一国,一省变可保一省。纵不能合朝野上下,一一舍其旧而新是图,而切要易行之端,要当及时而力求振作,似宜先遴饬二三忠诚明练督抚,姑参仿西法,试行变革,于用人、理财、练兵三大端,责其所为,不以文例相绳,不为浮言所动,期以年限,专其责成,俟有成规,再遍饬各省,循法推广"。这样"不出十年,可冀自强,五洲各国,孰敢蔑视"。②

袁世凯参加了甲午中日战争的全过程,他认真总结了甲午中日战争中国失败的教训,学习西方,编练新军,改革中国军事,短短几年,在天津小站练出一支7000人的新建陆军,标志着中国陆军开始走上现代化道路。袁世凯以新建陆军为资本,活跃于清末政治舞台,1899—1907年,他在任山东巡抚和直隶总督兼北洋大臣期间,继承和发展了甲午战争之后产生的改革思想,利用掌握的地方军政权力,大刀阔斧地进行多方面的改革,尤其是在直隶的改革,从政治

---

① 袁世凯:《遵奉面谕谨拟条陈事件缮折》,光绪二十一年录副奏折,中国第一历史档案馆藏。
② 孔祥吉:《袁世凯上翁同龢说帖述论》,《历史研究》1995年第3期,第104—110页。

经济到军事教育,从司法改革到城市的治理,直隶新政取得了非常显著的成绩。直隶新政是清末新政的样板,为各省所效法,"各行省咸派员视察,藉为取法之资"①,"一时北洋新政,如旭日之升,为全国所具瞻"。② 北洋新政推动着全国新政的开展,北洋新政的每一项措施经朝廷谕旨颁行全国,"凡将校之训练,巡警之编制,司法之改良,教育之普及,皆创自直隶,中央及各省或转相效法"。③ 北洋新政主导着清末新政的发展与水平。

袁世凯在推行新政的过程中以小站班底为基础广泛招揽政治、经济、军事、外交、司法、教育等方面的人才,这些人才包括徐世昌、唐绍仪、段祺瑞、冯国璋、王士珍、赵秉钧、杨士骧、杨士琦、严修、周学熙、梁敦彦、张一麐等。1905年,袁世凯编练的北洋新军六镇成军,标志着北洋集团正式形成。这时候的北洋集团在军事上实际拥有新军6个镇又一混成协,总兵力达八九万人;经济上北洋集团几乎接收了李鸿章淮系集团的全部家底,李鸿章创办的大型近代企业,如上海轮船招商局、电报总局等先后转移到袁世凯之手,山海关内外铁路等路矿企业也由北洋集团具体经营。北洋集团注意发展工商业,他们自己还创办了许多近代企业,如滦州煤矿、唐山启新洋灰公司等。近代企业奠定了北洋集团雄厚的经济基础;北洋集团后来除控制了直隶、山东等北洋区域外,还曾控制了东三省和江苏、安徽北部的广大地区,在中央的一些重要部门,如练兵处、外务部、邮传部、巡警部等都有着重大的影响,北洋集团已经发展成为清末势力最强大的政治集团,也是清末改革的一支重要力量,虽然其改革主观上是为了维护清王朝的统治,但在实际上推动了晚清中国早期现代化的高潮,为早期中国现代化作出了一定的努力。

以上这两支新兴政治力量,在甲午战争之后同时崛起,成为推动中国社会发展的两支重要政治力量,虽然他们各有自己的政治目标和发展方向,活动范围和活动方式迥不相同,而且很长时间没有来往。但他们实际都在致力于中国的早期现代化和对中国社会的改造,同盟会通过革命的方式,要对腐朽落后的中国进行根本的改造,北洋集团则沿着改良的道路发展。

---

① (清)甘厚慈:《北洋公牍类纂续编·序》,台北:文海出版社,1966年。
② 周小鹍编:《周学熙传记汇编》,兰州:甘肃文化出版社,1997年,第278页。
③ 徐文霨:《跋》,沈祖宪辑:《养寿园奏议辑要》,台北:文海出版社,1966年,第885—886页。

二、辛亥革命前的一次短暂接触

1908—1909年之交的特殊政治形势，促使同盟会与北洋集团之间曾有过一次短暂的接触，可惜因为时局的变幻，两大势力欲结的同盟关系一闪即逝。

1905年以后，随着袁世凯北洋集团的崛起，满洲贵族集团感受到了北洋集团对其统治的威胁。清廷为维护满洲贵族的统治，加强了中央集权的力度，开始打击和削弱北洋集团势力。1906年借官制改革，罢去袁世凯直隶总督兼北洋大臣以外的所有中央兼职，剥夺其对北洋六镇新军的指挥权，随后又将袁世凯调至中央做军机大臣兼外务部尚书，削去其对直隶的行政控制权。1908年11月，西太后和光绪皇帝死后，以载沣为首的满洲少壮派贵胄更将袁世凯"开缺回籍"，对北洋集团进行残酷打击。清廷对北洋集团的打击，促使北洋集团对清廷产生了离心力，袁世凯甚至产生了联合孙中山革命党以倾覆清廷的想法。袁世凯的这一想法是在其被罢官之前产生的，他的想法和行动在黄兴和日本人的文献里都有反映。

1908年年底，当袁世凯的地位发生严重危机之时，他想到了同盟会革命党人的力量，曾派特使到日本与同盟会领袖黄兴联系，"当时袁世凯的地位告危，不得不和革命党携手合作。这位特使没有到东京，电报是在京都打的。黄兴是在元旦（1909）那天到京都去的"①。正当黄兴与特使谈话之际，袁世凯给特使又打来电报说："一切已晚，速归。"②袁世凯的这一想法和做法，民国成立后由黄兴在一次讲演中进一步得到证实。黄兴说："袁氏当未辞职之先，其篡弑之心，尚欲一试也。是时兄弟寄留南京，有直隶总督杨士骧代表人来会，据称宫保此时地位颇觉危险，甚愿与革命党联合，把清室推翻，复我故国。兄弟当时答以袁君有此思想，诚为吾辈革命党人所赞同……然代表人去后，终不见袁氏有些许举动。未几袁即辞职回籍，以意测之，或者因有为难之处，故不能动也。"③此两则史料说的是一回事，只是地点不同罢了，或是一方记忆错了，或

---

① 《宫崎滔天全集》第四卷，第303页，转引自毛注青编著：《黄兴年谱长编》，北京：中华书局，1991年，第137页。
② 《宫崎滔天全集》第五卷，第693页，转引自毛注青编著：《黄兴年谱长编》，北京：中华书局，1991年，第137页。
③ 湖南省社会科学院编：《黄兴集》，北京：中华书局，1981年，第374页。

是一件事前后两次提及,但史实是清楚的,而且一方还出自与黄兴关系密切的日本人之口。① 这是袁世凯与黄兴的第一次间接接触,由于当时主客观条件均不成熟,所以袁世凯的这一想法没有能够实现。他的这一想法虽然没有实现,但由此说明袁世凯后来率领北洋集团叛清是有一定思想基础的。一年后,他怀着同样的目的还曾派人与孙中山联系。孙中山于1911年11月在与伦敦《滨海杂志》记者的谈话中说:"一年前袁派人来请我时,我不敢轻信来使。我认为他在耍花招,其实他是有诚意的。他希望取消对我的通缉并公开和我一致行动。"② 袁世凯的这一做法,由于孙中山对袁世凯的不信任也没有能够实现。

武昌起义之前同盟会领袖孙中山、黄兴与北洋集团领袖袁世凯的接触说明,在一定的条件之下,这两大势力很有可能结成同盟关系。

三、同盟会、北洋集团结盟与清王朝的覆灭

武昌起义以后,这两支新兴力量——同盟会的革命力量与袁世凯的北洋集团由对抗到合作,最终结成政治同盟,共同推翻了统治中国268年的满清王朝,建立起中华民国,实现了同盟会"驱除鞑虏,恢复中华,建立民国"的既定革命目标。

1911年武昌起义的胜利,促使辛亥革命高潮的到来。武昌起义虽然不是同盟会直接领导的,但武昌起义爆发后,同盟会的领导黄兴、宋教仁、谭人凤等迅速赶赴武昌前线,领导和指挥革命军队抵制清军的进攻,保卫武昌起义的胜利成果。散居在各省的同盟会会员纷纷响应武昌起义,他们或直接领导该省新军起义,或伙同当地的立宪派、地方官僚和其他革命力量,摧毁清政府地方上的军政力量。武昌起义以后一个月间,南方各省和北方的陕西、山西两省起义成功,全国共有13个省和最大的城市上海,建立起革命军政府,清政府在南方的地方政权顷刻瓦解。在此基础上,以同盟会为核心,建立起独立各省联合的中华民国南京临时政府,宣告了清王朝的灭亡。

面对武昌起义及其以后的政治局面,清政府张皇失措,因满洲贵族集团中

---

① 据毛注青编著:《黄兴年谱长编》,北京:中华书局,1991年,第84—87页,1909年前后黄兴一直在日本。日本人的记载是确切的。黄兴的讲话是事后回忆,史实准确,但地点搞错了。
② 孙中山:《我的回忆》,中国社会科学院近代史研究所中华民国史研究室等编:《孙中山全集》第1卷,北京:中华书局,1981年,第557页。

没有一个强有力的政治人物能够镇压革命，不得不请求三年前被其罢免的袁世凯出山。袁世凯出山后，先是被任命为湖广总督、钦差大臣，节制调往武昌前线的所有水陆各军，继而被任命为内阁总理大臣，组织袁世凯责任内阁。袁世凯内阁成员，大部分为北洋集团的重要成员，如王士珍、赵秉钧、梁士诒、杨士琦等，其余的也为亲北洋集团人物。北洋集团攫取了清政府的军政实权，清政府实际上已经名存实亡。

武昌起义之后，南北形成了两个对立的政府和三种政治力量。两个政府是北方的清政府和南方的中华民国南京临时政府；三种政治力量，即以同盟会为主体的包括立宪派在内的南方革命力量，以袁世凯为首的北洋集团和清廷满洲贵族集团。三种政治力量中，同盟会革命力量与满洲贵族集团是根本对立的力量。北洋集团虽然附属于清廷，是清廷依靠的主要力量，而实际上北洋集团早已成为清廷的异己力量，从清廷夺取了军政实权。清廷虽然失去了军政实权，但仍然拥有国家和君主权威，在京师拥有禁卫军军队，在西北地区还有着一定的力量，如陕甘总督升允等。北洋集团与同盟会分处南北，表面上对立，实际上有许多共同点，这些共同点的进一步发展，最终促成了两大政治势力的联合和合作。从同盟会一方来说，他们是辛亥革命的原动力，但辛亥革命的爆发来得太突然，使得他们没有足够的准备和一定的实力，不仅不能控制起义的南方各省，更没有力量北伐，一举推翻清王朝。"即使在纯革命党人之中，如宋教仁等稍具头脑的人物，对前途亦觉担忧，认为攻取北京之类，只能作为鼓舞士气的一种策略，实际上难于实行。"① 而同盟会要达到革命目标，只有寻求同盟力量的合作。辛亥革命是以同盟会的民族主义为旗帜的，它有可能把一切反对满洲贵族统治的政治集团和政治势力团结在一起，而以袁世凯为首的北洋集团是一个汉族官僚集团，而且在新政中以开明著称，后来受到满洲贵族的污辱和打击，对清廷极为不满。袁世凯在回答日本驻华公使伊集院对形势的提问时说："至少在过去三年间，本人（袁世凯自称）对于政府之诸多施策，同一般国民一样，极为愤慨。国民不断挺身走险，反抗政府，并非全无缘由。"② 他对革命表示了一定程度的同情，所以争取袁世凯北洋集团的反正有相当大的可能性。同盟会正确估计了南北对峙的形势，把争取袁世凯北洋集团的反正作为革命胜利

---

① 邹念之编译：《日本外交文书选译》，北京：中国社会科学出版社，1980年，第192页。
② 邹念之编译：《日本外交文书选译》，北京：中国社会科学出版社，1980年，第269页。

的一项关键性条件。黄兴是在武昌起义之后赶赴武昌、南京前线主持战局与和局的同盟会的最高领袖,"一切重要问题,皆取决于同盟会首领黄兴"。① 同盟会的核心成员宋教仁、谭人凤、汪精卫等也先后集聚于武昌、南京,虽然同盟会内部意见不一,但以上数人的意见,应该说代表了同盟会的主流意见。所以黄兴早在11月9日,就以中华民国政府战时总司令的身份致书袁世凯,对袁世凯在清末的政绩给予充分的肯定,利用袁世凯与满洲贵族的矛盾,劝其反戈一击。他说:"以明公个人言之,三年以前清廷之内政、外交稍有起色者,皆明公之力。迨伪监国听政,以德为仇,明公之未遭虎口者,殆一间耳。此段痛心历史,回顾能不凄然。"黄兴还向袁世凯表示,"人才原有高下之分,起义断无先后之别",希望袁世凯"以拿破仑、华盛顿之资格,出而建拿破仑、华盛顿之事功,直捣黄龙,灭此房而朝食,非但湘、鄂人民戴明公为拿破仑、华盛顿,即南北各省当亦无有不拱手听命者。苍生霖雨,群仰明公,千载一时,祈毋坐失"!②

黄兴此函期盼袁世凯成为世界共和历史上的英雄,向袁世凯表达了革命党人的鲜明政治态度,同时也向袁世凯提出了反正结盟的基本条件:覆清朝,建共和。几天后,孙中山在从法国发给中华民国军政府的电报中也同意这一意见,"今闻已有上海议会之组织,欣慰。总统自当推定黎君。闻黎有请袁之说,合宜亦善"。③ 孙中山回国后,同盟会重要干部集聚南京,议决组织南京临时政府。孙中山被选为南京临时政府大总统后,也表示维护同盟会争取袁世凯北洋集团反正的意见。他在《复袁世凯电》中说:"文不忍南北战争,生灵涂炭,故于议和之举,并不反对……倘由君之力,不劳战争,达国民之志愿,保民族之调和,清室亦得安乐,一举数善,推功让能,自是公论。"④ 他在《劝告北军将士宣言书》中,表示"南北军人同为民国干城,决无歧视。我诸同胞当审斯义,早定方针,无再观望,以遗后日之悔"。⑤ 所以,争取袁世凯及北洋集团反正以达到革命目标的实现,是同盟会上层的共同意见,尽管内部还有一些不同的声音。

---

① 刘厚生:《张謇传记》,上海:龙门联合书局,1958年,第195页。
② 湖南省社会科学院编:《黄兴集》,北京:中华书局,1981年,第81—82页。
③ 孙中山:《致民国军政府电》,中国社会科学院近代史研究所中华民国史研究室等编:《孙中山全集》第1卷,北京:中华书局,1981年,第547页。
④ 孙中山:《复袁世凯电》,中国社会科学院近代史研究所中华民国史研究室等编:《孙中山全集》第2卷,北京:中华书局,1982年,第5页。
⑤ 孙中山:《劝告北军将士宣言书》,中国社会科学院近代史研究所中华民国史研究室等编:《孙中山全集》第2卷,北京:中华书局,1982年,第11页。

从袁世凯及北洋集团一方面来说，本来他们是庚子事变以后清政府重要的依靠力量，但北洋集团的崛起，清廷对北洋集团的沉重打击，使袁世凯及北洋集团对清廷产生了严重的离心力，如上所述早在1908—1909年，北洋集团就有与同盟会革命党联合推翻清廷的想法。袁世凯被罢官在河南彰德乡居的两三年间，北洋集团成员除徐世昌外几乎都受到不同程度的打击，如唐绍仪、赵秉钧、段芝贵、陈璧、梁士诒等先后被免官，段祺瑞、冯国璋等统兵将领不掌兵权，被处于闲散位置。武昌起义后清廷因缺乏强有力的人物与力量镇压革命，不得已才请袁世凯出山。随着袁世凯的出山，北洋集团重要成员立即聚集在袁世凯的周围，并迅速恢复了北洋集团的实力。清廷虽然对北洋集团抱有挽救危机的期望，但袁世凯及北洋集团绝不会效法曾国藩去做清廷的忠臣，而是借革命之际谋取最高权力，为谋取最高权力而与南方和解，形成清政府、南方革命党以外的第三种势力。袁世凯出山后采取的政治措施，就是围绕着这一目标而展开。

首先，袁世凯出山时提出了六项政治条件，要求清廷照办："一、明年即开国会。二、组织责任内阁。三、宽容与于此次事变的人。四、解除党禁。五、须委以指挥水陆各军及关于军队编制的全权。六、须与以十分充足的军费"。[①] 首先，第一至第四条，显然是袁世凯高明政治手腕的体现，见好于南方革命党人和立宪党人，为政治解决打下最初的基础，给国人留下一个开明政治家的形象。其次，在北洋军队接连取胜的情况下，袁世凯调整武昌前线军事指挥官。袁世凯于10月30日离开彰德南下，赶赴湖北前线，北洋军在11月1日攻占汉口，首战告捷。27日又攻克汉阳，北洋军士气高昂，隔江炮轰武昌。武昌已无天险可守，黎元洪等已逃离武昌，北洋军一举拿下武昌，唾手可得。而袁世凯却在这时调整其军事部署，将主战的冯国璋从前线调回，任命为第二军军统，而命主和的段祺瑞为湖广总督、第一军军统，主持前线战事。段祺瑞一到前线，就下令停止炮轰武昌，"主张和平"。最后袁世凯在军事上接连取胜的情况下向南方摇起和平的橄榄枝，主动要求停战议和。袁世凯开辟了议和的三条途径：第一条途径是，袁世凯最初利用自己的属下中与黎元洪有关系的人物过江与黎元洪交涉。刘承恩是黎元洪的同乡，蔡廷干是黎元洪在北洋水师军舰上的上司，袁世凯利用这种乡情私谊关系开辟谈判的渠道。第二条途径是，他支持段祺瑞

---

① 李剑农：《中国近百年政治史》，上海：复旦大学出版社，2002年，第276—277页。

第一军中的靳云鹏、廖少游等代表北洋军人与南方军界谈判并达成五项协议。即：(1) 确定共和政体。(2) 优待清帝。(3) 先推覆清政府者为大总统。(4) 南北满汉出力将士，各享其应得之优待，并不负战时之责任。(5) 同时组织临时议会，恢复各省秩序。① 第三条途径是，通过英国驻华公使朱尔典出面，调停南北，公开议和，于是有袁世凯的代表唐绍仪、南方代表伍廷芳的上海议和，并议定了和军界议和大体一致的和平条件。由此可见，袁世凯始终是南北议和的主动者，袁世凯的主动议和与同盟会期待袁世凯反正二者之间的共同点，促使了两大政治集团的联盟与合作。

袁世凯主张与南方议和，对此北洋集团内部意见并不一致，赞同并持积极态度的有唐绍仪、袁克定、赵秉钧、梁士诒、段祺瑞、田文烈、靳云鹏、徐树铮、廖宇春等，而北洋集团的主要成员唐绍仪等早在12月8日南北议和出发前就剪掉了自己的发辫②，颇有一定的味道。持反对意见或消极态度者为冯国璋、王士珍、张勋等③，但与南方议和是北洋集团的主流意见，且袁世凯为北洋集团的领袖，他的态度影响着北洋集团的政治态度，北洋集团中反对议和的少数派逐渐服从于主流派。1912年后，冯国璋等的态度发生了较大的变化，"孙总统电告北方将士，劝其反正，一时如冯国璋、张怀芝、姜桂题等，皆有复电，赞成共和，惟要求优待皇室"。④

南北议和的核心是以同盟会为主体的南方坚持推翻满清，实现共和，且毫不妥协。而北洋集团则坚持袁世凯为统一后中国的最高统治者，是中华民国统一政府的大总统。正如靳云鹏所云，"北军之主动在袁，北军将士之感情亦在袁。倘南军果能赞成推袁之举"，则一切问题，"从此迎刃而解"。⑤ 所以袁世凯

---

① 廖少游：《新中国武装解决和平记》，中国社会科学院近代史研究所《近代史资料》编译室编：《辛亥革命资料类编》，北京：中国社会科学出版社，1981年，第366页。
② （澳）骆惠敏编：《清末民初政情内幕：〈泰晤士报〉驻北京记者、袁世凯政治顾问乔·尼·莫理循书信集（1895—1912）》上册，刘桂梁等译，北京：知识出版社，1986年，第810页。
③ 廖少游：《新中国武装解决和平记》；中国社会科学院近代史研究所《近代史资料》编译室编：《辛亥革命资料类编》，北京：中国社会科学出版社，1981年；夏清贻：《运动北军反正记》，中国社会科学院近代史研究所《近代史资料》编译室编：《辛亥革命资料类编》，北京：中国社会科学出版社，1981年，第346—405页。
④ 廖少游：《新中国武装解决和平记》，中国社会科学院近代史研究所《近代史资料》编译室编：《辛亥革命资料类编》，北京：中国社会科学出版社，1981年，第392页。
⑤ 廖少游：《新中国武装解决和平记》，中国社会科学院近代史研究所《近代史资料》编译室编：《辛亥革命资料类编》，北京：中国社会科学出版社，1981年，第352页。

的政治态度是南北议和的关键,他派倾向共和的唐绍仪为北方谈判的总代表,是他政治态度的外在表现,唐绍仪在议和中倾向共和的态度没有袁世凯的允许也是不可能的。而正当南北议和取得了积极成果,仅等召开国民会议而决定政体时(实际上拟定的会议办法,已确保了民主共和政体的实现,仅仅通过一种形式而利于袁世凯转移政权而已)①,孙中山回国,并于1911年12月29日当选为中华民国南京临时政府大总统。袁世凯以为孙中山的当选为自己出掌国家最高权力制造了障碍,一气之下不承认唐绍仪与伍廷芳已达成的协议,并以唐绍仪越权行事为由将唐绍仪的代表资格罢免,由此南北议和陷入僵局。直到孙中山就任大总统以后向袁世凯和社会各界一再表白,将遵守南北代表达成的协议精神,"清帝退位,共和既定,袁有大功,第一条(即举袁为大总统)自无不能"。②"如清帝实行退位,宣布共和,则临时政府决不食言,文即可正式宣布解职,以功亦能,首推袁氏"。③袁世凯得到这项保证后,才开始全力逼清帝退位。南北议和至此已告全功,剩下的仅仅是清帝退位后的优待条件而已。

清朝统治者和历代反动派一样,是不肯轻易退出历史舞台的,一些满洲少壮派贵胄组织宗社党负隅顽抗,给清帝退位造成了极大的障碍。北洋集团为逼迫清帝退位,动员了集团的力量,从政治和军事两方面给清廷施加压力。政治上主要是袁世凯的内阁成员赵秉钧、梁士诒等在皇宫中对隆裕太后直接施加压力,更重要的是北洋集团的军事压力。1912年1月27日,湖北前线军事总指挥段祺瑞联合北洋军高级将领46人联名发出要求共和的通电,"祺瑞等受国厚恩,何敢不以大局为念。故敢比较利害,冒死陈言。恳请涣汗大号,明降谕旨,宣示中外,立定共和政体"。④列名该电的除段祺瑞外,还有姜桂题、张勋、何宗莲、段芝贵、倪嗣冲、王占元、曹锟、陈光远、李纯等北洋将领,这些人分别为北洋军的统制、协统等,均握军权,有相当大的威慑力量。加之该电到京后,廖宇春等在京印刷万张,兼有报纸刊行号外,广为传布,震动京师。它和革命党人彭家珍用炸弹炸死宗社党首领良弼一样,对清帝退位起了重要作用。"说者

---

① 丁贤俊、喻作凤编:《伍廷芳集》上,北京:中华书局,1993年,第385—404页。
② 孙中山:《复直豫咨议局电》,中国社会科学院近代史研究所中华民国史研究室等编:《孙中山全集》第2卷,北京:中华书局,1982年,第20页。
③ 孙中山:《复伍廷芳电》,中国社会科学院近代史研究所中华民国史研究室等编:《孙中山全集》第2卷,北京:中华书局,1982年,第23页。
④ 中国史学会编:《辛亥革命(八)》,上海:上海人民出版社,1957年,第174页。

谓彭、薛烈士之弹，段军统之电，足以夺禁卫军之魄而褫宗社党之魂，实乃祛共和障害之二大利器也。"① 清廷经受不住一次又一次的惊吓，终于决定退位。2月3日，隆裕太后授权袁世凯与南方谈判清帝退位的条件。

段祺瑞领衔的北洋将领46人的通电，给清廷以致命的一击，迫使清帝不得不退位，但清廷仍在尽量拖延时间。为加速清帝退位，2月5日段祺瑞又与第一军8名协统以上将领再次联名电奏，其语气更加强硬。他说："共和国体，原以致君于尧舜，拯民于水火。乃因二三王公迭次阻挠，以至恩旨不颁，万民受困……三年以来，皇族败坏大局，罪实难数……瑞等实不忍宇内有此败类也，岂敢坐视乘舆之危而不救。谨率全军将士入京，与王公剖陈利害。"②

段祺瑞的这一通电，使满洲亲贵、少壮派贵胄丧胆，在退位问题上再也不敢妄加议论。只有一个胆大的，即恭亲王溥伟愤愤地说："本爵因朝廷愿让政权，已署名认可，何竟指为败类？祺瑞此电，胁迫太甚！"③ 段祺瑞性格坚毅刚烈，绝不是仅仅发几通电文虚张声势而已，而是说到做到。通电发出后，他将其司令部由湖北孝感撤至河北保定，作出率兵入京的姿态。段祺瑞紧锣密鼓，不给清廷一点喘息的机会。1912年2月11日，隆裕太后在万般无奈中决定退位，在次日颁布了清帝退位诏书，统治中国268年的清王朝至此灭亡。

清王朝的覆灭是同盟会革命党人长期艰苦奋斗的结果，这是毫无疑问的。但也应该承认，以段祺瑞为首的北洋集团中的军事将领，在迫使清帝退位实现共和方面是起了重要作用。正如时人所说，"共和之发轫也，主动于黎军（指湖北新军），被动于各省志士，然原动力则孙、黄诸君也。共和之解决，主动于段军，被动于各军将校，然其原动力则廖（少游）、靳（云鹏）诸君也"。④ 同盟会革命党和北洋集团的共同努力，推翻了清王朝，实现了同盟会预定的革命目标。

辛亥革命南北议和，是中国近代史上一个重大的历史事件，它促成了清帝退位和共和制度的确立，减少了战争的流血和破坏，保证了国家的南北统一，有利于民国初年的经济恢复和发展，具有重大的历史意义。它还是中国历史上

---

① 廖少游：《新中国武装解决和平记》，中国社会科学院近代史研究所《近代史资料》编译室编：《辛亥革命资料类编》，北京：中国社会科学出版社，1981年，第387—388页。

② 中国史学会编：《辛亥革命（八）》，上海：上海人民出版社，1957年，第178—179页。

③ 转引自黄征等：《段祺瑞与皖系军阀》，郑州：河南人民出版社，1990年，第26页。

④ 廖少游：《新中国武装解决和平记》，中国社会科学院近代史研究所《近代史资料》编译室编：《辛亥革命资料类编》，北京：中国社会科学出版社，1981年，第347页。

少有的通过谈判和平解决政治问题的范例,更有着不容忽视的特别意义。设想战争如果持续下去,辛亥革命将会有什么样的结局?孙中山等对南北议和的成功最初是给予很高评价的。他在南北议和谈判进行中就曾说:"不劳战争,达国民之志愿,保民族之调和,清室亦得安乐,一举数善。"① 就是孙中山后来,也曾对此给予非常高的评价。他说:"此役所得之结果,一为荡涤二百六十余年之耻辱,使国内诸民族一切平等,无复轧轹凌制之象。二为划出四千余年君主专制之迹,使民主政治于以开始。"② 但是,由于南北议和的另一结局是中华民国南京临时政府的夭折和孙中山辞去临时大总统,袁世凯成为统一的中华民国大总统,而袁世凯后来则破坏民主,镇压革命民主势力,恢复帝制。所以人们对南北议和多持批评态度,批判资产阶级革命党人软弱妥协,抨击袁世凯的野心和卑鄙的手段,包括孙中山后来也认为"我的辞职是一个巨大的政治错误"。③ 笔者认为这是孙中山在不同场合对议和不同方面的评价,而非对议和的简单否定。

而实际上,南北议和达成的和平结局,通过不流血的谈判由民主共和取代封建专制,是辛亥革命时期的政治家高度智慧的结晶。对同盟会来说,在革命实力严重不足的情况下,通过对北洋集团的妥协,借北洋集团的力量推翻清王朝,而达到共和民主的确立和国家的完整统一,廉价地实现了革命的目标,这是不容置疑的。就是袁世凯及北洋集团,他们对议和的态度和采取的行动,也是值得赞许的。武昌起义后,袁世凯及其北洋集团有三条道路可以选择,一条是效法当年的曾国藩及其湘系集团,全力剿杀革命,做清廷的忠臣,青史留名。一条是乘天下大乱之际,自成一派势力,自立为帝,建立一个新的王朝。袁世凯的一些幕僚曾经劝说袁世凯走这条途径。④ 一条是与革命党人合作,共同推翻清王朝。袁世凯默察大势,最终选择了北洋集团与革命党人合作的道路,这本身就是无可非议的。尽管他怀有极大的私欲,要做中华民国的大总统。但这种

---

① 孙中山:《复袁世凯电》,中国社会科学院近代史研究所中华民国史研究室等编:《孙中山全集》第2卷,北京:中华书局,1982年,第5页。
② 中国社会科学院近代史研究所中华民国史研究室等编:《孙中山全集》第7卷,北京:中华书局,1985年,第66页。
③ 孙中山:《复苏俄外交人民委员齐契林书》(1921年8月28日),中国社会科学院近代史研究所中华民国史研究室等编:《孙中山全集》第5卷,北京:中华书局,1985年,第592页。
④ 张国淦:《北洋述闻》,上海:上海书店出版社,1998年,第29页。

私欲，却是促进辛亥议和成功和清王朝灭亡的重要因素。作为政治家来说，很少有人是没有私欲的。评判历史人物，是不能以私欲为标准的，而主要看他对社会发展所作的贡献，即他的行为所造成的客观结果。也就是恩格斯所说的，"历史总是由行动和结果写成的。对历史活动家来说，它的动机对于全部结果来说，同样地只有从属意义"。①

1912年2月12日，清帝退位，袁世凯发表赞成共和的政见。次日，孙中山向参议院辞职并推荐袁世凯。2月15日，南京临时参议院一致选举袁世凯为中华民国临时大总统。3月10日袁世凯在北京宣誓就任。3月29日，南京临时参议院表决通过了主要由同盟会和北洋集团联合组成的内阁。随后临时政府迁至北京，中国历史揭开了新的一页，开始了同盟会与北洋集团联合执政的中华民国北京政府时代。至于北京政府时代的同盟会与北洋集团之间的关系，将另撰文研究。②

原载（《江海学刊》2006年第1期）

---

① 恩格斯：《路德维希·费尔巴哈和德国古典哲学的终结》，中共中央马克思恩格斯列宁斯大林著作编译局译，北京：人民出版社，1972年，第244页。

② 作者的另一篇文章《统一中的对立——民国元年同盟会、北洋集团的合作与斗争》，为此篇文章的姊妹篇。

统一中的对立——民国元年同盟会、北洋集团的合作与斗争[①]

1912年2月12日，清帝颁布退位诏书，统治中国268年的满清王朝至此覆灭。同日，袁世凯发表赞同共和的政见。次日，孙中山向参议院辞职并推荐袁世凯。2月15日，南京临时参议院一致选举袁世凯为中华民国临时大总统。中国不仅实现了共和，而且实现了统一。中国开始由革命时期转向建设时代，同盟会与北洋集团也一起成为中国的统治力量。问题的关键是，同盟会与北洋集团这对昔日的盟友，能否继续合作，致力于中国的建设事业。在同盟会与北洋集团共同执政的短暂时间内，他们之间既有合作也有斗争，在合作中有斗争，在斗争中有合作，其斗争多于合作。他们的合作奠定了中华民国立国的基础，他们的斗争对民国初年政局产生了深远的影响。民国初年政治走向的责任不仅仅在袁世凯及北洋集团一方，同盟会也负有不可推卸的责任。在同盟会改组为国民党之前，二者的合作和斗争主要体现在以下几个问题上。

一、临时政府首都之争

中华民国临时政府首都设于何处？这在南北议和正式开议之前就曾议定。鉴于1911年12月2日江浙联军攻克南京，南京无论在地理位置还是政治、经

---

① 笔者曾撰写《对立中的统一：辛亥革命前后同盟会、北洋集团关系述论》，南京大学中华民国史研究中心编：《中国同盟会成立100周年暨孙中山逝世80周年国际学术讨论会论文集》，2005年8月20日。此为上篇文章的继续，二者互为姊妹篇。

济、文化等条件上都优于南方其他任何地方,因此各省都督府代表联合会在汉口会议时就作出了决议,临时政府设于南京①,南京临时政府由此而立。到1912年1月中旬,随着南北议和的前景日趋明显,中国南北将要统一,袁世凯将出任中华民国统一政府的大总统,中华民国首都将设于何处? 这个问题非常明显地突出出来。当然,同盟会主要领导的意见是设于南京。据目前我们所看到的文献,最早在1月18日,孙中山在《致伍廷芳电二件》中,就以五项条件告知北方代表,"在北京不得更设临时政府"为其中的第二项。② 实际上这是同盟会控制的南京临时政府为此专门作出的决议,"临时政府都城不得设在北京"。③ 不过,同盟会最高决策者的意见没有为所有的同盟会会员所接受。2月14日临时参议院开会讨论临时政府的都城地点时,同盟会会员居多数的南京临时参议院否决了孙中山临时政府建都南京的意见,"先后发言者俱主张北京,间有主张南京者"。投票结果是,总票数28张,主北京者20张,主南京者5张。对临时参议院的议决,孙中山、黄兴大为不满,孙中山立即咨复参议院要求复议,黄兴则对参议院中的同盟会会员施压,迫使他们重新表决。2月15日参议院开会,对临时政府首都问题进行重新表决,结果为:总票数27张,主南京者19张,主北京者6张,南京、北京又被颠倒过来。不过有几个省的参议员,如直隶、奉天、江苏、云南、山西、陕西6省不为压力所动,始终主张设在北京。④ 孙中山、黄兴以强迫的手段使同盟会建都南京的意见趋于一致。2月12日清帝退位诏书颁布,次日,孙中山向临时参议院辞职的同时,提出附加的三个条件,即(1)临时政府地点设于南京,为各省代表所议定,不能更改。(2)辞职后,俟参议院举定新总统亲到南京受任之时,大总统及国务各员乃行辞职。(3)临时政府约法为参议院所制定,新总统必须遵守颁布的一切法制章程。⑤ 2月18日,

---

① 《时报》1911年12月11日;刘星楠:《辛亥各省代表会议日志》,中国人民政治协商会议全国委员会文史资料研究委员会编:《辛亥革命回忆录》第六辑,北京:文史资料出版社,1981年,第246页。
② 孙中山:《致伍廷芳电二件》,中国社会科学院近代史研究所中华民国史研究室等编:《孙中山全集》第2卷,北京:中华书局,1982年,第26页。
③ 《申报》1912年1月21日。
④ 《大公报》1912年3月7日。
⑤ 孙中山:《咨参议院辞临时大总统职文》,中国社会科学院近代史研究所中华民国史研究室等编:《孙中山全集》第2卷,第84页。据说这些意见是孙中山的日本朋友头山满、犬养毅提出来的,孙中山采纳了他们的意见。果如此,问题就复杂了,日本人唯恐中国不乱,极力反对孙中山与袁世凯妥协。见俞辛焞:《孙中山与日本关系研究》,北京:人民出版社,1996年,第128页。

统一中的对立

孙中山更派蔡元培等9人为迎袁专使,迎接袁世凯到南京就职。

北洋集团主张统一政府的首都应设在北京,其主要理由:一是北方的统治秩序问题,袁世凯等如离开北京南下,北方军心、民心不稳,必将造成北方社会秩序的极端混乱。二是北方边疆问题,首都南移,对蒙古、东三省的统治势必减弱,为沙俄、日本进一步向该地区的侵略造成可乘之机。三是外交问题,列强反对迁都南京等。仅从当时报刊上所报道的情况,可见北洋集团的态度。1912年2月26日《大公报》的一则消息《三部挽留袁总统》中说,"陆军、外交、内政三部昨由全体署名公呈总统府,详述袁出京后所有北方军队之心理及地方之秩序并外交之关键种种预料情形,力请仍于北京建设临时政府,以维大局"。① 在当时来说,陆军、外交、内政三部是政府部门中最为重要的三个部,也是北洋集团控制力最强的三个部,三部全体署名表述意见,足可以代表北洋集团的意见。

在这场首都之争中,同盟会尽管有充足的理由,但显然处于劣势。因为全国各种政治势力、政治团体、各省军政要员、社会名流及驻外使节等几乎都发表了意见,主张建都北京的多,主张建都南京者少,"统一、统一之声腾喧民国二十余日,卒不能统一者,即以临时都城南北争持故,各都督、各督抚、各军团、各报馆、各政党、各绅商,大多数主张北京"。②"临时政府设在北京,袁大总统暂不能南行,东三省所主张。"③"京师全体商民日来迭开会议,联络北省商界公禀袁总统,请其俯顺舆情,仍留京师,组织新政府,以保北方之秩序,而谋全国之幸福。"④"袁总统近日先后接到驻扎各国代表密电,均系力请建都北京,并谓各国政府皆有反对迁都之议。"⑤

在这场临时政府首都之争中,虽然不乏南北之见,党派、意气之争,但大致说来,大部分人是站在国家大局、民族利益的高度来看待这一问题。北方坚持都城设在北京自不用说,南方不少省份也主张建都北京,如上所述的江苏、云南等省,且始终坚定不移。颇有影响的云南都督蔡锷通电说,"建都燕京,可

---

① 《大公报》1912年2月26日。
② 《民立报》1912年3月8日。
③ 《民立报》1912年3月8日。
④ 《大公报》1912年2月26日。
⑤ 《大公报》1912年3月2日。

以控御中外，统一南北，大局幸甚"。① 江西都督马毓宝认为，"若竟舍北就南，不免顾此失彼，所以拟定都北方，亦系深谋远虑，从长计划"。② 不仅如此，即使同盟会主要干部之一的宋教仁，也有自己的看法，直到他被派往北京做迎袁专使，还坚持个人的意见。蔡元培回忆其在北上路途中的情形时说："大约同盟会同志主张南迁的多，但在船上谈到这个问题，宋君渔父独主张不迁，最大的理由是南迁以后，恐不能控制蒙古"。③ 同盟会内部尚且如此，至于北方数省及南方的云南、江苏、江西、浙江等省社会舆论，几乎都反对同盟会定都南京的意见则更毫不见怪了。

这场争论由于社会舆论几乎全在袁世凯北洋集团一方，加上迎袁专使到北京后，京、津、保等地相继发生兵变④，更进一步证实了北洋集团和社会舆论的意见。于是，同盟会不得不放弃其定都南京的意见。先由迎袁专使蔡元培等提出变通意见，"（1）消灭袁君南行之要求。（2）确定临时政府之地点为北京……"⑤ 继由孙中山咨南京参议院，"袁世凯君可否就北京行正式就职礼，与临时政府地点暂设北京一节，请由参议院议决"。⑥ 3月6日，参议院开会议决，允许袁世凯在北京就任临时大总统⑦，这场建都之争才告结束。

同盟会与北洋集团的这场建都之争，北洋集团取得了最后的胜利，但同盟会领导孙中山、黄兴、蔡元培等顺应了舆论的要求，适时地调整了其既定方针，采取了比较灵活的应对办法，也是值得赞许的。

二、关于内阁的成立

同盟会与北洋集团及其他政治势力共同推翻了清王朝，所以即将成立的新

---

① 毛注青等编：《蔡锷集》，长沙：湖南人民出版社，1983年，第181页。
② 《大公报》1912年2月27日。
③ 王世儒：《蔡元培先生年谱》上，北京：北京大学出版社，1998年，第123页。
④ 北京兵变是否由袁世凯指示，尚待进一步研究。但北京兵变是由一些北洋武人挑动的事实，则是不容怀疑的。
⑤ 蔡元培：《致孙中山电》，高平叔、王世儒编注：《蔡元培书信集》上，杭州：浙江教育出版社，2000年，第130页；孙中山：《致黎元洪电》，中国社会科学院近代史研究所中华民国史研究室等编：《孙中山全集》第2卷，北京：中华书局，1982年，第190页。
⑥ 《民立报》1912年3月8日。
⑦ 孙中山：《复蔡元培等电》，中国社会科学院近代史研究所中华民国史研究室等编：《孙中山全集》第2卷，北京：中华书局，1982年，第194页。

政府必然是一个由各派政治势力联合组成的政府。根据新颁布的《中华民国临时约法》，政府组织形式采取责任内阁制。关于内阁人选，同盟会与北洋集团之间产生了较大的分歧。

双方的分歧最初是内阁总理人选的问题。同盟会希望由同盟会的骨干成员出任，"必须提出同盟会员为总理，总理通过之后，再由总理提出阁员全体名单，请参议院投票"。① 袁世凯则坚持必须由北洋集团重要成员出任。立宪派重要人物赵凤昌等则提议唐绍仪为总理人选，这个提议得到同盟会和袁世凯北洋集团的双方认可。唐绍仪是北洋集团的重要成员，与袁世凯有着多年的密切关系，在袁世凯的提携下官至二品，在清末外交、内政方面有政声、有经验。② 唐绍仪又是南方人，曾留学美国，系统接受了西方的资产阶级教育，在南北议和中，唐绍仪作为袁世凯的谈判代表与同盟会及南方政治人物结下了深厚的友谊，所以唐绍仪为南北方共同接受的人物，并得到南京临时参议院的同意，此问题很快得到解决。在立宪派的提议下，唐绍仪又加入同盟会，成为同盟会与北洋集团合作的中间人物。值得提出的是，由于黄兴曾坚持临时政府应设在南京，所以曾有人指责黄兴意在谋取内阁总理，章太炎就是其中之一。孙中山在《复章太炎函》（1912年2月22日）中，为黄兴辩白。孙中山说："以先生之明，犹谓克欲谋总理，冤枉如此，谁与为辨，则不知清帝未宣布退位之前，季新（汪精卫字季新）、少川曾私约克仍掌陆军或参谋，而克拒之曰：奈何仍以是污我。文屡与言，亦期期不可"。③ 黄兴确实是同盟会领导中无权力思想的人，他在《致袁世凯电》（1912年2月24日）中也曾清楚地表白自己的思想，"今南北一家，总统得人，民国从此万年，迥非当日比也。吾辈十余年兢兢业业以求者，真正之和平、圆满之幸福。今目的已达，掉臂林泉，所得多亦"。④ 让黄兴出任统一政府的总理也好，还是陆军总长也好，非黄兴个人所愿，而是同盟会方面的希望。

内阁总理人选问题解决后，内阁阁员中争议最大的是陆军总长人选问题。当时我国军队，空军尚无，海军弱小，主要军事力量为陆军，所以陆军总长一

---

① 刘厚生：《张謇传记》，上海：龙门联合书局，1958年，第196页。
② 张华腾：《袁世凯唐绍仪关系述论》，《历史档案》1998年第2期，第105—112页。
③ 孙中山：《复章太炎函》，中国社会科学院近代史研究所中华民国史研究室等编：《孙中山全集》第2卷，北京：中华书局，1982年，第121页。
④ 湖南省社会科学院编：《黄兴集》，北京：中华书局，1981年，第133页。

职对刚刚统一的中华民国中央政府来说尤其重要。从南方同盟会方面来说，希望并争取黄兴出任陆军总长。因为黄兴是同盟会最重要的军事领袖，在同盟会坚持以武装起义推翻清政府的过程中，出生入死，功勋卓著。武昌起义后迅速赶赴武汉前线，领导南方革命武装力量抗击北军，直到南京临时政府成立，负实际的领导责任。现在统一政府成立，应该位列革命元勋，所以尽管黄兴一再表示不在统一政府中担任职务，以行其功成身退之素志，而南方还是提议黄兴出任陆军总长。"参议院得六省都督来电，谓陆军总长非黄克强君不可。"①"先时此间（南京）各部军官以袁既为大总统，陆军总长非黄兴不可。请唐（绍仪）转告袁氏，袁不同意。"②同盟会对袁世凯提出段祺瑞任陆军总长的意见表示反对，"昨日宁军界大会，反对段祺瑞任陆军总长"。③"近来南京政府极力推举黄兴为陆军总长，与北京政府意见不洽。"④同盟会之所以推黄兴出任陆军总长，还有希望黄兴掌握军权，以对袁世凯的权力进行有力、有效监督之意。

同盟会提出黄兴出任陆军总长一职，其实只能作为一种良好的愿望而已，是不符合实际的。袁世凯无论从巩固政权还是维系个人权力方面，陆军总长一职，他都不可能选择黄兴，而选择段祺瑞，尽管他也表面上对黄兴进行挽留。从国家利益和巩固政权方面来说，经过革命的动荡，中国由封建专制王朝变为共和民主国家，南北虽然统一，但南北对立不可能一下泯灭，南方还有数十万军队。况且沙俄支持外蒙古王公独立于北方，英国支持西藏上层变乱于西南，日本支持宗社党活动于满蒙地区，给新生的中华民国造成了很大的威胁，这一切均须整顿和加强中国的军事力量，故陆军总长一职，不仅应该是中国军事上最优秀的人员，而且应该是袁世凯最信任的人，段祺瑞是最合适的人选。因为段祺瑞不仅是军人出身，而且是天津武备学堂毕业的优秀毕业生，又曾在德国留学，"同辈中推军事学第一"⑤，是中国军界不可多得的优秀新型军事人才，他还是袁世凯小站练兵的主要助手，深为袁世凯所信任，"世凯深器其人，于教练

---

① 《民立报》1912年3月23日。
② 毛注青编著：《黄兴年谱长编》，北京：中华书局，1991年，第292页。
③ 《民立报》1912年3月16日。
④ 《大公报》1912年4月1日。
⑤ 张一麐：《直皖秘史》，荣孟源、章伯锋主编：《近代稗海》第四辑，成都：四川人民出版社，1985年，第40页。

新军之事，一以委诸祺瑞"。① 与袁世凯关系密切的张一麐也曾说过，"世凯治兵小站，教练之事，专任之祺瑞"。② 北洋新军成军后，在1905、1906年先后举行的河间会操和彰德会操中，段祺瑞指挥的北军，两次均胜过南军，在国内外产生了较大的影响。《华字汇报》曾发表评论说："中国赳赳武夫能具战将风采为全军冠冕者，首屈一指段统制。闻日本某武员尝以段统制方乃木将军，谓严毅果断，仿佛见韬略，直非余子所能及也……去岁河间举行秋操，统制曾为北军总指挥，其学问与阅历，均莫与京焉。且为人素朴刚直，不修边幅，视金钱如土芥，精研军学，迄今未息，至炮术一途尤为擅长。"③ 在多年的编练新军中，袁世凯与段祺瑞形成了密切亲近的依靠关系，段祺瑞也就成了袁世凯最为信任的新军将领。所以袁世凯选择段祺瑞为陆军总长，应该是最佳的选择。不过袁世凯为照顾同盟会，顾全黄兴的面子，任命黄兴为参谋总长。只是黄兴执意不就，袁世凯后来才改任黎元洪为参谋总长。④

解决了陆军总长一职，其他的国务员则相对好多了。国务员的选择标准，根据社会舆论和同盟会与北洋集团联合组成新政府的事实，"南北并用，新旧兼收，任官惟能，不分畛域，此今日有识者之公言"。⑤ 对几个当时说来较重要的部，如陆军、内务、海军等部的总长，袁世凯选择了北洋集团的主要成员段祺瑞、赵秉钧、刘冠雄。其中赵秉钧在清末时一直在巡警—民政部任职，是著名的警政专家。刘冠雄毕业于福州船政学堂，后来又到西方留学深造，是海军方面不可多得的人才。外交则提名陆征祥，属于无党派人士，在外交界有一定的影响。财政则选择了理财专家共和党人的熊希龄。此两人政治上比较接近北洋集团，但均为一时之人才。同盟会方面入阁的为宋教仁、蔡元培、王宠惠、陈其美等四人。其中，蔡元培为教育知识界著名人物，为南北方所尊崇，继续为教育总长，深得民心。王宠惠早年毕业于北洋大学法学科，1901年留学日本，次年又赴美国留学，在耶鲁大学获法学博士。1911年加入同盟会，在南京临时政府任外交总长。此次在统一政府中任司法总长，也颇得人望。作为同盟会主

---

① 费敬仲：《段祺瑞》，上海：世界书局，1920年，第11页。
② 张一麐：《直皖秘史》，荣孟源、章伯锋主编：《近代稗海》第四辑，成都：四川人民出版社，1985年，第40页。
③ 《华字汇报》光绪三十二年（1906）九月二十二日。
④ 湖南社会科学院编：《黄兴集》，北京：中华书局，1981年，第154页。
⑤ 《民立报》1912年3月18日。

要骨干力量的宋教仁出任农林总长,陈其美出任工商总长,虽非其所长,主要表明同盟会与北洋集团的合作。上述人物,皆得人望,显示了中华民国首届责任内阁为人才内阁的特点,以及同盟会与北洋集团两大政治势力合作的象征。所以当3月29日内阁总理唐绍仪将阁员名单付诸参议院表决时,除交通总长梁如浩外,全部通过。其中陆征祥全场一致通过,获39票。蔡元培、王宠惠二人各获38票,刘冠雄35票,宋教仁34票,赵秉钧、熊希龄各获30票,段祺瑞29票,陈其美21票。① 由于梁如浩被参议院否决,交通总长一职暂由唐绍仪兼领。不久袁世凯提出施肇基充任交通总长,获参议院通过。②

北洋集团与同盟会合作组成的联合政府,即唐绍仪内阁,虽然经历了一番周折,但南北方互相妥协,最终得以产生。1912年3月29日,在唐绍仪内阁表决通过后,唐绍仪在南京临时参议院发表政见,接收南京临时政府。4月1日,孙中山宣布正式解去临时大总统职务。4月5日,参议院议决临时政府迁往北京。4月29日,参议院在北京开第一次会议,"袁大总统偕唐总理、各国务员莅会,行开院礼"。③ 从此开始了中华民国统一政府的新时期——北京政府时代。人们额手相庆,对新政府赋予厚望,"在此际革故鼎新,人多朝气,内而台阁,多属名流,外而封疆,多属首义,一时物议,庶几长此可以久安,目前可以图治"。④

唐绍仪内阁阁员11人,除唐绍仪为中间人物,陆征祥为无党派人士,熊希龄为立宪党人外,北洋集团主要成员的段祺瑞、赵秉钧、刘冠雄、施肇基分别担任了陆军、内务、海军、交通四部的总长。同盟会主要成员蔡元培、宋教仁、王宠惠、陈其美分别担任了教育、农林、司法、工商四部总长。⑤ 同盟会和北洋集团以均等的力量共同组成了中华民国新政府,唐绍仪内阁是两大集团合作的象征。虽然在组织内阁时双方有着较大的分歧,但通过和平协商的方式,互相妥协,最终解决了问题,使双方的矛盾暂时得以化解,这是二者继以和平方式联合推翻清王朝之后,又一次以和平协商的方式解决问题的范例。当然在统一

---

① 《民立报》1912年3月31日。
② 梁如浩为留美幼童,后追随袁世凯,在清政府邮传部任职。参议院表决仅获17票,未及半数。施肇基留学美国,清末民初的外交人才。
③ 《民立报》1912年5月4日。
④ 蕉鹿客:《十年前洪宪纪元之回想》,《申报》1926年10月10日。
⑤ 陈其美始终未到任,工商总长一职由同盟会会员王正廷署理。

政府组织的过程中,同盟会领袖以大局为重,以宽广的胸怀解决二者之间的矛盾,对北洋集团多有让步。但也应该承认,袁世凯及其北洋集团也能从大局考虑,认真对待同盟会提出的问题。① 这种局面的出现,与双方政治势力的势均力敌有关。因为这时的同盟会,在南方江苏、安徽、湖南、广东、江西数省还掌握着地方军政大权,在临时参议院里边还占据着多数席位。袁世凯、北洋集团不得不重视同盟会的力量。

三、政党内阁还是混合内阁

唐绍仪内阁没有辜负人们对他们的期望,内阁成员奋发工作,在有限的时间内做了许多富有成效的工作,这些工作综合起来主要有:制定了内阁的施政方针,展示了中华民国第一届责任内阁发展资本主义的崭新形象;外交上极力寻求列强对中华民国的承认,坚持中国对外蒙古、西藏的领土主权,与沙俄、英国进行艰苦的谈判等。② 尽管这些工作还是初步的,但已经显示了中华民国政府与清政府的不同精神风貌,反映了辛亥革命后资产阶级发展资本主义振兴中华的要求。唐绍仪内阁得到了人们的较多赞誉,时人评价民初的几届内阁说,"唐内阁迄赵内阁,凡三易。唐内阁不满百日,然富于积极进行气象,虽计划疏阔,尚有政策之可言";"陆内阁为期益蹙……终未有所表见";"赵内阁最久,受事之初,有维持现状之宣言"。③

可惜唐绍仪内阁维系时间不长,主要是内阁成员陆军部总长段祺瑞、内务部总长赵秉钧等直接听命于袁世凯,"自开国务会议以来,赵秉钧迄未一至"④,内阁内部矛盾重重,形不成统一的意见。袁世凯超越《中华民国临时约法》赋予的权力行事,唐绍仪调和南北的苦心不为袁世凯所容,袁、唐关系破裂,导致唐绍仪于 6 月中旬负气出走天津。唐绍仪辞职后,同盟会固守"政党内阁"的信条,同盟会四阁员,即宋教仁、蔡元培、王宠惠、王正廷于 6 月 30 日联袂辞职,退出政府,北洋集团与同盟会的短暂合作宣告结束。

---

① 袁世凯最初提出的内阁名单,遭到同盟会控制的南京临时参议院的否决。
② 姚琦:《唐绍仪内阁述评》,《贵州大学学报》(社会科学版) 1995 年第 1 期,第 84—90 页。
③ 章伯锋、李宗一主编:《北洋军阀:1912—1928》第二卷,武汉:武汉出版社,1990 年,第 5 页。
④ 章伯锋、李宗一主编:《北洋军阀:1912—1928》第二卷,武汉:武汉出版社,1990 年,第 1 页。

同盟会退出北京政府，实际是采取以退为进的策略。他们认为，混合内阁意见不一，不能发挥作用，从而提出政党内阁的政治主张。"自同盟会阁员联袂出阁以来，盛倡政党内阁之说，盖鉴于混合内阁，杂糅不一致，不能达责任制度之目的，政治上亦永远不能即于轨道。"①宋教仁在《同盟会本部1912年夏季大会演说辞》中更进一步说明："复述本党对于统一临时政府内阁，已决定，如不能达政党内阁，宁甘退让；如可改组政党内阁，虽他党出为总理，亦赞助之。"②

同盟会政党内阁的意见，不为袁世凯所接受。袁世凯仍然坚持混合内阁。他说："我任人，但问其才不才，不问其党不党也。"③所以唐绍仪内阁以后的几届内阁，均为混合内阁。同盟会政党内阁的政治主张，从中国民主政治的长远发展和同盟会夺取国家最高行政机关的权力来说，都是无可厚非的。但从中华民国刚刚成立，中国政党发展尚处于萌芽阶段的角度来说，政党内阁的实施尚不成熟。袁世凯的意见应该说符合当时的实际。他说："方今民国初兴，先期巩固，倘有动摇，则国之不存，党将焉附。无论何种政党，均宜蠲除成见，专趋于国利民福之一途。"④

同盟会退出与北洋集团及其他政治势力联合组成的北京政府，是民国初年的一大事件，大大改变了民国初年政局的走向，可惜还没有引起研究者的注意。同盟会退出联合政府，由执政党变为在野党，同盟会的政策由此来了个180度的大转弯，开始从事积极进取的议会选举道路，以选举的胜利争取同盟会（不久改组为国民党）革命党政党内阁，这样必然走向与北洋集团完全对立的道路。对现政府采取监督或抨击，这在西方民主国家是非常正常的，长期以来我们也是给予赞赏的。但让我们来重新审定民国初年政局，冷静思考各派政治势力的优长和或缺点时，同盟会的这一步策略，是否来得过早了？第一，中国由专制转向共和，南北刚刚实现统一，统一政府刚刚建立，百废待兴，治理国家为头

---

① 章伯锋、李宗一主编：《北洋军阀：1912—1928》第二卷，武汉：武汉出版社，1990年，第3页。
② 陈旭麓主编：《宋教仁集》下册，北京：中华书局，1981年，第409—410页。
③ 章伯锋、李宗一主编：《北洋军阀：1912—1928》第二卷，武汉：武汉出版社，1990年，第13页。
④ 章伯锋、李宗一主编：《北洋军阀：1912—1928》第二卷，武汉：武汉出版社，1990年，第1358页。

等重要的大事。袁世凯与其内阁正在励精图治，对外极力争取列强对中华民国的承认，同时维护中华民族的完全统一，与支持外蒙古独立的沙俄和支持西藏上层分裂势力的英国进行艰苦的谈判。对内建章立制，收束武备，裁减军队，医治战争创伤等，还没有特别明显的违背法律民意之处①，同盟会将其置于完全对立之处，显然过于极端。第二，就袁世凯个人来说，并非一开始就是专制独裁的野心家，他在关于社会整合方面是积极的。1912年4月29日，临时参议院在北京开院，袁世凯出席并发表政见。他说："世凯向持锐进主义，不敢以畏难保守自足……但值改革之后，亟当维持秩序，利用厚生，建设从稳健入手。"②实际上他也在极力谋取与革命党人的合作。他与临时参议院合作制定了一系列的政制法规，如《国务院官制》、《国会组织法》、《参议员选举法》、《众议员选举法》等，奠定了中华民国立国的基础。③关于民国最大的借款事务，袁世凯也与参议院合作得较好。正如一位参议员所说："前参议院时代，凡政府提出借款案，无不悉赞成。而政府于立约签字之先，亦靡不将交涉情况报告于参议院，征求同意。"④同盟会占绝对优势的南京临时参议院制定的《中华民国临时约法》，从立法本意来说是好的，可以防止袁世凯专制独裁。但在由乱至治的非常时期，对行政限制过死，制约了行政效率。袁世凯在此期间对《中华民国临时约法》的突破，有些是可以理解的，是得到一些政治势力的支持的。例如，蔡锷就曾说过，"光复以来，叫嚣呶扰，牵制纷歧，政令不能厉行，奸宄因而咨肆，未始非《临时约法》有以阶之厉也"。⑤加强中央行政尤其是总统的权力，在当时也是符合民族心理的。诚如袁世凯所说，"虽易帝国为民国，然一般人民心理，仍则望政府者独重，而则望议会者尚轻。使为国家元首而无权，即有权而不能完全无缺，则政权无由集中，群情因之涣散，恐为大乱所由生"。⑥第三，

---

① 关于善后大借款比较复杂，北京政府曾向参议院有过说明。北京政府与银行团进行了艰苦卓绝地谈判，他们抓住对中国最有利时机与银行团签订条约，无可厚非。
② 袁世凯：《莅参议院宣言》，李宗一、章伯锋主编：《北洋军阀：1912—1928》第二卷，武汉：武汉出版社，1990年。
③ 张华腾：《袁世凯与民初议会》，《殷都学刊》1996年第2期，第69—76页。
④ 谷钟秀：《中华民国开国史》，章伯锋、李宗一主编：《北洋军阀：1912—1928》第二卷，武汉：武汉出版社，1990年，第124页。
⑤ 《致袁世凯等电》，曾业英编：《蔡松坡集》，上海：上海人民出版社，1984年，第631页。
⑥ 白蕉：《袁世凯与中华民国》，荣孟源、章伯锋主编：《近代稗海》第三辑，成都：四川人民出版社，1985年，第121页。

袁世凯是经南京临时参议院全票通过选举出来的临时大总统，内阁成员是由袁世凯北洋集团与南京临时政府相互协商提出候选名单并经参议院选举通过的，即使唐绍仪内阁以后的政府，也都经过议会的选举同意，是遵循民主程序建立起来的政府。同盟会对合法选举产生的政府不予信任，既不合情，也不合理，从而失去民心，使自己处于孤立无援的地步。同盟会在民国元年采取的许多措施，大都与此有关。

　　同盟会在民国元年的所作所为并不全是正确的，我们不能为此隐讳。执政的北洋集团同样如此。北洋集团是辛亥革命的最大受益者，经过辛亥革命，北洋集团取得国家政权，一跃而成为中国的统治集团。成为中国统治集团的北洋集团本应该与自己的同盟者——同盟会密切合作，共谋国家的建设大业，但北洋集团掌握国家政权后日益成为狭隘的利己集团。袁世凯及其北洋集团"始终不能化除畛域，高掌远蹠，转以'北洋'二字自限"。① 唐绍仪是北洋集团的主要成员，因致力于北洋集团与同盟会的合作，调和南北，维护民国法制和民初政局，而被北洋集团视为异己，成为北洋集团攻击的对象，"唐氏自任国务总理，颇有意举责任内阁之实，以避袁氏与各方之冲突。而袁不之谅，且疑唐挟同盟会以自重，有独树一帜之意。而北洋官吏之在袁左右者，复日媒孽之。袁不能平"。② 最终唐绍仪被迫辞去内阁总理职务，脱离北洋集团。唐绍仪脱离北洋集团一事，有力地说明了北洋集团的狭隘与自私，它与同盟会的合作就可想而知了。尽管如此，由于袁世凯及北洋集团在清末改革中的政绩和良好的政治声誉，北洋集团强大的政治势力，加上同盟会本身的一些失误和偏激，所以在同盟会与北洋集团的斗争中，舆论的天平有许多时候偏向北洋集团一边。

　　辛亥革命前后的历史时期，是我国社会发展一个极其重要的时代，是新旧变化非常剧烈的时代，是中国由传统社会向现代社会过渡的转型时期。在这一时期，在新的代表历史发展方向的力量还比较弱小的情况下，北洋集团作为一种新兴势力登上中国历史的舞台，为中国社会的发展曾经起了一定的积极作用。但北洋集团绝不是一种全新的社会力量，它是在旧的土壤中培育出来的，封建的东西根深蒂固，是一种亦新亦旧的力量。在旧的力量被推翻之后，这种力量可以取重一时，为人们所看重，但绝不能成为主导社会发展的力量。随着社会

---

① 岑学吕编：《三水梁燕孙先生年谱》，台北：文海出版社，1972影印本，第115页。
② 岑学吕编：《三水梁燕孙先生年谱》，台北：文海出版社，1972影印本，第121页。

的发展进步，新的社会力量逐步壮大，这种力量必然为新的力量所取代。北洋集团就是这样的一种力量。辛亥革命时期，以孙中山为首的革命党代表了历史发展的方向，但革命党的力量还不足以主导历史发展的方向，而北洋集团则为人们所普遍看中："共和之局，既成于北洋武人，虽种因却是党人，然革命党在事实上不能立时居政治中心地位，而袁、段、冯、王诸巨头，又系前清达官，亦新亦旧之人，与当时新旧过渡时代尊官卑民之群众心理适相吻合。故北洋为世所重，民党为俗所轻。"①

同盟会的理想与现实之间有着不小的距离，如何在坚持美好理想的同时，对现实与理想的矛盾进行理智的处理，使现实朝着有利于理想的方面发展，是对政治家智慧的考验。如果同盟会不退出与北洋集团联盟的北京政府，而是在政府内部对北洋集团进行有利有节的斗争，那么民国初年政局又将是一种什么局面呢？笔者认为同盟会固守政党内阁的政治学说，轻易地退出联合政府，对民国初年政治的走向影响颇大。

唐绍仪辞职和同盟会四位阁员的联袂辞职，唐绍仪内阁瓦解和同盟会退出北京联合政府，标志着同盟会与北洋集团合作的终结。随后，宋教仁将同盟会改组为国民党，争取议会选举的胜利和革命党政党内阁的实现，民国初年的历史进入了一个新的时期。

原载（《历史档案》2006 年第 3 期）

---

① 吴虬：《北洋派之起源及其崩溃》，来新夏主编：《北洋军阀（一）》，上海：上海人民出版社，1988 年，第 1021 页。

第三编 北洋时期人物研究

百年袁世凯传记研究述评——兼谈《1912—1915年的袁世凯》

袁世凯是中国近代史上一个颇有争议的人物，尽管对他的评价从其在世时到百年以来的今天，无论是政界还是学术界，仁者见仁，智者见智，很难有一个一致的说法。但任何人都不能否认他是这一时期重要的历史人物，是一个在重要历史关头起着重大影响的人物，其所作所为直接影响了中国社会历史的发展进程。

一、国际政治人物袁世凯

袁世凯不仅仅是中国近代史上的重要人物，同时也是世界近代史上的重要人物，对国际社会颇有影响。他从青年时代驻扎朝鲜，代表中国政府维护中国在朝鲜的传统关系，与英、美、俄、日等列强相周旋，到晚年称帝与德、日、英、美各国打交道，其外交、内政都与国际社会密切联系，从某种程度上也直接影响着国际政治走向，因此是一个国际性的人物。

正因为袁世凯是这样一个国际性的人物，所以海内外学术界对其抱有极大的兴趣，为其树碑立传，著书立说，有的赞其雄才大略，有的斥其狼子野心。对袁世凯的研究热度随着时光的流失不仅没被人们淡忘，反而越来越热，甚至成为媒体的重要选题之一。2010年2月22日，香港凤凰卫视凤凰大视野栏目播出长达10集的访谈纪录片《袁氏当国》，邀请国内著名学者参与评说，引起了不小的轰动效应。凤凰卫视播出袁世凯的影片效应尚未散去，2010年11月14日，中央电视台科教频道《探索与发现》栏目又隆重推出9集记录访谈片子《北洋军覆灭记》，对袁世凯清末创办新军的来龙去脉及对中国社会发展的影响给予全景式的记述。对袁世凯研究的热度开始向社会大众散发。

袁世凯是清末民初时期的重要人物，辛亥革命及辛亥革命以后的中国政治走向与其有着极大的关系。至此辛亥革命100周年之际，有必要加强对该人物的研究，鉴于此，有必要将百年来对袁世凯传记研究的情况扼要介绍给大家。①

袁世凯是一个国际人物，帝国主义列强直接影响半殖民地半封建社会的中国，袁世凯与列强的关系是一个重要的话题。长期以来袁世凯被视为出卖民族利益的卖国贼，这是很不科学、很不公正的。其实，袁世凯的民族主义思想还是很强烈的。近代的沙俄和日本是中国最大的敌人，袁世凯继承了李鸿章的"以夷制夷"的外交政策，亲近英美而抵制俄日②，即使对英美不是一味服从，而是有斗争，也有妥协，民国初年的西藏问题是一个很有力的说明。③ 袁世凯对日本侵华的抵制最为直接。袁世凯对日本的侵略虽然也有过妥协，如我们熟知的关于"二十一条"谈判④，但更多的是与日本的斗争。从其青年时期驻扎朝鲜，代表中国政府抵制日本向朝鲜的渗透⑤，到20

---

① 作者阅读过的袁世凯传记有50余种，足见学界对该人物的重视。这里所论及的传记，不包括低俗的和一些因经济利益驱使而改头换面的所谓专著。

② 这种外交政策为后世外交家所继承，民国初年北京政府及后来国民政府时期的外交家莫不如此。

③ 民国初年，英国怂恿和支持西藏上层脱离中国，与西藏地方政府私自签订《西姆拉条约》。袁世凯政府坚持西藏是中国的领土，西藏地方政府无权签订国际条约，拒不承认英国与西藏地方政府签订的条约，使英国分裂西藏的阴谋没有得逞。

④ 近年来学术界有关袁世凯与"二十一条"问题的研究大有进展，请参阅：苏全有、景东升：《论袁世凯的仇日政策及实践》，《历史教学》2004年第5期，第22—26页；马良玉：《袁世凯与"二十一条"》，《历史教学》2005年第2期，第61—65页；宋开友：《袁世凯与日本对华"二十一条"谈判》，《广西社会科学》2005年第3期，第100—102页。而实际上，在中国遭受外来侵略的过程中，中国的执政者及其官员，绝大多数是有民族情感的，真正的卖国贼是极少数。在革命史观的影响下，我们往往将对立面指斥为卖国贼，人们多数处于情感层面，而缺乏理性认知。

⑤ 关于这一时期袁世凯的作为，后世学者和史学家对其有客观评价。例如，蒋廷黻先生认为："一个袁世凯，二十多岁，随着军队到朝鲜，几年之内就独当一面，而俄国人、日本人、朝鲜人、德国人、美国人，凡在朝鲜密谋侵害中国人的权利者，袁世凯一个一个的把他们打败了。"（蒋廷黻：《近代中国外交史资料辑要》，上海：商务印书馆，1934年）；刘厚生认为："袁世凯在此环境万分困难之中，卒能不屈不挠。自从甲申年吴长庆离开朝鲜之后，直到甲午中日战争发生之时，整整支持了十年之久。假使这商务委员，不是袁世凯而是任何一人，恐怕不等到甲午那年，早已出了别种意外的乱子了。"（刘厚生：《张謇传记》，上海：龙门联合书局，1958年，第20页）

世纪初直隶总督、外务部尚书任内对日本侵略东北的抵制①，正因为如此，日本政界、军界对袁世凯是很不感兴趣的，认为袁世凯是日本侵华的一大障碍，必欲除之而后快。②但最早关于袁世凯的两部传记，却是袁世凯在世时期由两个日本人撰写的，而且对袁世凯的评价都比较高。一部是1909年佐藤铁治郎撰写的《袁世凯》，从袁世凯青少年时期写起直至袁被罢官乡居，对袁世凯练新军、兴学校、办警察、行立宪及大力发展实业的业绩给予客观评价，认为"使袁所行之政策皆能达其目的，则支那雄长东方为地球强国，袁之功业又非曾（国藩）、李（鸿章）所能望其肩背也"③，同时对袁世凯遭贬表示非常惋惜。另一部是1914年内藤顺太郎撰写的《袁世凯正传》，此时的袁世凯正处于一生中政治上的高峰期，战胜了所有的对手，稳定了国内的局势，完成了集权统治，经济有所发展，所以作者对他的评价非常高，称他为"近世支那之建设者。盖袁氏有政治之才识，有知兵之方略，有理财之能力，有外交之专长，一身而兼备之。就此点论之，今支那人物中，恐无出其右者"。④

二、对袁世凯的多元认识

中国人最早撰写袁世凯的传记，是1913年出版的《容庵弟子记》，其是由袁世凯的追随者和幕僚沈祖宪、吴闿生所写，记述袁世凯从青少年时期至辛亥革命前的事迹。这些事迹有些是袁世凯口述，沈祖宪笔录下来的；有些是沈祖宪所亲见所述，因为早在袁世凯驻扎朝鲜期间，沈祖宪就入袁幕。袁世凯下野

---

① 张华腾：《袁世凯对东北问题的关注与东三省改制》，《中国边疆史地研究》2010年第2期，第77—92、149页。袁世凯20世纪初对日、俄侵略我国东北的认识，正如他所讲的："日本为了不致引起其他列强的非难，已公开宣布维护门户开放政策和中国在满洲的领土完整，但要预言日本的真实意图何在乃是不可能的。在我们和他们交涉时，（他们）提出的许多问题都是与我们的主权互不相容的，因此谈判时常中断。就与俄国有关之事而言，我们必须严加警惕；但是对于日本，我们也一定要怀有极大的戒心……不管是对日本、俄国或某个其他列强，凡是有关领土完整的事情我们都不应作任何让步……为了在主要问题上达到我们的目的，在次要的方面让步也许会变得必要。这就是我们在外交政策中应执行的方针。"（《丙午中俄谈判及丁未设东省总督资料丙则》，《近代史资料》1981年总45号，第137—139页）

② "清末民初袁世凯之当国，甚为日人所不喜，久思排而去之。故此时之日本对华外交，大体言之，为宰割中国。局部言之，亦为反袁。"（王芸生：《六十年来中国与日本》第六卷，北京：生活·读书·新知三联书店，1980年，第69页）1916年3月，日本政府决定打倒袁世凯，"袁氏在中国的权位，是帝国达成上述目的的不可回避的障碍。因此为推行帝国上述方针计，莫若使袁氏退出中国政治权力舞台。毋庸置疑，无论何人取代袁氏，对于帝国均比袁氏有利"。（章伯锋、李宗一主编：《北洋军阀：1912—1928》第二卷，武汉：武汉出版社，1990年，第1296页）

③ （日）佐藤铁治郎：《袁世凯》，天津：时闻报馆，1909年，第335页。

④ （日）内藤顺太郎：《袁世凯正传》，张振秋译，上海：广益书局，1914年，第2—3页。

在彰德乡居，沈祖宪一直陪伴，比较了解袁世凯，有关袁世凯的文本材料也多由沈保存，所以该书有着极高的史料价值。1916年袁世凯因称帝败亡，同年，黄毅的《袁氏盗国记》一书出版，对袁世凯称帝进行了痛快淋漓的鞭挞。① 1936年，白蕉出版了《袁世凯与中华民国》一书，侧重点为袁世凯对民国法制的破坏及袁世凯与孙中山国民党人的斗争。② 1949年，在中国人民解放战争胜利前夕，陈伯达出版了名为《窃国大盗袁世凯》的小册子，虽然学术价值不大，但对后世的学术影响却是很大的。③ 著名华裔学者陈志让在20世纪六七十年代用英文撰写了《袁世凯》一书，在海外产生了非常大的影响。1988年湖南人民出版社出版了其中文版，译名为《乱世奸雄袁世凯》。④陈志让对袁世凯的评价是比较客观的，在谴责袁世凯的同时，充分肯定了袁世凯的历史地位，他说："从戊戌变法到1916年逝世，袁世凯在中国的每一个主要政治发展阶段都有影响，甚至经常起着决定性的作用。毫无疑问，他在辛亥革命中起了最关键的作用。"⑤

20世纪80年代以来，我国有几部力作问世。1980年，李宗一著的《袁世凯传》出版⑥，虽然在观点上还带有时代的痕迹，称袁世凯是"近代中国历史上大地主大买办阶级的一个极其重要的代表人物，一个伪装维新的封建专制主义者。他的名字已经成为近代中国反动统治的同义语，每一部中国近代史书都不能不提到他"。但该书对史料的挖掘与运用非常深广，作者深邃的史识和严谨的治学态度为学人所敬仰，因此该书在海内外有着很大的影响。继李宗一之后，侯宜杰相继出版了《袁世凯一生》和《袁世凯评传》。1994年侯宜杰将两书合在一起，以《袁世凯全传》之名刊出，代表了20世纪90年代的研究水平。⑦ 内容上比李书丰富，观点上对袁世凯的作为给予部分肯定，如充分肯定袁世凯编练新军的作用："新建陆军的编练是我国军制改革史上的一个重大转折"，"开中国陆军近代化的先河"；肯定袁世凯的北洋政绩：提倡实业，使"直隶确也迈入一

---

① 黄毅：《袁氏盗国记》，上海：国民书社，1916年。
② 白蕉：《袁世凯与中华民国》，上海：人文月刊社，1936年。
③ 陈伯达：《窃国大盗袁世凯》，上海：华东新华书店，1949年。同时出版的还有《人民公敌蒋介石》。
④ 1961年年初版于英国伦敦，1972年再版于美国加利福尼亚，中文版据1972年版。
⑤ 陈志让：《乱世奸雄袁世凯》，傅志明、鲜于浩译，长沙：湖南人民出版社，1988年，第242页。
⑥ 李宗一：《袁世凯传》，北京：中华书局，1980年。
⑦ 侯宜杰：《袁世凯一生》，郑州：河南人民出版社，1982年；侯宜杰：《袁世凯评传》，郑州：河南教育出版社，1986年；侯宜杰：《袁世凯全传》，北京：当代中国出版社，1994年。

个有了近代工业的新的发展阶段";广兴教育,使直隶教育"名列前茅","直到民国初年,直隶教育仍保持着优势,这是与袁世凯总督直隶时打下的基础分不开的"。20世纪90年代的另外几部关于袁世凯的著作,对袁世凯给予了更多的肯定。① 比如,廖一中在其《一代枭雄袁世凯》中认为"袁世凯是封建地主阶级中朝向资本主义迈步的人物。他在一些具有关键性的历史事件中,起着支配性的作用或重大影响。"袁世凯以强者的地位纵横捭阖,左右逢源,自立派系,独断专行,权势赫赫,做过不少有利于国家、社会发展的好事,但又做出了逆历史潮流而动的坏事,不仅充分显示了他的雄才大略、野心私欲、权谋诈术、乱世之枭雄的面目,也充分显示了时代的矛盾所给予他自身的矛盾性,使他在这矛盾运动中沦落为以悲剧告终的反动人物。② 张华腾、苏全有著的《袁世凯与中国近代化》,则将袁世凯置于中国近代化的大发展趋势之中,从政治、经济、军事、文化教育的四个方面进行考察,认为"袁世凯是清末民初政坛上最主要的人物之一,其所做所为直接影响着近代社会的历史进程,所以,对这样一个人物,我们认为主要应将其放到近代中国历史进程中全面地进行考察,实事求是地评价其历史功过,顺应历史潮流,对中国社会发展作出贡献的,就给予肯定,而不管其动机、手段如何。反之,逆历史潮流而动,给中国社会发展造成灾难的,我们就骂,给予严厉地谴责。例如,上述袁世凯练新军、变军制,大大提高了军队的战斗力,使中国军队从此走向近代化道路;他参加维新运动,大力推行新政,短短几年取得那么多的成就,将直隶治理成为中国的模范省;武昌起义后,他顺应民主共和的潮流,和革命党人联手,共同推翻了清王朝,结束了延续中国2000多年的封建君主专制制度,使资产阶级共和国方案得以在中国实现;民国初年,袁世凯政府制定了一系列鼓励发展工商业的政策和措施,使民族经济得到快速发展。这些都顺应了中国社会的发展趋势,促进了中国社会的进步,我们应当给予充分肯定。而在辛亥革命后,他违背国民的心理和意愿,不但拒不与革命党人合作,且残杀功臣,破坏摧残民主制度,确立起军阀专制独裁统治。特别是他利令智昏,更改中华民国为中华帝国,做洪宪皇帝,与中

---

① 郭剑林:《瑰异总统袁世凯》,长春:吉林文史出版社,1995年;廖一中:《一代枭雄袁世凯》,北京:北京图书馆出版社,1997年;张华腾、苏全有:《袁世凯与中国近代化》,西宁:青海人民出版社,1999年。

② 廖一中:《一代枭雄袁世凯》,北京:北京图书馆出版社,1997年,"引言"。

国社会发展背道而驰，给中国社会造成了一场灾难，遭国人痛骂，身败名裂，成为千古罪人。"①

进入21世纪以来，随着改革开放的不断深入，人们的思想进一步得到解放，研究袁世凯的著作日益增多，先后又有几部著作出版。例如，华裔美国学者唐德刚推出《袁氏当国》一书②，对袁世凯的执政提出了不同于一般人的看法："袁世凯是传统中国里的'治世之能臣，乱世之奸雄'，才大心细，做事扎扎实实，有板有眼，是位极有效率的行政专才和标准的中国法家。然而他无理想，对现代政治思想更是一无所知，这是时代关系，先天后天自然发展的结果。"③ 对袁世凯民国初年的集权专制，唐德刚先生也给予不同的解释。他说："袁世凯起先做总统做得很起劲，并发誓要帝制永不再现于中国。何以口沫未干，立刻就违誓要做皇帝呢？这虽然是他个人野心的终于现形（所有反袁史家都如是说），其实他也是经过一整年的亲身经验，确实体会到共和政体不适合中国国情，这虽是借口，也未始不是事实。"④ 刘忆江在其《袁世凯评传》中将袁世凯的一生按年龄分为三个阶段，三个阶段分别有不同的评判："青年，爱国之英雄；中年，治世之能臣；晚年，误国之奸雄。"⑤ 张研则推出《原来袁世凯》一书，认为"袁世凯不是具有崇高理想的改革家，而是一个追求现实目标的实用主义政治家"。"袁世凯一生向人们展示了他充满矛盾的双重人格：他推崇西方文明，却拥有十房妻妾；他倡导教育改革，却相信儒学在控制民众方面的道德力量；他力行维新立宪，却出卖戊戌维新派；他身居大总统之位，却迷恋皇帝宝座……"⑥ 骆宝善显然对以往人们对袁世凯的认识不满，认为袁世凯是一个被"鬼话"的人物，"在鬼话其面貌之同时，却又神话了其能量。最终，既遮盖了其本来面貌，也妨碍了人们对其周围人物、所在社会的认识。袁世凯可谓典型一例"。于是他从原始史料的角度，搜集鲜为人知的不同时期的袁世凯书牍100余件进行点评，"不臆断，不编造，不漫画，不美化，不鬼话，不神话，对其是非得失，不作隔阂肤廓之论，向读者历史地展示袁世凯一生各个时期的一

---

① 张华腾、苏全有：《袁世凯与中国近代化》，西宁：青海人民出版社，1999年，"前言"。
② 唐德刚：《袁氏当国》，桂林：广西师范大学出版社，2004年。
③ 唐德刚：《袁氏当国》，桂林：广西师范大学出版社，2004年，第59页。
④ 唐德刚：《袁氏当国》，桂林：广西师范大学出版社，2004年，第96页。
⑤ 刘忆江：《袁世凯评传》，北京：经济日报出版社，2004年。
⑥ 张研：《原来袁世凯》，重庆：重庆出版社，2006年，第218页。

些重要的不同侧面"。① 这些都反映了学术界对袁世凯的认识逐步趋于客观和理性化,从第一手资料解剖和认识袁世凯。

美国学者对袁世凯的研究也有许多斩获。据笔者了解,麦金诺研究清末新政和袁世凯的著作《晚清中华帝国的权力与政治:袁世凯在北京与天津》与欧内斯特·P. 扬的专著《1912—1915 年的袁世凯》最为重要。② 麦氏提出了与其他人相反的观点:认为北洋军阀是比较近代化的职业军队而不是像湘淮军那样的旧式私人军队,认为袁世凯是一个政府官僚,并非一些学者所认为的是近代军阀的前身。他在清末军事或政治权力的扩大不存在任何地方分离主义的性质。作为袁世凯政治权力的重要来源和象征的北洋新军并非人们所说的那样,是他的私人和地方部队,是军阀的前身。③

三、欧内斯特·P. 扬论大总统时期的袁世凯

欧内斯特·P. 扬的专著《1912—1915 年的袁世凯》,主要是对袁世凯任中华民国大总统期间的主要作为进行评述,而不是袁世凯的一生。袁世凯一生最辉煌的时期主要是清末 8 年和民国初年的 5 年。清末 8 年主要是指任直隶总督 6 年和军机大臣兼外务部尚书的一年半时间,这一时期的研究,集中体现为麦金诺《晚清中华帝国的权力与政治:袁世凯在北京与天津》。欧内斯特·P. 扬则选取了袁世凯一生最辉煌的时期——大总统时期的袁世凯进行研究。就国内学者出版的袁世凯传记来说,对袁世凯任总统时期的作为,贬多褒少,认为他破坏民主法制,镇压民主力量,集权、专制、独裁、复辟帝制是学者笔下的重点,欧内斯特·P. 扬关注的视角则是从民国初年的大局出发,从袁世凯面临的主要问题和如何解决问题出发,从政府政策及民国初年政治精英的不同政治见解分析入手,看袁世凯政府的行政绩效,其解决了哪些问题,哪些问题还在持续进行。例如,集权和分权问题,他认为都是国家主义,都是为了反对外国侵略,这是欧内斯特·P. 扬不同于以上传记的创新见解。欧内斯特·P. 扬介绍说:

---

① 骆宝善:《骆宝善评点袁世凯函牍》,长沙:岳麓书社,2005 年,"前言"。
② Stephen R. Mackinnon, Power and Politics in Late Imperial China: Yuan Shi-kai in Beijing and Tianjin, 1901-1908, Berkeley: University of California Press, 1980. (该书没有中文本,作者正在与人合作翻译,初稿已出)
③ 崔志海:《国外清末新政研究专著述评》,《近代史研究》2003 年第 4 期,第 249—290 页。

"在这本书涉及的时期,即从辛亥革命到军阀混战开始,主要的政治事件由两种趋势间的冲突而显著:社会精英继续要求政治参与和权力(在国家政治建设中有一种分散权力的影响);而在另一些人,特别是在袁世凯的努力下,权力再次集中起来。两派的主要拥护者都可以说是国家主义者,并且都把守护他们的政策作为获得足够的中国势力以反对外国入侵的最好方式"。① 笔者认为该书的第二个创新点在于其视野广阔,民国初年中国政治问题也是第三世界国家面临的共性问题。诚如欧内斯特·P. 扬所说:

> 这本书的主题是中国在20世纪早期面临的问题如何陷入中国政治上的这种古老的紧张状态。主张郡县制度的人从国家主义者的要求中获得信心和紧迫感。为了避免外国入侵,一些政治权力必须集中,他们认为这是不证自明的。仅仅恢复清朝和以前王朝的集权水平是不够的。外部挑战的新特征要求前所未有的集权程度。另一方面,政府外的精英要求参与政治的强烈愿望——这个愿望部分来源于国家主义,他们受到了国家主义者的改革刺激和鼓励——新兴的制度和各种运动发展起来,这似乎削弱了中央的权力。而国家主义号召参与政府,向往集权专制权力的效率——这些争论点进入了关于集权程度的古老辩论。这些辩论没有在袁世凯时代结束,到现在也还没有结束。
>
> 在这个意义上,这一时期是关于中国政治的古老问题的深化阶段。但是这一问题在新形势下重申,能明显地区分当时代的和20世纪的答案。当我们回头看时,西方和日本帝国主义的先进发展意味着,袁世凯任总统期间采取的模式,与中国的过去联系不多,更多地涉及了第三世界的未来发展。它的问题和它的政策常常使人想起亚洲其他国家的经历和一些非洲国家在最近几十年里为争取民族自治而作的斗争。我的关于总统任期内的袁世凯的观点是在中国和世界大背景下,通过考察辛亥革命后的中国经历而得来的。②

欧内斯特·P. 扬这种研究历史的大手笔和大视野是值得我们学习和借鉴的。

---

① 欧内斯特·P. 扬:《1912—1915年的袁世凯》,张华腾等译,郑州:河南人民出版社,2010年,"前言"。
② 欧内斯特·P. 扬:《1912—1915年的袁世凯》,张华腾等译,郑州:河南人民出版社,2010年,"前言"。

该书还有一个鲜明的特点，即写作极其严谨，引证资料非常丰富，除了中国大陆和中国台湾地区的中文资料充分运用外，还大量利用了欧美国家的档案资料、硕士和博士论文。其中引证《英国外交部档案》222处，《美国国家档案》75处，《莫理循档案》76处，其他不一而足，这些都是中国学者所不易看到的。所以就史料方面来说，取材是相当广泛的，其观点完全建立在丰富的史料基础之上，论从史出的原则是海内外学者共同遵从的规则。

正因为这部著作有如此鲜明的特点，所以我们将其译为中文，以从更多、更广阔的方面了解和认识袁世凯，认识和了解民国初年那段极不平凡的历史。

原载（《1912—1915年的袁世凯》，河南人民出版社2010年版）

近代东亚格局新变化与袁世凯的被动应对

近代以来东亚格局发生了重大变化,日本迅速崛起,中国日趋衰落。日本崛起的同时走上对外扩张道路,清王朝宗藩体制遭到极大破坏,不仅不能维护藩属各国的统治,甚至自身也很难保。在面对日本咄咄逼人的一系列侵华过程中,中国的统治者不得不被动应对,袁世凯就是其中之一。总结袁世凯应对日本侵略的情况是本文的重点。

一、近代东亚格局新变化

近代以前,中国在东亚一枝独秀,社会、政治、经济、科技、文化发展引领着东亚各国的发展,虽然清朝乾隆后期以来国力在下降,但仍然保持着"天朝上国"的优越地位。对周边各国,如朝鲜、琉球、越南、缅甸、暹罗、尼泊尔、浩罕、苏禄等国,一直维持着长期以来的宗藩关系。这种宗藩关系实际上是封建时代大国与小国的关系,藩属国尊中国为上国,藩属国的国王只有经过中国皇帝的册封才是合法的。中国具有维护藩属国统治的责任和义务,藩属国遭到外国侵略或爆发人民起义,求救于中国,中国有义务出兵相助。[①] 藩属国则对中国进行回报,按期派使者进贡,即呈上具有特色的土特产品。中国皇帝则对他们进行赏赐,其价值一般都要超过进贡产品数倍乃至数十倍,中国与这些藩属国的商贸关系以这样的方式维持着。中国封建统治者追求的是尊严、面子

---

① 日本侵略朝鲜、法国侵略越南,中国出兵抗日、抗法均是此类行为。

和传统的优越地位,一般不干涉藩属国的内政。所以这种大国、小国的关系与西方殖民地、半殖民地的关系有着本质的区别。

19世纪中期以来西方各国的侵略,打破了东亚的平静局面,中国遭受西方侵略,割地赔款,国力更加衰落,国际威信、国际尊严严重受损。与此同时,同样遭受西方侵略的日本却通过明治维新一举改革开放,走上了资本主义发展道路,不仅获得民族独立,且国力蒸蒸日上。但日本在明治维新发展资本主义的同时,又走上对外侵略扩张的道路,先后侵略中国台湾、中国藩属国朝鲜与琉球、中国东北地区,并取得成效。早在1890年,日本内阁总理山县有朋就抛出《外交政略论》,提出主权线和利益线的新概念,"何谓主权线,即国家的疆土是也;何谓利益线,即与我国主权线安危相系的相关地区","我国利益线的焦点有三,即朝鲜、西伯利亚铁道和中央亚细亚是也"。① 侵略中国和朝鲜是日本明治维新以来对外扩张的既定目标,山县有朋把朝鲜和中国作为日本利益线的新概念,只不过是置换一些名词,其实是进一步确认日本政府的国策而已。尤其是甲午战争一役,日本打败清政府,割占中国台湾,吞并朝鲜,成为东亚实力最强的国家。1904年的日俄战争,日本再击败沙皇俄国,成为资本主义列强中的一员。日本的迅速崛起,使东亚格局发生了翻天覆地的变化,日本一国独霸东亚,中国更加衰落并一直遭受日本侵略。日本军国主义野心高度膨胀,推行其大陆政策,步步紧逼中国满蒙地区,中华民族危机达到极点。

袁世凯是这一时期的著名政治人物,面对东亚新格局,面对日本的侵略扩张,虽然无能为力,但也不是无所作为,对日本的一次次侵略,他采取一系列措施被动应对,体现了他民族主义的苦心。

二、袁世凯的被动应对

面对日本的侵略,袁世凯的被动应对与他的政治经历密切相关。他政治的不同经历,使其应对日本侵略的方式和内容各有不同。

(一)驻朝12年对国家权益的维护

中国和朝鲜之间,一直保持着最为密切的宗藩关系。尤其是近代以来,中

---

① (日)大山梓编:《山县有朋意见书》,东京:原书房,1966年,第196—197页。

国和朝鲜同受日本资本—帝国主义的侵略，使中国的利益和朝鲜的安危紧密相连。袁世凯1882—1884年随军驻扎朝鲜期间，在军事上两次平定韩乱，挫败日本企图控制朝鲜的阴谋。1885—1894年，袁世凯为清政府驻朝鲜总理交涉通商事宜大臣，代表清政府维护中国在朝鲜的利益。而此时的朝鲜，日本对其蓄谋已久，沙俄对其虎视眈眈，英美寻机染指，列强环伺，朝鲜成为群狼共夺的肥肉，要维护清王朝在朝鲜的上国威严和对于属邦的体制，巩固对它的宗藩关系，即袁世凯所担负的使命，实在是异常艰巨。然而，受命于危难之中的袁世凯发挥了其特有的智慧和才能，在驻朝的最初几年中，积极主动，惨淡经营，在外交上樽俎折冲，有效地制止了日英美俄对朝鲜的渗透，维护了中国在朝鲜的特殊地位。袁世凯对朝鲜的积极经营，除了外交方面，还有商业贸易方面，促使了中朝贸易额激增，1885—1893年竟增长了6倍多，而同一时期的日朝贸易额仅增长2倍，日本人惊呼，"我国商人与中国商人在朝鲜的竞争优势已失，朝鲜大量的商业利益从我国商人手中转向中国"。① 袁世凯对朝鲜的积极经营成效显著，得到清廷和李鸿章的高度评价。李鸿章在为袁世凯请奖的奏折中说："详察近日情形，于办理交涉通商各务成效渐彰，而时势之变、因应之难，尤非昔比。该委员（指袁世凯——引者注）等远役海外，当群疑震撼之交，处事机繁赜之会，实能尽心经理，操纵合宜，始终不懈，较之出使东西洋各国循例办公者，更为艰苦，洵属异常出力，有裨大局。"② "自袁世凯驻韩以后，其国中之事纤悉皆闻，臣乃得与总理衙门遇事筹商，其有关于东方全局者甚大。"③

日本方面则由于袁世凯的抵制，使日本对朝鲜的侵略和渗透不得不放慢脚步，因此日本对袁世凯恨之入骨，几次要置袁世凯于死地。1885年，中日天津谈判时，日本将惩治中国驻朝带兵官员作为谈判条件之一（实际上是惩治袁世凯），而且紧紧咬着不放。④ 1894年甲午战争爆发之前，日本决定除掉袁世凯，

---

① 日本外务省外交史料馆编：《日本外交年表及主要文书》上，东京：原书房，1972年，第123—124页。
② 李鸿章：《办理朝鲜商务请奖折》，《李鸿章全集》第5册，长春：时代文艺出版社，1998年，第2746—2747页。
③ 李鸿章：《奏保袁世凯片》，《李鸿章全集》第5册，长春：时代文艺出版社，1998年，第2747页。
④ 《伊藤博文传》中卷，第405页；故宫博物院文献馆编：《清光绪朝中日交涉史料》卷七—八，北平：故宫博物院，1932年。

只是袁世凯事先获得消息，提前行动，才平安回到国内。① 1895年，李鸿章在马关谈判时，日本首相伊藤博文称赞袁世凯是一个人才，建议李鸿章用则用之，不用则杀之。其真正用意还是要除掉袁世凯。关于袁世凯在朝鲜的作为，著名史学家蒋廷黻曾充分肯定说："一个袁世凯，二十多岁，随着军队到朝鲜，几年之内就独当一面，而俄国人、日本人、朝鲜人、德国人、美国人，凡在朝鲜密谋侵害中国人的权利者，袁世凯一个一个的把他们打败了。"② 这虽然有些过甚其词，但出于史学家之口，袁世凯在抵制外国对中国权利侵害方面的努力，当属不争的事实。

（二）上书光绪皇帝表述自己对时局的认识

甲午丧师，马关订约，割台湾、赔巨款的耻辱，刺激了中国社会各阶级各阶层的人们，唤起了整个民族的觉醒。正如梁启超所说，"唤起吾国4000年之大梦，实自甲午一役始也"。③ 康有为、梁启超频频向皇帝上书，掀起了变法运动，袁世凯也向皇帝上书。1895年8月2日，光绪帝召见了袁世凯，并命其条陈对时局的认识。8月22日，袁世凯将其条陈《遵奉面谕谨拟条陈事件缮折》递上。袁氏条陈洋洋13000余字，其下笔之始，就开宗明义地抨击顽固派的守旧主张，阐述了变法的必要性和必然性："窃谓天下大事，递变而不穷者也。变局之来，惟变法以应，则事变乃消弭于无形。此次军兴失利，势诚岌岌，然果能中外一心，不忘仇耻，破除积习，因时变通，不过十数年间，而富强可期，是亦更始之一大转机也。……试观三代之际，行井田设封建，秦汉而后，农政钞法，兵律官制，迭经更易，降至今日，旧制所存者，百难一举。以汉宋大儒名臣，亦不能强违时势，追复三代成规。盖因时制宜，人心运会，有必不能相沿者也。"

与康有为一样，袁世凯也把日本作为效法的榜样，认为日本向西方学习很有成效，中国只要学习日本，很快就会走向富强，"日本幅员仅敌我两省之地，我则十数倍之，彼之所以胜者，由于讲求西法，实力推行，我之所以败者，由

---

① 叶恭绰：《太平洋会议前后中国外交内幕及其与梁士诒之关系》，转引自庄练：《中国近代史上的关键人物》下册，北京：中华书局，1988年，第117页。
② 蒋廷黻：《近代中国外交史资料辑要》中，上海：商务印书馆，1934年。
③ 梁启超：《戊戌政变记》，《饮冰室合集》文集之一，北京：中华书局，1989年，第113页。

于拘守旧规,罔思改辙。殷鉴不远,亟思更张。以我之地大物博,但求日人所以制胜之故,而事半行之,必将雄视海内,强邻悚息"。①

袁世凯还向光绪帝提出了变法的具体措施,从储才、理财、练兵、交涉四个方面入手,每一方面都有着极为丰富的内容,储才九条、理财九条、练兵十二条、交涉四条。例如,理财九条中,包括铸银钱、设银行、造纸币、振商务、修铁路、开矿藏、办邮政、造机器、饬厘税。袁世凯条陈涉及政治、经济、军事、文化教育、外交等方面的改革。其和康有为公车上书、三上书、四上书中反映的内容大多是一致的。这个条陈是反映甲午战后袁世凯思想的最好见证。

1897年11月,德国以两名传教士被杀为借口,出动舰队强占了胶州湾,并以山东为势力范围。12月,沙俄强占了旅顺大连湾,以东北为势力范围,其他列强也纷纷效尤,帝国主义瓜分中国的狂潮明目张胆地开始了。康有为忧心如焚,匆匆忙忙赶到北京,于1898年1月向光绪皇帝上了第五书,痛陈民族危机的严峻形势。有趣的是,几乎在康有为上书皇帝的同时,袁世凯连连向当国的翁同龢呈递了两个说帖,痛陈民族危机,敦促朝廷变法。他说:"俄已俨然认东北数省入其版舆;英复隐然视大江南北在其掌握;倭伺浙闽,法图滇桂,鹰瞵虎眈,各奋得时则驾之志,德人既发难于先,诸国将效尤于后,沓来纷至,群起而与我为难。""今之时局,可谓极非常之变也矣",如再"不肯破胶固拘墟之成见,急起变法以应之,恐卒束手待毙,而不可救药也"。他认为,"中国目前情势,舍自强不足以图存,舍变法不足以自强,一国变可保一国,一省变可保一省。纵不能合朝野上下,一一舍其旧而新是图,而切要易行之端,要当及时而力求振作,似宜先遴饬二三忠诚明练督抚,姑参仿西法,试行变革,于用人、理财、练兵三大端,责其所为,不以文例相绳,不为浮言所动,期以年限,专其责成,俟有成规,再遍饬各省,循法推广"。这样"不出十年,可冀自强,五洲各国,孰敢蔑视"。②

袁世凯对时局的认识和变法建议与康有为第五书中的论说几乎又是相同的。在民族危亡的关键时刻,他们希望掀起变法运动的新高潮,通过变法,求强图存,振兴国家,这不正是民族主义思想的体现吗?

---

① 袁世凯:《遵奉面谕谨拟条陈事件缮折》(光绪二十一年录副奏折),中国第一历史档案馆藏。笔者征得中国第一历史档案馆同意,将该条陈从缩微胶卷中还原复制。
② 孔祥吉:《袁世凯上翁同龢说帖述论》,《历史研究》1995年第3期,第104—110页。

(三) 编练新军，加强中国的国防力量

甲午中日战争，湘淮军惨败，中国国防力量不堪一击，震惊了整个中华民族，战后不久，朝野上下掀起了一个练兵自强的高潮，在这个高潮中，袁世凯表现得最为积极和主动，他拟定的练兵方案，得到督办军务处五大臣们的充分肯定和赞赏，所以被任命为编练新军大臣，创建中国新式陆军。经过几年的努力，袁世凯果然练出了中国第一支具有现代化重要特征的陆军，这在中国军事史上具有重要的意义。虽然编练新军是甲午战后政治形势的必然产物，但袁世凯个人的作用不可低估，因为战后练兵者不乏其人，而只有袁世凯的成效最大。在此基础上，他更扩练新军，练出北洋新军六镇七八万人，从此新军成为国家的主要国防力量。当然，在练新军的过程中，袁世凯施加了他个人的影响，使新军成为他的政治资本，这是我们需要对他谴责的。但是我们首先要认识到，新军是作为外国侵略者的对立物而产生的，新军是国家的军队，新军的编练加强了国家的防御力量。胶州湾事变后，为阻止德军进一步向内地侵犯，袁世凯奉命率新建陆军开赴山东前线。当时袁世凯及其军队士气高昂，准备与德国一战。袁世凯在写给留驻小站的徐世昌的信中说："此来将士均甚高兴，志在一打，如又了事，必挫锐气。"① 日俄战争中，北洋新军严守中立区，防止俄日扩大战区，以避免对中国更大的区域造成破坏。北洋新军在捍卫国家独立主权方面也曾起到过一定的作用。

(四) 维护东北主权的苦心

1904年，日俄两个帝国主义为争夺中国东北，在中国土地上开战厮杀。袁世凯表面上严守中立，实际上偏袒日本，之所以如此，是鉴于俄国对中国东北的侵占，日俄矛盾激化，欲借助日本的力量收回东北主权。日俄战争之后，两个帝国主义瓜分了东北的权益，俄国的势力限制在"北满"，日本除取得俄国在南满的权益外，又强迫清政府答应给予其许多新的特权。面对日本的侵略，为维护东北的主权，袁世凯主要采取了两项重大措施。

其一，建议清政府对东三省改制，加强对东三省的行政管理。袁世凯是酝酿东北行政体制改革的第一人。早在1903年沙俄撤兵之前，袁世凯就提出对东

---

① 天津博物馆：《袁世凯致徐世昌函》，《近代史资料》1978年总37号，第15页。

北行政体制进行根本改革，即将不适应东北地区发展的军府体制改为内地统一的行省制度。这个东三省改革方案的要点，刊登在1903年5月18的《大公报》上，"袁制军之满洲政策：袁制军近日编成俄兵撤退后统治满洲新制度，于前月二十四号详细据实奏陈，此揭其要领如下：行政制度之改革。盛京、吉林两省仿照各省建制，总督、巡抚各一员，并设置府州县及以下官衙，隶属于该督抚……"① 清政府接受了这个建议。1907年设立行省制，设总督一人，统一三省事权，设奉天、吉林、黑龙江巡抚分别治理。袁世凯推荐自己的老朋友徐世昌为总督，亲信唐绍仪、朱家宝、段芝贵为三省巡抚，同时调北洋新军一个镇又两个混成协开进东北，大大加强了中国对东北的控制力。但是我们只看到袁世凯将北洋势力扩大到东北，强烈谴责袁世凯的行为，而没有看到北洋势力扩张到东北，是为了加强和维护中国在东北的主权②。

其二，联合欧美，抵制日俄对东北的垄断。徐世昌到任后，按照袁世凯的旨意，准备引进欧美资本，开放东北。欧美诸国在日俄战争中偏向日本一边，但战后日俄勾结垄断东北，引起了他们的极端不满，中国的要求和他们的利益很快达成了一致。徐世昌他们的第一步行动，就是准备利用英美资本修筑新民屯到法库门的铁路。该铁路与日本控制的南满铁路平行，新法铁路修筑的实质就是抵制日本。唐绍仪与美国驻奉天领事司戴德经过谈判，于1907年8月7日达成一项初步协议，由美国提供2000万美元的贷款，成立官办东三省银行，银行为修建铁路、兴办实业等提供资金。不幸的是，美国恰在此时爆发了金融危机，该计划搁浅。但中国方面并没有灰心，唐绍仪又与英国的保龄公司达成协议，由保龄公司出资修建新法铁路。此项计划又由于日本的一再抗议，英国限于英日同盟关系和其在远东的长远利益考虑，没有给予保龄公司以支持，这项计划又告失败。

1907年9月，袁世凯接任军机大臣兼外务部尚书主管外交以后，联合欧美抵制日本的计划更为积极。次年8月，唐绍仪与司戴德再次达成协议，成立东省银行。不久，袁世凯派唐绍仪出使美国，以答谢美国退还部分庚子赔款为名，准备与美国谈判建立中美同盟关系。随同唐绍仪出访的徐世章曾说："此次到美，携

---

① 《大公报》1903年5月18日。
② 张华腾：《袁世凯对东北的关注与东三省改制》，《中国边疆史地研究》2010年第2期，第77—92、149页。

有秘密的计划,将与美缔结联盟,不仅对俄,而且对英日。此次计划极为重要,在枢府亦不尽人皆知。"① 这项计划,由于美日关系的变化和中国国内形势的变化而流产,即西太后和光绪的死去,袁世凯的政敌载沣掌权,不久将袁世凯罢免。美日关系也在此时得到了一定程度的改善,唐绍仪出使美国无功而返。

袁世凯维护东北主权的措施,除东北行政体制改革、北洋势力进驻东北外,外交上的努力都失败了。那么如何认识袁世凯的外交努力呢?袁世凯维护国家主权的手段是以夷制夷,在国弱被人欺的时代,这种手段是无可厚非的,其目的是维护国家主权。李鸿章是这样,袁世凯也是这样,以后的中国外交家、政治家同样是这样。

(五)对"二十一条"的斗争与妥协

辛亥革命中以袁世凯为首的北洋势力与革命党人同盟,推翻了清王朝,确立中华民国新体制,袁世凯被各派政治势力所拥戴,继任中华民国临时大总统。袁世凯掌握国家政权期间,抑制日本侵华势力,使日本侵华没有进展。日本为此非常恼火,他们视袁世凯为其侵华的最大障碍,久思排而去之。例如,王芸生所说:"清末民初袁世凯之当国,甚为日人所不喜,久思排而去之。故此时日本对华外交,大体言之,为宰割中国,局部言之,亦为反袁。"② 于是借第一次世界大战之际,向中国提出灭亡中国的"二十一条"。判定袁世凯是卖国贼还是民族主义者最关键的事件是对"二十一条"的态度。如果以袁世凯接受了"二十一条"就下结论说他是卖国贼,是极端不公正的。袁世凯对"二十一条"的重视超过了任何人,他对日本提出的"二十一条"进行了顽强的斗争,采取了种种手段,最后迫于日本的武力威胁,不得不妥协,不得不部分接受。③ 袁世凯

---

① 张国淦:《北洋军阀的起源》,杜春和等编:《北洋军阀史料选辑》上册,北京:中国社会科学出版社,1981年,第63页。

② 王芸生:《六十年来中国与日本》第六卷,北京:生活·读书·新知三联书店,1980年,第70页。

③ 我们必须首先声明:1915年1月18日,日本向中国政府提出侵略侵占中国主权、利益的"二十一条",鉴于国弱,不得不与日本进行"二十一条"谈判。谈判中中国政府据理力争,维护国家主权与民族利益,同时也不得不进行妥协。1915年5月7日,日本提出最后通牒,要求中国政府无条件承认的,是经过修正的要求,而不是原来提出的"二十一条"。中国政府不得不答应日本的要求,与日本政府签订的条约,绝不是日本的"二十一条"要求,而是"二十一条"要求的部分要求。日本向中国政府提出"二十一条"要求,中日两国有过关于"二十一条"的外交谈判,但从来没有签订过"二十一条"条约。长期以来说袁世凯政府接受了日本政府提出的"二十一条",是极端错误的,违背历史的真实性。

对"二十一条"的抵制和斗争，主要表现在以下几个方面。

第一，对"二十一条"逐条进行批示，鲜明地表达了他的态度。例如，他在第一号关于山东问题的批示是：青岛声明交还，中国应在此内声明，一切办法，一律应按德人；第二号关于南满和东部蒙古问题。第一款，日本提出将南满铁路和安奉铁路期限展至99年。袁世凯批示：与俄原定期无99年之久，展期至多照原定期，不能超越。……第五号关于对中国的全面控制问题，如中国中央政府须聘请日本人为政治、军事、财政顾问，中日合办警察等。袁世凯批：此条内多有干涉内政、侵犯主权之处，实难开议。①日本驻华公使日置益递交"二十一条"的次日，即1915年1月19日，袁世凯以极其愤怒的语气对其日本军事顾问坂西说："日本国本应以中国为平等之友邦相互往还，缘何动辄视中国如狗彘或奴隶？如昨日日置公使所提出之各项要求条件，我国固愿尽可能予以让步，然而不可能之事就是不可能，毫无办法。"②袁世凯接到"二十一条"的当天晚上到21日，连续几天召开重要人物参加的会议，商量对策。"日本所提条款，其苛刻程度，几可与当年对待朝鲜比拟，今形势既难完全拒绝，如何使主权各项，避免与议。"会议决定以谈判的方式维护主权。③

第二，拟定了与日本谈判的方针和策略。在中日两国的谈判中，日本要求从速从快，尽快达成协议，以免列强干涉。袁世凯拟定的方针是拖延谈判，拖的时间越长越好，以争得时间，求得国际支持。为了拖延时间，袁世凯突然更换了外交总长，以陆征祥取代孙宝琦，所以直至1915年2月2日才开议。中国谈判代表忠实地执行袁世凯的谈判方略，从2月2日开议到4月26日日方提出第二次修正案，正式会议25次，谈判持续了84天④，使日本方面大为不满，多次提出抗议。

第三，营造国内反对气氛，增强中国对日谈判的声势和筹码。袁世凯指示各省军政首长发出通电，反对"二十一条"，"日本要求条件，多有侵犯我国内

---

① 天津市历史博物馆：《北洋军阀史料（袁世凯卷）》第2册，天津：天津古籍出版社，1992年。
② 章伯锋、李宗一主编：《北洋军阀：1912—1928》第二卷，武汉：武汉出版社，1990年，第803页。
③ 李毓澍：《中日二十一条交涉》上，台北："中央研究院"近代史研究所，1982年。
④ "中央研究院"近代史研究所编：《中日关系史料：二十一条交涉》上，台北："中央研究院"近代史研究所，1985年。

政主权之处，万难承认"。① 并向国内媒体透露谈判信息，以国内舆论向谈判施加压力。

第四，派其日本政治顾问有贺长雄回国运动元老。日本政治权力虽在内阁，但元老有着很大的牵制力量，虽然他们在侵华的目标上一致，但在侵略的手法和缓急程度上还是有分歧的。元老对大隈内阁的急进侵华有一定的看法，有贺对元老的工作取得了一定的成效，对日本最后撤去第五号内容起了一定作用。

第五，将"二十一条"内容透露给外国，引起列强的关注，求得国际声援。日置益在向袁世凯递交"二十一条"的时候，要袁绝对保守秘密。1915年2月2日中日开始第一次谈判，日方又提出要求对"二十一条"和谈判情况保密。② 中国方面表面上表示同意，实际上暗中将"二十一条"泄露给欧美列强和新闻界。1月22日，美国公使芮恩施就知道了"二十一条"的大致内容。2月2日，美国《芝加哥日报》首次披露了"二十一条"。2月15日，在日本欺骗国际舆论下，北京政府向各国通报了"二十一条"原义。在整个谈判期间，在袁世凯的授意下，顾维钧将每次谈判的情况向英美公使馆进行通报。③ 日本原来向各国通报的不包括第五号的内容，自是大为被动。英美从维护其在华权益出发，开始对日本进行干涉，英美对日本撤去第五号内容方面起了重要的作用。④ 最新的研究证实，袁世凯还亲自将"二十一条"内容透漏给自己的政治顾问——原英国《泰晤士报》著名记者莫理循。莫理循当然心知肚明，立即将其透露给西方媒体。⑤

尽管袁世凯采取了各种手段，在对日谈判过程中也曾据理力争，先后提出几个修正案，也迫使日本提出修正案，但在日本武力威胁下，最终接受了日本的最后通牒。1915年5月25日，中日在北京签订了2个条约和互换了13件照会，日本在华的侵略权益得到了巩固和扩张，中国又一次蒙受了耻辱。

从以上"二十一条"交涉情况看，袁世凯对日本的侵略要求有斗争也有妥协，在弱国无外交的前提下，在第一次世界大战爆发没有国际援助的情况下，

---

① 李毓澍：《中日二十一条交涉》上，台北："中央研究院"近代史研究所，1982年，第4页。
② 李毓澍：《中日二十一条交涉》上，台北："中央研究院"近代史研究所，1982年，第6页。
③ 顾维钧：《顾维钧回忆录》第一册，上海：中华书局，1983年，第123页；（美）保罗·S. 芮恩施：《一个美国外交官使华记》，李抱宏、盛震溯译，上海：商务印书馆，1982年。
④ 日本外务部编：《日本外交文书》上卷，1915年，第3册，转引自俞辛焞编：《辛亥革命时期中日外交史》，天津：天津人民出版社，2000年，第524—525页。
⑤ 莫理循：《莫理循日记》，窦坤编：《莫理循与清末民初的中国》，博士学位论文，北京大学历史系，2004年。

为维护国家主权，他尽了自己的最大努力，这是一个民族主义者在特定的历史条件下的高度发挥，因此绝不能以卖国贼视之。我们不能抛弃历史条件，不能以感情代替理智。

实际上，当时人们和之后的学者、历史学家对袁世凯与日本就"二十一条"进行谈判是理解的，对袁世凯的表现给予了充分的肯定。例如，在美国留学的胡适在其日记中写道："吾国此次对日交涉，可谓知己知彼，既知持重，又能有所不挠，能柔也能刚，此则历来外交史所未见。"[1] 记者王芸生在整理了这方面的材料后说："综观"二十一条"交涉之始末经过，今以事后之明论之，中国方面可谓错误甚少。若袁世凯之果决，陆征祥之搓磨，曹汝霖、陆宗舆之机变，蔡廷干、顾维钧等之活动，皆前此历次对外交涉所少见者。"[2] 著名史学家蒋廷黻更把袁世凯等参加中日谈判的人称为："爱国者，并且在当时形势之下，他们的外交已做到尽头。"[3] 陈恭禄也客观评价说："就国际形势而言，中日强弱悬殊，和战均不利中国，衡其轻重利害，决定大计，终乃迫而忍辱签订条约，何可厚非！"[4] 我们的前人和这么多的学者对袁世凯与日本就"二十一条"进行谈判和签订都是理解和赞扬的，为什么我们偏偏要骂他是一个卖国贼呢？

从以上的事件分析中，从袁世凯一生的经历中，我们可以清楚地看出，袁世凯反对外国侵略，尤其是东亚格局变化后反对和抵制日本的侵略，维护民族利益，他是一个民族主义者。清末民初的特殊历史时期，正是日本帝国主义崛起疯狂侵略中国之时，袁世凯的大部分时间在反对日本侵略的前线，他对日本侵略的认识是清晰的，反抗日本侵略的行为是有据可查的。但在积贫积弱的特殊历史时期，他反抗外国侵略斗争是与妥协交织在一起的，具有一定的复杂性。

原载（《河南与近现代中国研究》，郑州大学出版社 2015 年版）

---

[1] 胡适：《胡适留学日记》，上海：上海书店，1990 年影印本，第 636 页。
[2] 王芸生：《六十年来中国与日本》第六卷，北京：生活·读书·新知三联书店，1980 年，第 397 页。
[3] 蒋廷黻：对《六十年来中国与日本》的评价，《国闻周报》1933 年第 48 期。
[4] 陈恭禄：《中国近代史》，上海：商务印书馆，1935 年，第 52 页。

袁世凯与清末民初中国的早期现代化

袁世凯是中国近代社会、清末民初政治舞台上一个极其复杂但又非常重要的人物，同时也是一个颇有争议的人物，他在中国近代史上留下了多方面的影响，既有正面影响，也有负面作用。① 近 100 年来，我们过分夸大了其负面作用，忽略或避开讨论其正面影响。如果我们抛弃感情因素和阶级观念，把袁世凯作为一个政治人物，放到中国近代历史进程中进行全面考察，就会清楚地看到，袁世凯一生在许多方面顺应了中国历史发展的潮流，自觉或不自觉地做出了许多有利于社会进步的事，推动了中国社会的发展进步。

我们评价袁世凯，评价他与中国社会的发展是否"合拍"，必须先看他所处的社会发展阶段，看这一时期的社会发展状况。袁世凯主要活动于清末民初这一历史时期，所以我们在认识和评价袁世凯之前，先要重新认识清末民初这一历史时期。②

一、激荡、起伏、变革、发展的清末民初社会

笔者所说的清末民初社会，主要是指辛亥革命前后各 15 年，大约 30 年的中国社会。这一时期与鸦片战争到中日甲午战争 50 年完全的屈辱历史时期截然不

---

① 由于其负面影响我们谈的已经很多很多了，这里不再重复。
② 长期以来的革命史观却没有看好这一时代，极力否认这一时代的进步性与合法性，视清末新政为"假维新"、"伪立宪"，是腐朽的落后的封建专制统治。对民国初年以袁世凯为首的北洋集团统治，更视为黑暗的反动统治。这种史观对号召和动员人们起来进行反帝、反封建斗争、凝聚人心等方面起了很大的作用，但无视这一时期中国政治经济、社会文化的巨大变革，无视这一时代的进步，主观任意的割断历史，是极其片面的，与唯物史观的实事求是精神相背离。

同，中国社会内部的力量在发展变化，开始主导这一历史时期的进程。清末民初的中国，可以说是一个激荡、起伏、变革、发展的时代，是近代以来变革最剧烈的时代，是进步发展的时代，是中华5000年文明发展史上从来没有过的时代。这一时代有许许多多的创新，是任何一个历史时期所不能比拟的。例如，封建军制为现代军制所取代，千年科举制度为新型学制所取代，封建专制为民主共和所取代（尽管是形式上的），文言文被白话文取代，思想文化的百家争鸣，民族资本主义发展的黄金时代等均发生在这一历史时期。当然这一时代不是完美和理想的时代，而是一个过渡的时代，是社会发展的转型期，是一个充满矛盾的时代，新与旧、中与西、先进与落后、进步与反动、传统与现代并存，反对外国侵略与向西方学习同在，各种矛盾纵横交织，体现出一个极端混乱的时代。这一时代的主流是什么？社会混乱的后面是什么？是改革、发展与进步，是传统社会向现代社会的转型。

袁世凯主要活动于这一历史时期，他的活动直接影响着历史的进程和社会的发展。

二、袁世凯与中国近代社会发展

袁世凯对中国近代社会发展方面的贡献是多方面的，是具体的和实实在在的。

（一）练新军、改军制，加强了中国的国防力量，促进了中国军事的现代化

1894—1895年的甲午中日战争，作为"老大"的中国被新兴力量日本所打败。战败的耻辱，甲午战后的民族危机刺激了中华民族的觉醒。战后不久，全国掀起了一股练兵自强的热潮，上至朝廷、达官显贵，下至知识分子、工商业者、庶民百姓，朝野上下，莫不谈中国练兵自强之事，"一时内外交章，争献练兵之策"。[①] 在这股求强的热潮中，袁世凯显得更为清醒和主动。他总结了战争失败的教训，提出采西法练兵的主张，他说："查此次军兴，往往易为敌乘，迭见挫败者，虽由调度之无方，实有军制之未善，若不权时度势，扫除更张，参

---

① （清）刘锦藻：《清朝续文献通考》兵制二，上海：商务印书馆，1936年，第9509页。

用西法，则前车之鉴，殊足寒心。"① 不仅如此，他还积极组织人翻译西方书籍，将西方兵制营规介绍到中国，并上书主政者。袁世凯的积极态度和战后清政府及全国人民的心理是完全一致的，因此，他赢得了主政者的赞誉和支持，博得了"知兵"的美名，被授予编练新军的重任。

袁世凯不负重望，在天津小站，采取西方兵制，结合中国特点，严肃治军，倾心练兵，短短几年时间，练成了一支训练有素、战斗力颇强的新式陆军——新建陆军。20世纪初的新政中，他继续编练新军，到1905年，共编练了北洋新军六个镇和一个混成协，人数达到七八万。这支军队与旧军相比，其根本区别在于：第一，北洋新军实行常备兵、续备兵、后备兵制，这在中国军事史上是前所未有的。第二，军中配备有步、骑、炮、工程、后勤（辎重）等多兵种，各兵种互相配合，协同作战，中国军队从此由单一兵制走向合成兵制。第三，改进募兵制，仿行外国征兵制。对应募兵丁提出严格要求，如年龄限在20—25岁，身高限在160厘米以上，步速每小时限在10千米以外，平举限50千克以上等。第四，改革军官制度，大力举办不同层次的军官学校，培养了一大批懂得军事专门技术、具有指挥才能的军事人才。第五，练洋操，"一切操练章程，均按西法办理"。他聘用了许多外籍军官（初德国，后日本）担任教官，一丝不苟地进行训练。第六，全部西式装备。这支军队的武器，全部购自西方。炮兵装备德国克虏伯厂出的57毫米过山炮和七生特半陆路炮。步兵一律使用奥地利造的口径为8毫米5响的曼利夏步枪。骑兵使用曼利夏马枪和战刀。军官一律佩带6响左轮手枪和佩刀。② 这是一支全新的军队。

袁世凯仿行西法创建的这支军队，是中国第一支具有现代化重要特征的陆军，它在中国军事史上占有重要的地位。用资本主义军制取代腐朽落后的封建军制，是历史发展的必然，袁世凯在甲午战后特定的环境下，短短几年时间完成了这一转变，这是袁世凯开创性努力的结果，对此我们应该给予充分肯定。战后练兵者不乏其人，唯有袁世凯取得成功。当时在华的外国人对袁世凯的军

---

① 袁世凯：《上督办军务处原禀》，《新建陆军兵略录存》卷一，台北：文海出版社，1966年影印本。
② 《北洋练兵案》，故宫博物院明清档案部：《清代档案史料汇编》第十辑，上海：中华书局，1979年，第233—248页；袁世凯：《北洋创练常备军厘订营制饷章折》，天津图书馆、天津社科院历史研究所编：《袁世凯奏议》中册，天津：天津古籍出版社，1987年，第508—534页；吴兆清：《袁世凯练新军改军制及其历史地位》，《历史档案》1987年第1期，第105—111页。

事改革给予高度赞扬,他们认为袁世凯"在清国的所有官员里,他是第一个认真学习国外军队组织方法和战略战术的人,并且也是第一个极力鼓吹军队必须实现现代化的人"。① "按西方标准,袁世凯的部队是大清帝国唯一装备齐全的军队。"② 当代学者经过对清末新军的研究,得出同样的结论,如台湾著名研究新军的专家刘凤翰先生,对清末新军以兵源、干部、装备、训练、成军时间、战场经验及兵员满额与否为评定标准,将新军分为优、良、佳、可、差五级,其中优级四个镇,即北洋新军第二、三、四、六镇。北洋新军第一、第五镇和湖北新军第八镇为良级。③ 新军的编练,加强了中国的国防力量,中国陆军开始迈向现代化。

(二) 力废科举、大兴学堂,促进中国教育现代化

袁世凯不是一个教育家,但他对新式教育的执着追求和在中国教育现代化中的贡献,很少人能与其相比。

中国新式教育发端于洋务运动,到19世纪末20世纪初已形成一股势不可挡的时代潮流。袁世凯站在这股潮流的前面,对新式教育大唱赞歌。早在任山东巡抚时期,他在1901年4月25日的《遵旨敬抒管见上备甄择折》中,就把兴办新式学校、培养新型人才提高到非常高的高度。他说:"百年之计,莫如树人。古今之国,得人则昌。作养人才,实为图治根本。查五洲各国,其富强最著者,学校必广,人材必多。中国情见势绌,亟思变计,兴学储才,洵刻不容缓矣。"④ 这年11月,他在创办山东大学堂时说:"国势之强弱,视乎人才,人才之盛衰,原于学校。诚以人才者立国之本,而学校者又人才所从出之途也。以今日世变之殷,时艰之亟,将以得人以佐治,必须兴学以培才。"⑤ 袁世凯的这种思想认

---

① 郑曦原编:《帝国的回忆——〈纽约时报〉晚清观察记》,李方惠等译,北京:生活·读书·新知三联书店,2001年,第136页。

② 拉尔夫.尔.鲍威尔:《中国军事力量的兴起:1895—1912年》,陈译宪、陈霞飞译,北京:中国社会科学出版社,1979年,第93页。

③ 刘凤翰:《论新军与辛亥革命》,"中央研究院"近代史研究所编:《辛亥革命讨论会论文集》,台北:"中央研究院"近代史研究所,1983年,第147—185页。

④ 天津图书馆、天津社科院历史研究所编:《袁世凯奏议》上册,天津:天津古籍出版社,1987年,第270页。

⑤ 天津图书馆、天津社科院历史研究所编:《袁世凯奏议》上册,天津:天津古籍出版社,1987年,第317页。

袁世凯与清末民初中国的早期现代化

识,直到今天仍然有积极的意义。

鉴于新式教育的成长和发展,科举制度对新式学堂的和新型人才培养的阻碍作用越来越明显,袁世凯提出废科举、兴学堂的思想。他说:"是科举一日不废,即学校一日不能大兴,学校不能大兴,将士子永远无实在之学问,国家永远无救时之人才,中国永远不能进于富强,即永远不能争衡于各国。"① 他把废科举与人才培养、国家振兴紧密联系起来,其认识是相当深刻的。1905年8月,由袁世凯主稿,联合了盛京将军赵尔巽、湖广总督张之洞、署两广总督岑春煊、署两江总督周馥、湖南巡抚端方等六个督抚大臣,联衔向清廷上了《请立停科举推广学校并妥筹办法折》,反复陈述了废除科举的紧迫性。

> 臣等默观大局,熟察时趋,觉现在危迫情形,更甚曩日,竭力振作,实同一刻千金,而科举一日不停,士人皆有侥幸得第之心,以分其砥砺实修之志。民间更相率观望,私立学堂者绝少,又断非公家财力所能普及,学堂决无大兴之望。就目前而论,纵使科举立停,学堂遍设,亦必须十数年后,人才始盛。如再迟之十年,甫停科举,学堂有迁延之势,人才非急切可成,又必须二十余年后,始得多士之用。强邻环伺,讵能我待。②

袁世凯还总结了中外历史的经验教训,论证科举制度对发展学校、培养人才的影响,认为废除科举刻不容缓。他说:"普之胜法,日之胜我,识者皆归于小学校教师,即其他文明之邦,强盛之源,亦孰不基于学校。而我国独相形见绌者,则以科举不停,学校不广,士心既莫能坚定,民智复无由大开,求其进化日新也难矣。故欲补救时艰,必自推广学校始,而欲推广学校,必自先停科举始。"③

对六个督抚将军的意见,清廷不得不慎重考虑,两天后完全接受,即宣布自本年(1905)起废除科举制度,"兹据该督等奏称,科举不停,民间相率观望。推广学校,必先停科举等语。所陈不为无见。著即自丙午科为始,所有乡会试

---

① 天津图书馆、天津社科院历史研究所编:《袁世凯奏议》中册,天津:天津古籍出版社,1987年,第736—737页。
② 天津图书馆、天津社科院历史研究所编:《袁世凯奏议》下册,天津:天津古籍出版社,1987年,第1187页。
③ 天津图书馆、天津社科院历史研究所编:《袁世凯奏议》下册,天津:天津古籍出版社,1987年,第1187页。

191

一律停止，各省岁科考试，亦即停止"。① 至此，始于隋炀帝大业三年（607），完备于唐，盛行于明清的沿袭1300多年的科举制度，最终完成了它的历史使命，被完全废除。科举制的废除在中国文化教育史上有着特别重要的意义，标志着中国封建教育制度的终结和新的以学校为主教育制度的确立，中国教育迈向现代化的障碍被扫除，从此，中国教育开始进入发展的快车道。

袁世凯不仅是新式教育的鼓吹者，而且还是新式教育的积极实践者，在此前后，他在直隶大办新式教育。他办教育的范围非常广泛，既注重军事教育，又重视实业、师范、女子、留学教育，从初级教育到高等教育，从普通教育到职业教育，从官方教育到私人教育等，形成了一个完整的教育体系。

1907年，清政府学部对全国教育作了一次详尽的调查统计，给我们留下了一份珍贵的材料。学部对直隶学校的统计数字和在校生人数是：专门学堂12所，实业学堂20所，优级师范学堂3所，初级师范学堂90所，师范传习所5所，中学堂30所，小学堂7391所，女子学堂121所，蒙养院（即幼儿园）2所，总计8723所，学生164 000余人，位居全国第二，而直隶学务财产480万两，名列各省之冠②。

民国初年，袁世凯对新式教育仍持积极态度，他把兴学作为立国要图，申明"本大总统既以兴学为立国要图。今兵气渐销，邦基粗定，提倡斯旨，岂容踌躇。矩□本诸先民，智慧求诸世界"。③ 他非常注重国民教育，"凡一国之盛衰强弱，视民德、民智、民力之进退为衡；而欲此三者程度日增，则必注重于国民教育"。④ 袁世凯继续发展其清末兴学的积极作为，颁布了一系列教育法令，除《教育宗旨》外，还有《学校系统》、《大学校令》、《中学校令》、《师范教育令》、《小学校令》、《实业学校令》、《专门学校令》等，这些教育法令，都经袁世凯签署由教育部公布。这些教育法令，主要公布在1912—1913年，因1912年是壬子年，1913年是癸丑年，而这些教育法令形成了一个统一的学校系统，因此后来人们称之为"壬子癸丑学制"。

---

① 天津图书馆、天津社科院历史研究所编：《袁世凯奏议》下册，天津：天津古籍出版社，1987年，第1191页。
② 学部总务司编：《第一次教育统计图表》，北京：学部总务司，1907年。
③ 舒新城：《中国近代教育史资料》上册，北京：人民教育出版社，1961年，第248页。
④ 舒新城：《中国近代教育史资料》上册，北京：人民教育出版社，1961年，第248页。

袁世凯与清末民初中国的早期现代化

（三）力行新政，创造出北洋新政的辉煌业绩，推进直隶区域现代化

20世纪初，在经历了义和团之变和八国联军侵华之难的苦痛之后，清廷最高统治者慈禧太后不得不宣布变法。时任山东巡抚的袁世凯最早响应，提出新政的10条建议，在各督抚都还在观望的情况下就开始举办新政。1901年，袁世凯就任直隶总督兼北洋大臣之后，在北洋地区全方位的推行新政，创造出北洋新政的光辉业绩，全国没有任何一个省区的新政能和直隶相比。直隶新政是清末新政的样板，为各省所效法，"各行省咸派员视察，藉为取法之资"①，"一时北洋新政，如旭日之升，为全国所具瞻"。② 北洋新政指导、推动、影响着全国新政的开展，北洋新政的每一项措施经朝廷谕旨颁行全国，"凡将校之训练，巡警之编制，司法之改良，教育之普及，皆创自直隶，中央及各省或转相效法"。③ 北洋新政在清末新政中的地位由此可见一斑。

北洋新政的实质是北洋地区的一场早期现代化运动。直隶或北洋区域早期现代化不是某一领域、某一部门的现代化，而是综合现代化，从政治经济到文化教育，从物质层面到制度层面，许多方面都取得了显著的成就。兴办新式学堂，早期教育现代化远远走在全国前面。大力兴办实业，致力于工业建设，早期经济现代化使直隶经济得以迅速发展。政治方面，袁世凯在北洋区域实行地方自治，取得明显实效。天津县议会是中国最早的地方议会，继天津县议会之后，到1911年辛亥革命之前，直隶全省府厅州县各级议会渐次成立。

袁世凯在新政期间，曾对天津大力治理。据其弟子沈祖宪等说："公（指袁）既驻津……一意整饬，内政外交，抚辑创残，重谋建设，气象焕然一心。闉闍骈阗，街衢修治，一以文明各国都市规模为法，开全国进化之先基，论维新者，莫不奉天津为圭臬焉。"④ 天津城市的现代化是从袁世凯督直开始的。

（四）创办巡警制度，推动治安管理的现代化

袁世凯还创办了中国的巡警，推动了治安管理的现代化。巡警最早于1902

---

① （清）甘厚慈：《北洋公牍类纂续编·序》，台北：文海出版社，1966年。
② 周小鹃编：《周学熙传记汇编》，兰州：甘肃文化出版社，1997年，第278页。
③ 徐文霈：《跋》，沈祖宪辑：《养寿园奏议辑要》，台北：文海出版社，1966年，第885—886页。
④ 沈祖宪、吴闿生：《容庵弟子记》卷三，台北：文海出版社，1966年。

年创办于天津，由天津城市扩展于乡村，再到整个直隶地区，由一般巡警到消防、铁路、水上等多种巡警。巡警制度这一现代治安管理方式在直隶的推行，立即显示出传统的保甲制度所无法比拟的优越性，各方面都反映良好，"中外商民交口称赞"①，"袁宫保近派巡警营兵丁在城乡内外昼夜梭巡，清理街道，盘诘奸宄，夜间按时换班，尤为慎重，宵小为之歛迹，百姓称颂，有夜不闭户之风。"②"不二年津埠治安为各省冠，有六个月不见盗窃者，西人亦为叹服。"③

1905年，五大臣出洋考察宪政被炸事件后，袁世凯将天津、直隶的治安模式又移植于北京。清政府设立巡警部，袁世凯推荐自己的朋友、部下徐世昌、赵秉钧出任巡警部尚书、侍郎，领导全国的巡警。

一个在京的外国人曾评价北京的警政说："首都的警政大有改进。南城由袁（世凯）从省会调来的一支兵力维持治安，他们控制的街头交通令人赞佩。各城门不再出现堵塞现象，人人都必须循序而行，不准许向前猛冲猛撞。即便是由德国兵驾着的笨重四轮马车，也不准破坏马路规章。有一个讨厌的士兵装腔作势不肯服从指挥，并且拔出他的刺刀来，维持治安的警察便吹起警哨把这个兵逮了起来，押到附近的警察所去。"④

（五）辛亥议和，与党人结盟推翻清政府，促成了国家的政治统一

袁世凯等新型政治势力的崛起，威胁到满洲贵族的统治，因此他被清廷罢官。由于武昌起义后严峻的政治形势，清政府内部缺乏强有力的政治人物，不得不重新起用袁世凯。重新出山的袁世凯没有效法当年的曾国藩全力镇压革命，而是顺时度势，谋求政治解决，与革命党人联合，共同推翻清政府，促成了南北的政治统一。

辛亥南北议和，是中国近代史上一个特大的历史事件，它促成了清帝的退位与共和制度的确立，减少了战争的流血和破坏，保证了国家的南北统一，有利于民国初年的经济恢复和发展，具有重大的历史意义。尤其是它是中国历史上少有的通过谈判和平解决政治问题的范例，更有着不容忽视的特别意义。设

---

① 沈祖宪、吴闿生：《容庵弟子记》卷三，台北：文海出版社，1966年，第20页。
② 《大公报》1902年7月1日。
③ 张一麐：《古红梅阁笔记》，上海：上海书店出版社，1998年，第42页。
④ （澳）骆慧敏编：《清末民初政情内幕：〈泰晤士报〉驻北京记者、袁世凯政治顾问乔·尼·莫理循书信集（1895—1912）》上册，刘桂梁等译，北京：知识出版社，1986年，第431页。

想战争如果持续下去,辛亥革命将会有什么样的结局?孙中山等对南北议和的成功最初是给予很高评价的。他在南北议和谈判进行中就曾说:"不劳战争,达国民之志愿,保民族之调和,清室亦得安乐,一举数善。"①

对袁世凯的和平努力,革命党人曾经给予充分肯定。孙中山说:"项城以和平手段达到目的,功绩如是,何不可推诚!"② 黄兴也非常诚恳地说:"项城处两艰地位,苦心孤诣,致有今日,其功实不可没。"③ 正因为袁世凯有如此功劳,所以经孙中山推荐,南京临时参议院一致选举他为中华民国的临时大总统。但是,由于南北议和的另一结局是中华民国南京临时政府的夭折和孙中山辞去临时大总统,袁世凯成为统一的中华民国大总统,而袁世凯后来破坏民主,镇压革命民主势力,恢复帝制。所以人们对南北议和多持批评的态度,批判资产阶级革命党人软弱妥协,抨击袁世凯的野心和卑鄙的手段,认为他窃取了辛亥革命的胜利成果。

而实际上,南北议和达成的和平结局,通过不流血的谈判由民主共和取代封建专制,是辛亥革命时期政治家高度智慧的结晶。对同盟会来说,在革命实力严重不足的情况下,通过对袁世凯的妥协,借北洋集团的力量推翻清王朝,而实现中华民国的确立和国家的完整统一,廉价地实现了革命的目标,这是不容置疑的。袁世凯及北洋集团,他们对议和的态度和采取的行动,也是值得赞许的。武昌起义后,袁世凯及其北洋集团有三条道路可以选择,一是效法当年的曾国藩及其湘系集团,全力剿杀革命,做清廷的忠臣,青史留名。二是乘天下大乱之际,自成一派势力,自立为帝,建立一个新的王朝,袁世凯的一些幕僚曾经劝说袁世凯走这条途径④。三是与革命党人合作,共同推翻清王朝。袁世凯默察大势,最终选择了与革命党人合作的道路,这本身就是无可非议的。尽管他怀有极大的私欲,要做中华民国的大总统。但恰是这种私欲,促进了辛亥议和的成功和清王朝的灭亡。作为政治家来说,很少有人是没有私欲的。评判历史人物,是不能以私欲为标准的,而主要看他对社会发展所作的贡献,即他

---

① 孙中山:《复袁世凯电》,中国社会科学院近代史研究所中华民国史研究室等编:《孙中山全集》第 2 卷,北京:中华书局,1982 年,第 5 页。
② 孙中山:《复谭人风及民立报馆电》,中国社会科学院近代史研究所中华民国史研究室等编:《孙中山全集》第 2 卷,北京:中华书局,1982 年,第 110 页。
③ 黄兴:《致伍廷芳电》,湖南省社会科学编:《黄兴集》,北京:中华书局,1981 年,第 125 页。
④ 张国淦:《北洋述闻》,上海:上海书店出版社,1998 年,第 29 页。

的行为所造成的客观结果。也就是恩格斯所说的:"历史总是由行动和结果写成的。对历史活动家来说,它的动机对于全部结果来说,同样地只有从属意义。"①

(六)制定发展民族工商业的政策、法规,促使民国初年经济的较快发展

辛亥革命后,医治战争创伤,稳定社会秩序,发展工商业,振兴民族经济成为民国政府的首要任务。刚刚脱离专制的资产阶级喜不自胜,对国家、民国政府寄予无限希望,"今兹共和政体成立,嗯嗯望治之民可供此运气,设我新社会以竞胜争存,而所谓产业革命者,今也其时矣"。②袁世凯适应了这种形势,提出"民国成立,宜以实业为先务"。③他先后邀请民族工商业巨头张謇、周学熙入阁,制定了一系列发展工商业的政策和法规,诸如《公司条例》、《公司注册暂行章程》、《奖励工艺暂行章程》、《商人通例》等,促进工商业较快发展,赢得资产阶级的热烈拥护。人们怀着激动的心情称颂说:"民国政府厉行保护奖励之策,公布工商业注册条例,凡公司、商店、工厂之注册者,均妥为保护,许各专利,一时工商业踊跃欢忭,咸谓振兴实业在此一举,不几年而大公司、大工厂接踵而起。"④

据统计,到政府注册的工业公司,1912年为14家,1913年为25家,1914年增为89家,1915年更增加到102家⑤,呈逐年上升之势。实际数目远不止此,因为当时注册制度尚不健全,一些企业并未到政府注册。1913年11月,袁世凯签发了《保护华侨投资实业之通令》,声称:"此后各处侨民投资回国兴办实业者,应由各省行政长官通饬所属从优待遇,协力维持。"⑥这就大大刺激了华侨回国投资的热情,所以1912—1919年,仅华侨投资的企业就达1042家。⑦原有的企业,也在这一时期大为扩展,如以面粉大王、纺织大王著称的无锡荣氏兄

---

① 恩格斯:《路德维希·费尔巴哈和德国古典哲学的终结》,中共中央马克思恩格斯列宁斯大林著作编译局译,北京:人民出版社,1972年,第244页。
② 《临时政府公报》第12号。
③ 袁世凯:《袁世凯在参议院之演说词》,荣孟源、章伯锋主编:《近代稗海》第三辑,成都:四川人民出版社,1985年,第38页。
④ 《中国大事记》,《东方杂志》1913年第10号。
⑤ 中国第二历史档案馆编:《五四爱国运动档案史料》,北京:中国社会科学出版社,1980年,第6页。
⑥ 《保护华侨投资实业之通令》《中华实业丛报》1913年第8—9期。
⑦ 林金枝:《近代华侨投资企业的几个问题》,《近代史研究》1980年第1期,第199—230页。

弟和南通张謇，都是在这一时期奠定雄厚基础的。荣宗敬、荣德生兄弟从1912年起不仅扩展了原有与人合办的茂新面粉厂，而且开始筹办福新面粉工业，1912—1914年，创办了福新一厂、二厂、三厂、四厂，从1915年起，又开始投资创办申新系统纺织工业。① 张謇的大生纺织公司，从1912年起开始摆脱数年来的停滞状态，利润急剧上升，巨额的利润促使其扩大生产规模，1912年集资60万两白银增设大生新厂，1915年又集资120万两白银创办大生三厂。在袁世凯统治时期，确确实实兴起了一股创办实业的热潮，民族工商业迅速向前发展，其发展速度超过以前任何时期。袁世凯发展经济的努力，为后来民族资本主义黄金时代的到来奠定了扎实的基础。固然，袁世凯时期中国民族工商业发展迅速的原因是多方面的，如辛亥革命的影响、第一次世界大战的影响等，但最为重要的是民国初年袁世凯政府制定的政策和措施，为民族资本主义的发展提供了政治和法制保障。

总之，袁世凯甲午战争之后至洪宪帝制前整整20年的政治活动和作为，均顺应了这一时期激荡、起伏、变革、发展的趋势，促进了清末民初社会的发展。

原载（《郑州大学学报·哲学社会科学版》2012年第3期）

---

① 上海社会科学院经济研究所编：《荣家企业史料》上册，上海：人民出版社，1980年，第37页。

袁世凯对辛亥革命的认同及其变化
——以民国国庆庆典为重点的考察

武昌起义、辛亥革命爆发为袁世凯重新出山创造了良好的历史机遇，没有革命的爆发，袁世凯出山是极其困难的。[①] 出山后的袁世凯先是走上了与革命相反的道路——积极镇压革命，最终选择了与革命党合作的道路。袁世凯与革命党的合作，导致辛亥革命的迅速胜利和廉价胜利，基本实现了革命党人的既定目标——推翻清政府的统治，废除封建专制制度，建立民主共和的中华民国。袁世凯凭借辛亥革命实现了其人生理想，成为国家的最高统治者。袁世凯是辛亥革命的最大受益者，他是如何认同辛亥革命的？后来发生了怎样的变化？学术界似还没有展开讨论。围绕这一主题，笔者根据自己掌握的有关资料，试作一探讨，以求教于学界同仁。

一、辛亥革命前对革命的认识

袁世凯是清朝统治阶级中的重要一员，维护清王朝的统治，反对革命是自然的。1907年，鉴于革命党人在南洋华侨中的活动和影响，他建议派人乘军舰到南洋，"保护华侨与解散逆党，虽分两事，实出一途。乘此派舰巡历之时，遴选明达才辩之员，附舰前往，分投演说。使侨民识朝廷惠顾之心，悟逆党煽惑

[①] 尽管武昌起义之前清政府中的许多官僚、列强及社会舆论纷纷要求袁世凯出山，尤其是权臣奕劻、徐世昌等，但都被摄政王载沣否定。没有特别事故，载沣绝不会允许袁世凯出山。

之罪，一举两得，所全实多"①。他试图通过此项活动，破坏革命党人在华侨中的影响，对革命的敌视和仇恨是很清楚的。

清王朝是以满洲贵族为核心联合汉族地主官僚而进行统治的一个王朝，满洲贵族始终居最高统治地位和权力的核心。袁世凯在清末改革中的努力，改革中其军事政治实力的膨胀，北洋集团势力的崛起，都威胁到王朝的统治，引起了满洲贵族的恐惧和不安，由此开始削弱和打击他的势力。1906年，彰德会操后，清廷借官制改革，收回了他对北洋新军的统率权，逼他辞掉直隶总督兼北洋大臣以外在中央的八项兼差，继而又采取明升暗降的手法，调他到北京做军机大臣。1908年11月，慈禧太后、光绪皇帝去世后，满洲贵族少壮派又借故将他罢免，将他赶出北京城，命他"回籍养疴"。顷刻间，袁世凯由清王朝的权贵变为一介草民。清廷将他罢官，成为他后来叛清的因素之一。

袁世凯绝非像曾国藩那样对清廷无限忠诚。在他被罢官前夕，就曾产生了联合黄兴等革命党人推翻清廷的想法。他曾派特使到日本与黄兴联系，"当时袁世凯的地位告危，不得不和革命党携手合作。这位特使没有到东京，电报是在京都打的。黄兴是在元旦（1909）那天到京都去的"。②正当黄兴与特使谈话之际，袁世凯给特使又打来电报说："一切已晚，速归。"③袁世凯的这一想法和做法，入民国后由黄兴在一次演讲中进一步得到证实。黄兴说："袁氏当未辞职之先，其篡弑之心，尚欲一试也。是时兄弟寄留南京，有直隶总督杨士骧代表人来会，据称宫保此时地位颇觉危险，甚愿与革命党联合，把清室推翻，复我故国。兄弟当时答以袁君有此思想，诚为吾辈革命党人所赞同……然代表人去后，终不见袁氏有些许举动。未几袁即辞职回籍，以意测之，或者因有为难之处，故不能动也。"④此两则史料说的是一回事，只是地点不同罢了，有可能是一方记忆出错，但史实是清楚的，而且一方还出自与黄兴关系密切的日本人之口。这是袁世凯与黄兴的第一次间接接触，由于当时主客观条件均不成熟，所以袁

---

① 袁世凯：《酌派兵舰巡历外洋情形折》，天津图书馆、天津社科院历史研究所编：《袁世凯奏议》下册，天津：天津古籍出版社，1987年，第1474页。
② 《宫崎滔天全集》第四卷，第303页，毛注青编著：《黄兴年谱长编》，北京：中华书局，1991年，第137页。
③ 《宫崎滔天全集》第五卷，第693页，毛注青编著：《黄兴年谱长编》，北京：中华书局，1991年，第137页。
④ 湖南省社会科学院编：《黄兴集》，北京：中华书局，1981年，第374页。

世凯的这一想法没有能够实现。他的这一想法虽然没有实现,但由此说明袁世凯具有一定的民族观念,他后来叛清是有一定基础的。一年后,他怀着同样的目的还曾派人与孙中山联系。① 孙中山在1911年11月《我的回忆》一文中这样说:

> 一年前袁世凯派人来请我时,我不敢轻信来使。我认为他在耍花招,其实他是有诚意的。他希望取消对我的通缉,并公开与我一致行动。而我却对他的使者说:"请回禀贵主人我艰苦奋斗十五载,历尽艰险,不是为了轻易受骗。请转告他阁下,我可以等待"②。

这些史料说明,清廷将袁世凯无故罢官,直接导致了他对清廷的仇视,促发了他与革命党人的联系。黄兴是革命党的领袖,光明磊落的君子,而且他的谈话曾公布于众,所以应该是可信的。按正常逻辑来说,袁世凯被罢官以后,应该继续和革命党人联系,但直到武昌起义之前的近三年中,我们找不到他与革命党联系的有关资料。我们看到的是一个离职的官员,仍然对朝廷忠心耿耿,"仰蒙朝廷体恤,放归养疴,圣恩高厚,莫名钦感"。③ 表面在乡间垂钓、植花种草,"春光渐盛,将与田夫野老讲求农桑种植之学,优游林下,终此余年,皆出自天家所赐也"。④ 而实际上,他与各方保持着密切联系,静观时变,等待东山再起。这一时期他虽然对清廷不满,在其诗词中隐约可见⑤,但我们没有发现他的激烈言辞,更没有发现他与革命党人联系的有关史料⑥。

---

① 中国社会科学院近代史研究所中华民国史研究室等编:《孙中山全集》第1卷,北京:中华书局,1981年,第557页。
② 中国社会科学院近代史研究所中华民国史研究室等编:《孙中山全集》第1卷,北京:中华书局,1981年,第557页。孙中山这段话是讲给外国人听的,目前尚未找到佐证。
③ 中国公共图书馆古籍文献编委会编:《袁世凯未刊书信》上册,北京:中华全国图书馆文献缩微复制中心,1998年,第6页。
④ 中国公共图书馆古籍文献编委会编:《袁世凯未刊书信》上册,北京:中华全国图书馆文献缩微复制中心,1998年,第4页。
⑤ 如《病足》一诗:"采药入名山,愧予非健步。良医不可求,莫使庸夫误。"在《自题渔舟写真二首》中第二首诗"百年心事总悠悠,壮志当时苦未酬。野老胸中负兵甲,钓翁眼底小王侯。思量天下无磐石,叹息神州缺砥柱。散发天涯从此去,烟蓑雨笠一渔舟。"袁克文:《辛丙秘苑》,上海:上海书店出版社,2000年。
⑥ 电视剧等文学作品多有袁世凯与革命党联系的记述,但目前作者除了上例孙中山与外国人的谈话外,还没有找到史实依据。

二、武昌起义后至清帝退位前对革命的认同变化

1911年10月武昌起义的枪炮声,敲响了清政府灭亡的丧钟。由于清政府内部缺乏镇压革命党起义的强有力人物,所以被迫起用正在"养病"的袁世凯,"谕内阁:湖广总督著袁世凯补授,并督办剿抚事宜,四川总督著岑春煊补授,并督办剿抚事宜,均著迅速赴任,毋庸来京陛见。该督等世受国恩,当此时机紧迫自当力顾大局,勉任其难,毋得固辞以副委任,俟袁世凯、岑春煊到任后,瑞澂、赵尔丰再行交卸"。"又谕:"袁世凯现简授湖广总督,所有该省军队暨各路援军均归该督节制调遣,荫昌、萨镇冰所带水陆各军,并著袁世凯会同调遣,迅赴事机,以期早日勘定。"①

时值袁世凯53岁生日,亲朋好友、属下旧僚赵秉钧、张锡銮、杨度、王锡彤等在彰德洹上村为袁世凯祝寿。14日,庆亲王奕劻派遣阮忠枢赴彰德,劝袁世凯出山。袁世凯左右意见不一,袁克定、杨度、王锡彤等主张不应诏,据王锡彤《抑斋自述》记载:"庆王派阮斗瞻来劝驾,袁公谢恩折上矣。惟余与云台主张不应清廷之命②,因更进迭劝。杨皙子度与斗瞻同来,其主张与余与云台同。皙子言:'革命初起,袁公督师必一鼓平之,清之改善殆无希望。'余则以为乱事一平,袁公有性命之忧。"③倪嗣冲、段芝贵、张一麐等劝袁乘机而起,黄袍加身,称王道帝,"乘此天下大乱,民无所归之际,登基称王"④。

亲信、幕僚的意见均未被袁世凯所采纳,他选择的是应诏出山,镇压革命,"侍坐再三言之,袁公忽怫然曰:'余不能为革命党,余子孙亦不愿其为革命党'"⑤。随后在复奕劻的信中,他对摄政王对他的起复谢恩不尽,"阮参议来彰,盥诵赐笺,尸聆壹是。章京幼读父书,粗知大义,山林钟鼎,皆出天恩。区区愚诚,神人共鉴。承传监国摄政王密谕各节,感悚涕零。即捐糜顶踵,亦不足云报称于万一"⑥。袁世凯毫不迟疑地走上镇压革命的道路。尽管他没有如清政

---

① 《宣统政纪》卷六十一,北京:中华书局,1987年,第1100页。
② 余指作者王锡彤,云台为袁克定,字云台。
③ 王锡彤:《抑斋自述》,郑州:河南大学出版社,2001年,第172页。
④ 张一麐:《心太平室集》卷六,上海:上海书店,1991年,第22页。
⑤ 王锡彤:《抑斋自述》,郑州:河南大学出版社,2001年,第172页。
⑥ 中国公共图书馆古籍文献编委会编:《袁世凯未刊书信稿》下册,北京:中华全国图书馆文献缩微复制中心,1998年,第1559—1560页。

府所期望的那样立即走马上任，而是抓紧时间进行各方面的准备，调集人才、筹备军饷、争取最大权力，在各项工作准备就绪后，于10月30日离开彰德洹上村，赶往武昌前线。

这一时期他对辛亥革命的认识是比较客观的，武昌起义绝不是一次一般的民变，而是革命党人的一次有组织、有规模的军事行动，不可轻视。他在致内阁电中说："此次鄂变，事虽仓猝，蓄谋已久，厂、库、局、所，悉为占踞，粮足器利，人多精练，自与寻常匪徒啸聚乌合者，迥不相侔。武汉为天下枢纽，邻省多被水灾，倘不以全力迅图，蔓延必广，牵动全局。"① 在致内阁的另一次电中说，"查武汉兵变，饷械充足，技艺娴熟，是为根本，他处响应，是为枝节。覆其本根，枝节自摧"②。因此他要竭尽全力，镇压革命，"惟以时事方艰，不敢不竭尽血诚，勉图报称。虽成败利钝非所敢知，而效命疆场实世凯平生志愿。终期荡平逆匪，借以仰答生成"③。

从离开彰德到武昌前线，再到南北和谈结束前的两个多月中，袁世凯是清政府的湖广总督、钦差大臣、内阁总理大臣，作为辛亥革命的对立面充分发挥了作用，军事上先下汉口，继克汉阳，威逼武昌，给革命党人以沉重打击。继而在停战议和中，始终坚持君主立宪政治体制，这些都是对辛亥革命的反动。

袁世凯镇压武昌起义虽然取得显著成效，先后拿下汉口、汉阳，但武昌起义以后各省响应辛亥革命高潮的到来则是清政府和袁世凯所想不到的，武昌起义以后的一个多月，南方各省和北方的陕西、山西革命成功，先后脱离清政府而独立，在半壁江山尽失革命之手的情况下，袁世凯"荡平"武昌"逆匪"的愿望大打折扣。在列强的调停之下，双方不得不于12月1日停战议和。停战从12月1日起，正式议和从18日起。袁世凯始终坚持君主立宪政治体制，早在11月18日他在会见日本驻华公使伊集院时就说，"本人始终认为中国非行君主立宪不可"④。12月7日，袁世凯指定唐绍仪为全权代表与革命军议和。唐绍仪离京前，袁世凯指授给他的谈判方针是："应避免战争，恢复秩序为原则，旨在避

---

① 卞孝萱辑：《闵尔昌旧存有关武昌起义的函电》，《近代史资料》1954年总1号，第61页。
② 方裕谨选编：《清政府镇压武昌起义电文一组》，《历史档案》1981年第3期，第20—30页。
③ 方裕谨选编：《清政府镇压武昌起义电文一组》，《历史档案》1981年第3期，第20—30页。
④ 邹念之编译：《日本外交文书选译关于辛亥革命》，北京：中国社会科学出版社，1980年，第251页。

免国家分裂。至于君主制度，万万不可变更。"① 12月22日，袁世凯再次会见伊集院说："唐离京时本人曾授予指令，着其一意贯彻君主立宪，唐对此亦有领会，并据此方针与革命军方面折冲至今"②。而唐绍仪最初也贯彻了袁世凯的谈判方针，但在南方革命党人坚决坚持民主共和体制的前提下，提出召开国民大会解决君主立宪还是民主立宪的问题，此为袁世凯所接受。虽然在以后的谈判中颇费周折，如孙中山回国、南京临时政府成立、孙中山当选为临时大总统、袁世凯将唐绍仪撤职等，但双方讨论的议题主要是国民大会召开的地点、代表的组成等，袁世凯实际上接受了民主共和制度。尤其是当1912年1月15日孙中山发表声明，"如清帝实行退位，宣布共和，则临时政府决不食言，文即可正式宣布解职，以功以能，首推袁氏"③。他的地位得到有效保证后，他进一步认可了民主共和制度。1月18日，他在会见英国驻华公使朱尔典时的态度已经非常明确。朱尔典记述如下。

今天，我前往祝贺袁世凯幸免于难。④ 他（指袁世凯）表示自己很高兴能有机会和我讨论局势。他已经建议两项解决方法。

（一）发布一道谕旨，授权他在那些已聚集在南京和北京的各省代表选举共和国总统之前（选举大约在一周后进行），按照共和的原则处理临时政府工作。

（二）由一道类似的谕旨，授权他在特别召集的国民大会选举共和国总统之前，处理临时的共和政体问题。

第一项建议的好处是使新政府能够立即着手进行恢复秩序和平息全国的工作，因此被认为是更可取的。他表示：关于这一点、已经同南方的领袖们达成一项谅解，他打算把政府的地址迁往天津几个月。对于这个迁移，他有两个理由：第一，必须完全断绝旧制度的影响；第二，民党首领们不会因为此时前来北京而危及他们的生命。

---

① 中国人民政治协商会议全国委员会文史资料研究委员会编：《辛亥革命回忆录》第六辑，北京：文史资料出版社，1982年，第357页。

② 邹念之编译：《日本外交文书选译有关辛亥革命》，北京：中国社会科学出版社，1980年，第311页。

③ 中国社会科学院近代史研究所中华民国史研究室等编：《孙中山全集》第2卷，北京：中华书局，1981年，第23页。

④ 指1912年1月16日袁世凯下朝回府路上遭受革命党人炸弹袭击事件。

他说：朝廷承认，国民意志必将获胜。他向我保证，他办事始终是严格服从国民愿望的。①

当然，袁世凯公开地承认共和，是在清朝皇帝已经退位的前提下，他按照南方革命党人的要求，公开宣布政见："南京孙大总统、参议院、各部总长、武昌黎副总统同鉴：共和为最良国体，世界之公认，今由弊政一跃而跻之，实诸公累年之心血，亦民国无穷之幸福。大清皇帝既明诏辞位，业经世凯署名，则宣布之日，为帝政之终局，即民国之始基，从此努力进行，务令达到圆满地位，永不使君主政体再行于中国。"②

袁世凯发表赞同共和的公开声明，表明他已经认同了辛亥革命（至少在表面上）。他由坚持君主立宪制到同意民主共和制，即认可辛亥革命，经过了一个较长时间的过程。有学者专门对此进行研究，视他为一个有限的共和主义者③，并充分肯定他这一转变的历史作用。

袁世凯由一个辛亥革命的对立者到辛亥革命认同者，有着多方面的原因。首先，是迅速发展的革命形势，南方各省及陕西、山西的独立。清政府大势已去，国内各个政治派别（少数满蒙贵族及极少数汉族官僚除外）均认同了革命。其次，革命党人民族主义的宣传及对清政府与袁世凯矛盾关系的离间煽动。无论是黄兴还是黎元洪个人，抑或是报刊媒体、政党，均做了不少的工作。例如，黄兴11月9日致电袁世凯，期盼袁世凯以拿破仑、华盛顿之资格，出而见拿破仑、华盛顿之事功，消灭清廷，"兴思人才原有高下之分，起义断无先后之别，明公之才能，高出兴等万万，以拿破仑、华盛顿之资格，出而见拿破仑、华盛顿之事功，直捣黄龙，灭此房而朝食，非但湘、鄂人民戴明公为拿破仑、华盛顿，即南北各省当亦有不拱手听命者。苍生霖雨，群仰明公，千载一时，祈毋坐失"。④三天后黎元洪致书袁氏，开门见山指出："即如执事，岂非我汉族中之最有声望、最有能力之人，何以一削兵权于北洋，再夺政柄于枢府？若非稍有忌惮汉族之心，己酉解职之候，险有生命之虞。他人或有不知，执事岂竟忘之？

---

① 《英国蓝皮书有关辛亥革命资料选译》上册，胡滨译，北京：中华书局，1984年，第287页。
② 章伯锋、李宗一主编：《北洋军阀：1912—1928》第二卷，武汉：武汉出版社，1990年，第1350页。
③ 马勇：《袁世凯帝制自为的心路历程》，《学术界》2004年第2期，第66—78页。
④ 卞孝萱辑：《闵尔昌旧存有关武昌起义的函电》，《近代史资料》1954年总1号，第71页。

自鄂军倡议，四方响应，举朝震恐，无法支持，始出其咸同故技，以汉人杀汉人之政策，执事果为此而出，可谓忍矣！"① 尤其是南方各省都督府代表联合会议决议12月16日选举临时大总统。但当次日会议期间，代表会听取了由鄂续到的浙江代表陈毅的报告，革命军已与袁世凯内阁开始议和，袁世凯也主张共和。代表会随议决两项决议：一是缓举临时大总统，承认上海所举大元帅、副元帅为合法。二是《临时政府组织大纲》追加一条，"大总统未举定以前，其职权由大元帅暂任之"②，代表会的此项决议，明显地虚大总统之位以待他的来归，给予袁世凯极大的诱惑。三是列强尤其是英国方面的变化，由支持他君主立宪转变为支持他民主共和。但不管外界条件如何，也不管他怀着什么样的动机和企图，他最终顺应了中国社会的这一发展趋势，使辛亥革命的基本目标得以实现——清帝退位，专制覆灭，中华民国得以建立，中国历史从此进入一个崭新时代。

三、任职大总统期间对革命的认同

袁世凯任职中华民国大总统的绝大多数时间，对辛亥革命是认同的。他对辛亥革命的认同，表现在诸多方面。

首先，袁世凯在1912—1915年发表的一系列讲话和发布的一系列命令中，认同辛亥革命。我们举出代表性的几例来说明。

1912年3月10日，袁世凯发表的就职宣言，是他认同革命的典型宣言，"民国建设造端，百凡待治。世凯深愿竭其能力，发扬共和之精神，涤荡专制之瑕秽，谨守宪法，依国民之愿望，蕲达国家之安全强固之域，俾五大民族，同臻乐利。凡兹志愿，率履勿渝。俟召集国会，选定第一期大总统，世凯即行解职。谨掬成悃，誓告同胞"③。

6月24日，针对一些革命党人在报刊上发表袁世凯要称帝的言论，袁世凯致电武昌黎元洪及各省都督，表明遵守誓言绝不帝制自为：

---

① 卞孝萱辑：《闵尔昌旧存有关武昌起义的函电》，《近代史资料》1954年总1号，第73页。
② 刘星楠：《辛亥各省代表会议日志》，中国人民政治协商会议全国委员会文史资料研究委员会编：《回忆辛亥革命》，北京：文史资料出版社，1981年，第554页。
③ 徐有朋编：《袁大总统书牍汇编》，上海：广益书局，1914年，第1页。

客岁武昌起义，各省影从，遂使二千余年专制之旧邦，一跃而为共和政体。世凯以衰朽之年，躬兹盛会，私愿从此退休田里，共享昇平，乃荷国民委托之殷，膺兹重任。当共和宣布之日，即经通告天下，谓当永远不使君主政体再见于中国，就职之初，又复沥忱宣誓，皇天后土，实闻此言。乃近日以来，各省无识之徒，捏造讹言，摇惑观听，或以法兰西拿破仑第一之故事妄相猜懼，其用心如何固置不问，大抵出于误解者半，出于故意者亦半。民国成立迄今半年，外之列强承认尚无端倪，内之各省秩序亦未回复，危机一发，稍纵即逝。世凯膺兹艰巨，自不得不力为支柱，冀挽狂澜。乃当事者虽极委曲以求全，而局外者终难开怀以相谅。殊不思世凯既负国民之委托，则天下兴亡安能漠视，倘明知不可而复虚与委蛇，至陷民国前途于不可收拾，纵人不我责，而自问无以对同胞。区区此心，可质天日。①

应该说袁世凯的表白，是非常真诚的。

是年10月10日、12日，在先后批复黄兴、孙武的请其收回授勋命令的呈文中，他对这两位革命元勋给予高度评价。批复黄兴请收回陆军上将的呈文："批：据呈阅悉，该前留守奔走国事二十年，提倡共和，改革政体，热心毅力，百折不回，出死入生，坚苦卓绝；凡所经历，中外咸知，即起诸先烈之碧血所化，抚今悼昔，悲壮苍凉；蒿目时艰，弥深悚惕，斯则本大总统与国民所当同思刻励，永矢不忘者也。该前留守谦挹之怀，足以风世。惟事经国务会议佥谓，该前留守名冠军界，众论翕然。所请收回成命，碍难照准。此批。"② 批复孙武请收回陆军中将的呈文："据呈已悉，具见诚悃，该顾问奔走国事，历有年所，武昌首义尤著勋劳，本届国庆礼成，特授以勋二位并授陆军中将加上将衔，荣典聿颁，尚觉不足以酬勋绩，其即勉膺秩位，勿再谦辞，用副民国崇贤奖功之盛，有厚望焉。此批。"③ 袁世凯的批复是恰如其分的，也是发自内心的。

1913年3月29日，针对湖北商民裘平治等诋毁共和，要求实行君主立宪的谬论，袁世凯发布命令进行痛批：

---

① 《政府公报》1912年6月26日。
② 《政府公报》1912年10月14日，公文。
③ 《政府公报》1912年10月24日，呈批。

> 共和为最良国体,治平之极轨,中国共和学说,酝酿於数千年前,祇以压伏於专制之威,未能显著。近数十年来,志士奔呼,灌输全国,故义师一起,遂收响应之功,洵为历史之光荣,环球所敬叹。本大总统受民国付托之重,就职宣誓,深愿竭其能力,发扬共和之精神,涤荡专制之瑕秽,永不使帝制再见于中国,皇天后土实闻此言。乃有湖北商民袭平治等呈称,总统尊严不若君主,长官命令等于弁髦,国会成立在途,正式选举关系匪轻,万一不慎,全国糜烂,共和幸福,不如亡国奴隶,曷若暂改帝国立宪,缓图共和等语。谬妄至此,阅之骇然……不意化日光天之下,竟有此等鬼蜮行为,若非丧心病狂,意存尝试,即是受人指使,志在煽惑。如务为宽大,置不深究,恐邪说流传,混淆观听,极其流毒,足以败坏共和,谋叛民国,何以对起义之诸人死事之先烈?何以告慰退位之清室,赞成之友邦?兴言及此,忧愤填膺。所有呈内列名之袭治平等,著湖北民政长严行查拿,按律惩治,以为猖狂恣肆、干冒不题者戒。此令。①

即使是二次革命爆发,袁世凯镇压了革命党人,他否定了孙中山、黄兴的二次革命,但并没有否定辛亥革命。他在处分、处罚黄兴等革命党人发布的命令中说:

> 查黄兴亡命鼓吹,本以改良政治为名,乃凶狡性成,竟於已经统一之国家,甘心分裂"②。"数月以来,少数不逞之徒为野心所驱,不惜倒行逆施,假名号以争权利,遂乃倡南北地方之邪说,妄肆簧鼓,荧惑听闻。夫我国之大一统,秦汉迄今二千年矣,幽燕楚越,同轨同文,率土普天,如兄如弟,况自共和事布,忧乐相共,万众一心,以戴民国,譬则赤子之怙恃,其父母谁恩谁怨,何嫌何疑。今无端造作妖言,希图挑拨,一若深憾国家之统一而必从而龉之,惟恐人民之协和而故从而间之"。③

他在1912年10月10日国庆纪念日时发表的纪念宣言,很能表明他的政治态度。他说:"一人专制之旧政,已不存于中国矣。今日为民国国庆纪念之日,

---

① 《政府公报》1913年3月20日,命令。
② 《政府公报》1913年7月23日,命令。
③ 《政府公报》1913年7月27日,命令。

本大总统感于旧习之已除,新政之发展,凡政府种种设施,无不与人以共见,远胜昔时之制度。"①

1914年10月2日,袁世凯签发大总统令,定于每年10月10日祭祀民国英烈,这是对辛亥革命的充分肯定。他说:

> 近年以来,国基底定,海宇粗安。回溯艰难缔造之初,悉由在事各员效命驰驱,用成殊绩。其殁于战事者,身膏锋镝,功在山河,追念遗徽,深堪悯惜。因思表忠之典,往籍攸崇,战死之荣,列邦所尚,允宜阐扬忠烈,昭肃明禋,用励同仇敌忾之风,益彰崇德报功之盛。十月十日为国庆之期,应由各省地方长官,将民国成立以后所有阵亡将士及其他因战事效死之人详细查明,一体致祭,以慰毅魄,而励群情。嗣后岁一举行,永著为例,此令。②

11月23日,袁世凯发布大总统令,查禁倡言归政清廷的言论。

> 近因有人倡为归政清廷之说,据肃政史夏寿康等呈请查禁,业饬内务部查照办理……本大总统与人以诚,不忍遽为诛心之谕。除既往不咎外,用特布告中外,咸使闻知。须知民主共和载在约法,邪词惑众,厥有常刑。嗣后如有造作谰言,或著书立说,及开会、集议以紊乱国宪者,即照内乱罪从严惩办,以固国本而遏乱萌。此令③。

直到1915年5月15日接受日本最后通牒后,袁世凯在向京外各官发出的暂忍其辱、发奋图强的密令中,对辛亥革命还是持肯定态度的。他说:"前清末造,政失其纲,泄沓成风,人无远虑。加以亲贵用事,贿赂公行,各私其家,何知卫国。迨至武昌事起,举朝失措,列疆响应,瓦解土崩。"④

由上看出,袁世凯在大总统期间对辛亥革命的认同,迹迹可循。

其次,大总统期间的袁世凯,对辛亥革命的认同不仅仅表现在其一系列的

---

① 章伯锋、李宗一主编:《北洋军阀:1912—1928》第二卷,武汉:武汉出版社,1990年,第1389—1390页。
② 《政府公报》1914年10月3日。
③ 《政府公报》1914年11月24日。
④ 中国第二历史档案馆、云南省档案馆编:《护国运动》,南京:江苏古籍出版社,1988年,第8页。

讲话和命令中,更为重要的是体现在他的实际活动中。其一系列活动又以将10月10日定为民国国庆日及举行的一系列国庆活动最为突出。

1912年9月,随着武昌起义1周年的临近,社会各界各方面都非常重视这个标志性的日子,北京政府尤为主动。临时大总统袁世凯首先拟定了《民国国庆日纪念日咨询案》,将10月10日武昌起义之日定为中华民国国庆日,提交参议院议决。这件咨询案很快被北京临时参议院通过。① 9月28日,经袁世凯发布的大总统令公布于众:"参议院议决国庆日纪念日案,兹公布之。此令。"不仅将10月10日定为国庆日,同时还将1月1日南京临时政府成立之日、2月12日清帝退位之日均定为节日。这项法律规定:"国庆日纪念日:武昌起义之日即阳历十月十日为国庆日。应举行之事如左:一、放假休息。二、悬旗结彩。三、大阅。四、追祭。五、赏功。六、停刑。七、恤贫。八、宴会。南京政府成立之日即阳历正月初一日暨北京政府宣布共和南北统一之日,即阳历二月十二日为纪念日,均放假休息。"② 10月7日,袁世凯又批准了陆军部关于国庆日、纪念日休假的呈文:"国庆日十月初十日,拟于初十、十一休假二日;南京政府成立纪念日,正月初一日及新年例假拟于初一前后各休假三日;北京宣布共和南北统一纪念日二月十二日拟休假一日。"③ 10月10日国庆日、纪念日及其国庆一系列活动趋于完善。

将10月10日武昌起义之日定为中华民国国庆日,将1月1日南京政府成立之日,2月12日清帝退位南北统一之日均定为纪念节日,这是对辛亥革命的根本肯定。虽然这不仅仅是袁世凯个人所为,但在同盟会退出政府后,袁世凯政府的这项活动更具有特别的意义。袁世凯忠实地执行这项法律规定。10月8日发布命令,"国庆日举行追祭礼,由国务总理赵秉钧前往致祭"④。10月9日发布大总统授勋令,"现在举行国庆纪念典礼,深维民国创业之劳,允宜赠授勋位,旌显元功,孙文、黎元洪特授以大勋位。此令"。

唐绍仪、伍廷芳特授以勋一位。此令。

---

① 《申报》1912年10月1日。
② 《政府公报》1912年9月29日。
③ 《政府公报》1912年10月10日。
④ 《政府公报》1912年10月9日,命令。

黄兴、程德全、段祺瑞、冯国璋特授以勋一位。此令。

孙武特授以勋二位。此令。

赵秉钧给予一等嘉禾章,梁如浩、周学熙、段祺瑞、刘冠雄、许世英、范源濂、陈振先、刘揆一、朱启钤给予二等嘉禾章。此令。

章宗祥给予二等嘉禾章。此令。

赵尔巽、陈昭常、宋小濂、程德全、谭延闿、周自齐、张镇芳、赵惟熙、杨增新、胡汉民均给予二等嘉禾章并加陆军上将衔。此令。

李烈钧、孙道仁、阎锡山、张凤翙、尹昌衡、陆荣廷、蔡锷、唐继尧均授为陆军中将并加陆军上将衔。此令。

胡景伊授为陆军中将并加陆军上将衔。此令。

孙武授为陆军中将并加陆军上将衔。此令。

蒋翊武、蔡济民、邓玉麟、高尚志、何锡蕃均授为陆军中将。此令。

蒲殿俊给予二等嘉禾章。此令。①

在被授勋人中,应该说孙中山、黎元洪、唐绍仪、伍廷芳,以及以孙武、蒋翊武、蔡济民、邓玉麟、高尚志、何锡蕃等最引人瞩目。孙中山是辛亥革命的领袖,黎元洪是武昌首义的都督,唐绍仪、伍廷芳是南北谈判的代表,孙武、蒋翊武、蔡济民、邓玉麟、何锡蕃等是武昌起义的党人和军人,尽管他们原来的地位不高。这是袁世凯对辛亥革命、武昌起义及南北统一中作出重大贡献人物的最大、最公平的肯定,也是对辛亥革命的最大认同。

1912年10月10日中华民国第一个国庆日,由袁世凯主导的北京政府的活动无不凸显辛亥革命的业绩。早上六点,北京政府将大清门改为中华门,并举行了中华门开门典礼。② 这项活动的政治意义非凡,象征着国家经过革命换了天地。上午八时整,由国务总理赵秉钧代表大总统追祭革命先烈。赵秉钧以下政府阁员等向摆着鲜花、供品的革命先烈灵位行鞠躬礼。十点半举行阅兵礼,先由陆军总长段祺瑞骑马巡视一周,然后袁世凯身着大元帅礼服,登上阅兵台,检阅由步、骑、炮兵组成的军队方阵。③ 授勋、祭祀、阅兵是国庆日政府的主要

---

① 《政府公报》1912年10月10日,命令。
② 《申报》1912年10月17日。
③ 《申报》1912年10月12日。

活动，随后的 1913 年、1914 年国庆日，袁世凯沿袭了民国元年（1912）的做法，而这种做法，是对辛亥革命认同的最明显的外在表现形式。

1913 年 10 月 10 日为中华民国第二个国庆日，袁世凯选择这个日子就任中华民国第一任正式大总统，更有不寻常的意义，非常明显的说明他大总统职务的合法性来源于辛亥革命。由于中华民国第二个国庆日，又是中华民国第一任正式大总统就职日，所以这年的国庆日更为热闹和不寻常。政府早早进行准备，早在是年 9 月底内务部总长就发出部令，"国庆典礼举行在迩，亟须筹备一切事宜，特派李钟凯、陈时利、伍晟、吴笈孙、陈毅、唐坚、于宝轩、朱纶、张恂、陈以丰、杨乃赓、冯敦琦、沈学范、郑咸、汪立元、刘驹贤、沈国均、马荣、郭养刚、吴承愄、宋邦奇、张树桂、王承吉、乐达义、陈德萃、张丙炎、张允臻为筹备国庆事务委员，愈行筹备事宜，并由本总长委托治都统指挥办理，以期妥洽。此令"①。教育部也早早发出通告，"十月十日为国庆节，适值中华民国第一次正式大总统就职之期，所有全国各学校应与十月九日、十日、十一日放假三天，以志庆祝，特此公告"②。农林部免费开放农林试验场，供人们游玩，"本月十日为民国国庆节，凡我国民莫不欢欣鼓舞，同伸庆祝，西郊外农事试验场系公共游览之所，自应开放数日，以示同乐之意。兹定于九日起十一日止，凡入农事试验场游览者一律免收券费"③。国庆日期间，神圣的天安门也对公众开放，显示人民成为国家的主人，"太和门内礼场地点特备国庆观礼券，自午后二时起开放天安门，许市民入端门、午门、太和门、太和殿、中和殿等处"④。袁世凯还亲自部署，安排重要人员分工负责，"派出代表六人：天安门阅兵派段芝贵，祭先烈派梁士诒，招待国务员派阮忠枢，招待外宾派孙宝琦、曹汝霖，接待议员派熊希龄"⑤。

由于政府组织、筹备充分，安排得当，活动内容丰富，所以 1913 年的国庆日热闹非凡，民众兴高采烈，仅参加游园活动的人员就达数十万人，"此次国庆纪念及正式大总统受任，所有天安门至太和殿、先农坛均一律开放三日，任国民游览。至共和纪念会与追祭先烈，本年则设先农坛内，昨日游览者约十万人，

---

① 《政府公报》1913 年 9 月 30 日。
② 《政府公报》1913 年 10 月 9 日。
③ 《政府公报》1913 年 10 月 9 日。
④ 《申报》1913 年 10 月 10 日。
⑤ 《申报》1912 年 10 月 10 日。

其会场布置及陈设物品美不胜道,即未剪发者亦得进内观瞻"①。

1914年10月10日为中华民国第三个国庆日,尽管本年初袁世凯已经明令解散了国会,废除了《中华民国临时约法》,破坏了辛亥革命的成果,确立起大总统集权体制,但仍然在共和的体制之内,所以对民国国庆纪念,袁世凯依然非常重视。国庆日的前一日,即10月9日,袁世凯批复内务部关于国庆日祭奠先烈的呈文,"内务部呈:'国庆节举行追祭典礼,请遣官承祭,并拟具暂行礼节,请鉴核'。由遣钱能训承祭,单发。此批"②。由于第一次世界大战已经爆发,所以1914年的国庆日大阅兵是重头戏,"总统于国庆节行阅兵典礼,已经先期设备,天安门楼高悬陆海军旗,楼内共为九极,中设总统座位,左为参礼员休息所,右列长案,为设置茶点之所"③。袁世凯将这年的阅兵典礼设在天安门城楼举行,气势更为宏大,"今日国庆纪念举行大阅,自晨间九时起至十一时止。袁总统乘马而出,乘车而回,参与者共兵二万五千名,军容颇壮"④。受阅部队的番号为:

> 大阅车队编配秩序如左:总指挥卢永祥,第一师师长刘奎标,拱卫军乐队,第一旅旅长洪自成,拱卫军第二旅旅长王宾,第十师工兵第一营,禁卫军辎重兵第一营,禁卫军机关枪第一营,拱卫军第二师师长张敬尧,提署军乐队,第三旅旅长吴新田,第三混成旅,第四旅旅长申振林,提署游缉队第一团团长雷恒成,提署游缉队第二团团长刘凤藻,提署游缉队工兵第二营,禁卫军机关枪第二营,第三混成旅骑兵第一团,拱卫军提署游缉马队,第一师第三混成旅炮兵第一团,拱卫军第三混成旅。⑤

受阅军队之庞大,超过前两年。对此《申报》发表《战争与国庆日》的评论说:

> 今日为中华民国之国庆日,而今时适为欧洲强国战争之时,以欧洲强国战争故,令我不得不重视此国庆日。故更令我不得不注意此欧洲强国之

---

① 《盛京时报》1913年10月15日。
② 《政府公报》1914年10月12日。
③ 《申报》1914年10月13日。
④ 《申报》1914年10月11日。
⑤ 《申报》1914年10月11日。

战争也。夫国庆日何由来,以中华民国开国而来也,中华民国何由来,以革命战争而来也,我国民既有战争之力,革命以创造此中华民国矣。其能有战争之力,以永保此中华民国否耶?能保此中华民国然后能永有此国庆日,此我所以为国庆日而念及战争也①。

阅兵典礼之后,袁世凯还会见参加典礼的各小学学生,并发表祝贺国庆训词:

今当举行国庆纪念大典,本大总统阅兵礼成,进而与小学诸生相见,于心至快。诸生须知:今日之纪念,乃举民国成立以来之历史一一绘诸吾国民之心目中者也,民国之所凭诸者,在民欲缔造新国家,举国民之思想能力道德习惯,不能不根本刷新,以奠新国之基础,而应世界之大势,培植之以底于成者,在国民教育。本大总统以国民教育方针,须本之国情民性,补救其缺点,而充以必不可少之知能,特掬诚为诸生告②。

袁世凯政府不仅重视北京的国庆活动,同时也非常重视各地的国庆活动,如武昌。

段上将军以本年十月十号为鄂军起义创立民国之大纪念,已经制定为国庆大典,各省一律举行,大总统、副总统并以武昌为共和发轫之地,特派刘少将炳富及危敬其来鄂参与庆典,更不能草举从事,是以备委本署副官□复生领□一千元,将烈士祠铺设华丽,又饬本署□□课、本署两辕以至三堂,照日前袁总统寿辰庆典,穿扎灯彩,俱限工人于八号竣事。至巡按使署亦支搭彩棚、配电灯,惟不及□署之盛。……并动员男女各学校筹备运动会,委任筹备员多督率各校男女生预为演习③。

四、称帝前后的骤然变化

袁世凯对辛亥革命认同态度的变化,即否认辛亥革命及其成果——民主共

---

① 《申报》1914年10月10日。
② 《政府公报》1914年10月13日。
③ 《申报》1914年10月11日。

和的政治体制,始于 1915 年 10 月前后,最主要的标志有以下几点。

第一,对筹安会否定辛亥革命的言论不予干涉。1915 年 8 月 23 日,筹安会发表宣言,从根本上否定辛亥革命。

> 我国辛亥革命时,国中人民激于情感,但除种族之障碍,未计政治之进行,仓猝之中制定共和国体,于国情之适否,不及三思,一议既倡,莫敢非难。深识之士,虽明知隐患方长,而不得不委屈附从,以免一时危亡之祸。故自清室逊位,民国创始,绝续之际,以至临时政府正式政府递嬗之交,国家所历之危险,人民所感之痛苦,举国上下,皆能言之。长此不图,祸将无已。①

1915 年 8 月 24 日,筹安会发布致各省通电,议决废除共和制,改立君主制。

> ……救亡之法,惟有废除共和,改立君主,摒选举之制,定世及之规,使元首地位绝对不可竞争,将不定于一者使定于一,是则无穷隐祸概可消除,此拨乱之说也。本会以为谋国之道,先拨乱而后求治。我国拨乱之法,莫如废民主而立君主;求治之法,莫如废民主专制,而行君主立宪;此本会讨论之结果也。②

在共和国的体制之内竟然公开发布否定共和国的言论,可为大胆狂言。筹安会宣言的发布,舆论大哗,遭到人们的强烈反对,一些人还上书袁世凯,要求干涉、取缔筹安会。袁世凯竟然表现得非常大度,"大总统曰:近数年来,此项言论虽无开会讨论之举,然耳闻已熟,久已不为措意……此等开会讨论之举,于共和原理初不相背,何从横加干涉乎?……此种研究之举,只视为学人之事,如不扰及秩序,自无干涉之必要也"③。

第二,取消 1915 年的国庆活动。10 月 7 日,大总统礼官处发出通告,"本

---

① 《筹安会成立宣言》,章伯锋、李宗一主编:《北洋军阀:1912—1928》第二卷,武汉:武汉出版社,1990 年,第 969—970 页。

② 章伯锋、李宗一主编:《北洋军阀:1912—1928》第二卷,武汉:武汉出版社,1990 年,第 973 页。

③ 中国第二历史档案馆编:《中华民国史档案资料汇编》第三辑,南京:江苏古籍出版社,1991 年,第 1048—1049 页。

日奉大总统谕：本届国庆日停止觐贺等因，特此通告"①。原来计划要进行国庆活动的，为什么取消？礼官处没有说明。我们却发现，可能与10月2日袁世凯会见英国驻华公使朱尔典的谈话有关。

10月2日，大总统袁世凯与朱尔典就帝制的几个有关问题进行了一段长时间的谈话。会谈要点如下：第一，袁世凯担心外国干涉尤其是日本干涉问题。朱尔典曰："若国中无内乱，则随时可以实行，此中国内政，他人不能干涉"，"英国对于此事极为欢迎"，"不但英国欢迎，凡英国联盟诸国，亦无损害中国之义也"。日本方面，"未闻日本有半点反对之意，及乘时取利或有损害中国之阴谋"。第二，关于总统宣誓维持共和政体问题。朱尔典曰："国民议决共和政体，选举大总统为大总统，则当然发誓维持共和政体。若国民又议决君主立宪政体，恭举大总统为新帝国之大皇帝，则又当本国民之义，发誓维持君主立宪之政体。此顺民意而为之，于信用毫无损失也。"第三，关于举宣统为新帝国皇帝问题。朱尔典曰："再选满人为皇帝，各国必不承认，若大总统肯顺民意担此责任，英国必大欢迎。因大总统名誉在英国十分满意也。"第四，称帝对于袁世凯子孙的影响问题。袁世凯曰："担心王子王孙，年深日久，无有不弱之理。"朱尔典曰："儿孙自有儿孙福，何必虑及数百年后之事，若能善立家法，令其多得学问阅历，则王子亦兴，平民子弟亦兴。若弃家法废学问，则何由而兴乎？"②

可以说，袁世凯与朱尔典的这段谈话，完全消除了袁世凯称帝的疑虑，开始向着帝制的道路迈步，而帝制则是辛亥革命的反动，他对国庆日活动的取消，是否能在这里找到答案？

媒体舆论对袁世凯此举的认识是明晰和深刻的，为此发表了大量评论，如《申报》10月8日发表的杂评《国庆日》称："国庆节停止庆贺，或曰停止阅兵，或谓此因君主制将行，故不惜此纪念也，或谓恐军队有强迫之举动，故阴以消泯之也。虽然无谕何说，总之，非共和国家之幸也！呜呼国庆"！③ 10月10日《申报》又发表时评《从此以后》称："从此以后，祇有帝政之进行，无共和陈迹矣。何也？国庆之纪念已过，以前种种不殊，昨日死也，国民之大会将来以

---

① 《政府公报》1915年10月8日，通告。
② 章伯锋、李宗一主编：《北洋军阀：1912—1928》第二卷，武汉：武汉出版社，1990年，第1113—1117页。
③ 《申报》1915年10月8日。

后种种，又将明日生也"①。13 日发表《京中国庆节之冷淡》，"本年国庆纪念，国人对之颇有一种特别之感觉，盖君宪制度之运动日渐成熟，而此告朔饩羊之共和纪念，此后将成为广陵散也……满城萧瑟了无一毫佳兴，国庆纪念以来之第一次也"②。

北京国庆纪念日活动的取消影响到了地方，如《盛京时报》1915 年 10 月 12 日报道《国庆纪念日之全国舆论》的奉天情况称：

> 昨十月十日为国庆纪念日，一时所见所闻，令人不胜感慨，溯自民国成立以来过去之三年中，政商工学各界对于此日何等欢欣鼓舞，官署（将军署、巡按署、财政厅、警察厅、师司令部、宪兵营等）门前无不高扎彩牌，商铺、学校无不高悬国旗，而外交团及百官之赴公署庆贺者济济盈门，声灵赫濯，曾几何时，而竟淡焉若忘此无他，人人一时尚未确定，有究必改为君主，而又何庆焉！③

更有人对民国以来的 4 年国庆庆典情况进行了对比，而对 1915 年的国庆日感到悲哀。

> 某在野政客谈云，中华民国四载于兹，所谓国庆节者，前后亦四度矣，回忆当第一届国庆之时，正国民党最盛之秋，孙黄北上与大总统握手言欢，两无疑忌，读大总统中山阔达，克强老成之批语，则当时之情态已可知矣。暨国庆节至，开会三天，五色旗插于全城，花牌楼高结于各道，五花十门，欢声载途，其一种热闹之新气象，殆有不可以笔墨形容者。民国二年夏间，赣宁乱起，大总统命将出师，扫平乱事，孙黄则逃走于海外，国民党则解散于国中，然以进步共和两党之力，选举袁公为正式大总统。袁公即于国庆节行就任式，发誓言受庆贺，奖励功勋，大赦天下，太和殿开放三天，提灯会举行数次，亦可谓极一时之盛矣。民国三年（1914）国庆之日，大总统举行阅兵之典，外宾临贺，文武满朝，虽不若前二年之繁盛热闹，然尚可以敷衍了事耳。独可悲者，此次国庆大典，适值共和将终，君主出现

---

① 《申报》1915 年 10 月 11 日。
② 《申报》1915 年 10 月 13 日。
③ 《盛京时报》1915 年 10 月 12 日。

之时代，故上而文人武将，舍君主则无所研究也，下而商贾走卒，舍君主则无所谈论也，因此之故，朝野上下已将此气息奄奄之国庆节，付之于无何有之乡矣。故此次对于国庆之装饰，除总统府肃□厅门首及中华门内扎有花牌楼外，其余皆措之高阁，满日萧条，令人伤感。呜呼！人情冷暖，世态炎凉，一至于此，良可慨也。①

10月10日民国国庆日，绝不是一个简单的政治符号，它所承载的是辛亥革命的历史记忆，是辛亥革命反对清王朝统治和封建帝制的光辉业绩，承载着革命先烈的艰苦追求，更承载着国家民主共和的政治生活和政治体制，民国四年（1915）来已经为绝大多数人所认同，1915年国庆日活动的取消，已经引起人们的高度重视和悲伤，对以后局势的发展忧心忡忡。

第三，全文公布参政院议定变更国体的呈请。10月8日，袁世凯签发大总统告令，借参政院口气，否定辛亥革命后的政治体制选择。

> 前后请愿前来，咸以为中国二千余年以君主制度立国，人民心理久定一尊。辛亥以后，改用共和，实与国情不适，以致人无固志，国本不安。诚由共和制度，元首以时更替，国家不能保长久之经划，人民不能定专一之趋向，兼之人希非分，祸机四伏，或数年一致乱，或数十年一致乱，拨乱尚且不遑，致治何由可望？南美、中美十余国坐此扰攘，几无宁岁，而墨西哥为尤甚，四稔纷竞，五主相残，人民失业，伤亡遍地，前车之覆，可为殷鉴。我国迭经乱故，元气未复，国家政治亟待进行，人民生计亟待苏息，惟有速定君主立宪，以期长治久安，庶几法律与政治相互维持。国基既已巩固，国势亦以振兴，全国人民深思熟虑，无以易此。即外国之政治学问名家，亦多谓中国不适共和，惟宜君宪，足见人心所趋，即真理所在。全国人民迫切呼吁，实见君主立宪为救国良图，必宜从速解决②。

虽然10月10日袁世凯签发大总统令，否认各社会团体及一些行政官员，如王士珍、刘冠雄、朱家宝等变更国体的呈请，"本大总统披览之余，以为改革国体事端重大，倘轻率更张，殊非事宜。但约法所载'中华民国主权本之国民全

---

① 《盛京时报》1915年10月14日。
② 《政府公报》1915年10月9日。

体',解决国体自应听之国民……惟有遵照约法,以国民为主体,务得全国多数正确之民意以定从违"①。但明眼人都知道,他在等待大多数民意,如果大多数民意同意君主立宪,那么他将顺从民意。

第四,最终接受民意劝进,否认辛亥革命,更改共和的政治体制,决意实行君主立宪的政治体制。两个月后,即12月11日,民意结果出炉,全国国民代表共1993人,全部赞成君主立宪的政治体制选择。参政院代行立法院代表全国国民代表呈上拥戴书,一致推戴今大总统为皇帝。袁世凯虽然谦虚地退让了一番,将国民代表大会总代表推戴书及各省区国民代表推戴书等件送还代行立法院,但参政院的再次劝进,其只好接受了,"天下兴亡,匹夫有责,予之爱国,讵在人后?但亿兆推戴,责任重大,应如何厚利民生,应如何振兴国势,应如何刷新政治,跻进文明,种种措置,岂予薄德鲜能所克负荷?前次掬诚陈述,本非故为谦让,实因惴惕交萦,有不能自已者也"②。

12月13日上午9时,在中南海居仁堂,袁世凯接受百官朝贺,并进行了一个简单的仪式。袁世凯发表讲话,正式宣布:

> 现在全国人民以我国不适共和,议定改建国体为君宪,此为人民心理所趋向,予当以民意为重,已无讨论之余地。予被全国人民推戴为中华帝国皇帝,自顾实不胜惭悚。我国国势积弱,险象四伏,如求转弱为强,殊非易事。国家建造之始,即当为久远大计,来日方长,更不知有几许困难。大位在身,永不息肩之日。③

袁世凯最终抛弃了辛亥革命后中国人民的政治选择,走向了与此完全相反的道路,完全否定了辛亥革命,其下场是可以想见的。其所谓的民意完全是帝制派精心炮制出来的,半年后为真正民意讨伐而不幸命丧黄泉的袁世凯,是否了解他是被"民意"所害?

袁世凯对辛亥革命的认同,大致经过了一个否定—肯定—再否定的过程,他个人的命运与辛亥革命息息相关。辛亥革命之前及武昌起义之后的一段时期,袁世凯作为辛亥革命的对立面,反对革命,镇压革命。革命的过程中,袁世凯

---

① 《政府公报》1915年10月12日。
② 《政府公报》1915年12月13日。
③ 中国社会科学院近代史研究所图书馆藏档案,未刊。

看到蓬勃发展的革命趋势，认同了革命，参加了革命。袁世凯加入革命队伍，壮大了革命的力量，为推翻清政府，实现辛亥革命的目标作出了贡献，因此他是作为辛亥革命的功臣被国内各派、各种政治势力推举为中华民国临时大总统。他是辛亥革命的最大受益者，辛亥革命是他掌握中华民国最高权力的合法基础。辛亥革命以后的数年间，他继续认同辛亥革命，尽管在此过程中他不断加强自己的权力，不断削弱和破坏辛亥革命的成果，如解散国会，废除约法等，甚至将辛亥革命的领袖人物孙中山、黄兴赶出国门，但他对辛亥革命的最大、最根本性的成果——民主共和制度还是尊重的，将武昌起义之日定为国庆日，将南京临时政府成立之日、清帝退位南北统一之日定为纪念日，每年举行国庆活动。因此他得到了国人的尊重，其政权的基础和合法性是牢固的。但他1915年10月后从根本上否定辛亥革命，先是取消当年国庆的庆祝活动，继而废除共和民国，改行中华帝国，其统治失去了合法性和正当性，最终被辛亥革命的力量所推翻，他自己也成为一个悲剧性的人物。从这个意义上说，袁世凯最后逆辛亥革命，其败亡也是必然的。辛亥革命的意义和力量是不能小看的。

原载（《史学月刊》2013年第5期）

袁世凯与民初议会

民国初年,以袁世凯为首的北洋势力和以资产阶级为主体的议会之间展开了一系列激烈斗争,其实质是封建专制制度与资产阶级民主制度的斗争。斗争结果是议会被解散,袁世凯专制独裁政权确立,辛亥革命最后失败。因此,揭示袁世凯与民国初年议会的斗争过程,有助于对民国初年复杂社会的了解和对袁世凯本质的认识。

一、袁世凯与南京临时参议院

南京临时参议院时期(从 1911 年 11 月 15 日各省都督府代表联合会成立到 1912 年 4 月 8 日南京临时参议院北迁),袁世凯与议会分处两地,议会一方面对袁颇有好感;另一方面又不怎么放心,所以既选举他为临时大总统,又制定《中华民国临时约法》对其进行制约。起初袁世凯对议会比较尊重,对议会的议决,一般也能够遵照执行。

1911 年 11 月 15 日,独立各省都督府代表联合会在上海宣告成立,它由各省都督委派代表组成,是一个议会性质的团体。代表会成立后,积极筹建独立各省统一的中央政府。在此前后,袁世凯被清廷重新起用,授予总理大臣全权。由于他以革新派著称,所以南方各派政治势力普遍对他有好感,企图利用他的力量推翻清政府,以取得革命的廉价胜利,以致代表会成立伊始,就在汉口会议上作出"如袁世凯反正,当公举为临时大总统"[①]的决议。12 月 14 日,代表

---

① 张难先:《中华民国政府成立》,中国史学会编:《辛亥革命(八)》,上海:上海人民出版社,1957 年,第 13 页。

齐集南京开会，议决于当月16日召开临时大总统选举会。次日，当一听说"袁内阁亦主张共和"时，"于是议决缓举临时大总统"①，虚位以待袁世凯。1912年1月1日，中华民国南京临时政府正式宣告成立，作为立法机关的临时参议院于1月28日成立，临时参议院有43个议席，资产阶级革命党人拥有33席，占绝对多数。袁世凯重新出山后，看到革命势不可当，清廷灭亡势在必然，于是顺应民主共和的潮流，利用南方革命党人急切推翻清廷的心理，同南方停战议和，在得到南方的确切许诺后，就利用革命党人的力量威胁清廷，逼清帝退位。1912年2月12日，清帝颁布退位诏书。次日，袁即电达南京，"共和为最良国体"，"永不使君主政体再行于中国。"②南京收到电文，孙中山即向参议院提出辞职，荐袁以代，说："此次清帝逊位，南北统一，袁君之力实多"，"举为公仆必能尽忠民国"③。2月15日，临时参议院举行大总统选举会，17省议员，每省一票，全体一致选举袁为中华民国临时大总统。

但是资产阶级革命派对袁世凯总是不放心，湖南一位参议员就说："现在满清的君主专制虽然已经推翻，但是我们把建设的事业，委托他们官僚，他们能够励行我们党的主义，替人民谋幸福吗？这种期望，我不免有些怀疑。尤其是就袁世凯的历史上说，他的政治人格有好多令人难以信任的地方"，"一旦大权在握，其野心可想而知"④。因此为限制袁世凯的权力，南京临时参议院加快了制定临时约法的进程，2月9日，在审议临时约法草案时，决定将原案中的总统制改为责任内阁制⑤。这是一个大的变化，南京临时政府是依照《中华民国临时政府组织大纲》成立的，大纲确定的是总统制。而今改为内阁制，其用意是至深的。但参议院为避对人立法之嫌，一议员解释说，"其最重要者，即临时政府组织大纲采总统制，盖各省联合之始，竟有类于美利坚十三之联合，因其自然之势，宜建为联邦国家，固采美之总统制。自临时政府成立后，感于南北统一之必要，宜建为单一国家，如法兰西集权政府，故采法之内阁制"⑥。

《中华民国临时约法》实质上是一部临时宪法。它依据三权分立的原则，规

---

① 谷钟秀：《中华民国开国史》，上海：泰东书局，1914年，第35页。
② 《临时政府公报》1912年2月14日，第15号。
③ 《临时政府公报》1912年2月20日，第17号。
④ 蔡寄鸥：《鄂州血史》，上海：龙门联合书局，1958年，第186页。
⑤ 《参议院议事录》1912年2月9日。
⑥ 谷钟秀：《中华民国开国史》，上海：泰东书局，1914年，第83页。

定参议院为最高立法机构，有权议决一切法律案，议决预算、决算、税法、币制及度量衡准则等。此外，参议院还有选举权、同意权、弹劾权等。法院为最高司法机构，法官独立审判，不受上级官厅的干涉。临时大总统代表临时政府总揽政务，拥有公布法律、统率陆海军、制定官制官规、任命文武职员、宣战媾和及缔结条约等权。但这些权利的行使，须经参议院同意。国务总理和各部总长，均称国务员，"国务员辅佐临时大总统负其责任，国务员于临时大总统提出法律案、公布法律命令时，须副署之"①。这就是体现在约法里的责任内阁制。《中华民国临时约法》体现了资产阶级革命民主派的意志，在参议院、临时大总统和国务员三者关系中，参议院有广泛的权力，国务员负实际的责任，只有临时大总统几乎不能独立行使其法定的许多权力，从而反映了资产阶级力图通过议会和责任内阁这两个法宝，限制袁世凯的权力，维护辛亥革命的成果，维护共和国的长存。

孙中山向参议院辞职时还附有三个条件：(1) 临时政府地点设于南京，为各省代表会所定，不能更改。(2) 辞职后，俟参议院举定新总统亲到南京受任之时，大总统及国务员乃行辞职。(3) 临时政府约法为参议院所制定，新总统必须遵守颁布之一切法制章程②。所以，除了以约法限制袁世凯外，更为直接紧迫的是要袁世凯离开北京，到南京宣誓就职，以便资产阶级就近监视。对此，袁世凯是非常清楚的。北京、北方是他势力的中心，他绝不会离开这个中心的，至于约法，那是以后的事情。但袁世凯表面上不拒绝南下，只是借口北方不稳，不能即刻启程，"极愿早日南行，惟询于北方各种困难问题，须妥为布置"③。而当蔡元培等迎袁专使到北京后不久发生的兵变，更证实袁意见不谬。资产阶级开始妥协，蔡元培等迎袁专使首先提议取消袁南下要求，准许其在北方宣誓就职。参议院即刻同意，"昨提出参议院，经院议决，电允袁总统在北京受职"④。3月6日，参议院议决了统一政府组织办法六条：(1) 由参议院电知袁世凯允其在北京受职。(2) 袁世凯接电后即电参议院宣誓。(3) 参议院接宣誓后即复电

---

① 《中华民国临时约法》，中国社会科学院近代史研究所中华民国史研究室等编：《孙中山全集》第2卷，北京：中华书局，1982年，第220—224页。

② 中国社会科学院近代史研究所中华民国史研究室等编：《孙中山全集》第2卷，北京：中华书局，1982年，第84页。

③ 高平叔：《蔡元培政治论著》，石家庄：河北人民出版社，1985年，第74页。

④ 高平叔：《蔡元培政治论著》，石家庄：河北人民出版社，1985年，第74页。

承认受职,并通电全国……①3月8日,袁世凯接到参议院的六条办法后甚为欣慰,即电参议院宣誓,"谨守宪法,依国民之愿望,蕲达国家于安全强固之域,伸五大民族,同臻乐利"②。3月9日,参议院将刚刚通过的《中华民国临时约法》电告袁世凯,要他遵照执行,"本院代表国民,尤不得拳拳敦勉者,《中华民国临时约法》七章五十六条,伦比宪法,其守之维谨,勿逆舆情,勿邻专断,勿狎非德,勿登非才……"③

3月10日,袁世凯在北京就任临时大总统,他终于如愿以偿,完全达到目的。然而,当他组织内阁时,提出的12名国务员名单,则被参议院否决,理由是"仍请按照本院议决原案所设10部开明姓名"④。袁世凯不得不按参议院拟定的官制,提出10名国务员名单交参议院同意。3月29日,中华民国第一届责任内阁如法成立。4月1日,孙中山正式解除临时大总统职。4月8日,临时参议院议决北迁,南京临时参议院时期结束。

南京临时参议院是民国初年议会的最初阶段,资产阶级革命党人居多数,议员分属不同派别,但没有党争。虽然湖北、江苏籍议员时功玖、杨廷栋等曾在院内掀起一场大的风波⑤,但无关大局,南京临时参议院在重大议案,如选举总统、制定《中华民国临时约法》等方面大体上是一致的,行使了最高立法机关职权,代表了资产阶级的利益和要求。袁世凯为了取得政权,对临时参议院表示了一定程度的尊重,此时双方虽然没有大的冲突和斗争,但《中华民国临时约法》的颁布,使斗争不可避免,随着临时参议院的北迁,斗争幕布拉开了。

二、袁世凯与北京临时参议院

从1912年4月29日临时参议院在北京开院,到次年4月8日国会正式召开,此为北京临时参议院时期。这一时期,议员成分有较大的变化,革命党人议席减少,前清立宪派和从同盟会中分化出来的资产阶级右翼政党的议席增加,

---

① 白蕉:《袁世凯与中华民国》,荣孟源、章伯锋主编:《近代稗海》第三辑,成都:四川人民出版社,1985年,第28页。
② 白蕉:《袁世凯与中华民国》,荣孟源、章伯锋主编:《近代稗海》第三辑,成都:四川人民出版社,1985年,第28—29页。
③ 《时报》1912年3月11日。
④ 《申报》1912年3月20日。
⑤ 胡绳武:《民元南京参议院风波》,《近代史研究》1989年第5期,第93—107页。

据《民立报》5月份统计，到京的参议员中，同盟会33席，共和党26席，统一共和党13席，共和建设讨论会6席，其余11席无所属。① 不久，议员陆续到京，除西藏未派外，议员总数达121席，同盟会和共和党各居40席，统一共和党20余席。② 议长也进行了改选，统一共和党人吴景濂、共和建设讨论会的汤化龙当选为正副议长，这对同盟会是极为不利的。直到8月，同盟会和统一共和党等合组为国民党，对革命党人不利的形势才得以好转。尽管议员成分复杂，党派纷争，但大部分议员是坚信民主政治的，所以这一时期，参议院"严明监督主义，以期国家进行"，③ 认真履行职权，同袁世凯既合作又斗争，合作是颇有成效的，斗争是相当激烈的。袁世凯虽然在不断地破坏约法，侵犯立法权限，但在参议院的监督下，在那个时期，在某种程度上其也不得不守法。

1912年4月29日，参议院移至北京开会的第一天，袁世凯率国务总理唐绍仪及各部总长莅会。他发表宣言，宣布政见，"世凯向持锐进主义，不敢以畏难保守自足"，"但值改革之后，亟当维持秩序，利用厚生，建设从稳健入手，措置以实事为归……"④。参议院在致词中表示了行政、立法机关相互合作和支持的愿望，同时强调参议院要尽立法监督机关之责任，对政府进行有效的监督，"望大总统及诸执政诸君，用人各当其才，行政急所先务，所秉者公意，所察者舆情，民国前途，庶几有豸。本院代表国民，尤不能已于言者。当此内政废弛，外交困厄，民庶穷蹙，军士俶扰，政府排万难、冒万险，苟有利于国者，措施虽有时济以权变，本院亦靡不乐为赞助，期于成功。否则，苟且之筹，补苴之术，形式徒具，精神坐亡，本院职司所在，乃不能同流自陷，辜负国民行政立法机关"⑤。

袁世凯和临时参议院的合作是多方面的，在立法创制方面成效最著，制定和颁布了许多政制法规，诸如《国务院官制》、《国会组织法》、《参议员选举法》、《众议院选举法》等，这些政制法规，奠定了中华民国立国的基础。在此期间，临时参议院基本行使了其职权，起到了代议机关的作用，"先后开会综

---

① 《民立报》1912年5月14日。
② 谷钟秀：《中华民国开国史》，上海：泰东书局，1914年，第100页。
③ 黄远庸：《远生遗著》上册，上海：中国科学公司，1938年，第2页。
④ 袁世凯：《莅参议院宣言》，章伯锋、李宗一主编：《北洋军阀：1912—1928》第二卷，武汉：武汉出版社，1990年。
⑤ 王景濂、唐乃霈编：《中华民国法统递嬗史》，无锡：民视社，1922年。

220次，经议决者230案，立国纲要，未始不于此稍植基础也"①。在重大问题的处置上，袁世凯政府和参议院互相支持、互相配合，共同维持着民国的大局。例如，民国初年最大的财政问题是向外国借款，袁世凯政府能够遵守《中华民国临时约法》的程序，向参议院提出，并求得参议院的同意。参议院对政府的举措，也都给予通过。正如一位有影响的参议员所说，"前参议院时代，凡政府提出借款案，无不悉赞成，而政府于立约签字之先，亦靡不将交涉情况报告于参议院，征求同意"②。

袁世凯和议会的合作，还可以从临时参议院闭会上袁世凯致辞中可以看出。1913年4月初，正式国会即将召开，临时参议院完成了其历史使命，于国会召开前夕举行了闭会礼。袁世凯在致词中回忆了他和参议院共事一年的感受。他说："一年以来，世凯与诸君子艰难共历相见以心，倏忽岁欢，光景在目，虽立法、行政所处不同，而以国家为前提，视政治如家事，与诸君子均在忧勤惕厉之中，骇浪乘船，同心共济，缓急轻重，弦韦交资者，固可握手互谈，屑涕追语者也……"③尽管充满着虚伪和客套，但也多少反映了他与议会合作的情况。学术界过去只讲议会与袁世凯的斗争，忽略了他们之间的合作。事实上，袁世凯与北京参议院有斗争也有合作，若没有合作，民国初期前两年的政局是不可想象的。

北京临时参议院与袁世凯的斗争，还是相当激烈的。袁世凯不断地破坏约法，极力摆脱议会对他的约束，扩大其行政权，甚至不惜使用武力压迫参议院就缚。在参议院存在的一年中，双方斗争持续不断，最激烈的要数袁世凯不经议会议决，径以命令公布省制省官制案和陆内阁风潮案。

《中华民国临时约法》第三十三条规定，临时大总统可制定官制、官规，但须交参议院议决。参议院北迁以来，对统一后的民国政局，对省制、省官制是非常重视的，"以为统一行政，整齐南北，非此莫由也"④。《中华民国临时约法》没有规定省制、省官制，所以参议院准备以一重大法规立案，以作为稳定政局的重大举措，他们一再咨催袁世凯提案交参议院议决。袁世凯有自己的打算，

---

① 杨幼炯：《中国近代史立法史》，上海：商务印书馆，1936年，第117页。
② 谷钟秀：《中华民国开国史》，上海：泰东书局，1914年，第124页。
③ 徐有朋：《袁大总统书牍汇编》文辞，上海：广益书局，1914年，第12页。
④ 《申报》1913年1月18日。

他要加强对各省的控制,改变武昌起义以来南方各省各自为政的局面。他曾两次草拟了中央集权的省制方案交参议院讨论,都因参议院反应强烈而不得不在开议前收回修订。他知道自己的方案不会得到参议院通过的,于是乘部分参议员回乡竞选国会议员,参议院不足法定人数无法开会之机,突然于1913年1月8日以命令公布《现行各省地方行政官厅组织令》等官制官规,引起议员大哗,"今官制不交院议,以命令制定,以命令公布,逾越约法,蔑视立法机关"①,"夫参议院为最高立法机关,安可放弃职权"②!当参议员纷纷质问时,袁世凯借口"临时政府期限已迫",议会"不足法定人数","非世凯之敢侵立法权限也,实以局势所迫,不得不设法变通,以求终了责任"③。袁世凯钻了参议院的空子,侵犯了立法机关的权限,还振振有词。参议院因出席议员不足法定人数,对袁世凯的违法无可奈何,"参议院久已开会不成,四日(1913年3月4日)午后,候至三点钟,乃偶尔凑足法定人数,于是两月之久乃至此见第二次之开会"④。

北京临时参议院与袁世凯斗争的焦点是议会对内阁的同意权,由此还引发了内阁风潮。《中华民国临时约法》规定,"临时大总统任免文武职员,但任命国务员、外交大使、公使,须有参议院之同意";"参议院对于国务员,认为失职或违法时,得以总员四分之三以上出席,出席员三分之二以上之可决弹劾之";"国务员受参议员弹劾后,临时大总统应免其职"。这就是约法赋予议会对内阁的同意权和弹劾权,这项规定,最为袁世凯所不满。他经常抱怨:"夫用人实行政之本,而国务院为大政所从出。本大总统为国择能,尤深兢业,遵照约法,必须求同意于议院",⑤ "临时政府一年以内,内阁三易,屡陷于无政府地位,皆误于议会有国务员同意权"⑥。

唐绍仪内阁是南京临时参议院议决的,唐绍仪倒台后,袁世凯任命陆征祥组阁。7月18日,陆征祥带着袁世凯新增补的6名国务员名单到参议院说明理由,不谈施政方针,而大谈做生日、开菜单之类庸俗不堪的言语,引起议员的

---

① 《申报》1913年1月18日。
② 《申报》1913年1月12日。
③ 《申报》1913年1月18日。
④ 《申报》1913年3月8日。
⑤ 白蕉:《袁世凯与中华民国》,荣孟源、章伯锋主编:《近代稗海》第三辑,成都:四川人民出版社,1985年,第53页。
⑥ 白蕉:《袁世凯与中华民国》,荣孟源、章伯锋主编:《近代稗海》第三辑,成都:四川人民出版社,1985年,第76页。

强烈反感,准备否决增补的国务员。袁世凯得知后,急忙函知参议院,要参议院推迟表决。参议院不予理会。袁世凯大为不满,立即通告各省,对参议院大加指责,"特具函请其展缓投票,再行协商,世凯之委曲求全,盖已无所不至。不意此日,参议院宣言,此函作为无效,即日投票,6总长全部否决"①。陆征祥于7月20日向袁引咎辞职,这就是陆征祥内阁危机,也是参议院北迁以来袁世凯和参议院之间最严重的冲突。

临时参议院依据约法行使职权,是正当之举,无可厚非,但鉴于政府危机,波动全国,参议院派代表晋谒袁世凯,以协商解决的具体办法。袁世凯表示,为了稳定大局,总理不更,阁员重提,要求参议院予以通过。而正当这时,北京军警表现出高度的"爱国心",他们召开特别大会,通电声讨参议院为"人民之公敌,共和之障碍",指责参议员"谬执党见,陷国家于无政府"②。7月25日,袁世凯向参议院提交了第二份增补阁员名单。但在当天上午,军警们再次召开特别会议,通过决议威胁参议员,表示若再不通过国务员,他们将请大总统将参议院解散。参议院在这种极端恐怖气氛的压力下,进退维谷,左右为难,"此次若遵于同意,今后参议院将永失其价值……若再不同意,将来难予为继,倘有变动,参议院亦仍是失其价值"③。但议员们为了给自己留点面子,将工商总长蒋作宾否决,其他五员则予以通过。

北京临时参议院存在的一年中,袁世凯和议会这种既斗争又合作的关系,支撑了民国元年(1912)、二年(1913)的大局。但这种局面只是暂时的,袁世凯要确立其军阀独裁专制政权,随时准备破坏大局,民主制度,岌岌可危。

三、袁世凯与第一届国会

从1913年4月8日第一届国会开幕到1914年1月10日国会被非法解散,是为第一届国会时期。第一届国会与袁世凯的斗争从始至终,连绵不断,高潮迭起,终因国会制定《天坛宪法草案》,坚持《中华民国临时约法》的精神,坚持责任内阁制度,为袁世凯所不容,被袁世凯非法解散。

1913年4月8日,中华民国第一届国会在众议院举行了隆重的开幕礼。国

---

① 徐有朋编:《袁大总统书牍汇编》卷五,上海:广益书局,1914年,第16页。
② 《亚细亚日报》1912年7月23日。
③ 《亚细亚日报》1912年7月24日。

务总理及各部总长均在会。这种隆重的盛会,作为民国元首的袁大总统,竟派总统府秘书长梁士诒代表自己出席并致颂词,其言:"世凯亦国民一分子,当与诸君子同声庆幸","共和国之实体,藉以表现,统治权之运用,亦赖以完满进行"①。最后还高呼中华民国万岁!民国国会万岁!颂词虽然娓娓动听,但袁世凯的不出席,意味着对国会的藐视,引起议员们的强烈不满,他们拒绝梁士诒宣读袁世凯的颂词。斗争的序幕,就此拉开。

按《国会组织法》,民国国会采取参议院、众议院两院制。参、众两院议员选举从1912年12月开始,至次年2月告峻。国民党靠辛亥革命的余威,取得了选举的全胜,在参、众两院均获得多数席位,成为国会中第一大党,共和、民主、统一三党相加,也不能和国民党匹敌。国民党选举的胜利,使袁世凯大为吃惊,国民党取得议会中的多数,意味着国民党内阁目标的实现,将对袁世凯造成严重的威胁。对此,袁世凯是非常清楚的,他对杨度说:"我现在不怕国民党以暴力夺取政权,就怕他们以合法手段取得政权,把我摆在无权无勇的位置上。"②他一不做二不休,先下手为强,于1913年3月20日,将国民党代理理事长宋教仁暗杀于上海车站③,给即将召开的国会罩上了一层浓厚的阴影。

第一届国会中的党争尤为激烈,国会开幕后的议长选举,为激烈党争中之一幕。国民党凭借其在参议院的多数席位,4月25日,轻松地取得正副议长的选举胜利。而在众议院,由于国民党内部涣散,袁世凯的拉拢利诱及共和、统一、民主三党的联盟,国民党议员在议长选举中惨遭失败,议长为民主党议员汤化龙所得,副议长为共和党议员陈国祥所得,三党和国民党在国会中形成了势均力敌之势。④ 三党均属资产阶级的右翼政党,他们虽然也以实现民主政治为目标,但在反对国民党、偏袒袁世凯方面则立场一致。5月29日,三党正式联合为进步党,成为国会中的第二大党。袁世凯尽管对进步党也不甚感兴趣,但为了对付国民党,便对进步党极力笼络。他利用各党之间的矛盾,居间操纵,使会纷争不已,形不成统一的议案,议会由此失去了其立法、监督等方面的

---

① 白蕉:《袁世凯与中华民国》,荣孟源、章伯锋主编:《近代稗海》第三辑,成都:四川人民出版社,1985年,第52页。

② 陶菊隐:《北洋军阀统治时期史话》第一册,北京:生活·读书·新知三联书店,1957年,第154页。

③ 宋教仁被何人所杀,尚未完全定论。传统观点认为是袁世凯所杀,缺乏史实依据。

④ 张华腾:《试析国民党竞选众议院议长的失败原因》,《民国档案》1991年第1期,第92—95页。

职能，袁世凯则借机加快专制独裁的步伐。

　　第一届国会的主要任务是制定一部正式宪法，选举总统，组织正式政府。但开会后不久，袁世凯政府违法大借款案发，于是反对袁世凯违法大借款一时成为国会开会后同袁世凯斗争的焦点。

　　自武昌起义以来，清政府的中央财政体系崩溃，一时难以恢复。民国成立以来，不管是南京临时政府，还是北京政府，都是靠借款维持。但《中华民国临时约法》规定，政府对外借款，须得议会的同意。1913年4月27日，袁世凯竟然背着国会，同英、法、德、日、俄五国银行团秘密签订了2500万英镑的善后大借款合同。袁世凯政府的违法行径，激起国民党议员的强烈愤慨，参议院正副议长张继、王正廷以正副议长名义通电全国，揭露袁世凯违法卖国的罪恶事实，"今日国会成立，乃政府与五国银行团订约借债2500万镑，不交国会通过，蹂躏立法机关，其悖谬一……前之参议院既屡遭摧残，今日国会又遭受其蹂躏，不有国会，何言共和？继等惟有抵死力争，誓不承认"[①]！4月29日，参议院更通过决议，否决大借款合同。袁世凯无视参议院的议决，又于5月2日将合同咨送国会，请查照备案。参议院"经多数议决，将原咨退还"[②]。众议院由于选举议长延时，至5月3日才开始讨论大借款案。5月5日，经过激烈辩论，通过了国民党议员谷钟秀的提议："对于借款并不反对，惟政府违法签约借款，""本院决不承认"[③]。5月8日，袁世凯向两院发出咨文，以强硬的态度要国会承认大借款，"设再迁延，（列强）势必横加干涉，实行监督财政，致陷民国有破产之虑……值此财政很窘，国际债权催逼更甚，借款一日不成，国本一日不定。此次合同签字，在势无可取消。倘国会能谅苦衷，实为国家之幸，否则，惟有向国民代表引咎自谢，以明责任"[④]。以列强干涉和辞职要挟国会承认大借款，向国会施压力。众议院于5月5日通过谷钟秀提案后，进步党议员为袒护袁世凯，不但对主持会议的议长汤化龙大加责难，又企图将决议改成二读会通过的议案以推翻前案，虽遭国民党强烈反对，但由于进步党议员退席，不足法定人数无法议决，反对违法大借款案在众议院搁浅。两院形不成一致意见，参议院

---

① 《申报》1913年5月4日。
② 《申报》1913年6月10日。
③ 《民主报》1913年5月10日。
④ 《政府公报》1913年5月9日。

的决议案也就失去了法律效力。对此袁世凯十分高兴，6月11日，他再次将借款合同案咨送参议院。袁世凯这时以《中华民国临时约法》、《国会组织法》的捍卫者的姿态指责参议院违法，"既使应经议院议决事件，亦应依国会组织法第13条之规定，以两院一致议定，非参议院所能专行……参议院意可任意拒绝，是不仅举约法上议院与政府之国家机关相互关系而破裂之，而违反约法之精神而危险之，及于国家前途者非常重大……仍应请将中国善后借款合同暨用途单同原咨条件咨复参议院"①。此时，袁政府向奥匈帝国借款案发。奥匈帝国借款签字于1913年4月10日，政府"不惟不交议，并不令国会与闻，经议员再共质问，始承认有此事"。袁世凯藐视立法机关，竟到如此地步，非但国民党议员，即进步党议员也异常愤慨。7月4日众议院开会，同时提出五个弹劾案，"虽有弹劾国务员全体及一部分之区别，然国会之集矢于政府则一。赵秉钧（总理）、周学熙（财长）因是免官。而大借款案，遂为无结果中之结果"②。

国会制宪工作，开始于1913年6月30日，参众两院议员经过互选，各选出30名议员为宪法起草员。7月12日，宪法起草委员会在众议院开成立大会，不久移至天坛祈年殿工作，直至宪法草案完成。因此宪法起草委员会拟定的《中华民国宪法草案》，一般称之为《天坛宪法草案》，简称《天坛宪草》。

在国会制宪过程中，袁世凯表示了极大的关注，也极尽破坏干涉之能事。他企图借制宪抛弃《中华民国临时约法》精神，抛弃内阁制而采用总统制，制定一部适合自己口味的宪法。对《中华民国临时约法》，他表示极大的不满，"夫约法乃南京临时参议院所定，一切根本，皆在约法，而约法因人成立，多方束缚，年余以来，常陷于无政府之地，使临时政府不能有所展布"③。而国会议员，大多是受了资产阶级民主思想影响的知识分子，以为"在推翻清朝之后成立国会，并订出一部像样的宪法来，以为这样就实现了民主，国家就可以富强了"④。所以尽管他们党见极深，但在国会独立制宪上则是一致的。8月19日，袁世凯派人将其御用宪法研究会拟定的宪法草案大纲提交宪草会，宪草会拒绝接受。

---

① 《申报》1913年6月23日。
② 谷钟秀：《中华民国开国史》，上海：泰东书局，1914年，第131页。
③ 王景濂、唐乃霈编：《中华民国法统递嬗史》，无锡：民视社，1922年，第28页。
④ 王绍鏊：《辛亥革命时期政党活动的点滴回忆》，中国人民政治协商会议全国委员会文史资料研究委员会编：《辛亥革命回忆录》第一辑，北京：中华书局，1961年，第401页。

袁世凯还不时动用他的洋顾问发表"权威性"言论，以影响国会制宪。有贺长雄在国民大学演说："以我言之，法国之制不适用于中国，可不必讨论"①。另一宪法顾问古德诺也发表了类似的谈话，为袁世凯独裁统治寻求法理。他说："中国之习惯为君主行政，一切行政大权归于中央，政府以是之故，民国政府则采用美制而不宜采用法制。"②

对国会宪法起草委员会，袁世凯恨之入骨，必欲除之而后快。因为宪草会60名委员中，国民党人占半数，且经过互选而产生的7名理事中，国民党人实居其四，汤漪还被选为宪法起草委员会委员长。国民党人在宪草会中明显占优势，控制着宪草的制定权。国民党人主张限袁，袁世凯深感不安，于是借口二次革命中国民党议员与南方革命党人有联系，对国民党议员任意逮捕枪杀，但后来依法递补的宪草员中，国民党人仍占半数。

袁世凯除破坏宪法起草委员会外，还干涉宪法起草委员会宪法制定程序。先定宪法后举总统是国民、进步二党的一致意见，袁世凯急于要在10月10日登上大总统的宝座，就以正式政府不成立，友邦不予承认为借口，要国会先举总统后定宪法。他知道议员们没有压力是不会轻易改变的，于是一手鼓动京师报界制造舆论，一手行使他的法宝，策动军队及各省都督向国会施加压力。进步党首先屈服，国民党亦因二次革命失败，南方地盘尽失，失去了控制袁世凯的军政实力，剩下的也只有以宪法限袁了，所以国民党也违心地同意。1913年10月4日，宪法起草委员会先制定出宪法的一部分——《大总统选举法》，1913年10月6日选举袁世凯为正式大总统。这天，国会被数千"公民"所包围，不得出议场一步，议员们从早晨8点到晚上11点，忍饥挨饿，连选了三次，直到袁世凯获得法定人数才许出场，这样选举总统的事例，在世界共和国史上也是罕见的。1913年10月10日，袁世凯就任正式大总统。

袁世凯就任大总统后进一步干预制宪。10月16日向国会提出"增修约法案"。国会以宪法草案正在审订，不日产出，无需修改约法，"置之不议"③。18日，又咨文国会。说国会10月4日公布的《大总统选举法》侵犯了他的法令公

---

① 《申报》1913年7月3日。
② 《申报》1913年6月15日。
③ 白蕉：《袁世凯与中华民国》，荣孟源、章伯锋主编：《近代稗海》第三辑，成都：四川人民出版社，1985年，第60页。

布权。10月4日，袁又派饶孟任、黎渊等8政府委员强行出席宪法起草委员会，要求陈述意见。宪法起草委员会以他们出席会议无法律依据拒之。8委员不听劝告，自行出席旁听，宪法起草委员会"饬警卫将饶、黎诸人挥之出场"①。国会与袁世凯的斗争已达到白热化的地步。

袁世凯干涉破坏国会制宪的行径，不仅激起了国民党宪法起草员的愤怒，连进步党宪法起草员也愤愤不平。不同党籍的宪法起草员由原来的对立到逐渐缓和，直至意见渐趋一致。袁世凯咄咄逼人的进攻，促使宪法起草员更加团结。为使宪法早日告成，10月18日，国民党议员骨干张耀曾、谷钟秀等和进步党议员中坚人士丁世峰、蓝公武等联合发起成立了民宪党。民宪党以"贯彻民主精神，励行立宪政治为旨，对国家负忠诚之义务，有摇撼我民主政体者，必竭尽全力维护之，保护之"②。民宪党的成立，加速了宪法草案的审订过程，10月31日，宪法起草委员会以法定程序顺利通过了三读会。

《天坛宪法草案》是《中华民国临时约法》的继承、完善和发展，是一部资产阶级的宪法草案，如在政府的组织形式上，不但坚持责任内阁制，还比《中华民国临时约法》的内阁制更为完善。例如，《中华民国临时约法》赋予议会立法权、财政权、批准内阁权、行政监督权等。《天坛宪草》不但全部继承，且在一些具体规定上，如行政监督权，比《中华民国临时约法》有所扩大，特辟"国会委员会"一章。宪法起草员的本意，是在国会闭会期间，设置这样一个机关，以对总统的紧急命令、财政处分、任命国务总理等给予限制，以免总统滥用职权，他们参用法国、智利宪法成例，设置国会委员会。国会委员会之设，遭到袁世凯及其党羽的强烈反对和恶毒攻击。袁世凯"对于国会委员会之同意权尤为反对"③，有贺长雄更以"国会委员会为奇例"④。正是由于宪法草案维护了议会的诸种权力。特别是在总统任免官吏、缔结条约、财政预算、内债募集、外债筹措、发布紧急命令及财政紧急处分等方面的同意权，为袁世凯最为恼恨，

---

① 《申报》1913年10月27日。
② 《申报》1913年10月22日、24日。
③ 《申报》1913年11月1日。
④ 《申报》1913年10月29日。

直骂宪法草案"比照约法,皆变本加厉"①,国会议员"干犯行政,欲图国会专制"②。袁世凯要以国会为自己的婢女,岂能容国会再制约自己的权利,制定约束自己权利的宪法!他立即指使各地都督、民政长、大小官吏、文臣武将掀起了一场反对《天坛宪草》的恶浪。11月4日。他又发布命令,非法解散国民党,追缴国民党议员证书徽章400余件,国会不足法定人数而被迫休会。

兔死狗烹,到此时进步党议员才看出问题的严重性,国会不亡而亡。参众两院的议员聚集在议场,商讨挽救国会的办法,纷纷向袁世凯政府提出质问书。"民国不能一日无国会。国会议员不能由政府取消,此世界共和国之通义,立宪政治之大经也"③,"政府如以为民国犹应有国会,其速取消前令,彼此相见于法律……既以非法使议会永不开会之日,而又畏首畏尾,不欲借破坏国会之名,究竟奚所取义?是何居心?"④对这些可怜巴巴的进步党议员的质问,袁世凯根本不放在眼里,斥责他们现在连提出质问书的资格都没有,"查两院议长,并于11月13日,以两院议员不足法定人数,不能开议。不得已于11月14日起停发议事日程等语,通告有案,此项质问书之提出,在议员议长通告停发议事日程之后。既已停发议事日程,何能提出质问书?"⑤

1914年1月10日,袁世凯下令宣布解散国会,停止议员职务。袁世凯还在命令中,对国会的工作给予完全否定,"国会常会四阅月,一法未经议决,延长会期以后,迟迟于上年九月,始议决一议院法。其余应有职权,则悉为挟持党见者所蹂躏,凡酿成暴民专制之局"⑥,在袁世凯与国会的争斗中,袁世凯取得胜利。

第一届国会是议会制度在中国实现的最完善阶段,议员皆按法选举产生,议会设参众两院,议会中形成了国民党、进步党两大政党,这和西方的议会几

---

① 王景濂、唐乃需编:《中华民国法统递嬗史》,无锡:民视社,1922年,第19页。
② 白蕉:《袁世凯与中华民国》,荣孟源、章伯锋主编:《近代稗海》第三辑,成都:四川人民出版社,1985年,第61页。
③ 白蕉:《袁世凯与中华民国》,荣孟源、章伯锋主编:《近代稗海》第三辑,成都:四川人民出版社,1985年,第66页。
④ 白蕉:《袁世凯与中华民国》,荣孟源、章伯锋主编:《近代稗海》第三辑,成都:四川人民出版社,1985年,第72页。
⑤ 白蕉:《袁世凯与中华民国》,荣孟源、章伯锋主编:《近代稗海》第三辑,成都:四川人民出版社,1985年,第78页。
⑥ 白蕉:《袁世凯与中华民国》,荣孟源、章伯锋主编:《近代稗海》第三辑,成都:四川人民出版社,1985年,第80页。

乎没有区别。随着国会的成立，正式宪法的制定，袁世凯就任正式大总统。列强先后给予承认，临时政府时代结束。正当人们对新生的中华民国寄予无限的希望之时，袁世凯却踢开了国会，破坏了同资产阶级合作的大局，确立起军阀独裁的专制政权，中国历史进程却被逆转。

四、关于袁世凯与议会斗争的几点浅见

民国元年（1912）、二年（1913）形成以袁世凯北洋政府为一方和以资产阶级控制的议会为另一方的政治格局，是辛亥革命南北议和造成的，是南北双方妥协的结果。既然资产阶级革命党人没有足够的实力取得直捣北京推翻清政府的革命壮举，而采取与袁世凯北洋势力暂时同盟的方式，以袁世凯的力量逼清帝退位，取得革命的廉价胜利，那么资产阶级就必须满足袁世凯的权力欲望，将大总统的桂冠奉送给他。在当时的历史条件下，资产阶级如此选择是明智之举。其一，它避免了战争的继续和扩大，减少了无情炮火给社会带来的重大灾难，取得了推翻清王朝，确立民主共和制度的胜利。其二，资产阶级通过议会民主形式，监督制约袁世凯政府，使民国初年出现了中国历史上少有的民主政治局面。袁世凯和议会一度合作，制定颁布了一系列政制法规，奠定了中华民国立国的基础。此间，言论自由，报刊林立，政党风靡，实业勃兴，资产阶级更利用议会讲坛，行使自己手中的权力，参与军政决策大计，罢斥不法官吏，抵制和反对袁世凯的独裁专制，使袁世凯在一定时期、一定条件下也不得不尊重议会，遵守法律。这是一段绚丽多彩的资产阶级的民主政治生活，以至于梁启超在多年之后还非常留恋这段生活。他说："回想民国元年、二年，不啻若唐虞三代之盛。"[①]

资产阶级试图以法律的形式将这种格局固定下来，使之永久化，愿望是好的，现实是不能实现的。南京临时参议院制定的《中华民国临时约法》规定，议会为国家的最高权力机构，内阁负实际的责任，大总统虽有广泛的权力，但一须得议会的同意，二须得国务员副署，几乎不能独立行使，资产阶级试图以议会和内阁的两个法宝限制袁世凯的权力。但《中华民国临时约法》还规定，大总统统率陆海军，代表临时政府总揽政务，掌握着国家政权，资产阶级一纸

---

① 《梁任公对报界之演说》，《东方杂志》1917年第3号。

空文的法律限制，随时有被破坏的可能，议会议员赤手空拳的呐喊，对政府形不成威慑的力量。之后这一时期的人们认识到，"行政机关有军有财在握，以为后盾，可以制任何机关之死命"①。列宁更有精辟的论述，"如果没有政权，无论什么法律，无论什么选出的机关都等于零"②。袁世凯对议会的破坏和摧残，是最好的说明。

袁世凯与议会的斗争、妥协、合作、斗争的局面只能是暂时的，不可能是长久的。以袁世凯为首的北洋势力和资产阶级暂时携手推翻清王朝的统治之后，二者成为不可调和的异己力量。对资产阶级来说，"今革命虽告成功，然亦只指种族主义而言，而政治革命之目的，尚未达到也。推翻专制政体，为政治革命着手之第一步。而尤要在建设共和政体。今究其实，则共和政体未尝真正建设也"③。"民国虽然成立，而阻碍我们进步的一切恶势力还是整个存在，我们要建设新的国家，就非继续奋斗不可"④。资产阶级要在中国确立真正的民主共和制度，向袁世凯为首的恶势力作斗争。宋教仁为国民党制定了斗争的方略，"我们要在国会里头，获得过半数以上的席位，进而在朝，就可以组成一党的责任内阁；退而在野，也可以严密监督政府，使它有所惮而不敢妄为，应该为的，也使它有所惮而不敢不为。那么，我们的主义和政纲，就可以求其贯彻了"⑤。资产阶级把袁世凯作为民主共和制度的最大障碍，把议会作为同袁世凯斗争的主战场。对袁世凯来说，他在清末以开明著称，"袁总统当前清北洋时代，威望隆然。海内之有新思想者，无不以非常之事相期望"⑥。但他毕竟是一个旧时代的人物，封建的官僚，大半生匍匐在皇权之下，所向往的是封建专制主义的一统天下。他有些新思想，但容忍不了资产阶级的民主制度，他曾暂时接受议会的挑战，也曾一次次向议会妥协，同议会合作，那是基于其统治还不甚稳固，特别是南方革命党人还掌握一部分军队和地方政权，而当他彻底战胜国民党人的二次革命后原形毕露，毫无顾忌地将议会踢开。清廷被推翻后，袁世凯成为专

---

① 《晨报》1922年8月2日。
② 列宁：《杜马的解散和无产阶级的任务》，《列宁全集》第11卷，北京：人民出版社，1960年，第98页。
③ 陈旭麓主编：《宋教仁集》下册，北京：中华书局，1981年，第459页。
④ 陈旭麓主编：《宋教仁集》下册，北京：中华书局，1981年，第456页。
⑤ 陈旭麓主编：《宋教仁集》下册，北京：中华书局，1981年，第456页。
⑥ 黄远庸：《远生遗著》上册，上海：中国科学公司，1938年。

制势力的总代表,与议会民主制是水火不相容的。议会同袁世凯的斗争,是资产阶级民主制度和封建专制制度的大搏斗。

议会同袁世凯斗争的失败也是必然的,除袁世凯掌握政权、军队外,议会自己也是内部纷争,不但形不成对袁世凯的威慑力量,而且还被袁世凯所利用。在清末民初政坛上,形成了资产阶级革命派和右翼的温和派,在议会里表现为国民党和进步党的严重对立,国民党主张限袁,而进步党极力袒袁,两党在重大议案上争吵不一,使议会失去了它应有的力量。而袁世凯则居间操纵党争,利用进步党,牵制国民党,打倒国民党,踢开进步党,袁世凯成功了。袁世凯战胜议会,还有一强大的精神力量,即民族心理不可忽视。正如袁世凯所说,"虽易帝国为民国,然一般人民心理,仍责望于政府者独重,而责望议会者尚轻。使为国家元首而无权,即有权而不能完全无缺,则政权无由集中,群情因之涣散,恐为大乱所由生"[①]。袁世凯利用民族心理,极力摆脱议会的制约,扩大行政权,加强专制政权。袁世凯在扩大其行政权、加强专制政权的过程中,是得到资产阶级右翼力量和工商业者大力支持的。

袁世凯虽然取得了胜利,但其胜利也只是暂时的,议会虽然被袁世凯非法解散,但以议会为主要形式的民主主义潮流势不可挡,袁世凯终被这股潮流所淹没。

原载(《殷都学刊》1996 年第 2 期)

---

① 白蕉:《袁世凯与中华民国》,荣孟源、章伯锋主编:《近代稗海》第三辑,成都,四川人民出版社,1985 年,第 121 页。

袁世凯对日本侵略的抵制与妥协

袁世凯是清末民初一个非常复杂而又非常重要的政治人物。在他崛起与执政期间，正是日本加紧侵略中国之时，对于日本的侵略，总体上说他是抵制的。他在抵制日本侵略的过程中，有斗争，有妥协。[①] 本文从袁世凯一生中选择几个主要片断，揭示他抵制日本侵略既斗争又妥协的复杂过程，并由此揭示历史人物的复杂性和多面性。

一、驻扎朝鲜期间对日本的抵制

日本通过1868年的明治维新，一举走上了资本主义道路，在亚洲成功地建设了一个现代国家。但日本在发展资本主义的同时，还走上了对外侵略扩张的道路，制定狂妄的大陆政策，并一步一步付诸实施，侵中国台湾、并琉球群岛，侵略朝鲜，与沙俄争夺中国东北地区，称霸亚洲。1890年，日本内阁总理山县有朋抛出《外交政略论》，提出主权线和利益线的新概念，"何谓主权线，即国家的疆土是也；何谓利益线，即与我国主权线安危相系的相关地区"，"我国利益线的焦点有三，即朝鲜、西伯利亚铁道和中央亚细亚是也"[②]。侵略中国和朝

[①] 长期以来我们仅仅注意袁世凯妥协的一面，而忽略其斗争的一面。近年来一些学者开始注意袁世凯的对日态度和政策，如苏全有：《袁世凯的仇日政策及实践》，《历史教学》2004年第5期，第22—26页；马良玉：《袁世凯与二十一条》，《历史教学》2005年第2期，第61—65页；宋开友：《袁世凯与日本对华二十一条谈判》，《广西社会科学》2005年第3期，第100—102页等。不过这些文章，或仅涉及袁世凯对日的某一方面，或引用资料局限于中文，因此还不能全面地说明袁世凯与日本的复杂关系。本文以中日文献资料包括一些未刊档案资料为依据，以袁世凯一生的三个主要阶段说明袁世凯对日本侵略既斗争又妥协的复杂过程。

[②] （日）大山梓编：《山县有朋意见书》，东京：原书房，1966年，第196—197页。

鲜是日本对外扩张的既定目标，山县有朋把朝鲜和中国作为日本利益线的新概念，只不过是进一步确认日本政府的国策而已。日本从19世纪70年代起，就开始向朝鲜渗透，而中国则由于日本在这一地区的扩张，从19世纪80年代起加强在朝鲜的宗主国地位，所以朝鲜成为中国抵制日本侵略的前沿阵地。

正当日本加紧对朝鲜进一步侵略之时，袁世凯被派到抵制日本侵略的第一线。1882年，他随庆军开往朝鲜，参与了中国军队平定的"壬午兵变"。1884年，袁世凯又亲自指挥中国军队平定了由日本驻朝公使和朝鲜亲日派发动的"甲申政变"。袁世凯在军事上两次挫败日本企图控制朝鲜的阴谋，并在两次事变中立功，从此声名鹊起，他成为驻朝清军抵制日本侵略的有力人物。他曾在一次与朝鲜官员金昌熙论及朝鲜外交及日本军队时说："日人之兵正弱于陆战，我今日所部各军，可尽日人所来之多少而杀之，特有所未必耳。"① "甲申政变"（1884年12月25日）后袁世凯向李鸿章汇报，其对日态度为："总之，示以必战，则和局可成；示以必和，则战事必开。日人狡狯，想在洞鉴。"② 尽管青年袁世凯对日本还没有多少了解，其言语不免带有虚骄自大之气，但其积极抗日的精神及抗日的战绩则是有目共睹。

袁世凯的仕途实际上也是从驻扎朝鲜抵制日本开始的。由于他在镇压"壬午兵变"中处事果断、勇敢机智，事后庆军统领吴长庆以他"治军严肃，调度有方，争先攻剿，尤为奋勇"③ 的评语向直隶总督李鸿章请奖。李鸿章报经清廷批准，授予袁同知，并赏戴花翎，袁世凯以出征海外，以军功步入仕途。1884年他在平定朝鲜"甲申政变"中再立军功，战后被授予驻扎朝鲜总理交涉通商事宜一职，代表清政府常驻朝鲜。1885—1894年，他极力维护中国在朝鲜的利益。而此时的朝鲜，日本对其蓄谋已久，沙俄对其虎视眈眈，英美寻机染指，列强环伺，朝鲜成为群狼共夺的肥肉，要维护清王朝在朝鲜的上国威严和对于属邦的体制，巩固对它的宗藩关系，即袁世凯所担负的使命，实在是异常艰巨。然而，受命于危难之中的袁世凯发挥了其特有的智慧和才能，在驻朝的最初几年中，积极主动，惨淡经营，在外交上樽俎折冲，有效地制止了日英美俄对朝

---

① 金昌熙：《东庙迎接录》，林明德编：《袁世凯与朝鲜》，台北："中央研究院"近代史研究所，1969年，第23页。
② 故宫博物院编：《清光绪朝中日交涉史料》卷六，北平：故宫博物院文献馆，1932年，第20页。
③ 沈祖宪、吴闿生：《容庵弟子记》，来新夏主编：《北洋军阀（五）》，上海：上海人民出版社，1993年，第10页。

鲜的渗透，维护了中国在朝鲜的特殊地位。

不过各国在朝鲜的争逐中，以日本为最。虽然日本在"甲申政变"后调整了其侵朝策略，在政治上暂时缓进，但在经济上却加紧对朝鲜的侵略。对此袁世凯有着比较清醒的认识。他说："诚以甲申以后，（日本）知与朝鲜寇仇已深，不可复合，前此愚弄之计皆无所施，惟派和平柔弱之士，如高平、近藤者充当使员，周旋其间，以弭衅端，而专力于兴起商务，招集商民，盘根植固，倍蓰中国，其处心积虑固不徒惟今日计也。"① 袁世凯则针锋相对，积极发展中朝贸易，与日本进行竞争。袁世凯在积极发展中朝贸易方面也取得了较为显著的成效，甲午战争之前，无论是中国商人、商家在朝数目方面，还是中朝贸易额方面，都取得了长足的进展。中国商人、商家在朝数目的增加情况，如表1所示。

表1 光绪十一年至十九年（1885—1893）中国在朝商人、商家数目简表②

时间\地点	汉城	仁川	釜山	元山	总计
光绪十一年（1885）	111 名	50 名	107 名	91 名	359 名
光绪十二年（1886）	120 名	205 名	87 名	57 名	469 名
光绪十三—十六年（1887—1890）	—	—	—	—	—
光绪十七年（1891）	751 名	563 名	138 名	37 名	1489 名
光绪十八年（1892）	957 名	637 名	148 名	63 名	1805 名
光绪十九年（1893）	142 家 1254 名	117 家 711 名	21 家 142 名	10 家 75 名	290 家 2182 名

从表1中可以清楚看出，8年之中，在朝华商增加了5.1倍。中朝贸易额方面，1885—1893年竟增长了6倍多，而同一时期的日朝贸易额仅增长2倍。虽然日朝贸易总额仍然大大高于中朝贸易总额，但中朝贸易增长的速度使日本人惊呼，"我国商人与中国商人在朝鲜的竞争优势已失，朝鲜大量的商业利益从我

---

① 日本外务省编：《日本外交文书》第21卷，东京：日本国际联合协会，1948年，第314页。
② "中央研究院"近代史研究所编：《清季中日韩关系史料》，台北："中央研究院"近代史研究所，1972年，第2045、2209、2978、3138、3276页；刘路生编：《袁世凯在朝鲜》，《韩国学报》1992年第11期。

国商人手中转向中国"①。这些都是袁世凯积极鼓励、支持和扶持华商从事中朝贸易的结果。日本由于在朝的政治利益和经济利益受到了沉重的打击，所以日本政府"以执政亲中国，疑朝鲜拒日，皆中国驻朝总办袁世凯所为，殊怨袁"②。对袁世凯"憾之刺骨，百般排陷之"③。

袁世凯驻朝期间对日本的抵制使他成为日本的仇敌。日本不仅对袁世凯恨之入骨，而且几次要置袁世凯于死地。"甲申政变"后中日天津谈判时，日本将惩治清朝驻朝带兵官员作为谈判条件之一（实际上是惩治袁世凯），而且紧紧咬着不放。④ 1894年，甲午中日战争爆发之前，日本决定除掉袁世凯，只是袁世凯事先获得消息，提前行动，才平安回到国内。⑤ 1895年，李鸿章在马关谈判时，日本首相伊藤博文称赞袁世凯是一个人才，建议李鸿章用则用之，不用则杀之，其真正用意还是要除掉袁世凯。袁世凯在《与兄世敦书》中曾谈及此事，他说："弟日昨晋谒爵帅（即李鸿章），渥受奖励。并云伊藤博文亦称老弟为中国有数人物。劝我爱汝则重用之，不爱汝则杀之。彼欲我以商鞅待老弟者，忌才也。"⑥

袁世凯对朝鲜的积极经营，对日本侵略的抵制，得到清廷和李鸿章及其他军政大员的高度评价。例如，翁同龢曾说，袁世凯"奉使高丽，颇得人望"。⑦ 李鸿章在为袁世凯请奖的奏折中说："详察近日情形，于办理交涉通商各务成效渐彰，而时势之变、因应之难，尤非昔比。该委员（指袁世凯——引者注）等远役海外，当群疑震撼之交，处事机繁赜之会，实能尽心经理，操纵合宜，始终不懈，较之出使东西洋各国循例办公者，更为艰苦，洵属异常出力，有裨大局。"⑧ "自袁世凯驻韩以后，其国中之事纤悉皆闻，臣乃得与总理衙门遇事筹

---

① 日本外务省编：《日本外交年表及主要文书》上，东京：原书房，1972年，第123—124页。
② 庄洪铸：《袁世凯与日本帝国主义的关系及其实质》，《新疆大学学报》（哲学社会科学版）1982年第4期，第46—53页。
③ 梁义群：《袁世凯与日本》，《历史教学》1991年第7期，第47—50页。
④ 《伊藤博文传》中卷，故宫博物院文献馆编：《清光绪朝中日交涉史料》7—8卷，北平：故宫博物院，1932年，第405页。
⑤ 叶恭绰：《太平洋会议前后中国外交内幕及其与梁士诒之关系》，庄练：《中国近代史上的关键人物》下册，北京：中华书局，1988年，第117页。
⑥ 袁世凯：《与兄世敦书》，李金旺主编：《袁世凯家书》，哈尔滨：中央书店，1935年，第29页。
⑦ 翁同龢：《翁文恭公日记》，上海：商务印书馆，1925年。
⑧ 李鸿章：《办理朝鲜商务请奖折》，《李鸿章全集》第5册，长春：时代文艺出版社，1998年，第2746—2747页。

商,其有关于东方全局者甚大。"① 李鸿章等对袁世凯的评价,说明袁世凯不仅是尽职的,认真贯彻执行了李鸿章的外交方针,而且是比较优秀的,对李鸿章制定外交政策起了重要的作用。

关于袁世凯在朝鲜的作为,著名史学家蒋廷黻曾充分的肯定说:"一个袁世凯,二十多岁,随着军队到朝鲜,几年之内就独当一面,而俄国人、日本人、朝鲜人、德国人、美国人,凡在朝鲜密谋侵害中国人的权利者,袁世凯一个一个的把他们打败了。"② 这虽然是过甚其词,但袁世凯抵制外国对中国权利的侵害,当属不争的事实。时人刘厚生也高度评价袁世凯在朝鲜的作为,他说:"袁世凯在此环境万分困难之中,卒能不屈不挠。自从甲申年吴长庆离开朝鲜之后,直到甲午中日战争发生之时,整整支持了十年之久。假使这商务委员,不是袁世凯而是任何一人,恐怕不等到甲午那年,早已出了别种意外的乱子了。"③ 日本学者内藤顺太郎在其1914年撰写的袁世凯传记中,对袁世凯在朝鲜对日本的抵制也有客观地评价,"袁氏之在朝鲜也,善谋勇断,不失机宜,日本历任之驻韩公使,几莫不为此青年外交家所播弄也"④。袁世凯在朝鲜抵制日本的侵略,维护中国在朝鲜利益方面作出了一定的贡献。甲午中日战争爆发之前,李鸿章在致总理衙门的电报中,对袁世凯驻朝抵制日本的事迹给予肯定,对袁世凯要求回国的请求予以批准。他说:"查袁历年助韩拒日,与日夙嫌已深,若调回,以唐(即唐绍仪——引者注)暂代,与下旗撤使有异。"⑤

二、对日本侵略东北的抵制

1901年11月,袁世凯被任命为直隶总督兼北洋大臣,成为清政府最重要的封疆大吏,同时由于直隶总督兼北洋大臣的特殊地位,使他还兼负外交的责任。而这一时期日本向中国东北地区的扩张,使袁世凯又站到了抵制日本侵略的前线。

---

① 李鸿章:《奏保袁世凯片》,《李鸿章全集》第5册,长春:时代文艺出版社,1998年,第2747页。
② 蒋廷黻:《近代中国外交史资料辑要》中,上海:商务印书馆,1934年。
③ 刘厚生:《张謇传记》,上海:龙门联合书局,1958年,第20页。
④ (日)内藤顺太郎:《袁世凯正传》,张振秋译,上海:广益书局,1914年,第5页。
⑤ 《寄译署》两电,顾廷龙、戴逸主编:《李鸿章全集(二)》,上海:上海人民出版社,1987年,第753页。

1904年，日俄两个帝国主义为争夺中国东北，在中国土地上开战厮杀。袁世凯代表中国政府表面上严守中立，实际上偏袒日本，之所以如此，是鉴于义和团期间俄国对中国东北的侵占，后来不仅不如约按期撤兵，而且还对中国提出新的侵略要求。而沙俄独占东北与日本对东北的侵略野心之间的矛盾激化，最终爆发了日俄战争。但日本是打着维护中国东北主权的旗号与沙俄开战的，所以不仅袁世凯倾向日本，大多数中国国民也倾向日本。正如吴玉章所说："人们对沙俄的痛恨，还把同情寄予日本方面，听到日本方面打了胜仗，大家都很高兴。"① 但日俄战争一结束，日本对中国的侵略野心马上暴露出来，"迨战局既定，和议已开，清廷始知日本志不在小，将有以暴易暴之惧"②。

尽管袁世凯在日俄战争期间对日本多有协助，而且赢得了"亲日派"的誉称，即他曾为日本提供一些人员方面的支持，如派段芝贵、吴佩孚等与日本情报人员一起，为日本收集情报等。③ 但袁世凯绝非"亲日派"，他对日本始终保持着高度的警惕性。日俄战争一结束，他就迅速作出反应，立即派军队和行政官员接收地面，恢复行使中国主权。他说："日俄方分期撤兵，清理地面为目下第一要义，而已撤之区，必须以全力保其治安，方免丛生枝节。惟日人新胜甚骄，狡计孔多，又须审慎详筹，方能有济。"④ 在日本阻止中国军队一时还不能进入东北的情况下，他主张将军队化整为零，装扮成入关民众秘密派往，以争取恢复主权的主动性。⑤ 袁世凯以如此积极的态度收复东北主权，是无可厚非的。

日俄战争之后，通过《朴茨茅斯条约》，两个帝国主义瓜分了东北的权益，俄国的势力限制在"北满"，俄国在"南满"的权益转让给日本。该条约第五条规定："将旅顺口、大连湾并其附近领土及领水之租界权内一部分之一切权利及所让与者，转移予日本政府，俄国政府又将该租界领域内所造有一切公共营造物及财产，均移让于日本政府。"第六条规定："俄国政府允将由长春（宽城子）至旅顺口之铁路及一切支路，并在该地方铁道内附属之一切煤矿，或为铁道利

---

① 吴玉章：《辛亥革命》，北京：中国人民大学出版社，1960年，第56页。
② 王芸生：《六十年来中国与日本》第四卷，北京：生活·读书·新知三联书店，1980年，第214页。
③ （日）岛贯重节：《日露战争战略》上，东京：原书房，1981年，第71页。
④ 《北洋大臣袁世凯为日俄停战撤兵等拟派军清理东三省地面办法函》，中国第一历史档案馆练兵处档。
⑤ 《北洋大臣袁世凯为日俄停战撤兵等拟派军清理东三省地面办法函》，中国第一历史档案馆练兵处档。

益起见所经营之一切煤矿，不受补偿，且以清国政府允许者，均移让于日本政府。"① 日俄两国签订《朴茨茅斯条约》，出让中国权益，是在中国政府完全不知情的情况下签订的。但条约又规定："两缔约国互约，前条所定者，须商请中国政府允诺。"② 所以日俄条约签订后，日本必须与清政府谈判，得到清政府同意，才能获得俄国出让的权利。然而日本并不满足俄国所转让的东北权益，而是通过与清政府谈判，强迫清政府答应给予其许多新的特权。袁世凯是参加中日谈判的三个全权代表之一，面对日本的侵略，袁世凯在谈判中据理力争，极力维护中国的权益少受侵夺。

1905年12月，袁世凯代表清政府参加了在北京举行的中日谈判。谈判的大局是确认日本从俄国转让的中国东北南部权益，这是任何人也扭转不了的。所以在12月22日签订的《会议东三省事宜正约》第一款中规定："中国政府将俄国按照日俄和约第五款及第六款允让日本国之一切概行允诺。"③ 但袁世凯谈判中在承认日本获取沙俄转让权益的同时，也极力限制和防止日本在东北权益的扩张。关于谈判的情况，参与谈判的曹汝霖后来回忆说："后商旅大租借权问题，袁全权说，应将俄国已享之年限扣除，为日本继承之年限。小村（日本外务大臣小村寿太郎）略有辩论，即同意袁全权的意见……后袁全权提议铁路附属地，日本人经商应有范围，驻兵应有限制。驻兵目的为护路，不能随时增加。小村谓虽为护路之用，亦有保护侨民之任务，故不能加以限制。袁全权谓保护日本侨民，中国同负责任，何必多派兵……"④ 袁世凯在会议时极力维护中国主权的主张和行为，使日本方面大为不满。会后，小村对曹汝霖说："此次我抱有极大希望而来，故会议时极力让步，我以为袁宫保必有远大见识眼光，对于中日会议后，本想与他作进一步讨论两国联合对抗俄国之事，不意袁宫保过于保守，会议时咬文嚼字，斤斤计较，徒费光阴，不从大处着想。"⑤ 从日本人的反应来看，袁世凯在谈判中也确实在力所能及地维护中国权益使之少受侵夺。曹

---

① 王芸生：《六十年来中国与日本》第四卷，北京：生活·读书·新知三联书店，1980年，第202页。
② 王芸生：《六十年来中国与日本》第四卷，北京：生活·读书·新知三联书店，1980年，第202页。
③ 王铁崖：《中外旧约章汇编》第二册，北京：生活·读书·新知三联书店，1959年，第339页。
④ 曹汝霖：《一生之回忆》，香港：春秋杂志社，1966年，第45—46页。
⑤ 曹汝霖：《一生之回忆》，香港：春秋杂志社，1966年，第48页。

汝霖的回忆与《清光绪朝中日交涉史料》、《清季外交史料》所载会议录文献记载是一致的,因此是可信的。① 这些文献,是我们了解和研究中日谈判时袁世凯维护国家主权和利益的依据。

面对日本的侵略,为了维护清政府在东北的利权,袁世凯还建议清政府对现行的东北体制进行改革,废除军府制,改行行省制。清政府接受了袁世凯的建议,于1907年4月宣布东北改革方案,设总督一人,统一三省事权,设奉天、吉林、黑龙江巡抚分别治理。袁世凯推荐自己的老朋友徐世昌为总督,亲信唐绍仪、朱家宝、段芝贵分别为奉天、吉林、黑龙江三省巡抚。同时由徐世昌出面,奏调北洋新军一镇二混成协开进东北,大大加强了中国对东北的军政控制力,加强了中国东北的国防力量。② 在此以后,他还极力支持徐世昌,引进欧美资本,开放东北,以欧美力量抵制日本和削弱日本在东北的势力。这些努力由于日本的抵制和反对没有取得成效,但袁世凯抵制日本对东北侵略的努力是积极的,是应该肯定的。

三、对"二十一条"的斗争与妥协

日俄战争之后,由于袁世凯对日本侵略东北进行了抵制,"是故,袁世凯一时成为日本对华政策的障碍"。③ 日本对袁世凯的恶感一直保持到辛亥革命前后,而袁世凯对日本也一直保持着高度的警惕性,所以袁世凯任中华民国大总统期间,亲欧美而远日本,利用欧美列强与日本的矛盾而牵制日本,使日本的对华政策一直没有什么进展。研究中日关系的权威专家南开大学教授俞辛焞先生详细研究了这一时期的中日外交后说:"辛亥革命以来,日本的对华政策,因受到欧美的牵制及袁世凯、北京政府的抗拒,陷于停滞状态。"④ 这使日本非常恼火,一直在寻找机会改变这种局面。而1914年爆发的第一次世界大战,给日本带来了天赐良机,日本举国欢呼,称之为"天佑"。"此次欧洲大祸乱,是对大正时代发展日本国运的天佑,日本国必须立即以举国一致的团结来享受这个天佑。"⑤

---

① 王彦威、王亮编:《清季外交史料》,台北:文海出版社,第3103—3140页。
② 徐世昌:《调东陆军添制服装银两请作正开销片》,《退耕堂政书》卷十一,台北:文海出版社,1968年,第587—588页。
③ 俞辛焞编:《辛亥革命时期中日外交史》,天津:天津人民出版社,2000年,第32页。
④ 俞辛焞编:《辛亥革命时期中日外交史》,天津:天津人民出版社,2000年,第454页。
⑤ 井上馨侯传记编纂会编:《井上世外公传》第五卷,东京:原书房,1968年,第267页。

袁世凯对日本侵略的抵制与妥协

"目前是日本迅速解决中国问题最有利的时机,这样的时机是千载难逢的。"① 于是日本政府利用这一时机,加紧了对中国的侵略,先是借对德国宣战,出兵强占胶州湾,继而向袁世凯提出旨在灭亡中国的"二十一条"。日本人之所以有如此的目的,如王芸生所揭示的,"清末民初袁世凯之当国甚为日人所不喜,久思排而去之。故此时之日本对华外交,大体言之,为宰割中国。局部言之,亦为反袁。"② 长期以来,由于袁世凯后来接受了日本的最后通牒我们视他为卖国贼,这是很不公正的。其实,袁世凯对"二十一条"是非常重视的,他为抵制"二十一条"曾进行了一系列的斗争,采取了种种手段,也取得了一定的成效,最后迫于日本的武力威胁,不得不妥协,不得不接受。袁世凯对"二十一条"的抵制和斗争,主要表现在这样几个方面。

第一,对"二十一条"逐条进行批示,鲜明地表达了他的态度。例如,第一号关于山东问题:第一款中国政府允诺,日后日本政府拟向德国政府协定之所有德国关于山东省依据条约或其他对中国政府享用一切权利利益让于等处分,概行承认。袁世凯批:青岛声明交还,中国应在此内声明,一切办法,一律应按德人;第三款,中国政府允准,日本国建造由烟台或龙口接连胶济路线之铁路。袁世凯批:由我自造,如借款俟第一条实行后可先尽日本商议。第二号关于南满和东部蒙古问题:第一款,日本提出将南满铁路和安奉铁路期限展至99年。袁世凯批示:与俄原定期无99年之久,展期至多照原定期,不能超越……第七款中国政府允将吉长铁路管理经营事宜委任日本国政府,其年限自本约画押之日起,以99年为期。袁世凯批:违背各约,且与日本承办大生阻力,应节去……第五号关于对中国的全面控制问题:如中国中央政府须聘请日本人为政治、军事、财政顾问,中日合办警察等。袁世凯批:此条内多有干涉内政、侵犯主权之处,实难开议③。日置益递交"二十一条"的次日,即1915年1月19日,袁世凯以极其愤怒的语气对其日本军事顾问坂西说:"日本国本应以中国为平等之友邦相互往还,缘何动辄视中国如狗彘或奴隶?如昨日日置公使所提出之各项要求条件,我国固愿尽可能予以让步,然而不可能之事就是不可能,毫

---

① 《黑龙会备忘录》,黄纪莲编:《中日"二十一条"交涉史料全编》,合肥:安徽大学出版社,2001年,第5页。
② 王芸生:《六十年来中国与日本》第六卷,北京:生活·读书·新知三联书店,1980年,第69页。
③ 李毓澍:《中日二十一条交涉》上,台北:"中央研究院"近代史所,1982年,第304—310页。

无办法。"① 袁世凯接收日置益递交"二十一条"的当天晚上到21日,连续几天召开重要人物参加的会议,商量对策。"日本所提条款,其苛刻程度,几可与当年对待朝鲜比拟,今形势既难完全拒绝,如何使主权各项,避免与议。"会议决定以谈判的方式维护主权之少丧失②。以袁世凯的秘书身份参加这一会议的顾维钧先生回忆当时的情况而言。

> "二十一条"对中国犹如晴天霹雳,政府内部立即陷入紧张状态,最大的问题是如何对付日本的这一特殊要求。袁世凯是一个老练的政治家。他不仅深知中国的贫弱,也洞悉日本帝国的扩张政策。他立即决定答应与日本举行谈判。③

由此可见,袁世凯对"二十一条"是有着深刻的认识和鲜明的政治态度的。袁世凯对二十一条的批示,是中国谈判代表与日本谈判的指导性意见。中国代表遵从袁世凯的意见,与日本进行讨价还价的谈判,"恪遵总统批示,决不越出批示范围"④。

第二,拟定了与日本谈判的方针和策略。在中日两国的谈判中,日本要求从速从快,尽快达成协议,以免列强干涉。袁世凯拟定的方针是拖延谈判,拖的时间越长越好,以争得时间,求得国际支持。为了拖延时间,袁世凯突然更换了外交总长,以陆征祥取代孙宝琦。而陆征祥则以对案件需要进行研究为借口,拖延中日开议的时间。陆征祥1月28日到任,29日拜会北京公使团,30日正式到部视事,直至2月2日中日双方才开议。中国谈判代表忠实地执行袁世凯的谈判方略,坚持"逐项逐条商议",以此拖延谈判时间。而日本则要求"先作各号概括的讨论",双方辩论颇烈。中国的拖延策略取得了一定的成效,谈判从2月2日开议到4月26日日方提出第二次修正案,正式会议25次,谈判持续了84天,从而为欧美列强的干涉留下了一定的时间、空间。日本方面则对中国的拖延大为不满,多次向中国政府提出抗议。

---

① 章伯锋、李宗一主编:《北洋军阀:1912—1928》第二卷,武汉:武汉出版社,1990年,第803页。
② 李毓澍:《中日二十一条交涉》上,台北:"中央研究院"近代史所,1982年,第273页。
③ 顾维钧:《顾维钧回忆录》第一册,北京:中华书局,1983年,第121页。
④ 曹汝霖:《一生之回忆》,香港:春秋杂志社,1966年,第127页。

关于中国代表贯彻袁世凯的谈判方针和策略,顾维钧在其晚年的回忆中记述得非常清楚。他说:

> 日本要求谈判尽快得出结果,每天会谈一次以加速进度,在最短时间内签订条约。而袁世凯却极力拖延,希望得到外国的外交支援,特别是美国的支援。……头几次会谈时间很长,除了程序问题外,没有什么进展。实际上,袁世凯总统曾指使陆征祥先生,要他尽量拖延,这和日本公使要尽快结束谈判的急切心情完全矛盾。为了执行总统的指示,陆先生想出了许多巧妙的计策来拖延谈判。日本要天天谈,每周五次,陆则提出每周开会一次,并和颜悦色地和日本争辩。他说他很忙,有许多别的外交问题等他处理,他还要参加内阁的会议。日本公使多方坚持,最后达成妥协,每周会谈三次。

"陆的另一个任务是缩短每次会谈的时间,已有决定每周会谈三次,时间是下午四点至六点。陆的妙计是每次说完开场白后即命献茶,尽管日本公使不悦,他还是决意尽量使喝茶的时间拖长,而日置益公使也知道这是东方待客的礼节,无法加以拒绝。"①

第三,派其日本政治顾问有贺长雄回国运动元老。日本政治权力虽在内阁,但元老有着很大的牵制力量,尽管他们侵华的目标是一致的,但在侵略的手法和缓急程度上还是有分歧。元老主缓进,内阁主激进,内阁为推行其激进政策,没有将第五号的内容告知元老。在中日谈判的后期阶段,由于日方强迫中国代表商议第五号的内容,遭到中国代表的严词拒绝,谈判陷入僵局。在这样的情况下,参加中日谈判的外交部次长曹汝霖,向袁世凯提出派其日籍顾问有贺长雄回国做日本元老工作的建议,袁世凯予以接受并付诸实施,有贺长雄对元老的工作取得了一定的成效。曹汝霖在其晚年的回忆录中说:

> 余以会议僵持已久,终须设法打开,遂向总统建议,请密遣公府顾问有贺长雄博士,回国向日本元老疏通……总统遂特召有贺进府,告以此次

---

① 顾维钧:《顾维钧回忆录》第一册,北京:中华书局,1983年,第123页。

日本提出的觉书……有贺果然自告奋勇，愿回国尽力向元老报告，力说利害。时日本元老以松方正义最关心中国情形，有贺见松方侯陈说此次中国政府已尽力商结日本觉书之各条，日置公使又要商议希望条件之第五项，未免逼人太甚，难怪中国为难不肯商议。松方侯听到第五项，似未知道，又听有贺报告第五项内容，面现诧异之色，随即召见加藤外相，诘问他觉书中有第五项，何以没有报告？……加藤知是有贺进言，遂令监视有贺，不许行动，幸有贺已完全报告矣。加藤外受盟邦猜疑，内招元老之诘责，进退两难。①

第四，将"二十一条"内容透露给英美俄等国，引起列强的关注，求得国际声援。日本在向袁世凯递交"二十一条"的时候，要袁世凯绝对保守秘密。2月2日中日开始第一次谈判，日方又提出要求对"二十一条"和谈判情况保密。②中国方面表面上表示同意，实际上暗中将"二十一条"泄露给欧美列强和新闻界。1月22日，美国公使芮恩施就知道"二十一条"的大致内容。1月29日，外交总长陆征祥将"二十一条"透露给俄国驻华公使库朋斯齐。库朋斯齐当天将此情况电告俄国外交大臣，"今日新任外交总长来访……他（指陆征祥——引者注）继称：日本二十一条非常苛刻，日本人特别坚持不许中国政府将二十一条告知其他大国，并以将产生最严重后果相威胁。陆征祥向我证实，总统仍希望心平气和地顺利解决问题。外交总长请我对我们的谈话严守秘密"③。2月2日，美国《芝加哥日报》首次披露了"二十一条"。2月15日，在日本欺骗国际舆论下，北京政府向各国通报了"二十一条"原文。在整个谈判期间，在袁世凯的授意下，顾维钧将每次谈判的情况向英美公使馆进行通报。④最新的研究证明，袁世凯还亲自将"二十一条"内容透露给其政治顾问英国人莫理循，莫理循的日记里面如实地记录了袁世凯是怎样透露给他的，以及他是如何将此信息透露给西方媒体的。⑤而日本原来向各国的通报中不包括第五号的内容，自

---

① 曹汝霖：《一生之回忆》，香港：春秋杂志社，1966年，第126页。
② 李毓澍：《中日二十一条交涉》上，台北："中央研究院"近代史所，1982年，第6页。
③ 黄纪莲：《中日"二十一条"交涉史料全编》，合肥：安徽大学出版社，2001年，第321页。
④ 顾维钧：《顾维钧回忆录》第一册，第123页，北京：中华书局，1983年；（美）保罗·S. 芮恩施：《一个美国外交官使华记》，李抱宏、盛震溯译，北京：商务印书馆，1982年。
⑤ 窦坤：《莫理循与清末民初的中国》，福州：福建教育出版社，2005年。

是大为被动。英美从维护其在华利益出发,开始对日本进行干涉,对日本撤去第五号内容方面起了重要的作用。① 关于这一情况,在曹汝霖的《一生之回忆》中也有反映。曹汝霖说:

> 当日本向我国交涉以前,以盟邦关系,曾通知英政府,但不提第五项。后闻我国因不肯商议第五项,濒于决裂,英报提到第五项,日政府从没有向英政府提过。这种重要条件,不先告盟邦,有欠诚意。西报又谓,日本想独占东三省,与美国开放门户,利益均沾,实有违背之意。日使曾来责问,中国事前泄露,有违预先声明,我方自然极力否认。其实,其时英国名记者莫理循,美国记者端赖均在北京,与参事顾少川、伍梯云等时有往来,会议情形知之甚详。日使因无凭证,只口头抗议,亦无它法。②

第五,在谈判中就有关主要问题据理力争。以袁世凯为首的中国政府,参加谈判的外交部官员根据国际法知识和运用外交手段,与日本方面据理力争。中国方面争持的要点,在日本事后公布中日交涉殿末一文中表述的比较清楚,"中政府虽于山东各项表其略有承诺之意,然于南满之主要问题,如居住及土地之权利,则加以种种限制;关于东部内蒙及列记于第五号各问题,则借口于有害主权,或与他国条约抵触,帝国公使虽百端解说,仍不见听从"③。日本方面的解说,从反面证实中国谈判代表所作的努力。

中国代表在提出第一次修正案时,对第四号,即关于中国沿海港湾及岛屿概不让与或租与他国,中国方面主张"由中国政府自行宣言","第五号碍难商议"。而对第一号关于山东问题时,在中国方面承认日本承袭德国在山东利益的同时,追加"日本政府声明,中国政府承认前项利益时,日本应将胶澳交还中国",还要求日本赔偿出兵胶澳时中国方面所受的各项损失。④ 中国代表在谈判过程中,伸张了中国人民的正义要求。

---

① 日本外务省编:《日本外交文书》,俞辛焞编:《辛亥革命时期中日外交史》,天津:天津人民出版社,2000年,第524—525页。
② 曹汝霖:《一生之回忆》,香港:春秋杂志社,1966年,第125页。
③ 黄纪莲编:《中日"二十一条"交涉史料全编》,合肥:安徽大学出版社,2001年,第167页。
④ 王芸生:《六十年来中国与日本》第六卷,北京:生活·读书·新知三联书店,1980年,第108—109页。

尽管袁世凯等采取了各种手段，在对日谈判过程中也曾据理力争，先后两次提出修正案，也迫使日本提出修正案，但在日本的武力威胁下，最终接受了日本的最后通牒。5月25日，中日在北京签订了《关于南满洲及东部内蒙古之条约》、《关于山东之条约》两个条约和互换了13件照会，[①] 日本在华侵略权益从条约上得到了巩固和扩张，中国蒙受了又一次的耻辱。日本对中国接受其侵略要求，既有武力威胁，又有外交讹诈，如日本向袁世凯递交"二十一条"时，先以有日本人支持中国革命党颠覆袁世凯政府为恐吓，这是袁世凯最为担心的，"彼等（指中国革命党）与政府外之有力日人有密切关系，除非中国政府给予友谊证明，日本政府直不能阻止此辈之扰乱中国"。继而又以日本人反对袁世凯相威胁。日置益说："日本人类皆反对袁总统，彼等相信总统为有力的排日者，其政府亦采远交近攻之政策。总统如接受此种要求，日本人将感觉友好，日本政府从此对袁总统亦能遇事相助。"[②] 日本赤裸裸且毫不掩饰的对袁世凯的高压手段，是袁世凯所不能忍受的，他"始终默而不答"[③]。而第二天他对其日本军事顾问坂西倾吐出他的愤怒，"日本国本应以中国为平等之友邦相互往还，缘何动辄视中国如狗彘或奴隶？如昨日日置公使所提出之各项要求条件，我国固愿尽可能予以让步，然而不可能之事就是不可能，毫无办法"。在中日谈判过程中，为迫使中方接受，日本政府调动了军队，"3月22日，日本政府派大批军队前往南满洲及山东，托言换防（当时原有驻屯军尚未期满），当经中国在会议时间径向日使询问原有防军何时撤回。而日使答言必待交涉有圆满结束，方能撤退"[④]。在中国代表对日方的要求一方面妥协，另一方面力争作出第二次修正案并声明为最后修正案时，穷凶极恶的日本政府竟以最后通牒的方式，强迫中国政府接受其4月26日修正案。与此同时，调兵遣将，陆海军动员，作好武装侵略中国的准备，如中国政府不在"5月9日午后6时为满意之答复，则帝国政府将执认为必要之手段"[⑤]。日本政府的这种强盗行为，给中国人民留下了永远也抹不掉

[①] 王铁崖：《中外旧约章汇编》第二册，北京：生活·读书·新知三联书店，1959年，第1100—1114页。

[②] 王芸生：《六十年来中国与日本》第六卷，北京：生活·读书·新知三联书店，1980年，第76—77页。

[③] 王芸生：《六十年来中国与日本》第六卷，北京：生活·读书·新知三联书店，1980年，第77页。

[④] 黄纪莲：《中日"二十一条"交涉史料全编》，合肥：安徽大学出版社，2001年，第156页。

[⑤] 王芸生：《六十年来中国与日本》第六卷，北京：生活·读书·新知三联书店，1980年，第241页。

的记忆。

从以上"二十一条"交涉情况看,袁世凯对日本的侵略要求有斗争、有妥协,在弱国无外交的前提下,在第一次世界大战爆发国际形势对中国特别不利的情况下,以袁世凯为首的中国政府,利用了一切能利用的条件,用尽了一切手段,尽了他们的最大努力,所以对他们绝不能以卖国贼视之。我们不能抛弃历史条件,不能以感情代替理智。而实际上,袁世凯政府的努力,通过谈判、妥协、斗争,斗争、妥协,也取得了一定的成效,中日双方最后签订的条约和互换的照会,已与日本提出的"二十一条"有着相当大的不同。但人们或不了解中日谈判的复杂过程和结果,仅凭一腔爱国热情,或受革命党人政治宣传的影响,仍以"二十一条"视之,是一个天大的误解。关于这一点,曹汝霖早在40年前就已经有过陈述。

> 揣日本此次所提之二十一条,包罗万象,集众大成,势力由东北内蒙以至闽浙,权利由建铁路开矿产以至开商埠内地杂居。甚至第五项要求政府机关设立日本顾问,两国用同一军械,警察由日本训练,小学用日本教师,日本僧人到内地传教。凡此苛刻条件,思以雷霆之压力,一鼓而使我屈服。若使随其所欲,直可亡国。幸我府院一心,内外协力,得此结果,亦是国家之福。世人不察,混称二十一条辱国条件,一若会议时已全部承认者,不知二十一条中之第五项各条,不但辱国,且有亡国可能,已坚拒撤回不议。而所议定者,不满十条。世人对此交涉不究内容,以讹传讹,尽失真相。①

袁世凯在屈于日本的压力被迫接受日本的最后通牒之前,于5月8日召集国务会议,他在会议上通报了与日本的交涉情况,告诫各级官员以接受日本要求为耻辱,发愤工作,以图将来。他说:

> 此次日人乘欧战方酣,欺我国积弱之时,提出苛刻条款,经外部与日使交涉,历时三月有余,会议至二十余次始终委曲求全,冀达和平解决之

---

① 曹汝霖:《一生之回忆》,香港:春秋杂志社,1966年,第127页。

目的。但日本不谅，强词夺理，终以最后通牒，迫我承认。我国虽弱，苟侵及我主权，束缚我内政，如第五号所列者，我必誓死力拒。今日本最后通牒，将第五号撤回不议，凡侵及我主权及自居优越地位各条。亦经力争修改，并正式声明将来胶州湾交还中国；其在南满内地虽有居住权，但须服从我警察法令及课税，与中国人一律。以上各节，比初案挽回已多，于我之主权、内政及列国成约，虽尚能保全，然旅大、南满、安奉之展期，南满方面之利权损失已巨。我国国力未充，目前尚难以兵戎相见，英朱使关切中国，情殊可感。为权衡利害，而至不得已接受日本通牒之要求，是何等痛心！何等耻辱！无敌国外患国恒亡，经此大难以后，大家务必认此次接受日本要求为奇耻大辱，本卧薪尝胆之精神，做奋发有为之事业，举凡军事、政治、外交、财政力求刷新，预定计划，定年限，下决心，群策群力，期达目的，则朱使所谓埋头十年与日本抬头相见，或可尚有希望。若事过境迁，因循忘耻，则不特今日之屈服奇耻无报复之时，恐十年以后，中国之危险更甚于今日，亡国之痛，即在目前。我负国民付托之重，决不为亡国之民。①

袁世凯这里所表达的，绝不是虚伪堂皇的造作之态，而是他内心的真实写照。任何一个富有民族感情的中国人，在民族受辱的情况下都不能不发愤振作起来，何况一生主要都在抵制日本侵略的袁世凯呢？不管袁世凯内政如何，他在外交上对日本的抵制是应该给予肯定的。

实际上，无论是当时人还是稍后的学者、历史学家对袁世凯的"二十一条"谈判是理解的，对袁世凯的表现给予了一定的肯定。例如，在美国留学的胡适，在其日记中写道："吾国此次对日交涉，可谓知己知彼，既知持重，又能有所不挠，能柔也能刚，此则历来外交史所未见。"② 著名史学家蒋廷黻更把袁世凯等参加中日谈判的人称之为："爱国者，并且在当时形势之下，他们的外交已做到尽头。"③ 陈恭禄也客观评价说："就国际形势而言，中日强弱悬殊，和战均不利

---

① 章伯锋、李宗一主编：《北洋军阀：1912—1928》第二卷，武汉：武汉出版社，1990年，第822页。
② 胡适：《胡适留学日记》，上海：上海书店，1990年影印本，第636页。
③ 蒋廷黻：对《六十年来中国与日本》的评价，《国闻周报》1933年第48期。

中国，衡其轻重利害，决定大计，终乃迫而忍辱签订条约，何可厚非！"① 亲自参与"二十一条"谈判的著名职业外交家顾维钧②也曾评价袁世凯"是一个爱国者，即他在处理对外关系中，特别是对日关系中，唯恐丧失中国的主权"③。前人对袁世凯"二十一条"谈判和妥协的理解和宽容，值得我们深思。

原载（《民国史研究》2012 年秋季号）

---

① 陈恭禄：《中国近代史》，上海：商务印书馆，1935 年，第 52 页。
② 袁世凯曾指定顾维钧参与谈判，但日方认为顾维钧是亲美外交官，极力反对，极力压缩双方谈判人员，故顾维钧没有直接参加谈判。不过顾维钧在谈判过程中仍然起了很大作用。袁世凯让他参与谈判的幕后工作。顾维钧是少数直接了解中日谈判的外交秘书。
③ 顾维钧：《顾维钧回忆录》第一册，北京：中华书局，1983 年，第 367 页。

袁世凯与唐绍仪关系述论

唐绍仪是清末民初政治舞台上的重要人物,他和袁世凯有着近30年的友谊。袁世凯发迹朝鲜、显名北洋,直到登上民国大总统的宝座,唐绍仪在其中起了重大作用。袁世凯对唐绍仪则不断提拔,使唐绍仪从一个品级低微的幕僚,逐步升迁至清政府的一品大员;中华民国成立后,唐绍仪任第一任国务总理,成为仅次于袁世凯的第二号人物。然而,在民国法制问题上,二人产生了根本分歧,导致了袁、唐的最终分手。袁、唐关系直接影响着清末民初的政局,对揭示这一时期的袁、唐关系,有着极其重要的意义。

一、驻朝10年的患难与共:袁、唐关系的基点

袁世凯比唐绍仪大三岁,出生在交通闭塞、风气未开的河南省项城县一个封建地主家庭里,接受的是早已落后的传统文化教育,虽然他读书的天赋不高,但还是在父辈的督促下下了许多功夫,也做了不少八股文章。袁世凯又是一个有大志向、大抱负的人,科场上的一次次失利,使他迅速与科举决裂,另辟蹊径。他说:"大丈夫当效命疆场,安内攘外,焉能龌龊久困笔砚间,自误光阴耶?"① 他毅然投笔从戎,后来竟成就了他一生的事业。

唐绍仪出生于得风气之先的广东省香山县。其父亲唐巨川是一个长期从事茶叶出口的商人,其族叔唐廷枢更是近代不可多得的企业家,当过英商怡和洋行的买办,后来随李鸿章办洋务,经营和开办了著名的上海轮船招商局、开平

---

① 沈祖宪、吴闿生:《容庵弟子记》,来新夏主编:《北洋军阀(五)》,上海:上海人民出版社,1993年,第8页。

矿务局等，深为李鸿章器重。唐绍仪不仅从小受家庭的熏陶，更重要的是他12岁就东渡重洋，到当时资本主义发展最快的美国留学，经过刻苦努力，进入著名的哥伦比亚大学，系统地学习了西方资产阶级的自然科学和社会科学知识，于1881年回国。

袁世凯和唐绍仪出身、经历各不相同，是两个完全不同文化类型的人，一个是落第书生，但具有冒险进取精神；另一个是留学海外，具有新知识、新头脑的人。历史为他们提供了在朝鲜相识、共事的机会，并由此结下了深厚的友谊。1881年，袁世凯投军于淮军吴长庆部下，1882年，随吴军开赴朝鲜。在迅速平息的"壬子兵变"中，袁世凯表现出其机警、干练果断的军人特质，深得吴长庆的赞赏，即以"治军严肃，调度有方，争先攻剿，尤为奋勇"的评语向清政府推荐。不久，清廷授袁世凯"以同知用，并赏戴花翎"①。从此，袁世凯成为清政府的一名官员。1884年，朝鲜统治阶级中的亲日派组成开化党，发动了"甲申政变"，挟持朝鲜国王，组成亲日政府。朝鲜附日，意味着中朝传统宗藩关系的断绝和大清帝国上国威严的丧失。在这十分危机的紧要关头，在没有得到清政府和李鸿章命令的情况下，袁世凯采取果断措施，指挥清军杀进王宫，解救了国王，平息了政变，维护了大清帝国的威严，袁世凯从此声名鹊起。

唐绍仪1881年自美国回国，次年，作为帮办朝鲜海关事务前驻天津德国领事穆麟德的秘书被派往朝鲜。"甲申政变"中，袁世凯因事到穆宅，见一持枪青年意气凛然地守立于门口，问之，方知此人就是唐绍仪。袁世凯对唐绍仪在兵变中仍忠诚保护官长的行为十分赞赏，唐绍仪也对袁世凯这个青年军官采取的果断措施极其敬佩，两人由此结下了不解之缘。"袁世凯和唐绍仪相识后，互相爱慕，两人感情极为融洽，结为盟友，彼此帮助，共求上进。"②这次事变后，当袁世凯被任命为驻朝鲜总理交涉通商大臣的头衔驻节朝鲜时，他首先选择了唐绍仪，让唐绍仪做了自己的西文翻译兼随办洋务委员，实际上是袁世凯的副手。

袁世凯、唐绍仪此次赴朝与前大不相同。赴朝前，李鸿章与日本的伊藤博

---

① 沈祖宪、吴闿生：《容庵弟子记》，来新夏主编：《北洋军阀（五）》，上海：上海人民出版社，1993年，第10页。
② 张联棻：《小站练兵与北洋六镇》，吴长翼编：《八十三天皇帝梦》，北京：文史资料出版社，1983年，第184页。

文谈判，签订了《天津条约》。根据条约，驻朝清军不仅已撤回国内，而且以后"设朝鲜有事，中日两国或一国要派兵，应先互行文知照"①，这等于承认日本在朝鲜和中国有同样的义务。而此时的朝鲜也今非昔比，日本蓄谋已久，沙俄对其虎视眈眈，英美寻机染指，列强环伺，使朝鲜成为群狼共夺的肥肉。朝鲜统治阶级眼看着中国一次次被列强所打败，失去了控制属邦的力量，时刻想脱离中国而独立。列强乘隙而入，各自扶持自己的力量，不仅亲日派力量在增大，亲俄、亲英派力量也日益增长。在这种形势下，要想让朝鲜像过去一样服服帖帖的臣服中国，维护清王朝在朝鲜的上国威严和属邦的体制，巩固对它的宗藩关系，即袁世凯所担负的使命是异常艰巨的。然而，受命于危难之中的袁世凯发挥了其特有的智慧和才能，在驻朝的最初几年中，积极主动，惨淡经营，在外交上樽俎折冲，有效地制止了日、英、美、俄对朝鲜的渗透，成功地维护了中国在朝鲜的特殊地位。

袁世凯的成功固然是他才华的展露，但他不懂外语，不了解世界各国的形势，他在外交上的努力毫无疑问得到唐绍仪的大力协助和策划。虽然目前限于史料，我们还不清楚唐绍仪具体发挥了哪些作用，但从袁世凯对他的多次奏荐中，可以窥见一斑。袁世凯称他"优智略，明机宜，确有应变之才。"② 1891年，袁世凯嗣母牛氏病重，请假回籍，推荐唐代其职。他说："……唐绍仪忠直明敏，胆识兼优，熟悉韩情，请委令代理。"③ 1899年，清廷任袁世凯为山东巡抚，袁世凯立即奏调唐绍仪前去协助，其中一段话对唐绍仪在朝鲜的作用作了简要的概括。他说："查有候补知府唐绍仪，血性忠诚，才识卓越，曩在朝鲜，随臣办理交涉商务，十数年中，深资臂助。现在津榆铁路局供差，颇能抑制洋人，兴利革弊。"④ 正是袁世凯、唐绍仪同筹共谋，文武结合，才使袁世凯经理朝鲜取得成功。

袁世凯、唐绍仪在朝的10年中，不仅经营朝鲜成功，为以后的仕途奠定了良好的基础，而且在患难之中结下了深厚的友情。1894年，日本经过10年的精

---

① 《光绪条约》卷19，第6页。
② 顾廷龙、戴逸主编：《李鸿章全集（二）》，合肥：安徽教育出版社，2008年，第173页。
③ 沈祖宪、吴闿生：《容庵弟子记》，来新夏主编：《北洋军阀（五）》，上海：上海人民出版社，1993年，第26页。
④ 天津图书馆、天津社科技历史研究所编：《袁世凯奏议》上册，天津：天津古籍出版社，1987年，第117页。

心准备，做好了发动侵朝、侵华战争的一切准备，并借东学党事件出兵朝鲜。中国驻朝使署被围，情况十分紧急。由于袁世凯驻朝10余年一直与日本为敌，抑制了日本在朝鲜的发展，所以日本视袁世凯为其扩张势力的一大障碍，必欲除之而后快。在这生死攸关的危机时刻，唐绍仪大力促袁内调，并愿自代其职，表现了患难朋友的优良品质。但袁世凯请求内调的报告一直得不到批准，袁世凯焦急万分。直到7月18日，即中日开战前的一个星期，才收到李鸿章准其内调的电令，"希将经手各事交唐绍仪，即回津。"① 而这个消息为日本人所探知，立即密谋准备行刺袁世凯。唐绍仪一闻此讯，立即跑到英国使署，求救于英国驻朝公使朱尔典，与朱尔典共同策划了一个营救袁世凯的方案。当晚，袁世凯改装易服，从使馆后门出走。"唐即于夜半手持两枪两刀，乘着双马，护送袁世凯到江边，登上朱尔典所准备的英国兵舰……计袁等到江边时，距日本人密谋动手的时间才差十几分钟。"② 在唐绍仪的帮助下，袁世凯死里逃生，安全回到中国内地。袁、唐在朝鲜的患难与共，结下了深情厚谊，成为以后袁世凯、唐绍仪关系的基点。

二、共铸北洋显赫政绩：袁、唐关系的深入发展

甲午战争失败后，袁世凯及时总结了战争失败的教训，积极主动且不惜采取一切手段，谋取到督练新军的全权。他开创性地采用西法练兵，严格督导，费尽心机，练就了一支当时中国战斗力最强的军队——北洋新军（初称新建陆军）。凭借这支军队，他在清政府中的地位越来越高，影响越来越大，1899年12月被授予山东巡抚一职，从此成为清政府的封疆大吏，1901年11月升为直隶总督兼北洋大臣。正值中年的袁世凯，又赶上清廷遭义和团运动的洗礼和八国联军的沉重打击，痛定思痛，被迫变法新政。袁世凯如鱼得水，在自己的辖区大力推行新政，澄清吏治，振兴工商，兴办教育，办理警务，操练新军，改革司法，整饬市政等，将直隶的新政搞得红红火火，直隶一时成为全国的模范省。直隶新政的每一处经验，经朝旨向全国推行，各地前来向直隶学习的人络绎不绝。袁世凯推行新政固然是为了维护摇摇欲坠的清王朝，但新政的推行，

---

① 顾廷龙、戴逸主编：《李鸿章全集（六）》，合肥：安徽教育出版社，2008年，第455页。
② 叶恭绰：《太平洋会议前后中国外交内幕及其与梁士诒之关系》，庄练：《中国近代史上的关键人物》下册，北京：中华书局，1988年，第117页。

有利于中国社会的进步。

北洋集团的政绩非袁世凯一人所独有,它是在袁世凯的领导下,由袁世凯周围的一批具有新思想、新知识和革新精神的官僚共同智慧的结晶。唐绍仪即是其中的一个重要人物,唐绍仪在新政中殚精竭虑,袁世凯提携唐绍仪步步升迁,二人互为依赖,其关系深入发展。

袁世凯办新政是从山东巡抚任上开始的。袁世凯到任不久,就向清廷奏调唐绍仪到山东。他说:"惟东省交涉,动关全局,现值开办路矿诸务,端绪纷纷,极其繁重,……拟并恳恩俯念东省洋务、商务关系紧要,饬将候补知府唐绍仪发往山东,交臣差遣委用,俾资得力,实亦有裨时局。"① 唐绍仪果不负袁望,到任以后,首先处理了最为棘手的教案问题。山东是西方教会势力比较大的地区,义和团运动最早从这里兴起。义和团运动失败后,英、美、法、德等国传教士乘战胜中国之威,在地方上制造各种事端,强索各种赔款。正如袁世凯所说:"控告攀讼,反复缠扰,闾阎骚然。"唐绍仪到任后,以其智慧和外交才能,据理力争,依次磋磨,逐渐清理,较快地了解了各教案,山东混乱的局面一时得以安静下来,"自各案既结,民教相安,地方静谧,实属有裨时艰"。这就为袁世凯推行新政创造了良好的社会条件。为此,袁世凯特上奏清廷,给唐绍仪以极高的评价,极力向清廷举荐。他说:"臣查该员才识卓越,血气忠诚,谙练外交,能持大体,洵为洋务中杰出之员,环顾时流,实罕其比。兹又议结巨案多起,未便没其劳绩,拟恳破格恩施,俯准将唐绍仪以道员交军机处记名简放,藉资鼓励。"② 在清末,袁世凯是举荐官员最多的一名官僚,经他保奏的官员粗略统计也有上千人,但以这样溢美的词语评价一个属员,是极其罕见的。这充分说明袁、唐关系非同一般,袁世凯对唐绍仪的才能非常欣赏。当然,袁世凯的保奏,也立即得到清廷的批准。

袁世凯在山东的新政刚刚有了头绪,由于李鸿章的病死,1901年11月,清廷改任袁世凯为直隶总督兼北洋大臣。袁世凯在多年的政治生涯中,对唐绍仪形成了一种极度依赖的关系,他到哪里,就把唐绍仪奏调到哪里。所以,当清

---

① 袁世凯:《请调副都统荫昌等赴东襄办交涉事宜折》,天津图书馆、天津社科院历史研究所编:《袁世凯奏议》上册,天津:天津古籍出版社,1987年,第117页。

② 袁世凯:《道员唐绍仪请交军机处记名简放片》,天津图书馆、天津社科院历史研究所编:《袁世凯奏议》上册,天津:天津古籍出版社,1987年,第361页。

廷任命袁世凯的朝旨一下,袁世凯奏调唐绍仪到北洋的请求报告就呈上来。报告中自然再对唐绍仪褒奖一番。他说:"臣奉命移督北洋,事务殷繁,需员佐理。前经臣奏调来东之道员唐绍仪,历在朝鲜、北洋供差多年,洞达洋情。到东后委办洋务、商务各局,均极得力。该道素为洋人所敬服,而于北洋情形尤为稔悉,相应吁恳天恩,俯准臣将唐绍仪调随北上,以资差遣,而收臂助。"① 袁世凯言之确确,情感谊深,清廷立即批准。唐绍仪于是又随袁世凯到了直隶。经袁世凯保奏委以最重要的津海关道任上,主管交涉和财政,是袁世凯最主要的助手,"速返北洋,世凯倚之左右手"②。

袁世凯任直隶总督之初面临着深刻的民族危机。首先是直督衙署在天津,但天津当时还被八国联军的"都统衙门"统治,袁世凯只好在保定就职。其次是租界问题,原在天津有租界的英、法、美、德、日等国,纷纷要求扩充租界,而原在天津无租界的俄、意、奥、比等国则强烈要求开设租界。这一系列外交问题不解决,新政则无从谈起。在袁世凯的指示下,唐绍仪开始与列强进行收回天津、取消"都统衙门"的谈判,最终取得成功。1902年8月15日,袁世凯率唐绍仪等文武官员移驻天津,正式接管天津,"都统衙门"同日撤销。天津主权的恢复,天津人民无比欢悦,人们挥动龙旗,夹道欢迎政府官员。

在同列强进行租界的谈判中,尽管唐绍仪作了最大的努力,但毕竟阻挡不住列强开设或扩充租界的强大压力。到1903年,各国在天津的租界已达23 350.5亩(1亩≈666.67平方米)。唐绍仪在和各国的谈判中,一方面不得不满足列强的要求,另一方面又坚持民族立场,对列强多加限制,最终使租界问题得以解决,与列强的矛盾暂时缓和下来。不久,唐绍仪又通过谈判,收回了对秦皇岛口岸的主权,成绩斐然,得到朝野的称颂。在袁世凯认为,唐绍仪外交上的成功,为他开创了良好的政治局面,所以他再次上奏清廷,褒扬唐绍仪的功绩。他说:"两年以来,中外相安,无大枝节者,讵臣一手一足之烈所能济事,实唐绍仪赞佐之力居多。"③

唐绍仪在天津协助袁世凯大办新政,不仅妥善地解决了外交问题,争得了

---

① 袁世凯:《道员唐绍仪请调赴北洋片》,天津图书馆、天津社科院历史研究所编:《袁世凯奏议》上册,天津:天津古籍出版社,1987年,第385页。
② 赵叔雍:《唐绍仪》,卞孝萱、唐文权编:《辛亥人物碑传集》,北京:团结出版社,1991年,第339页。
③ 徐文霨:《跋》,沈祖宪辑:《养寿园奏议辑要》,台北:文海出版社,1966年,第593—594页。

一个比较好的环境，而且在其他方面，对袁世凯多有协助和赞划，如财政上，由他出面向日本正金银行借款45万两白银，由此解决了长芦盐外运的经费问题，而长芦盐运是直隶一项巨大的财政收入。又如市政建设中海河清淤问题，唐绍仪在前任的基础上加大了治理力度，不仅解决了淤浅问题，而且还在各支河修建了新型闸座，使河水蓄泄得宜。治理后的海河，轮船通畅无阻，不仅便利了航运，而且还美化了海河两岸的环境，改观了天津的市容风貌。① 唐绍仪在北洋政绩中的作用，袁世凯曾给予充分肯定，他说唐绍仪"在津历办各事，不但情形熟悉，每多支持大体，补救于无形之中"②。

唐绍仪杰出的外交才能，不仅袁世凯特别欣赏，在朝野人士中也享有极高的声誉，清政府对他十分重视。1904年，英国侵犯中国西藏地区，清政府任命其为议约全权大臣兼出使英国大臣，代表中国政府赴印度与英谈判。袁世凯极不情愿让唐绍仪离开，向清政府一再请求，对唐绍仪再三挽留。他说："如唐绍仪者，才识卓越，志趣正大，而谙练外交，冠绝辈流，将来东方结局，应付极难，留备擘划，实也必不可少之才。"③ 但袁世凯未能如愿，唐绍仪由此离开了袁世凯。

在西藏问题的谈判中，唐绍仪以坚定的民族立场，有理、有利、有节的反复论证中国对西藏拥有不容争辩的主权，驳斥了英国的谬论，强烈谴责其侵略行径，使英国企图分裂西藏的阴谋无以得逞，维护了我国的领土主权。回国后，清廷授予其外务部右侍郎之职，唐绍仪开始参与全国性的外交决策。

1906年，唐绍仪又先后被委任为铁路总公司督办、税务会办大臣及新设立的邮传部左侍郎，1907年又被授予奉天巡抚。袁、唐关系并未因此而松弛，反而更加紧密了。时袁、唐的政敌评价其关系说："……唐绍仪旧从世凯驻朝鲜，甲午之变，生死力护之以归，故遇之加厚，既夺盛宣怀路政界之，邮传部开，又用为侍郎，一手把持部务。"④ 虽然言辞尖刻，抹杀了唐绍仪的政治才能，但

---

① 焦静宜：《唐绍仪的外交生涯与天津》，中国人民政治协商会议天津市河东区委员会文史资料委员会编：《天津市河东区文史资料》第7辑，内部资料，1994年，第138页。

② 袁世凯：《请将唐绍仪暂留北洋襄办交涉事宜折》，天津图书馆、天津社科院历史研究所编：《袁世凯奏议》下册，天津：天津古籍出版社，1987年，第1015页。

③ 袁世凯：《请将唐绍仪暂留北洋襄办交涉事宜折》，天津图书馆、天津社科院历史研究所编：《袁世凯奏议》下册，天津：天津古籍出版社，1987年，第1016页。

④ 胡思敬：《国闻备乘》卷三，荣孟源、章伯锋主编：《近代稗海》第一辑，成都：四川人民出版社，1985年，第269页。

从中可见袁、唐关系之密切。

三、辛亥议和为袁世凯大总统的地位而孜孜努力：袁、唐关系开始发生变化

1908年11月14、15日，光绪皇帝和西太后相继死去，以载沣为首的满洲少壮派贵胄掌握了清王朝的最高权力。1909年年初，载沣借口袁世凯患足疾，行路不便，将袁世凯开缺回籍。袁世凯失势，唐绍仪十分灰心，也就无所作为了，虽一度被授予邮传部尚书，但终因不得志而辞职。直到辛亥革命爆发，唐绍仪没在清政府中担任任何职务，唐绍仪对袁世凯的依赖是非常明显的，可谓一荣俱荣，一损俱损。

1911年武昌起义后，清廷被迫起用袁世凯。重新出山的袁世凯，充分施展其狡黠政治家的特有手段，挥动着两个拳头打人，利用南方革命党人的声威，迫使清廷将政权交给他。腐朽的清廷别无选择，只好任命其为内阁总理大臣，组成责任内阁，清政府的军政大权最终转入袁世凯手中。他对革命党人软硬兼施，命冯国璋率北洋军攻克汉口、汉阳，以炮火威逼武昌，让革命党人感受到北洋军的锐不可当，然后向革命党人摇起和平的橄榄枝。

武昌起义后，全国各省纷纷响应。虽然独立省份在增多，革命范围在不断扩大，但武昌前线严峻的形势迫使革命党人不得不接受袁世凯的建议，停战议和。袁世凯在清末的开明形象和政治解决革命的姿态，使南方革命党人的革命态度大打折扣，以袁世凯的力量推翻清政府来迅速结束革命是立宪党人、革命党人的共同心理。南北议和经过双方的努力，于12月18日正式揭幕。袁世凯物色的谈判总代表即是唐绍仪。当袁世凯指派唐绍仪为谈判的全权代表时，袁世凯的重要谋士杨士琦曾提醒袁世凯说："少川（唐的号）是广东人，广东人最讲乡谊，革命领袖孙中山是广东人，伍廷芳也是广东人，广东人和广东人碰头，几句广东话一说，倒不可不提防一下呢。"袁世凯笑着说："杏丞（杨的号）你放心，……随着少川南下吧。"① 袁世凯如此表态，显示了对唐绍仪的极大信任。

唐绍仪离京前，袁世凯指授给他的谈判方针是："应避免战争，恢复秩序为

---

① 丁中江：《北洋军阀史话》第一辑，北京：中国友谊出版公司，1992年，第220页。

原则，旨在避免国家分裂。至于君主制度，万万不可变更。"① 12月7日，唐绍仪一行带着袁世凯的指令，离京南下，开始了他的和平使者一行。

12月18日，南北双方代表在上海开始谈判。南方以"推翻满清政府，确定共和政体"为条件，且坚定不移。在谈判之初，唐绍仪忠实地执行了袁世凯的指示，与南方针锋相对。然而，唐绍仪毕竟是一个受过西方教育的知识分子，在中国革命形势和革命党人的感召下，他的思想发生了变化，开始倾向共和，"初一会议，廷（南方谈判总代表伍廷芳）提议共和，唐赞成。惟方须得袁内阁回信，始能决定"②。在第二次双方会议上，唐绍仪说："共和、立宪，我等由北方来者无反对之意向"，"不过宜筹一善法，使和平解决，免致清廷横生阻力"③。最后，他提出折中办法，即召开国民大会以定民主制还是君主制。他的意见，得到南方赞同。唐绍仪提出的具体办法是：每省各派三名代表参加国民会议，有3/4的省到会，即可开议。南方独立各省和陕西、山西等14省由中华民国南京临时政府发电召集，直隶、河南、山东、甘肃、新疆、东三省等8省由清政府发电召集，蒙古、西藏由两政府分电召集。由于独立各省占近2/3的多数，实际上共和政体确立已成定局。唐绍仪此策，一方面实际上承认了共和政体，另一方面又是为袁世凯着想。他曾解释说："盖此办法，对于袁氏非此法不行也，其军队必如此乃可解散。开国会之后，必为民主，而又和平解决，使清廷易于下台，袁氏易于转移。"④

尽管如此，袁世凯没有谅解他的苦衷。唐绍仪对南方的妥协使袁世凯大为不满，于是以唐绍仪与南方所定协议"均未与本大臣商明，遽行签订"⑤为由，迫使唐绍仪辞职。其根本原因在于，唐绍仪、伍廷芳两代表刚刚达成协议，孙中山从海外归来，独立各省成立了南京临时政府，共举孙中山为临时大总统。袁世凯对南方提出的"赞成共和，当举为大总统"的许诺产生了怀疑，于是他指示北洋将领通电赞成君主立宪，南北议和一时陷入僵局。

---

① 中国人民政治协商会议全国委员会文史资料研究委员会编：《辛亥革命回忆录》第六辑，北京：中华书局，1963年，第357页。
② 丁贤军、喻作风编：《伍廷芳集》，北京：中华书局，1993年，第383页。
③ 丁贤军、喻作风编：《伍廷芳集》，北京：中华书局，1993年，第383页。
④ 丁贤军、喻作风编：《伍廷芳集》，北京：中华书局，1993年，第383页。
⑤ 中国第二历史档案馆编：《中华民国史档案资料汇编》第二辑，南京：江苏人民出版社，1981年，第53页。

唐绍仪辞职后，袁世凯直接与南方代表伍廷芳谈判。但实际上，唐绍仪一直在上海，在谈判期间仍发挥重要作用，袁、唐之间仍保持着密切联系。南北议和最终形成的清帝退位，举袁为大总统的结局，实际仍是唐、伍协议中的本质内容。

唐绍仪得袁世凯之信任，充当了南北议和的使者，为袁世凯取得大总统宝座而孜孜努力，南北实现了政治上的统一。在议和期间，唐绍仪开始由一个清政府的官僚向资产阶级民主主义者转化。而袁世凯虽然也高喊拥护共和，那是为了取得大总统的桂冠不得不作出的承诺。但袁、唐关系，也由于唐绍仪思想的变化而开始发生变化。

四、法制还是人治，总统、总理的根本分歧：袁、唐关系裂变

南北议和，最终促成了清帝退位，袁世凯因赞成共和，被选举为大总统。1912年2月12日，清帝颁布退位诏书，统治中国268年的清王朝至此灭亡。2月15日，南京临时参议院一致选举袁世凯为中华民国临时大总统。3月9日，南京临时参议院又将刚刚通过的《中华民国临时约法》电告袁世凯，"《临时约法》七章五十六条，伦比宪法，其守之惟谨！勿逆舆情，勿邻专断，勿狎非德，勿登非才！"① 次日，袁世凯宣誓遵守约法誓词，"世凯深愿竭其能力，发扬共和之精神，荡涤专政之瑕秽，谨守宪法，依国民之愿望，蕲达国家于安全强固之域，俾五大民族同臻乐利，凡兹志愿，率履勿渝"②，正式就任临时大总统。

还在袁世凯就职的前一日，即3月9日，袁世凯致电孙中山，提出唐绍仪为内阁总理的人选。他说："现国务总长（理）拟派唐君绍仪。国基初定，万国具瞻，必须华洋信服，阅历中外者，始足膺斯艰巨，唐君此其选也。"③ 他环顾左右，论私交，唐绍仪是自己患难与共、莫逆之交的朋友，其多年来为自己的部属；论才能，唐的才能北洋派中无与伦比。虽然议和时唐绍仪倾向南方，但毕竟是北洋班底中的重要人物，而唐绍仪与南方接近，更容易得到南方控制的参议院认可。袁世凯选择唐绍仪为第一任内阁总理，是他的最佳选择。3月13日，

---

① 《时报》1912年3月11日。
② 《临时政府公报·誓词》1912年3月11日。
③ 中国社会科学院近代史研究所中华民国史研究室等编：《孙中山全集》第2卷，北京：中华书局，1982年，第198页。

唐绍仪顺利得到参议院通过。

1912年3月29日，唐绍仪内阁——中华民国的第一届内阁正式组成。其内阁由南北各方面人物组成，代表各种势力。陆军、海军、内务三部总长，为袁系人物；外交、财政分别属无党派和立宪派人士；教育、农林、司法和工商四部为同盟会人物。由于唐绍仪在三天前加入了同盟会，同盟会人物在内阁中居半数，所以人们称这届内阁为"同盟会中心内阁"。

乘辛亥革命的时代际遇和当时的历史条件，袁世凯当上了中华民国临时大总统，唐绍仪出任第一届内阁的总理，这对患难与共的朋友，登上了中国统治权力的最高峰。但此后不久，袁、唐之间便产生了根本的分歧。

在袁世凯认为，唐绍仪"自朝鲜共患难，以至北洋为堂属，北京为同僚，故能如身使臂，如臂使身"①。现在唐绍仪任内阁总理，不过是自己的幕僚长而已，期待唐绍仪仍像过去一样忠于自己，唯命是从。约法、内阁不过是堂而皇之的名词而已。他要以共和之名，行专制之实，他准备采取各种手段，分化瓦解和打击资产阶级革命党人，确立北洋势力在全国的统治。正如时人所说："袁始终不能化除畛域，高掌远蹠，转以'北洋'二字自限。"②

在唐绍仪看来，清朝推翻，民国成立，自己可以一展才华致力于民国的治理，所以他"欲以庚子前后所以助袁者继续辅袁，以致力于国，为大局图久安之策，故最大宗旨，即图孙、袁之合作"③。他认为，"今日国家大事，统一中国非项城莫办；而欲治理中国，非项城诚心与国民党（此时国民党尚未成立，应为同盟会——引者注）合作不可"。他确信自己和袁世凯有近30年的友谊，和革命党领袖孙中山是同乡，且自己又加入了同盟会，是能够做好各方面的工作的。因此，他"颇有举责任内阁之实，以避袁氏与各方之冲突"④。

袁、唐之间的根本分歧，在于法制还是人治，共和还是专制。《中华民国临时约法》规定政府的组织形式是责任内阁制。所谓责任内阁制，就是内阁代总统对国会负责，总统虽有极大的权力，如任免文武官吏、发布法律命令等，但

---

① 陈旭麓等主编：《辛亥革命前后——盛宣怀档案资料选辑之一》，上海：上海人民出版社，1981年，第265—266页。
② 岑学吕编：《三水梁燕孙先生年谱》，台北：文海出版社，1972年影印本，第115页。
③ 岑学吕编：《三水梁燕孙先生年谱》，台北：文海出版社，1972年影印本，第115页。
④ 岑学吕编：《三水梁燕孙先生年谱》，台北：文海出版社，1972年影印本，第121—122页。

是必须有内阁副署,才能发生效力。唐绍仪"事事咸恪遵约法"①,对袁世凯大加限制。对总统府的决定,他认为不可行的即行驳回,有时甚至为某一问题和袁世凯争得面红耳赤。他总是说:"责任内阁,凡事要对国家负责。自己任总理也要对国家负责。"②唐绍仪的举止使袁世凯大为愤怒,他对这位老朋友不仅失去了信任,而且怀疑"唐挟国民党以自重,有独树一帜之意"③,因此语带讽刺地说:"少川,吾老矣,子其为总统。"④

唐绍仪的政治态度也引起了北洋系人物的强烈不满,他们又进一步影响了袁世凯,"而北洋官吏之在袁左右者复日媒蘖之,袁不能平"⑤。袁世凯感到自己不仅控制不住唐绍仪,反而被唐所制,这是他绝对不能容忍的,于是决心排唐、去唐,搞跨唐内阁。他唆使陆军总长段祺瑞、内务总长赵秉钧不出席国务会议,常常不经过唐绍仪而直接插手部务,将唐绍仪架空,使唐绍仪陷入非常尴尬的地步,继而又通过借款案,从列强和反对党两方面向唐绍仪施加压力,把唐绍仪搞得焦头烂额。为赶走唐绍仪,袁世凯又蓄谋制造了一个王芝祥督直事件。唐绍仪南下组阁时,曾和同盟会达成了由直隶籍的驻南京第三军军长王芝祥为直隶都督的口头协议,这是同盟会试图以王抑袁的又一策略。唐绍仪就此曾征求过袁世凯的意见,得袁同意。唐绍仪遂通知顺直议会,顺直议会作出了推举王芝祥的正式决议。袁世凯绝不允许在自己的发迹之地让一个接近同盟会的军人插足。所以当王芝祥进京,顺直议会请求袁世凯正式任命时,受袁世凯指示的直隶五路军队突然通电反对王芝祥。袁世凯以军队反对为由拒绝委任,发布改派王芝祥为南方军队宣慰使的命令要唐绍仪副署。唐绍仪力持原意,与袁世凯竭力相争,"唐以承诺在先,不肯失信,坚持不肯副署"⑥。而袁世凯竟然以没有总理副署的命令发表,并交王芝祥前去南京赴任。王芝祥也不争气,竟带着袁世凯给的一笔经费,拿着没有总理副署的命令到南京上任。副署制度是约法规定的内阁特权,也是责任内阁的主要标志,副署制度的破坏,关乎民国法制,

---

① 冯自由:《唐少川之生平》,《革命逸史》第二辑,北京:中华书局,1981年,第302页。
② 唐在礼:《辛亥以后的袁世凯》,中国人民政治协商会议全国委员会文史资料研究委员会编:《文史资料选辑》第53辑,北京:中华书局,1964年,第168页。
③ 岑学吕编:《三水梁燕孙先生年谱》,台北:文海出版社,1972年影印本,第121页。
④ 费敬仲:《段祺瑞》,上海:世界书局,1920年,第25页。
⑤ 岑学吕编:《三水梁燕孙先生年谱》,台北:文海出版社,1972年影印本,第121页。
⑥ 《民立报》1912年6月22日。

关乎内阁的职权和信誉。唐绍仪气愤难平,于6月15日不辞而别,出走天津。唐绍仪出走后,袁世凯还假惺惺地先后派梁士诒、段祺瑞等到天津挽留,劝唐绍仪回任。唐绍仪对袁世凯完全失去了信任,誓不回京。他说:"若要留我,只好用棺材来吧。"① 6月27日,袁世凯批准唐绍仪的辞呈。唐绍仪终因遵守约法,坚持法制,断绝了与袁世凯近30年的关系致此袁、唐关系裂变。

原载(《历史档案》1998年第2期)

---

① 《民权报》1912年6月22日。

辛亥以后的袁世凯与康有为

辛亥革命后，袁世凯成为中华民国的大总统。他主动和康有为修好，邀请康有为回国，征求康有为对治国的意见。康有为也不时向袁世凯提供建议，康、袁关系一度恢复正常。不过，康有为始终没有成为袁世凯的座上宾，他对袁政府的丧权辱国举措不时进行抨击，更不能容忍袁世凯的称帝行为，因此积极参加讨袁运动，直至袁世凯败亡。

一、捐弃前嫌，力求合作

武昌起义的枪炮声敲响了清王朝覆灭的丧钟。重新出山的袁世凯在夺得清政府的实权后，施展手段，挥起两个拳头打人，以革命党人的力量威吓清朝权贵，以满洲贵族的力量力压革命党人，最后逼清帝退位，孙中山将临时大总统让位于他。袁世凯成功了，从此成为中国的最高统治者。

袁世凯继任为中华民国的临时大总统后，远在海外的康有为虽然思想上还没有从"虚君共和"的幻想中解脱出来，但还是比较迅速地承认了现实，并致书袁世凯代筹建国方略，如在军事上增练百万民兵，发展海军，大购新式海军舰艇；在经济上劝奖农、工、商、矿、渔、牧业，发展机器化、电气化，设立银行，发行纸币、公债，大借外债，改行金币以稳定物价等。此外还要大办教育，发展交通等。如果这样干下去，那么不出10年，中国就会民富国强。[①]

中国历史的发展没有像康有为所期待的那样。在袁世凯的统治下，民国初期

---

① 康有为《万木草堂遗稿》，1960年油印本，第322—324页。

政局混乱不堪，外国侵略日益加剧。沙俄策动外蒙独立，英国企图将西藏分裂出去。对袁世凯政府的对外妥协活动，康有为给予猛烈地抨击，斥责袁世凯政府"只闻退兵媾和，终则割讲以召瓜分而已，是谓让地政府"①，发表《蒙藏哀词》，为保卫蒙藏，不惜与沙俄决一死战。如果政府不战，则国民另开国会，公决进兵，公决元帅，"若政府违国民之命，易政府可也"②。袁世凯不惜出卖国家主权而向外国借款，康有为竭力反对，撰《大借款驳议》等文，指出"政府大借款之日，即四万万同胞卖身为奴之日"③，质问"政府是谁委托，而敢以五千年之中国，万里之土地，分赠于他人乎"？可见，康有为是以在野政治家的身份对袁世凯政府进行监督。

这一时期的袁世凯还主动和康有为和好，频频向康有为发电邀请，请康有为回国，共图盛治，但都被康有为婉言谢绝。袁世凯、康有为之间的往来电函，是这一时期袁、康关系的最主要见证，颇有一番味道，这里予以全录。

1913年8月，康有为的母亲在香港病逝。康有为离开日本回香港奔丧，不久，他将母亲、弟弟的灵柩送回故乡安葬。袁世凯得知这一消息后，立即打电报到中国驻日本公使馆，转请在日本须磨的康有为回国主持名教，并附了一笔很厚的奠仪，充满了浓厚的人情味。电文如下。

转须磨别庄康长素先生鉴：

去国念年，因心衡虑。大著发抒政见，足为薄俗针砭，钦仰无似。凡河汾弟子，京洛故人，均言先生不愿从政，而有意主持名教，举国想望风采，但祈还辕祖国，绝不敢强以所难。敬具蒲轮，鹄候明教，何日税驾，渴盼德音。

袁世凯。冬。④

袁世凯情谊深深，所以康有为接到电报，虽然对戊戌旧事耿耿于怀，对袁世凯的甜言蜜语有几分戒心，但袁世凯以大总统之尊发电邀请，执礼甚恭，所以于礼于情，都应复电。于是康有为很有礼貌地回电袁世凯，一方面，对袁世凯表示感谢；另一方面，婉言谢绝了袁世凯的邀请。电文如下。

北京袁大总统：

---

① 康有为：《中国以何方救危论》，《康有为政论集》下册，北京：中华书局，1998年，第812页。
② 康有为主编：《不忍杂志汇编》第2卷，北京：中国图书出版社，1958年，第5册，第1—9页。
③ 康有为：《忧问一》，《康有为政论集》下册，北京：中华书局，1998年，第803页。
④ 《大总统来电第一》，康有为编：《哀烈录》，东莞张氏民国五年（1916）刊本。

亡人负罪，久播异域。有母八十，莫奉尸饔，遂竟见背，永维哀悼，崩摧肺肝。过承后赗，感刻不任。匍匐奔丧，未及言谢。途次得门人梁启超电，转述尊意，拳拳故人，归国则带以特殊之上位，还乡则代筹警备之未周。昨抵香港，又接须磨寄来东京使馆转明公冬电，隆文稠叠，辱以蒲轮。召还苏武，伤其去国之久。访于箕子，本无陈畴之才。斩然哀□，不入公门。母死谓何，敢有他志。加以两世之先茔被掘，廿年之遗骨须收。痛绝抚棺，并陈新旧，凄凉营葬，难返乡间。重以寡妹六十，病乳三载沉绵床褥，天忽朝夕。是以魂魄飞跃，岂知人世。固无心预闻政治，难补涓埃。更末有北首燕路，上承明问。伏望明公，幸垂矜原。若夫大教沦骨，人心陷溺，则中国可亡，而种族随之，实为邈古所无之变，同于金甲无避之义。他日誓墓，余生未忘，扶持所至，托于徇铎。尊圣为道，想公同心。冀公援手，圣教幸甚。稽颡鸣谢。

康有为叩。文。①

袁世凯收到康有为的复电后不久，又通过广州都督龙济光、民政长李耀汉向康有为发出第二封电文邀请，并对康有为给予极高评价，再一次表达他求贤若渴的心情。文曰如下。

广州龙都督李民政长饬送康长素先生鉴：

廿年契阔，怀想匪任。每读大著，救世苦心，昭然若揭。贤者有益于人国，于兹确信。比大难粗平，百废待兴，方思于天下之才共天下之事，洛社故人，河汾子弟，咸占汇进，宏济艰难，忧国如公，宁容独善。冀盼庋止，论道匡时，敬具蒲轮，以俟君子。

袁世凯文。印。

康有为接电后，也非常客气地回敬袁世凯，向袁世凯申诉不能就道的原因，语气朴实，原因明了。文曰如下。

北京袁大总统鉴：

曾复文电，想达记室。项由龙都督、李民政长转到即日之电，眷念，

---

① 徐有朋编：《袁大总统书牍汇编》卷七《函牍》，上海：广益书局，1927年，第24—25页。

垂存故人，仰见明公搜岩访献，求治之盛心，鄙人何以当之。茕茕在疚，伏自惟念，得罪久亡，重遇变革，致八十余老母倚闾，盈盈绝望，不孝之罪，上通于天。顷归省遗泽，触处崩痛，执杯圈而痛绝，抚几筵而陨心，物在人亡，形存神悴。加割疡未愈，衰病侵羸，寡妹病危，奄在旦暮。虽忧国难忘，而思亲未已。幸曲赐惠怜，俾尽哀慕，也明公教孝之义，或补清化，垂涕感叩。

有为。①

袁世凯接到康有为第二次复电后，仍不死心，又向康有为发出第三封电文邀请，大有刘备三顾茅庐，不达目的不死心的精神。文曰如下。

康长素先生鉴：

  昨奉复电，既观望于高蹈，益感叹于纯孝，夺情之举，固非敢施。于守礼君子，遁世之行，又岂所望于爱国仁人。所望葬祭粗完，旌车仍戾，发摅伟抱，矜式国人。比者大教凌夷，横流在目，问俗觇国，动魄惊心，非有大哲，孰为修明。执事毅然以此自任，其于正人心培国本之功，又岂今所从政者所可拟。绵力所逮，敬当共赞，霜风渐厉，诸惟节哀，为道自重。

袁世凯。号。印②。

康有为接到袁世凯的第三封电文后，颇为感动，虽说不能应邀北上，但给袁世凯提出了亲拜文庙、祈年殿祀天、令学校读经等建议，以备袁采纳，并作为对袁世凯几次相邀的报答。文曰如下。

袁大总统鉴：

  强学旧游，相望垂白。记室骑兵，庶范云之善谑，访泽加腹，存严陵之故人。问道求言，三徵未已。猥以衔恤，莫酬隆礼，情岂忘于忧国，而创深巨于思亲。不呼丧门，幸为垂悯。承许遗教相助，承救人心，咸不去怀，中国忧有望耶。昔蒲公草创，入鲁而礼太牢；汉室尊圣，登堂而下拜。顷岁蒞

---

① 康有为编：《哀烈录》，东莞张氏民国五年（1916）刊本。
② 康有为编：《哀烈录》，东莞张氏民国五年（1916）刊本

豆停废,弦涌断绝,人无尊信,手足无措,四维不张,国灭可忧。伏望明公亲拜文庙,或就祈年殿尊圣祀天,令所在长吏,春秋朔望,拜谒礼圣。下有司议,令学校读经,必可厚风化正人心。区区迂愚,窃用报礼,幸祈裁察。

康有为叩。①

袁世凯为什么如此虚怀若谷,礼贤下士,不厌其烦,一而再,再而三的向康有为发出邀请?我们认为主要有以下三方面的原因:第一,袁世凯绝不是一个庸庸之辈,而是一个很有头脑的人。他继任为中华民国的大总统,成为中国的最高统治者后,需要笼络各方面的人才,像康有为这样的人物,当然是他首先要考虑的,这些人即使不为他所用,但也不至于成为他的政敌。第二,他和康有为曾经有过一段密切的关系,这一点无论是袁世凯还是康有为都是承认的,从他们来往的电文中和在此前后的函电通信中,其经常使用"强学旧游"、"京洛故人"等一类的词汇。但戊戌政变,袁世凯告密,变法失败,迫使康有为海外流亡16年。戊戌之怨,导致袁、康反目。而现在,光绪帝死去,清政府被推翻,时局大变,袁世凯成为中国的最高统治者,过去的一切都不复存在。所以,袁世凯想借机恢复和康有为的关系,消除二人之间的宿怨,故他乘康有为丧母回国奔丧之机,主动连连向康发出邀请。他想向世人昭示,袁世凯是一个不计前嫌的人,能容纳各方面的人才。第三,袁世凯还有更深刻的政治目的。1913年7—9月,通过赣宁之役(即二次革命),袁世凯彻底打败了国民党的武装力量,孙中山、黄兴再次逃亡海外,北洋势力扩展至长江中下游各省。10月10日,袁世凯就任正式大总统一职,结束了临时政府时代,北洋军阀专制独裁政权正式确立。这时候的袁世凯志得意满,需要康有为这样的名流、学者为其装点门面,为其出谋划策,以加强其思想上的统治。而袁世凯知道,康有为是孙中山的政敌,利用康有为肃清孙中山革命党人的影响,可以加强其封建专制统治。何况,袁世凯正和康有为的弟子梁启超等打得火热,如果再能请到康有为,岂不更善?而随着袁世凯北洋军阀政权的确立,在袁世凯的支持怂恿下,国内兴起了一股尊孔复古的逆流。而康有为是一个孔子迷,终身倡导尊孔、祀孔、学孔,袁世凯要利用康有为,为其加强思想统治服务。

对康有为来说,一是有戊戌宿怨和政闻社之恨,使其对袁世凯耿耿于怀,

---

① 康有为编:《哀烈录》,东莞张氏民国五年(1916)刊本。

虽然袁世凯主动摇起和平的橄榄枝，但对袁世凯的人品还是放心不下。二是袁世凯虽然盛情邀请，康有为因母丧和妹妹的病心情沉重，确实走不开。不过，康有为虽然没有应袁世凯之邀到北京去主持名教，但却向袁世凯献上一策，要袁世凯拜文庙、祈年殿祀天、文武百官拜谒礼圣、下令学校学生读经等，实际上是尊孔复古。而这些，正是袁世凯所需要的。从这个意义上讲，袁世凯和康有为的思想又达到了某种一致。

袁世凯以大总统之尊三次电邀康有为赴京主持名教，康有为竟然"不奉诏"，一次次推却，使袁世凯非常恼火。于是他略施小计，指示手下人在报纸上散布孙中山、黄兴的二次革命与康有为有牵连的谣言。袁世凯这一招确实高明。康有为获悉此事，不知袁世凯对他要下什么毒手，立即向袁世凯发了一电，剖白呼冤。文曰如下。

袁大总统鉴：

> 自居庐衔恤，日营葬地，加姊病绵缀，延冬涉春，医药罔效，忧痛相继，故百事谢绝，重违嘉招。顷闻报言，北案牵及鄙名，闻之骇怪。复以去夏国事争攘，大党势众弥漫全国，谬见推拥，南北烦烦，仅犹力却，此公所知。其他各党拥戴者，莫不谢却。安有今朝觐讴歌，天下安定，乃始交通宵小，则虽至愚不为，惟猎肉可甘，集矢之的，虚名过盛，假借之谋，恐来纲易织，杯弓滋疑，想公明照，自察诬牵。仍乞严究实据，穷治主者，仆不足计，无令贤者闻而裹足，以伤盛世。①

袁世凯接电后，看到康有为有些胆怯，实现了自己的政治目的，康有为纵不为自己所利用，起码慑于自己的威势，不至于成为自己的政敌，不会不利于自己的统治。况且，康的大部分弟子正为自己所用，康有为孤身一人，构不成对自己的威胁，何不卖个人情。于是他又向康复了一电，要康放心，他不会追究此事的。文曰如下。

康先生鉴：

---

① 陈兰荪：《康有为与袁世凯》，朱佳誉主编：《康有为传记资料（一）》台北：天一出版社，1979年。

得佳电悉奸人造谣，诬及贤哲，箓火帛书，万不足信，请勿介意，为幸。①

康有为接电后，这才放下心来。不久，他将母亲和弟弟康广仁的灵柩送回故乡安葬，随后移居上海，结束了长达16年的流亡生活。

二、同床异梦，称帝与讨袁

袁世凯于1913年9月战胜国民党以后，有恃无恐，不把任何力量放在眼里，对经过几代先进中国人的努力移植而来的西方民主制度任意扼杀和摧残。是年11月袁世凯解散国民党，追缴国民党议员的徽章证书400多件，致使国会不足法定人数而被迫休会。1914年1月，更明令解散国会。5月废除《中华民国临时约法》，颁布其蓄意制定的《中华民国约法》，为其军阀专制统治披上合法外衣。清末的袁世凯是一个具有新思想、新头脑的官僚，在取法西方、改革中国封建制度方面作出了一定的努力。而进入民国后的袁世凯，成为一个极端守旧的人物，处处事事在恢复和加强被辛亥革命打倒的封建制度，甚至在官制、官名上也大做文章，模拟清朝制度，如撤销国务院，设立政事堂，而政事堂的职掌、权限犹如前清之军机处，唯大总统袁世凯之命视听。各省改都督、民政长为将军、巡按使，将军、巡按使类似前清的将军、巡抚等。在思想文化上更进一步尊孔复古，如前述祀天、拜文庙等。袁世凯这样做的目的，就是为他复辟帝制作准备。

到1915年，袁世凯在做了充分准备后，把复辟帝制由后台搬到了前台。5月，为取得日本对帝制的支持，不惜与日本签订了丧权辱国的"二十一条"。8月，先是由袁世凯的法律顾问美国人古德诺抛出《共和与君主论》一文，大肆鼓吹中国应实行君主制。继而杨度等组织筹安会，讨论国体问题，敲响复辟帝制的开场锣，一场由袁世凯导演的复辟丑剧正式拉开。随后，各色各类的请愿组织纷纷成立，"举国一致"都赞成帝制。到12月13日，袁世凯在"国民代表"的一而再再而三的拥戴下，"被迫"承认帝制，接受百官朝贺。不久，袁世凯下令改民国五年（1916）为中华帝国洪宪元年，并准备选择吉日正式登基。袁世

---

① 陈兰荪：《康有为与袁世凯》，朱佳誉主编：《康有为传记资料（一）》台北：天一出版社，1979年。

凯高估了自己的力量，低估了人民的力量，其倒行逆施，等待他的只能是灭亡。

康有为一生的政治理想，就是在中国实现君主立宪政治。辛亥革命的狂飙，打破了康有为的这一美梦。民主共和制度在中国的迅速实现，使康有为虽不情愿，但又不得不接受眼前的现实，他提出的"虚君共和论"没人理睬，成为不适时务的谬论。但民主共和制度在中国的实践和民国初年政局的混乱局面，使康有为大失所望。他由此得出结论说，民主共和制度不适应于中国，"中国颠危之误在全法欧美而尽弃国粹"①。民主共和制度在中国实验的失败，使康有为重新燃起了君主立宪的希望。然而，康有为心目中的"君"，始终是清朝皇室，爱新觉罗世系一统，而绝非今大总统袁世凯。他后来曾说："吾固保皇党首领，保皇即保清，是以主张复辟也。"②

对袁世凯的称帝行为，康有为迅速作出了反应，撰文痛斥袁为不忠、不孝、不义、不仁之人。"袁慰廷称皇帝，改元洪宪，爵封内外百官，康南海箴之曰：'公在先朝为重臣，倒清建共和，自为元首，人犹有谅之者，今竟自为帝，是不忠；公先人在日，知蓄有异志，尝诫不可存非分之念，今竟自为帝，是不孝；公对往日同僚誓言，既为总统，夙愿已偿，决无他志，今竟自称帝，是不义；人民憔悴于虐政，膏血已尽，公方吸取财帛以筹办大典，是不仁。'"③ 他发布《讨袁世凯檄》，历数袁之罪状，说他"以国命与人，以五千年神圣之经营，千万方里古国之境土，四万万神明之裔胄，易彼一人一家之帝位"，"自有中国生民以来，未有元恶大憝若斯之甚者"，号召"凡我国民，与卖国贼不共戴天"，各省都督"戈矛齐举，吊民伐罪，以救中国"④。

在口诛笔伐的同时，康有为还策动其弟子们武力讨袁。1915年冬，"康有为、梁启超、潘若海等在沪集议，咸以为倒袁必须举兵，不举兵即无以倒袁"⑤。随后，康门弟子分头发动讨袁，梁启超促蔡锷起义云南，潘若海入南京运动冯国璋中立，徐勤则举兵于粤。为筹措武装讨袁经费，康有为甚至将其在香港亚

---

① 康有为：《康有为政论集》下册，北京：中华书局，1998年，第890页。
② 陈瀍一：《新语林》，上海：上海书店出版社，1997年，第27页。
③ 陈瀍一：《新语林》，上海：上海书店出版社，1997年，第82页。
④ 蒋贵麟：《万木草堂遗稿外编》下册，林克光：《革新派巨人康有为》，北京：中国人民大学出版社，1990年，第461页。
⑤ 少海：《康有为与倒袁之役》，中国人民政治协商会议广东省委员会文史资料研究委员会编：《广东文史资料》第五辑，内部资料，1992年，第47页。

宾律道的住宅卖掉，得到两万元作为军饷，命徐勤组织军队讨伐广东袁党龙济光。他还多次致电和致书蔡锷，建议护国军先取川蜀，再图湘鄂，赞扬蔡锷义举为中国立下了不世之功。尽管康有为不是护国讨袁的主角，但康有为在护国倒袁中的作用不可忽视。

袁世凯称帝，天怒人怨。继云南誓师讨袁后，贵州、广西先后宣布独立，加入反袁阵线，四川、湖南、广东等省亦在酝酿倒袁。坐镇南京的袁世凯得力干将江苏将军冯国璋密电江西、山东、浙江等省的军政大吏，准备联合发动其他未独立省份，共同要求袁世凯取消帝制。全国人民和海外华侨以不同形式支援护国军。各种反袁力量汇合成一股不可抵挡的洪流。袁世凯看大势已去，被迫于1916年3月22日宣布取消帝制，23日下令废止"洪宪"年号。这就是袁世凯的83天皇帝梦。

而在此前后，康有为异常活跃，曾两次致函袁世凯，给袁世凯以极大的挖苦和讽刺，对袁世凯的罪行再次给予揭露和申斥，同时以"强学旧游"、"二十余年之交"的身份，讽劝袁世凯，给袁指出可供选择的三条道路：上策为"早让权位，遁迹海外"；中策为"维持共和，严责劝进"，"引咎罪己，立除帝制，削去年号"；下策是顽固不化，继续称帝，则只有死路一条。①

袁世凯取消帝制后，以大总统的身份继续执政，遭到全国人民的强烈反对，讨袁战争继续进行，独立的省份越来越多，袁世凯败亡已成定局。这时候康有为又致袁世凯一函，劝其出国远游。他说："慰庭前总统大鉴：昔以天下滔滔，生灵涂炭，中国危殆，为公一人，故妄竭款愚，奉规执事，承公俯采中策，销帝制，去年号"，而继续做总统，全国人民不答应，"公以顾命之大臣而篡位，以共和之总统而僭帝，以中华之民主而卖中华之国土，荼毒无限之生灵，国人科公之罪，谓虽三家磔虿尤，千刀王莽，尚谓不足蔽辜"。康有为还指出，眼下"为公计"，最好的办法是"速携眷属子孙，游于海外"，"早行一日，国民早安一日"②。然而，这时候的袁世凯处在全国人民的声讨之中，已患病在身，卧床不起，无法接受康有为的规劝。6月6日，袁世凯在忧愤中死去。

袁世凯和康有为从1895年甲午战后结交到1916年袁世凯在护国战争中死

---

① 康有为：《请袁世凯退位电》，《康有为政论集》下册，北京：中华书局，1998年，第940页。
② 白蕉：《袁世凯与中华民国》，荣孟源、章伯锋主编：《近代稗海》第三辑，成都：四川人民出版社，1985年，第256—260页。

去，前后 21 年之久。这 21 年，正是中国社会急剧变化最快的历史时期，在这 21 年的风云际会中，袁、康两人各以自己的风姿创造了自己的时代。袁世凯在练新军、办新政、推翻满清王朝的重大事件中，对中国社会的发展起过一定的积极作用。但他逆历史潮流而动，复辟帝制，以至身败名裂，成为民族的罪人。康有为在甲午战后空前的民族危机下，以其坚韧不拔的毅力，数次上书皇帝，领导了叱咤风云的维新变法运动，为民族的振兴和社会的进步作出了杰出的贡献。变法失败后，他仍然以高度的爱国热忱，为自己追求的事业而努力奋斗。袁世凯和康有为在 21 年的交往中，有过密切的合作，但大部分时间是你死我活地斗争，他们以密切合作始，以激烈斗争终。两人交往和斗争的一生，反映了中国社会复杂多变、曲折发展的历史进程中的一个侧面。

原载（《历史档案》2003 年第 3 期）

袁、段矛盾与洪宪帝制的败亡

对1913年国民党人发动的二次革命，袁世凯得心应手，其所指挥的北洋军，如卷席般横扫国民党军队，仅仅一个多月，就将国民党控制的江南数省荡平。而3年后的护国战争，西南几省的军事力量，虽远不能和当年国民党人的军事力量相比，但北洋军却连连败绩，袁世凯不得不撤销尚未正常运转的洪宪帝制。其个中原因，与袁世凯、段祺瑞之间的矛盾不无干系。

一、袁、段矛盾及其激化

在袁世凯扫除了异己力量，确立了其专制统治后，开始对付身边的权臣，第一个开刀的对象就是段祺瑞。袁世凯手下有三员心腹大将，即号称北洋三杰的王士珍、段祺瑞、冯国璋。王士珍无权力欲求，入民国后长期隐居在家。冯国璋长期任江苏都督，坐镇东南。只有段祺瑞一直在袁世凯的身边，在历届内阁中任陆军总长，掌握着中央军权。段祺瑞性格刚烈，事有主见，不是俯首帖耳的奴才。他在北洋内部，以其学生靳云鹏、徐树铮等为中心，自成一系。正如袁世凯身边的亲信夏寿田所说："段祺瑞素性刚愎，有主见，平时对项城不事趋承。长陆军时，关于军官进退，恒以陆军总长行之，不请示；其所识拔者，多半为其学生部属，隐然成一势力，在北洋旧部与段比肩者，此时将顺不遑。于是项城渐渐感觉段之专擅，而大公子尤忌之，以其怏怏非少主臣也。"① 段祺瑞还有一个特点，即和袁世凯等商讨军事时，如意见不被采纳，不高兴的样子

---

① 张国淦：《北洋述闻》，上海：上海书店出版社，1998年，第81页。

马上表现出来，对袁世凯长子袁克定插身军队的企图，他十分反感，不假辞色。

袁世凯依靠军队起家，他视军权如命，绝不允许军权旁落，更不允许身边出现段祺瑞这样的权臣。他与其日本军事顾问坂西利八郎及王士珍等共同策划削弱段祺瑞的兵权。1914年5月8日，袁世凯下令撤销总统府军事处，设立陆海军大元帅办事处，委派其侍从武官荫昌、陆军总长段祺瑞、海军总长刘冠雄、海军司令萨镇冰、参谋次长陈宧及王士珍等为办事员，由王士珍主持常务，各办事员轮流值班，一切军政要务，均有办事员呈报袁世凯定夺，因此段祺瑞的军权被大大削弱。段祺瑞敏锐地觉察到袁世凯的意图，因此开始消极对待，经常寻找借口不参加统帅办事处的会议，即陆军部事务也全交给次长徐树铮处理。一天，袁世凯召段祺瑞到总统府查问一件公事，段答"要到部查"。袁世凯不客气地说："你的呈文都送来了，怎么还要到部查呢？"原来段祺瑞根本没有看过这件公文，是次长代他签名送上来的。袁为此大发牢骚说："咱们北洋团体还成一个什么样子的团体，华甫（冯国璋）要睡到十二点钟以后才起床，芝泉（段祺瑞字）老不到部！"①

袁世凯在清末以练兵起家，军队由其直接掌握，他感到得心应手。当上大总统后，一方面是政治、经济、外交等事务使之分心，另一方面是军队不归自己直接掌握，且分布全国，将帅林立，大有尾大不掉的势头。袁世凯绝不允许这种局面的出现，他要把军权牢牢地掌握在自己的手里，于是准备对北洋军进行改造。他看到蔡锷是一个长于练兵的人才，想让蔡锷主持其事。他计划先派蔡锷为参谋总长，以取代从不到部的黎元洪，继而调任为陆军总长，以取代不好使唤的段祺瑞。这个计划蔡锷是预闻的，并且是同意过的，但后来因北洋内部的不一致而作罢。② 不久，保定军校校长蒋方震建议袁世凯练模范军，袁世凯借机抛开陆军部，培育绝对效忠于自己的军队。

模范军建制为一个团，从北洋军各师中抽调优秀下级军官为士兵，以中上级军官为下级军官，培训半年后分配到各师充当军官，以此来控制整个北洋军。模范团共培育了两期，第一期袁世凯准备让儿子袁克定当团长，在征求段祺瑞的意见时被段否决。袁世凯只好自己兼团长，以陈光远为副团长，营连长均为

---

① 陶菊隐：《北洋军阀统治时期史话》上册，北京：生活·读书·新知三联书店，1983年，第306页。

② 唐人权、卞孝萱编：《辛亥人物碑传集》，北京：团结出版社，1991年，第234页。

中、少将级军官。第二期袁世凯不再征求段的意见,直接任命袁克定为团长,陆锦为团副。而陈光远、陆锦是紧跟袁克定的,所以模范团始终掌握在袁克定手里。袁世凯一生很少任用亲属,这一次任用儿子袁克定是例外。这是袁世凯称帝、建立袁氏王朝的前奏。

段祺瑞宠信徐树铮,而袁世凯对徐树铮非常反感,曾想把徐树铮调出陆军部。段祺瑞当面顶撞袁世凯说:"请总统先免我的职,随后要怎么办就怎么办!"袁、段矛盾已达到不可调和的地步。袁世凯经常对段祺瑞关切说:"你气色不好,想是有病,应当休息休息。"实际是逼段辞职。

在重大国事问题上,袁、段也产生了严重的分歧。1915年年初,日本提出灭亡中国的"二十一条",5月7日向中国发出最后通牒,限48小时内答复。次日,袁世凯召集有关人员讨论此事,大多数人主张对日妥协,接受日本的要求,"惟独段祺瑞主张动员军队,对日示以强硬"①。最后袁世凯说:"我国国力未充,目前尚难以兵戎相见"②,从而轻易地否定了段祺瑞的意见。袁世凯此时正欲称帝而欲取得日本的支持,所以段祺瑞的意见是不符合袁世凯的思想。段祺瑞的意见虽被否决,但段祺瑞的个性特点是敢言敢任事,因此继续发表他的主战意见,直到辞职不干。袁世凯身边的亲信张一麐曾说:"(段)以反对帝制,为袁克定所谮,不自安。假五月九日日约签字事,通电主战。世凯笑曰:'芝泉老友,去则去耳,何必出此恶声哉。'遂称病求去。"③

段祺瑞与袁世凯的矛盾不可调和,不得不以病为由向袁辞职,并赴西山养疴。这也正是袁世凯所希望的,不过袁世凯很会做戏,对段祺瑞执意挽留,一再给段祺瑞假期。5月31日,袁世凯下令王士珍署理陆军总长职务,并发表明令赐段祺瑞人参、药费等,"本大总统为国爱惜人才,未便听其过劳致增病势,特著给假两个月,并颁给人参四两,医药费五千元,以资摄卫"④。直到8月29日,袁世凯才明令解除段祺瑞的陆军总长职务,正式派王士珍继任。

表面上看,袁世凯对段祺瑞还是十分客气的,实际这是封建统治者惯用的

---

① 李新、李宗一主编:《中华民国史》第二编下,北京:中华书局,1987年,第504页。
② 岑学吕编:《三水梁燕孙先生年谱》上册,台北:文海出版社,1972年影印本,第257页。
③ 张一麐:《直皖秘史》,荣孟源、章伯锋主编:《近代稗海》第四辑,成都:四川人民出版社,1985年。
④ 吴廷燮:《段祺瑞年谱》,荣孟源、章伯锋主编:《近代稗海》第四辑,成都:四川人民出版社,1985年,第618页。

一套手法，袁世凯更是将此发扬光大。但此时袁世凯对段祺瑞越是客气，外间越是传闻袁、段即将决裂。8月3日，段祺瑞为此特意公开发表辟谣电报。他说："二十年前，大总统在小站练兵时，祺瑞以武备学生充下级武秩，与大总统素无关系，乃承采及虚声，立委为炮队统带，升任统制；及大总统东山再起，祺瑞复见任湖广总督、陆军总长等职。以大总统知祺瑞之深，信祺瑞之坚，遇祺瑞之厚，殆无可加，是以感恩知己，分虽部下，情逾骨肉。近数年来，祺瑞因吐血失眠，吁请息肩。乃包藏祸心之某国报纸，以挑拨离间之诡计，直欲诬祺瑞为忘恩负义之徒，甚至伪造被人行刺之谣，更属毫无影响。不得不略表心迹，以息讹言。"① 段祺瑞电文之前半部分，说的是真情实话，说明了以前袁、段关系之密切。后半部分，则说的是违心话，这说明袁、段关系之恶化，已不是什么秘密，甚至还有外国报纸在插手。

二、袁、段矛盾与帝制败亡

1915年8月，袁世凯已将称帝纳上议事日程。首先，杨度之筹安会敲响了复辟帝制的开场锣。继之，北洋派文武官员相继请愿、劝进，要求实行帝制，请袁世凯登基。段祺瑞隐居西山，始终保持着清醒的头脑。他召来亲信徐树铮、曾毓隽等商量对策。段祺瑞说："项城帝制自为之迹，已渐显露，我当年曾发采取共和之电，如今又拥项城登基，国人其为我何？且恐二十四史中，亦再找不出此等人物！所以论公，我宁死亦不参与；论私，我从此只有退休。决不多发一言。"徐树铮也认为，"第一，不论直接间接，积极消极，均反对帝制到底。第二，欲项城中途取消帝制，已完全失望，所以合肥还是称病不见为上"②。不久，袁世凯召见段祺瑞，以举国一致的劝进热潮，要段祺瑞表明态度。段祺瑞说："帝制乃人民所疾首痛心，必不容其发现者。劝进之文皆奸人捏造，混淆观听。总统倘不及早觉悟，噬脐晚亦。"袁世凯说："民意真伪且弗论，若于意何？"段祺瑞俨然一古代诤臣，明知袁世凯不乐意听，他还是直言相劝。他说："廿年恩义讵忍丧于一旦？固知无不言，亦言无不尽，不忍见总统为眼前罪人，

---

① 陶菊隐：《北洋军阀统治时期史话》上册，北京：生活·读书·新知三联书店，1983年，第306—307页。
② 徐樱：《先父徐树铮将军事略》，中国人民政治协商会议天津市委员会文史资料研究委员会编：《天津文史资料选辑》第40辑，天津：天津人民出版社，1987年，第95—96页。

乞宸衷独断，毅然取消。"①袁世凯已陷入帝制泥潭不能自拔，所以根本听不进段祺瑞的忠告。

12月12日，袁世凯欣然接受劝进，随即对文武百官进行封赏，大赐爵位。在封赏的200多人中，唯独没有段祺瑞。不久，袁世凯申令明年为洪宪元年，改中华民国为中华帝国，并准备择日举行登基大典。没想到袁世凯这边还没有安排好，25日云南就传来了独立讨袁的消息，各省纷纷响应，全国迅速掀起了一个讨伐帝制的怒潮。袁世凯低估了人民的力量，对云南的军事力量一开始并未怎么重视，然而，云南起义的影响大大超过了它的军事力量。面对日益壮大的护国力量，袁世凯不得不仓促调兵镇压，在中南海设立征滇临时办事处，并打算起用段祺瑞。袁世凯请他出任征滇总司令，段祺瑞拒不从命。帝制派投寄匿名信恐吓他，他坦然表示，"武人不怕死"②。1916年2月底，段祺瑞甚至不顾袁世凯的面子，公然倡导南北停战，维持共和，另组新政府，以解决时局。③

到1916年3月中旬，继云南、贵州独立后，广西也宣告了独立，广东、浙江、安徽、福建、湖北等省均出现了反袁的武装力量。袁世凯调往前线的北洋军则士气不振，内部矛盾重重。坐镇东南的另一心腹大将冯国璋联合江西将军李纯、山东将军靳云鹏、浙江将军朱瑞、长江巡阅使张勋等五人联名致电袁世凯，要求迅速取消帝制。这些人都是袁世凯一手提拔起来的旧部，而今公然与袁世凯对抗，对袁世凯的打击是沉重的。

袁世凯众叛亲离，已陷入四面楚歌的地步，走投无路，只有取消帝制了。他请来徐世昌出面收场。徐世昌说："此事关系太大，须约芝泉共同商办，才有力量。"袁世凯这才请出段祺瑞。袁世凯见到段祺瑞，懊悔地说："我老且病，悔不听你言，致有今日纠纷，若取消帝制，还需要你帮忙。"段祺瑞虽对袁世凯有气，但到这个时候，还有什么话可说呢。他对袁世凯说："容与相国熟计之，当竭吾力相助。"④袁、徐、段三人经过密商，决定取消帝制。3月21日，袁世凯任命徐世昌为国务卿，22日发布了撤销承认帝制案的申令，23日特任段祺瑞

---

① 陈灏一：《新语林》，上海：上海书店出版社，1998年，第82页。
② 《时报》1915年12月29日。
③ 李新、李宗一主编：《中华民国史》第二编下册，北京：中华书局，1987年，第772页。
④ 张国淦：《中华民国内阁篇》，杜春和等编：《北洋军阀史料选辑》上册，北京：中国社会科学出版社，1981年，第196页。

为参谋总长,并告令"洪宪年号应即废止,仍以本年为中华民国五年"①。至此,袁世凯的皇帝梦宣告破灭。洪宪帝制从1916年元旦洪宪改元起,到3月23日颁令废止,前后不过83天。

但事情并没有如此简单的结束。袁世凯撤销帝制后还要做中华民国的大总统,而袁世凯的行径使人们对他有了本质的认识,各种护国力量达到了空前一致,由辛亥年间的大总统"非袁不可"一变为现在的"非去袁不可",所以讨袁战争继续进行。袁世凯的老友——狡猾的徐世昌感到非常棘手,以病为由辞去国务卿,一走了之。段祺瑞则以积极的姿态应付局面,他乘机向袁世凯提出,改政事堂为责任内阁,改国务卿为总理,恢复民国三年(1914)以前的体制。袁世凯别无他术,只要能保住总统位置,都可以先答应。所以他于4月21日宣布"委任国务卿总理国务,组织政府",并任命段祺瑞为国务卿。5月8日又下令正式取消政事堂,恢复了国务院和国务总理名称。

这时的段祺瑞实际在效法当年袁世凯向清廷要权的手法向袁世凯要权,以责任内阁总理身份掌握军政大权。对这一点袁世凯十分清楚,但他视权如命,绝不会轻易地将兵权交给段祺瑞。不仅如此,用人权他也不放。当段祺瑞准备任命自己的心腹徐树铮为国务院秘书长时,袁世凯表示反对,他说:"段总理军人,徐某亦军人,以军人总理而用军人秘书长,大不相宜","总理若以徐某之才可用,不妨另其为陆军次长"。袁的态度引起了段祺瑞的强烈不满。当教育总长张国淦将袁世凯的意见转告给他时,他猛地将其烟斗掷于桌上,厉声说:"今日还是如此!"② 到了如此紧要的关头,袁、段矛盾不仅没有化解,反而还在不断加深。接着,段祺瑞要求袁世凯"裁撤总统府机要局、统率办事处、军政执法处三机关"。袁非但不撤,反暗嘱梁士诒掣肘段祺瑞,更激起了段祺瑞的不满。段祺瑞由此开始向反袁方面转化,"段此次出山,本拟于北洋元老商洽北方应付南方之策,虽不惬于袁,尚不肯为己甚。自此以后,即决心与西南通电,互谋对袁,其发端在此,而袁不知也"③。不仅如此,段祺瑞还派其弟子曲同丰入陕运动陈树藩,策动陕西独立,"段以不甘附袁,致遭摈斥,至是仍恐袁氏嗣厥阴谋,将以陷己。密族陈树藩逐陆建章,联络阎锡山以制力。时南方诸督均

---

① 《政府公报》1916年3月24日。
② 张国淦:《北洋述闻》,《中华民国内阁篇》,上海:上海书店出版社,1998年,第141页。
③ 张国淦:《北洋述闻》,《中华民国内阁篇》,上海:上海书店出版社,1998年,第141页。

袁、段矛盾与洪宪帝制的败亡

已叛袁,袁以腹背受敌,气焰顿挫"①。5月9日,陈树藩宣布陕西独立。陕西独立与四川陈宦独立、湖南汤芗铭独立给袁世凯以致命一击,时人戏称为袁世凯败亡的"催命二陈汤"。袁世凯在最后的紧要关头没有把握好与段祺瑞的关系,更加速了自己的灭亡。

袁世凯自蔡锷云南护国讨袁起义后,外有棘手的外交,内有北洋的分崩离析,全国讨袁怒潮势不可挡,使其众叛亲离,忧郁羞愤交加,精神失常,食量减少,恹恹成病,5月末病情加重,6月初恶化。6月5日,袁自知不起,急召段祺瑞、徐世昌等安排后事。6月6日上午10时,一代枭雄袁世凯带着几分遗憾,在困惑中死去。他死后,人们打开袁世凯预备的金匮石室,取出袁世凯写好的嘉禾金简,上书袁世凯选定的三个总统候选人,依次为黎元洪、徐世昌、段祺瑞。原来段祺瑞也是袁世凯选定的总统继承人之一。不过有人说,原来的候选人中没有段祺瑞,而是黎元洪、徐世昌、袁克定。袁世凯在病重的时候瞒着儿子改写为段祺瑞的名字,而袁克定还被蒙在鼓里。这个情况如果属实,算是袁世凯死前办的一件漂亮事,是袁世凯对段祺瑞追随其一生的肯定。

随着袁世凯的死去,袁、段矛盾不复存在。精明的段祺瑞以另外的一种姿态展现在人们面前,他以对袁世凯极其崇敬的心情全力为袁治丧。6月7日,黎元洪举行总统就职典礼,其发布的第一道命令,即褒扬袁世凯的功绩,"民国肇兴,由于辛亥之役。前大总统赞成共和,奠定大局,苦心擘画,昕夕勤劳。天不假年,遘疾长逝。追怀首绩,薄海同悲"②。而这道命令是段祺瑞拟定的。6月23日,北京政府为袁世凯举行公祭,由段祺瑞代表大总统主祭。28日,段祺瑞亲自执绋送葬,将袁世凯的灵柩一直送往河南彰德,为袁世凯圆满地办完了丧事。

袁世凯和段祺瑞结交,从1895年小站练兵到1916年袁世凯称帝死亡,整整21年。在这21年的绝大部分时间里,两人关系密切,正如段祺瑞前辟谣的电文中所说,二人是"感恩知己"、"情愈骨肉"。段祺瑞为成就袁世凯一生的业绩忠心耿耿,立下卓著的功勋。袁世凯则知人善任,对段祺瑞层层提拔重用,使段

---

① 张一麐:《直皖秘史》,荣孟源、章伯锋主编:《近代稗海》第四辑,成都:四川人民出版社,1985年,第17页。
② 陶菊隐:《北洋军阀统治时期史话》上册,北京:生活·读书·新知三联书店,1983年,第448页。

祺瑞成为清末民初政坛上叱咤风云的人物。1936年，段祺瑞死后，天津《大公报》发表一篇短评，认为"段先生对于中华民国的关系之大，为孙先生及袁项城以外之第一人"[①]。只是在袁世凯的晚年，因袁世凯称帝才导致了袁、段关系的破裂。袁世凯因称帝而身败名裂，段祺瑞因反对袁称帝而声誉大增。袁世凯死后，段祺瑞取得了南北方的一致推崇，很自然的以国务总理的身份掌握北京政府的实权。但段祺瑞毕竟受袁世凯的影响太深，袁世凯的衣钵为段祺瑞所继承。段祺瑞后来走的道路，还依稀可以看见袁世凯的身影。

原载（《殷都学刊》2006年第2期）

[①] 徐一士：《一士类稿》，荣孟源、章伯锋主编：《近代稗海》第二辑，成都：四川人民出版社，1985年，第188页。

民国新旧约法与蔡锷的认同取向

民国初年，先后制定并实施了两部具有宪法性质的约法——旧约法和新约法。旧约法即《中华民国临时约法》，新约法即《中华民国约法》。作为缔造中华民国的功臣，被誉为"一位干练而有学者风度的湖南籍将领"[①] 蔡锷，更多地认同了新约法。他对新约法的认同，主要是基于对国情的认识。本文通过考察他对民国新旧约法的态度，以更好地认识民国初年社会和民国初年宪政的复杂性。

一、蔡锷对旧约法的批评

1912年1月1日，中华民国临时政府在南京宣告成立。1月5日，各省都督府代表联合会（代理临时参议院，至1月28日临时参议院成立）推举景跃月、张一鹏、吕志伊、王有兰、马君武五人对《中华民国临时政府组织大纲》进行修正。25日，他们向代理参议院提交了《大中华民国临时约法草案》，草案继承了大纲的总统制。2月初，南北和谈取得实质性进展，袁世凯将接替孙中山出任临时大总统一职，南京临时参议院把草案中的总统制改成了责任内阁制。3月8日，南京临时参议院通过了《中华民国临时约法》，11日，由孙中山临时大总统将其公布施行。

孙中山曾经说过："内阁制乃平时不使元首当政治之冲，故以总理对国会负责，断非此非常时代所宜。"[②] 应该说孙中山这种见解，还是很有见地的，中国

[①] 包华德：《中华民国史资料丛稿》第十一分册，北京：中华书局，1981年，第15页。
[②] 陈旭麓：《孙中山集外集》，上海：人民出版社，1990年，第47页。

在由帝制向共和制的过渡时期，总统制比较适合中国的国情，而且总统制在南京临时政府中已经开始运行。南京临时参议院因领导人的更改而改变政体，明显带有因人设法的性质。时人曾经这样评价：南北统一之际，无故变总统制为内阁制，约法因人而立，刻意剥削大总统权，已无人不知，亦无不指摘其失当者矣。① 蔡锷批评了这种"始主集权，而继主分权"②的因人设法行为。他对南京临时参议院制定的《中华民国临时约法》明确表示不满："彼时兵事甫息，民意未申，且起草各员仓卒竣事，不暇详考夫中国国情国势，复于国家机关权限之分划，不免参以成见。"③

《中华民国临时约法》④共7章56条，主要内容如下：（1）主权在民。中华民国，由中华人民组织之；"中华民国之主权属于国民全体"。蔡锷从国家的立场出发认为，"主权之所在应属于国家"⑤，"所谓主权属于国民全体者，既属理想之谈，且多矛盾之弊"⑥。在蔡锷的思想里，主权是国家的重要构成要素之一，没有主权就没有国家，主权应该属于国家。（2）列举领土。"中华民国领土，为二十二行省，内外蒙古、西藏、青海"。蔡锷认为，作为宪法，"领土规定，不宜列举各地方区域，而宜以概括之词出之曰：中华共和国继承共和宣布前之领土而统治之（统治权为主权之作用，二者不可不区别）；且继规定一条曰：中华共和国之领土，非依法律不得变更"⑦。蔡锷从维护国家领土完整和民族团结、选举制度和地方制度的改良上考虑，认为不应该在宪法里采取列举领土的做法。（3）自由平等权。"中华民国人民一律平等，无种族、阶级、宗教之区别"。人民可以享有人身、财产、营业、言论、著作、刊行、集会、结社、书信、居住、迁徙、信教等自由。人民有请愿、诉讼、陈诉、应考、选举和被选举的权利，纳税和服兵役的义务。蔡锷认为："天赋人权之说，只能有效于强国之人民，吾侪焉得而享受之？故欲谋人民之自由，须先谋国家之自由，欲谋个人之平等，

---

① 夏新华：《近代中国宪政历程：史料荟萃》，北京：中国政法大学出版社，2004年，第318页。
② 曹业英编：《蔡松坡集》，上海：人民出版社，1984年，第704页。
③ 曹业英编：《蔡松坡集》，上海：人民出版社，1984年，第775页。
④ 孙中山：《中华民国临时约法》，中国社会科学院近代史研究所中华民国史研究室等编：《孙中山全集》第2卷，北京：中华书局，1982年，第220—224页。
⑤ 毛注青等编：《蔡锷集》，长沙：湖南人民出版社，1983年，第291页。
⑥ 毛注青等编：《蔡锷集》，长沙：湖南人民出版社，1983年，第292页。
⑦ 毛注青等编：《蔡锷集》，长沙：湖南人民出版社，1983年，第292页。

须先谋国家之平等。国权为拥护人权之保障。"① 在他看来，人权必须以国权为伸缩，国权巩固后人权才有发展之期。不能徒骛共和之虚名，长国民凌嚣无秩序之风。可见，他把国家的自由平等权看得重于人的自由平等权。（4）三权分立模式下的责任内阁制。"中华民国，以参议院、临时大总统、国务员、法院，行使其统治权。"参议院行使立法权。参议院具有议决一切法律、预算决算、全国税法、币制及度量衡准则、公债契约的权力。参议院对临时大总统任命国务员和外交大使、公使，宣战、媾和、缔约，宣告大赦具有同意权；对临时大总统制定的官制、官规具有议决权；对临时大总统具有选举权和弹劾权。参议院对国务员有质询权和弹劾权。参议院具有自行集会、开会、闭会权。三权分立的主旨和精神是：行政、立法、司法三权分立，互相制衡，以防止某一权力过大。《中华民国临时约法》中的立法权明显太大，不仅不受行政权制约，而且还对行政权多方面干涉，显然有悖于三权分立。蔡锷对此非常不满："就法理论，立法权固当尊重，行政权亦应有严格之保障。若立法部对于行政部为过度之干涉，而无救济之途，则行政权直被立法权侵压束缚而无所施。……就事实论，解散权与责任制关系极切，议会无宪法上之制裁，易流专横。"② 后来国会成立，围绕善后大借款一案，政府与国会争论不休。蔡锷对国会否决政府借款表示不满："借款条件已得前参议院通过"，国会为继续机关，要求国会对此"当予宽谅"③。

内阁和临时大总统行使行政权。"国务员辅佐临时大总统负其责任"，"国务员于临时大总统提出法律案，公布法律，及公布命令时，须副署之"。临时大总统名义上具有总揽政务、提出法律案和公布法律、统帅全国陆海军、制定官制官规、任命文武职员等权力，实际上受到参议院和国务院的双重制约。蔡锷认为："尚宜以紧急命令、紧急财用权、解散议会权属之大总统，而任命国务总理及其他国务员，可不必规定。其由众议院自行选定，及由国务总理推定，并任命最高法院法官、审计院院长及外交特使、大使、公使，亦不须得参议院之同意。"④ 可见，蔡锷主张扩大总统的权力。

---

① 曹业英编：《蔡松坡集》，上海：上海人民出版社，1984年，第457页。
② 曹业英编：《蔡松坡集》，上海：上海人民出版社，1984年，第646页。
③ 曹业英编：《蔡松坡集》，上海：上海人民出版社，1984年，第684页。
④ 毛注青等编：《蔡锷集》，长沙：湖南人民出版社，1983年，第294页。

法院行使司法权。法院以临时大总统及司法总长分别任命为法官组织之。法院依法审判民事诉讼及刑事诉讼，法院具有独立公开审判权和法官具有人身保障权。法院行使司法权，蔡锷对此投入了极大的热情给予支持。他在云南做都督时令筹设三级审检各厅，以期司法与行政相离①。

责任内阁制是《中华民国临时约法》的核心内容，也是革命党人用来制约袁世凯权力的工具。"盖责任内阁制之要义，即总统不负责任，而内阁代总统对于议会负责任是也"②。旧约法所设计的责任内阁制，模仿法国政制，总统无论有什么意思表示，需要国务员的"副署"才能生效。总统拥有的广泛权力实际上都不能独立行使，总统是一位虚尊的总统。长期以来由于革命史观的主导，我们对《中华民国临时约法》的这种规定是持以赞扬的。③但近年来由于人们思想的进一步解放，对《中华民国临时约法》的这一做法多有批评。例如，杨天宏先生所说："《临时约法》规范的责任内阁制并不完备，其要害在于改制之后，未能确定总统府与国务院孰为最高行政中枢……于是导致了一国之内同时具有两个行政中枢的整体格局。"④我们也认为这是《中华民国临时约法》存在的最大缺陷，府院之间的权限不明，容易引发矛盾，唐绍仪内阁充分体现了这一点。袁世凯与唐绍仪私交很深，袁世凯很赏识他，后来唐绍仪同情革命又加入了同盟会，唐绍仪组阁得到了南北双方的支持。他组阁后，"以内阁制度责任所在，理不宜都予委让"⑤，于是按照《中华民国临时约法》规定的内阁制度，在同盟会阁员宋、蔡等的支持下行使其总理权力，自主处理一些重大国务，而不秉承袁世凯的意旨，甚至有时对总统府发下的公事，唐绍仪以为不可行的，即行驳回，有时在总统府与袁世凯面争而不屈。⑥他总是说："责任内阁，凡事要对国家负责。自己任总理也要对国家负责。"⑦因此临时政府运行初期，为总统府发一议、出一令必须经国务院这一阶段。袁世凯是一位实力人物，岂肯只做虚位总统。"袁总统为人，性好专制，受《约法》约束，常行不满，形于语言。因此

---

① 曹业英编：《蔡松坡集》，上海：上海人民出版社，1984年，第1421页。
② 佚名：《中国近代史参考资料》，台北：文海出版社，1981年，第631页。
③ 张华腾：《袁世凯与临时约法》，《安阳师范学院学报》1999年第1期，第30—34页。
④ 杨天宏：《中国的近代转型与传统制约》，贵阳：贵州人民出版社，2000年，第153页。
⑤ 谷钟秀：《中华民国开国史》，台北：文海出版社，1966年，第110页。
⑥ 李剑农：《戊戌以后三十年中国政治史》，北京：中华书局，1965年，第162页。
⑦ 唐在礼：《辛亥以后的袁世凯》，中国人民政治协商会议全国委员会文史资料研究委员会编：《文史资料选辑》第53辑，北京：中华书局，1964年，第168页。

国务院议决政令送总统府盖印，不满其意者，袁则不愿盖印。"① 府院矛盾不断，围绕着王芝祥督直事件，矛盾最终激化。袁世凯心嫉王芝祥是革命党人，以军队反对为由，改派王芝祥为南方宣慰使。唐绍仪认为政府不能失信于民，于是留下辞呈去了天津，唐绍仪内阁只存在三个多月就垮台。对此蔡锷表示惋惜："近闻有唐总理引退，内阁势将瓦解之说……万望国务诸公忍辱负重，维持危局。"他认为中国正处于非常困难时期，"临时政府甫经成立，而内则乱机尚伏，群情惊疑；外则列强观望，尚未承认；加以蒙、藏两疆，风云日亟……万一祸机乘虚爆发，大局何堪设想"②？继唐绍仪内阁之后的陆征祥内阁，权力发生了转移，"事无大小，皆总统府决之"③。陆征祥内阁存在不到两个月，又被赵秉钧内阁所取代。旧约法下的北京政府，"内阁迭更，国务院如暂住之大旅馆；舆论未张，参议院如新制之留声器"④。责任内阁制在民国初年实践的失败，暴露了旧约法的缺陷，成为蔡锷指责的对象，"临时政府之疲惫不振，国本动摇，实临时约法有以使之然"。⑤蔡锷对《中华民国临时约法》的批评，无论是从法理上还是实践上都是有道理的。由此可见他不仅仅是一名新军将领，而且还是一位政治人物。

二、蔡锷对新约法的认同

1913年10月10日，袁世凯宣誓就任中华民国正式大总统。16日，他向众议院提出增修《中华民国临时约法》的要求。11月26日，又下令组织政治会议作为政府咨询机构。1914年3月18日，成立约法会议，任命孙毓筠、施愚为约法会议正副议长，蔡锷、王家襄、林长民、陈国祥等为议员。20日，袁世凯向约法会议提出了《修改约法大纲七条》。随后，议长推定施愚、顾鳌、黎渊、程树德、邓镕、王世澄、夏寿田依据大纲起草新约法。4月29日，完成三读程序。5月1日，袁世凯在北京公布施行，同时废除《中华民国临时约法》。

经过民国初年责任内阁制的实践，蔡锷已经深深体会到"临时参议院制定

---

① 近代史资料编辑部编：《吴景濂自述年谱》，北京：中国社会科学出版社，2003年，第50页。
② 曹业英编：《蔡松坡集》，上海：上海人民出版社，1984年，第526页。
③ 谷钟秀：《中华民国开国史》，台北：文海出版社，1966年，第118页。
④ 毛注青等编：《蔡锷集》，长沙：湖南人民出版社，1983年，第267页。
⑤ 毛注青等编：《蔡锷集》，长沙：湖南人民出版社，1983年，第283页。

约法，即因组织粗疏，以致法行之后，流弊滋多"①，"种种不良之点，既经一度试验，已属无可讳言"②。蔡锷对袁世凯提出的增修约法请求给予支持，对议院迟迟不议表示不满。他认为：旧约法第55条，明文规定大总统具有提议增修约法权。增修约法，"揆之法理事实，均无疑义"③。他认为：政治会议虽然人数多，组织完备，但它只是咨询机关，不具备参与增修约法的资格。必须特设造法机关，才能够改造旧约法。新约法的制定基本上是按照蔡锷的建议进行的。

《中华民国约法》共10章68条④，主要内容如下：（1）国家主权。"中华民国之主权，本于国民之全体"。（2）概括领土。"中华民国之领土，依从前帝国所有之疆域"。这符合蔡锷所主张的概括领土思想。（3）人民的自由平等权受到限制。中华民国人民，无种族、阶级、宗教之区别，法律上一律平等。人民的身体和家宅，依法受到保护。人民可以享有财产、营业、言论、著作、集会、结社、书信、居住、迁徙、信教等自由，均有"人民于法律范围内"的限定。人民有请愿、诉讼、诉愿、应考、从事公务、选举和被选举的权利，纳税和服兵役的义务，均有"人民依法律所定"的限定。（4）三权分立模式下的集权总统制，立法院行使立法权，立法院未成立前，以参政院代行其职权。虽然规定了立法院具有议决法律、预算、公债募集及国库负担条件的权力；答复大总统咨询事件，收受人民请愿事件，提出法律案，建议总统的权力。但是与旧约法相比，新约法解除了立法权对行政权的束缚，总统不再受制于立法院。立法院提出关于政治上的疑义，要求大总统答复，但大总统认为须保密者，可不答复。大总统对立法院议决的法律案否认时，得声明理由，交院复议。如立法院出席议员2/3以上仍执前议，大总统认为于内治外交有重大危害，或执行有重大障碍时，经参政院同意，可不公布。立法院没有对大总统的选举权和决定弹劾权。法院由大总统任命的法官组成，法院行使司法权。与旧约法相比，新约法取消了司法总长任命法官的权力，增加了大理院审判大总统谋叛行为的权力。

行政权集中于大总统。"大总统为国之元首，总揽统治权"，"行政以大总统为首长，置国务卿一人赞襄之"。这样避免了旧约法中总统和总理权责不明的弊

---

① 曹业英编：《蔡松坡集》，上海：上海人民出版社，1984年，第776页。
② 曹业英编：《蔡松坡集》，上海：上海人民出版社，1984年，第774页。
③ 曹业英编：《蔡松坡集》，上海：上海人民出版社，1984年，第776页。
④ 夏新华等主编：《近代中国宪政历程：史料荟萃》，北京：中国政法大学出版社，2004年，第471—476页。

端。行政事务置外交、内务、财政、陆军、海军、司法、教育、农商、交通九部分掌。各部总长，依法律命令执行主管行政事务，对大总统负责。大总统代表中华民国，对国民全体负责任；大总统为陆海军大元帅，统帅全国陆海军，制定官制官规，任免文武职官，宣告开战、媾和、缔约，接受外国大使、公使，宣告戒严，颁爵授勋，宣告赦免减刑，但变更领土或增加人民负担缔约条款和大赦需要立法院同意；大总统组织参政院，咨询审议重要政务。大总统于维持公安，或防御非常灾害，事机紧急，不能召集立法院时，要经参政院同意，要发布与法律有同等效力的教令，但须于次期立法院开会之始，请求追认。为国际战争或勘定内乱及其他非常事变，不能召集立法院时，大总统要经参政院的同意，得为财政紧急处分，但须于次期立法院开会之始，请求追认。大总统召集立法院，宣告开会、停会、闭会。大总统经参政院的同意，解散立法院，但须自解散之日起，6个月以内，选举新议员，并召集之。与旧约法相比，新约法赋予了大总统人事任免权、紧急命令权、紧急财用权和解散议会权，在某种程度上弥补了旧约法的不足。蔡锷是新约法的制定者之一，在新约法颁布后，没有资料证明蔡锷对它进行批评，他认同了新约法。

　　新约法取消了责任内阁制，实行集权总统制。它杂采美日及西欧各国宪法中偏重行政的条文，把总统的权力扩张到最大限度，"无论在事实上、形式上，已经成了中国的独裁元首"①。对新约法的总统集权，长期以来我们是持批评态度的，认为是袁世凯加强专制主义复辟帝制的前奏。但总统集权，它还在共和体制之内，因为无论是总统制还是内阁制，都是共和体制的一种形式，只不过权力中心不同而已，即内阁制权力中心在议会，总统制权力中心在总统。况且民国初年，兴革之后，百废待理，加强总统集权是必要的。恩格斯曾认同集权的合理性与合法性，他认为"集权有其存在的历史的和合理的权利"，"每个国家，从专制君主政体起到共和政体止，都是集权的"②。蔡锷自从辛亥革命以来，就极力支持袁世凯建立强有力的政府，实现军政财等的集权统一。他说："非集权统一不足以伸张国力，保障民权，非有强有力之政府，又不足以收统一集权

---

①　李剑农：《戊戌以后三十年中国政治史》，北京：中华书局，1965年，第200页。
②　恩格斯：《集权和自由·马克思恩格斯列宁斯大林论政治和政治制度》，北京：群众出版社，1983年，第7页。

之效也。"① 蔡锷对袁世凯给予厚望,认为"袁是中国的一个人才,能把中国治理好",只要袁世凯不搞帝制,"就让他做一个终身总统"②。此时的章太炎也认为需要总统集权:"追念前清之亡,既由立宪;俯察后来之祸,亦在共和","宜请大总统暂以便宜行事"③。可见总统集权是民国初年社会的发展趋势。

新约法对旧约法的改造,从法理上讲是可行的;从民国初年社会实际看是合乎情理的;从执行的实际效果看也是适时的。新约法下的北京政府,职权明确、政令畅达、行政效率大大提高,政治动荡消除,政局稳定,经济发展,国库稍有存余,临时政府初期完全依靠借款维持政府机关运转的时期一去不复返了。④ 蔡锷所追求的政治理想似乎就要实现了。

三、蔡锷认同新约法的原因分析

综上所述,从新旧约法的制定过程、内容和实施三个方面来看,蔡锷比较认同新约法,他认同取向的重要因素是国情。他说:"一国有一国之特点,英国之宪法、惯习,不能遍行于欧洲,美国之天性自由,不能普及于大陆。矧以中国固自有特别之历史、民情、习惯,而必求一一吻合于他国,所谓削足适履,有背而驰耳。"⑤ 中国自秦汉以来就开始实行中央集权的君主专制制度,近代以来西方民主制度、民主思想虽然经过几代人的努力得以传播中土,但辛亥革命前后,资产阶级力量不足,大多数人对民主政治了解很少,内忧外患的严重程度绝不亚于晚清,这就是中国的国情。而在民主基础非常薄弱的情况下将西方最民主的模式移植过来,肯定不会长久。正如蔡锷所说:"取他国印板之文"⑥,生搬硬套,犯了教条主义错误。邓小平说得好:"照抄照搬别国经验、别国模式,从来不能得到成功"⑦,旧约法的失败是历史的必然。

袁世凯死后,段祺瑞执掌北京政权,曾一度恢复旧约法,不久又引起府院

---

① 曹业英编:《蔡松坡集》,上海:上海人民出版社,1984年,第630页。
② 赵钟奇:《云南护国前后回忆》,云南政协史资料研究委员会编:《云南文史资料选辑》第十辑,昆明:云南人民出版社,1989年,第105页。
③ 朱宗震、杨光辉编:《民初政争与二次革命》,上海:上海人民出版社,1983年,第71页。
④ 张华腾:《封建买办政权还是资产阶级政府?——1912—1915年北京政府性质新议》,《史学月刊》2008年第2期,第60—69页。
⑤ 曹业英编:《蔡松坡集》,上海:上海人民出版社,1984年,第631页。
⑥ 毛注青等:《蔡锷集》,长沙:湖南人民出版社,1983年,第283页。
⑦ 中共中央文献编辑委员会:《邓小平文选》,北京:人民出版社,1983年,第371页。

之争。后来段祺瑞宁肯与南方一战，也不愿恢复旧约法，这足以说明旧约法确实存在弊端（当然，段祺瑞与袁世凯一样，主要是争夺国家最高权力，而不全是依据中国国情治理国家）。反观新约法，在制定时考虑到了当时的国情，实施以后，国家政令畅达，经济发展，社会稳定。可惜后来袁世凯恢复帝制，使新约法仅仅施行了一年零七个月就寿终正寝，实在是有些遗憾。当然，后来人们在否定帝制的同时连带否定了新约法，这是不公正的。美国法学专家古德诺对新旧约法比较之后说："修改约法中所规定之政府，以较原定约法之所规定者，其与中国之历史、国情更为相合。"① 可见，新约法是一部反映了当时国情的约法。蔡锷认同新约法，说明他对国家、国情的认知是正确的。至于后来袁世凯自己破坏了新约法下的政治稳定局面，复辟帝制，与蔡锷的政治理想背道而驰，蔡锷奋起护国讨袁，则是理所当然的。

民国初年的宪政是极其复杂的，价值判断也应该是多元的。长期以来我们认识民国初年宪政，肯定《中华民国临时约法》，鞭挞《中华民国约法》，是从激进资产阶级的立场、观点出发，从中国民主政治发展的大方向出发，而很少考虑中国的国情。民国初年宪政实践及其失败说明了这样一个道理："经过几百年的发展和不断完善，民主政治体制最终在欧美确立并逐渐成熟，将它移植到中国，并期望完全适应中国国情，是不切实际的。中国的政治土壤是几千年的封建专制主义，对西方的文明成果应有一定的适应期。中西政治文明，必须经过激烈的碰撞，相互适应，相互影响，才能融合在一起。"②

如果从这个角度来看民国初年宪政，蔡锷对新约法的认同就不难理解。

原载（《历史档案》2008 年第 3 期）

---

① 章伯锋、李宗一主编：《北洋军阀：1912—1928》第二卷，武汉：武汉出版社，1990 年，第 944 页。
② 张华腾：《洪宪帝制——袁氏帝梦破灭记》，北京：中华书局，2007 年，第 3 页。

第四编 北洋时期政治经济研究

二次革命,一场可疑的讨伐

一、在宪法范围内:总统袁世凯与议会的斗争与妥协

新浪历史:辛亥革命之后,袁世凯对于议会政治是什么态度?

张华腾:辛亥革命之后,中国完全效法西方,确立了议会政治体制,中华民国临时宪法——《中华民国临时约法》是最明显的标志。《中华民国临时约法》是中国法制史、宪法史上一个重要的文献,是资产阶级民主与法制的象征,也是构成国家政治体制的主要依据,所以长期以来为学术界、政界所称道。毛泽东同志曾说,《中华民国临时约法》在当时是一个比较好的东西,虽然它不完全,有缺点,但它还是带有革命性、民主性的特点。在中央政府的组织形式上,《中华民国临时约法》抛弃了中华民国南京临时政府时期的总统制,而改行内阁制,这是民国初年中国政治制度方面的一次重大变革,近些年引起了学者们的广泛关注。总统制和内阁制均为资产阶级民主制度的一种形式,前者以美国为代表,后者以法国最典型。不过总统制和内阁制虽然都是一种民主共和形式,但其权力中心不同。总统制权力中心在总统,总统既是国家元首,又是政府首脑,总统不对议会负责,而对国民负责。

内阁制从政治学方面讲又称议会制,权力中心在议会。内阁总理由议会中居多数席位的政党领袖担任,内阁需议会的支持和信任,内阁对议会负责。内阁掌握并行使中央行政的最高权力,总统虽然为国家元首,但虚有尊荣,不掌握实际权力。虽然掌握中央行政权力的内阁与议会、司法机构也体现出行政、立法、司法的三权分立和相互制衡,但议会一方权力独大,不仅具有

独立的立法权，而且具有监督政府、弹劾政府、选择政府的权力，凌驾于政府之上。

中华民国北京政府的建立，完全是按照《中华民国临时约法》构建起来的，实际上确立了议会政治体制。作为中华民国临时大总统的袁世凯对议会政治持什么态度？应该说前后有变化。一方面，以孙中山为首的革命派对袁世凯推翻帝制过程中的贡献给予充分肯定，选举他为临时大总统；另一方面，他们对袁世凯很不放心，唯恐袁世凯破坏共和。为限制袁世凯的权力，孙中山在辞去临时大总统时提出了三个附加条件：一是临时政府设在南京，二是袁世凯到南京就职，三是袁世凯必须遵守《中华民国临时约法》。孙中山提出的前两个条件，就是希望将袁世凯从其"老巢"调出，置于革命派的控制之下，后一个条件就是给袁世凯套上一个紧箍咒，好让他沿着孙中山和革命党人设计的民主共和道路走下去。此时《中华民国临时约法》尚在制定中，当然袁世凯不知道具体内容，但他在3月10日的就职宣言中宣誓遵守宪法："民国建设造端，百凡待治。世凯深愿竭其能力，发扬共和之精神，涤荡专制之瑕秽，谨守宪法，依国民之愿望，蕲达国家之安全强固之域，俾五大民族，同臻乐利。凡兹志愿，率履勿渝。俟召集国会，选定第一期大总统，世凯即行解职。谨掬诚悃，誓告同胞。"① 遵守《中华民国临时约法》是他就任临时大总统一职时的一个限定条件，他做到了。

《中华民国临时约法》的主观设计是很好的，为了共和国的长治久安，但具体运作起来是很有问题的。例如，革命后一系列社会问题——南北统一问题、裁军问题、维持政府运转的经济问题、外债问题、反对外蒙古及西藏上层分裂问题、反对支持外蒙古及西藏分裂的列强外交问题、社会稳定与发展问题等，这需要一个强有力的高效率的政府，但政府受制于议会，必须议会同意政府才能运作，而议会党派纷争，效率极其低下。这就是袁世凯北京政府面临的一个最为现实的问题。尽管袁世凯对议会政治有了直观的感受，产生了非常多的不满，在制定宪法的过程中强烈要求修改议会对政府的限制部分，下面的一段话虽然在二次革命之后，但反映了他这一时期对议会政治的态度，他对议会政治的态度是从反对《中华民国临时约法》的态度中表现出来的。他在给国会的咨

---

① 徐有朋：《袁大总统书牍汇编》文辞，上海：广益书局，1924年，第1页。

二次革命,一场可疑的讨伐

文中说:

> 为咨行事。查《临时约法》原为临时政府而设,自公布施行以来,于兹已二十余月矣。其于国家之根本组织,固系因《约法》施行之结果而粗具规模;然于国家之政治刷新,要亦因《约法》施行之结果而横生障碍。综计临时期内,政府左支右绌于上,国民疾首蹙额于下。而关于内治外交诸大问题,利害卒以相悬,得失仅以相等。驯之国势日削,政务日骞,而我四万万同胞之憔悴于水深火热中者且日甚。凡此种种,无一非缘《约法》之束缚驰骤而来。……然而《临时约法》之良否,究为政治良否之所关,本大总统证以二十余月之经验,凡从《约法》上所生障碍,均有种种事实可凭。……故本大总统之愚,以为《临时约法》第四章关于大总统职权各规定,适用于临时大总统已觉有种种困难,若再适用于正式大总统,则其困难将益甚。……①

应该说袁世凯对《中华民国临时约法》的指控是客观的,他要求增大总统的权力是可以理解的。

尽管袁世凯对《中华民国临时约法》及议会政治如此不满,但实事求是地说,在二次革命之前,袁世凯基本上还是按照约法行事的,可以这样说,他一方面不断突破约法对他的限制,另一方面又维护约法。他与议会可以说既有合作,也有斗争,合作是主要的。在重大问题的处置上,袁世凯政府和参议院互相支持、互相配合,共同维持着民国初年的大局。例如,民国初年最大的财政问题是向外国借款,袁世凯政府能够遵守《中华民国临时约法》的程序,向参议院提出,求得参议院的同意。参议院对政府的举措,也都给予通过。正如一位有影响的参议员所说,"前参议院时代,凡政府提出借款案,无不悉赞成,而政府于立约签字之先,亦靡不将交涉情况报告于参议院,征求同意"。② 即使后来所说的善后大借款,政府多次向议会提出,有案可查。关于与议会的合作,袁世凯自己说:"本大总统为国择能,尤深兢业,遵照约法,必须求同意于议

---

① 白蕉:《袁世凯与中华民国》,荣孟源、章伯锋主编:《近代稗海》第三辑,成都:四川人民出版社,1985年,第57—59页。
② 谷钟秀:《中华民国开国史》,台北:文海出版社,1966年,第124页。

299

院。"① 他在与议会的斗争中也多次妥协,如三次内阁风潮,袁世凯曾经抱怨说,"临时政府一年以内,内阁三易,屡陷于无政府地位,皆误于议会有国务员同意权"。②

新浪历史:袁世凯在二次革命之前和孙中山的关系怎么样?

张华腾:二次革命之前,孙中山、袁世凯关系表面维持得还算不错,孙中山致力于民生建设,袁世凯给予支持并提供条件。对于南北矛盾,孙中山极力调和,二人之间没有什么大的冲突。

孙中山在辞去临时大总统之后,认为三民主义中的民族主义、民权主义已经实现,因此致力于民生主义建设,对政治不感兴趣。1912年8月,孙中山应袁世凯之邀,入京共商国是。袁世凯竭尽其能,欢迎孙中山的到来。袁世凯以国家元首的规格欢迎孙中山,打开正阳门,内阁全体到车站迎接。孙中山在北京的近一个月时间里,孙、袁会谈13次,每次都谈的非常投机。孙中山彻底改变了对袁世凯的看法,孙中山语人曰:"袁总统可与为善,绝无不忠民国之意,国民对袁总统,万不可存猜疑心,妄肆攻讦,使彼此诚意不孚,一事不可办,转至激迫袁总统为恶。"③ 孙中山向议员汤漪表示:"袁总统才大,予极盼其为总统十年,必可练兵数百万,其时予所办之铁路二十万里亦成,收入每年有八万万,庶可与各国相见。"④

1912年8月28日,袁世凯正式宴请孙中山,各部长、各高级军官及参议院议长、秘书长,诸满蒙王公作陪。席间,袁世凯对孙中山倍加赞扬,并高呼中山先生万岁。孙中山亦高呼袁大总统万岁。孙中山在欢宴席上的答词,更是对袁世凯推崇至极。他说"兄弟所最崇拜袁总统,有一件事最为人所信者:中国向以积弱称,由于兵力不强,前袁总统在北洋时,训练兵士,极为得法,北洋之兵,遂雄全国。现共和粗建,须以兵力为保障。昔南非洲有某二共和国,以无兵力,卒至被人吞并。可见共和国家,无兵力亦不足救亡。今幸有袁总统善于练兵,以中国之力,练兵数百万,保全我五大族领土……"辞毕,孙中山举

---

① 白蕉:《袁世凯与中华民国》,荣孟源、章伯锋主编:《近代稗海》第三辑,成都:四川人民出版社,1985年,第53页。

② 白蕉:《袁世凯与中华民国》,荣孟源、章伯锋主编:《近代稗海》第三辑,成都:四川人民出版社,1985年,第76页。

③ 《民立报》1912年8月27日。

④ 《时报》1912年8月30日。

杯高呼:"袁大总统万岁!中华民国万岁!五大民族万岁!"①

不久黄兴也应邀来京,孙、袁会商变为孙、袁、黄会商。会商的结果,征得在武昌的副总统黎元洪同意之后,以四人的名义发表,即"内政大纲"八条:(1)立国取统一制度。(2)主持是非善恶之真公道,以正民俗。(3)暂时收束武备,先储备海陆军人才。(4)门户开放,输入外资,兴办铁路矿山,建置钢铁工厂,以厚民生。(5)提倡资助国民实业,先着手于农林工商。(6)军事、外交、财政、司法、交通,皆取中央集权主义,其余斟酌各省情形,兼采地方分权主义。(7)迅速整理财政。(8)竭力调和党见,维持秩序,为承认之根本。②孙、袁、黄会商与"内政大纲"八条的发表,说明在治国的方针大计方面,政府与在野党领袖达成一致,南北矛盾化解了。不仅如此,孙中山、黄兴还支持袁世凯组建了赵秉钧内阁,劝说赵秉钧等大部分阁员加入刚刚由同盟会改组的国民党。

孙中山、袁世凯会晤期间,9月9日袁世凯发布任命孙中山筹划全国铁路全权的命令,"富强之策全藉铁路交通,亟宜从速兴筑,兹特授孙文以筹划全国铁路全权,将拟筑之路先与各国商人商议,借款招股事宜,按照将来参议院议决条例签订合同,报明政府批准,一面组织铁路总公司以利进行。此令"。③北京会晤不久,孙中山周游全国各地,筹划铁路建设。次年又到日本考察实业,直到宋案爆发后才回到国内。

由此可见,在1913年3月宋案前,袁世凯、孙中山的关系还是很不错的。

二、站不住脚的讨伐:发起二次革命的理由并不充分

新浪历史:1913年3月爆发了宋教仁案。4月之后,又有大借款案,国民党派与北洋、立宪派在议会中往往针锋相对。请问这一系列事件与二次革命有什么关系?

张华腾:宋案及善后大借款案,是孙中山发动二次革命的主要理由,也可以说是二次革命的导火线。

---

① 中国社会科学近代史所中华民国史研究室等编:《孙中山全集》第2卷,北京:中华书局,1982年,第419页。
② 《政府公报》1912年9月26日,通告。
③ 《政府公报》1912年9月11日,命令。

(1) 宋案是国民党人发动革命的第一理由。在孙中山、黄兴对政治不感兴趣、致力于民生建设的同时，革命党内主持组织建设、政党建设的宋教仁采取了积极进取的态度，首先，将同盟会改组为国民党，大大扩张了党势。其次，力主政党内阁，备战国会选举，力争国会选举的胜利，实现国民党组阁的目标，即利用议会的舞台，采取和平的方式，实现政权的转移，贯彻国民党人的主张，发展资本主义。宋教仁的政治目标几乎就要实现了，国民党在国会大选中取得骄人的战绩。1913年2月，北京参众两院议员选举结果揭晓，国民党在国会选举中大获全胜。在参众两院870个席位中，国民党占392席，其中在参议院的274个席位中占123席，国民党人员比例为46.6%；在众议院596个席位中占269席，人员比例为45.3%。如果包括跨党分子在内，则占将近500个席位。而共和、统一、民主三党，合计仅223席，占总席位的25.5%。由此可见，国民党议员席位虽然没有超过50%，但无疑为国会中第一大党。

国民党在国会选举中的胜利，让宋教仁等兴奋不已，其"民国政党，唯我独大"的夙愿实现了。国民党代理理事长宋教仁怀着对未来的美好憧憬，以未来总理的身份从上海乘车北上，进京与大总统及各种政治势力会商国是，没想到在上海车站检票口遭到歹徒枪击，两天后身亡，这就是震动一时的民国第一枪杀案——宋教仁案。

宋教仁遇害，如晴天霹雳，全国震动。以《民立报》为中心，上海的《中华民报》、长沙的《长沙日报》，以及北京的《国风日报》、《国光新闻》、《民国报》等纷纷刊载有关宋案的报道，宋案一时成为舆论的中心。就在宋教仁不治身亡的第二天，即3月23日，租界巡捕房就抓捕了凶手应夔丞（又名应桂馨），接着又缉捕了枪手武士英（又名吴福铭）。并且根据在应桂馨家中搜索出的证据、电函等，发现此事与时任内务部秘书的洪述祖、国务总理赵秉钧有关联。于是，两位中央高官的主子袁世凯也即成为最大的嫌疑犯，宋教仁的政党内阁政见直接针对的就是袁世凯的集权，宋教仁是袁世凯的最大政敌，袁世凯派人刺杀宋教仁顺理成章，袁世凯理所当然地被锁定为"宋案"的真凶。

国民党方面一开始就认定宋案为袁世凯及袁世凯政府所为。在宋教仁去世5天之后。由于宋教仁的被杀，孙中山中断了在日本的访问，于3月25日回到上海。到上海后发表意见说："我回上海时，见得宋教仁被杀，完全出于袁世凯之主使，人证、物证皆以完备。于是一般同志，问我有何办法？我谓事已至此，

二次革命，一场可疑的讨伐

只有起兵。"① 次日，孙中山在会见日本驻沪领事有吉明时进一步说："宋教仁暗杀事件，事颇重大。昨朝返沪以来，根据收到之报道，其数虽少，而出自袁世凯嗾使之证据，历历在目。"②

宋教仁的好友黄兴在4月13日宋教仁追悼会上致宋教仁的挽联中愤愤地说："前年杀吴禄贞，去年杀张振武，今年又杀宋教仁；你说是应桂馨，他说是洪述祖，我说却是袁世凯。"③

孙中山、黄兴的意见，代表了国民党人的意见，从此国民党人及其掌握的报刊无不对袁世凯大加挞伐。因此以革命的手段打倒袁世凯、推翻袁世凯政府成为孙中山革命党人的主要理由与借口。

宋教仁为袁世凯主谋所杀，国民党人的这种说法似成为信史，但没有为其他政治势力所接受。最近几年宋教仁案研究取得重大进展，一项新的研究成果证明，宋教仁为其自己的同志陈其美主谋所害。④ 果真如此，民国初年的历史需重新改写。

（2）孙中山国民党发动二次革命的第二个理由——善后大借款。袁世凯北京政府自民国元年（1912）三月成立后，一直为财政支绌、开支巨大问题而困扰。在不得已情况下与六国银行团商议以盐税为抵押，举行善后大借款。该借款谈判长达一年有余，中经唐绍仪、熊希龄、周学熙等几个阶段与各国反复磋商、谈判，本在国会召开前已商定具体借款条文，并交临时参议院议决。但不料就在与六国即将签字时，列强又横出条件，提出如下不合理要求。一是因欧战迫在眉睫，金融形势险峻，要求利息从五厘提高为五厘半。二是英法等国均提出应利益等同德国，派代表为银行团会办，监督借款使用。不久美国又因各国之间为借款勾心斗角，公开宣布退出六国银行团。而美国这一举动起到了连锁反应，各国因相互猜忌，使银行团有瓦解之势。在这种外部形势对中国来说比较有利之时，袁世凯让赵秉钧、周学熙抓紧机会与五国银行团再次谈判，终于在1913年4月26日与各国签字。

善后借款数额共计2 500 000镑，合本国币值2.5亿元。按九零折扣，再由银行团扣除6%，实际到款只有84%。利息为5厘，借款期限47年，从第11年

---

① 陈锡祺主编：《孙中山年谱长编》上册，北京：中华书局，1991年，第793页。
② 陈锡祺主编：《孙中山年谱长编》上册，北京：中华书局，1991年，第792页。
③ 毛注青编著：《黄兴年谱长编》，北京：中华书局，1991年，第376页。
④ 思公：《晚清尽头是民国》，桂林：广西师范大学出版社，2009年；张耀杰：《谁杀了宋教仁》，北京：团结出版社，2012年。

偿还本金。借款还以盐税为抵押，并聘请德国人、英国人、俄国人分别担任国债局局员、盐务稽核官、审计官，借款对中国主权损害是极大的。时人曾以诗讽刺善后借款，曰："不为埃及即波斯，监督重重后悔迟。何故枭雄专借款？甘将国柄付人持。"

其实，对善后大借款外国监督中国财政问题的严重性，政府何尝不清楚，但在当时情况下不得不为之，继承清政府的外债、借款必须偿还，革命后数十万军队需要裁撤，南京临时政府撤销后的安置问题，北京政府的运转问题等都需要大笔款项，款必须借，这是任何政治势力、任何政治家的唯一选择，南京临时政府存续期间不是有相同问题吗？而在当时的情况下，既要借款，又要不损及主权，恐怕很难办到。

问题的关键是：政府借款是否违法？是否经国会同意？政府借款是否为了镇压南方的革命党？国民党人认为，政府借款，没有经过国会同意，因此是非法的。因为国会4月8日已经开会，政府4月26日与列强签订善后大借款没有经国会同意，是对国会的蔑视，是严重的违法行径。政府认为，善后大借款的谈判历经一年有余，政府曾经将善后大借款的有关问题提交北京临时参议院讨论并通过，有案可查。革命党人说政府为了镇压二次革命，筹措经费，不惜答应列强苛刻的条件，签订卖国合同，因此号召人们起来革命，推翻政府。这种说法没有科学依据，完全是政治方面的恶意攻击。

善后大借款实际用途到底如何？善后大借款的有关规定非常严格，实际上善后借款的使用在借款合同中已经有了比较详细的规定，银行团又附加了很强的监督。因此我们只需要对借款的最终使用与合同中的规定进行比较考察。善后借款合同中借款预算方案如表1所示。

表1 善后借款合同中借款预算方案

序号	用项	金额	百分比/%
甲号	偿还中国政府到期借款	431 778 英镑 9 先令 7 便士	
乙号	偿还各省借款	2 870 000 英镑	50.66
丙号	偿还中国政府不久到期借款（包括赔偿外人损失）	3 592 263 英镑 10 先令 3 便士	
丁号	裁遣军队费用	3 000 000 英镑	14.10
戊号	行政费	5 500 000 英镑	25.85
己号	整顿盐务经费	2 000 000 英镑	9.39
合计		21 280 041 英镑 19 先令 10 便士	100

资料来源：财政科学研究所编：《民国外债档案史料》，北京：档案出版社，1990年，第426—431页

其实,善后大借款除了还外国借款、赔款及利息外,中国政府实际能够支配的不多,即实际支配的也有明确的比例,而这些分配的具体数字,也是公开和透明的,刊登在主要报刊上。① 我们仅对善后借款的实际使用状况略作考证。银行团对于合同中所规定的支出款项,大多是在欧洲销售债票进款中直接予以扣除的,而不是先交与中国政府,再由中国政府按合同规定付给,这便相当程度地减少了中国政府违反合同规定,更改借款用途的可能性,有效地保障了借款严格用于合同规定的用途。袁世凯为了镇压南方二次革命,不惜答应列强苛刻条件,不经国会同意,签订善后大借款的说法是有悖于史实的,作为发动革命的理由也是苍白无力的。

三、不得人心的二次革命:违背了人民求稳定的愿望

新浪历史:袁世凯为应对南方可能的革命,做了哪些准备?

张华腾:孙中山等国民党人抓住宋教仁案、善后大借款不放,对袁世凯及袁世凯政府不仅进行了强大的舆论攻势,而且还积极进行军事准备。对于如此形势,政治上老辣的袁世凯也采取了积极的应对措施,在军事上进行部署,随时准备进行镇压。当然,他的军事准备随着形势的发展而加紧进行。

袁世凯的第一项措施,就是成立以段祺瑞为首的战时内阁。国务总理赵秉钧因为涉嫌宋教仁案不得不辞职,袁世凯任命陆军总长段祺瑞代理总理,成立战时内阁,加强军事方面的控制。众所周知,段祺瑞是袁世凯北洋嫡系第一军事干将,与冯国璋、王士珍誉称为"北洋三杰",性格刚烈。以段祺瑞为首的临时内阁,显然将军事放在首位,同时对南方国民党也是一种威慑和挑战。

袁世凯准备的第二项,就是拉拢中间势力,孤立国民党势力,尤其是将位居战略要地的副总统黎元洪的势力拉在自己一边。辛亥革命后的整个局势,以袁世凯为首的北洋势力控制了北京中央政府和北方各省,革命党人控制长江中下游的江西、湖南、安徽、江苏和广东诸省。除此之外,还有湖北的黎元洪、云南的蔡锷、陕西的张凤翙等地方势力,可谓中间势力,中间势力是南方革命党、北方袁世凯拉拢的对象,可惜革命党对中间势力的拉拢失败,湖北的黎元洪、云南的蔡锷、陕西的张凤翙等地方势力,几乎都站在袁世凯政府一边。

---

① 《申报》1913 年 6—12 月的有关报道。

袁世凯对湖北黎元洪做的工作至为重要，因为湖北、江西毗邻，江西都督李烈钧反袁最为积极，可谓革命党的骨干或中坚力量，二次革命的爆发非常有可能在江西。为此，袁世凯争取了黎元洪，就将北洋军队提前调入湖北，紧密控制江西。5月6日，总统府召开第二次秘密军事会议，决定了作战的总方略：北洋军队的作战任务，第一期就是对湘、赣、皖、苏作战，沿京汉路、津浦路集中南下，以湖北为主要策源地，以海军为策应。① 李纯之第六师大部开进湖北田家镇，分兵武穴，监视九江及安徽方面。北洋第二师于5月底从保定南下，进驻湖北孝感，作为第六师的后援。

第三项军事准备，即运动海军，争取海军对中央政府的支持。在做好了一切军事准备后，袁世凯于5月21日对梁士诒、段芝贵等说："现在看透孙、黄除捣乱外无本领，左又是捣乱，右又是捣乱。我受四万万人民托付之重，不能以四万万之财产生命听人捣乱！自信政治军事经验，外交信用不下于人，若彼等能力能代我，我亦未尝不愿，然今日诚未敢多让。彼等若敢另行组织政府，我即敢举兵征伐之。"②

袁世凯认为对南方革命党的各方面准备已经完成，到了摊牌的时候了，即以反对政府借款、不服从政府为由，于6月先后罢免国民党籍李烈钧、胡汉民、柏文蔚的江西、广东、安徽都督之职。

新浪历史：二次革命，南方之所以失败，你认为有哪些方面的原因？

张华腾：1913年7月12日，李烈钧在江西湖口誓师讨袁，炮击北洋军，二次革命正式爆发，江苏、安徽、上海、湖南、广东等国民党控制的省区纷纷响应，宣告独立。7月22日，孙中山致电袁世凯："何图宋案发生，证据宣布，愕然出诸意外。不料公言与行违，至于如此，既愤且慭。而公更违法借款，以作战费；无故调兵，以速战祸。异己既去，兵衅仍挑，以致东南军民荷戈而起，众口一词，集于公之一身。"③ 要求袁世凯引咎辞职。由此可见，孙中山发动二次革命，是以宋教仁案和善后大借款为号召的。而袁世凯也不客气，当日下令褫夺黄兴、陈其美、柏文蔚荣典军职，次日又下令撤销孙中山筹办全国铁路的全权。南北就此分裂，战火再一次在长江两岸点燃。

---

① 《中华新报》1913年6月5日。
② 《申报》1913年5月24日。
③ 《孙中山致袁世凯劝其辞职电》，《民立报》1913年7月22日。

二次革命中，南方革命党在军事上完全处于劣势。不仅军队、装备处处劣于北方，而且各独立省之间无法协同作战，只能被北洋军各个击破。7月25日，李烈钧从湖口败走，7月28日，黄兴在江苏军事失利后，也被迫出走。8月18日南昌陷落，9月1日南京也随之陷落。至9月12日熊克武放弃重庆，二次革命宣告完全失败。之后北洋军占领和控制了长江中下游各省，完成了对全国的统一。孙中山、黄兴等再次流亡海外，失去了对国内政治的话语权。

二次革命昙花一现，很快失败，绝非偶然。

首先，孙中山革命党人违背了辛亥革命后全国人民要求稳定发展的心理，这是其失败的根本原因。辛亥革命后，百废待兴，人们希望国家安宁，社会稳定，发展社会经济，而不希望再次发生战争。二次革命爆发前，全国各行各业各团体纷纷电至南北，希望能够和平解决纠纷。江宁农会、教育会、地方自治筹备处、地方公会致电大总统和各省都督，"江宁自光复以来元气未复，商民交困。现因宋案及借款问题，谣言纷起，人心惶惶，痛定思痛之余，何堪再有意外，务恳熟审大局，轸念时艰，筹南北之调和，以民生为重要，一切问题得以次第解决，俾地方人民生命财产得以保全"。①

国事维持会早在5月9日就电告全国，指出对于宋教仁案和善后大借款应当就事论事，不可过于牵连他事，宋教仁案只能够静候法律解决，借款案不应当仅仅当作借贷问题来对待，而是应当作为财政外交问题来通盘考虑，"故本会良心上之主张认借款，时为势之必需，而续之不完，则由临时参议院之放弃职权，不能专责政府，国会成立，有自正当监督用款之法，不在藉口违法，推翻成约"。对于南方国民党人的举动，国事维持会指责道，"至因此而欲求法律以外之解决，就令名正言顺，其如人所厌乱，隐忍为安，祸结兵连，玉石同尽，即一死诚不足惜，顾天下事尚有重于死者"。② 仅此两例，足以代表全国人民的心理趋势，国民党置全国人民心理于不顾，贸然一试，失去了人心，所谓得道多助，失道寡助是也。

其次，孙中山革命党人发动革命的理由不够充分，人们对中央政府还抱有很大的希望。以袁世凯为首的北京政府刚刚成立一年有余，社会治理千头万绪，他们进行了各种努力，虽然效果不十分明显，但他们一直在努力。例如，经济

---

① 《申报》1913年5月14日。
② 《盛京时报》1913年5月22日。

上谋取贷款，制定了发展民族经济的一些措施，召开全国工商会议等。外交上寻求途径与支持外蒙古独立的英国、西藏分裂的沙俄谈判，既有原则性，又有一定的灵活性，坚持维护民族统一和国家的领土完整等。作为袁世凯来说，基本上根据约法行政，虽然不断突破对约法的限制，加强集权，但还没有特别违法的事件。就宋案来说，限制在法律范围之内，并非不能解决。善后大借款方面，政府曾经向临时参议院提出并征得同意，只是手续未完备而已，以梁启超为首的进步党人，一直在国会为政府游说，抵制国民党议员的过激行为。这一切说明，政府违法尚不十分明显，袁世凯独裁当皇帝的说法更为无稽之谈。江西李烈钧在《江西讨袁军公启》中说："袁氏帝制自为，务期破坏共和，与全国为公敌……烈钧等目击颠危，诚不忍诸先烈铁血所创之共和民国，断送于独夫民贼之手。是以率父老子弟，投袂奋起。"① 1913 年就指控袁世凯称帝，如同儿戏，如何激发人们投入到反袁斗争中去呢？孙中山革命党人发动革命的理由不怎么充分，人们对中央政府还抱有很大的希望，如北京地方自治团、总议事会、总董事会、各区议董两会在致电孙中山、黄兴二人的电报中说得非常清楚，劝说二人以大局为重，切莫意气用事。

"今国体已定，临时政府草昧初营，能力薄弱，未免迁就，为病尚无罪恶可言，我国民惟有指导扶持，巩固共和基础。现值国会告成，友邦承认，薄海方延，颈企踵想望太平，不料二次革命显露端倪，风声鹤唳，遐迩恐怖，孙黄两先生，手造民国，倍历艰辛，自能以国利民福为前提，所可畏者谋乱诸人，好事喜功，幸灾乐祸，殊不知大难一发，大命随倾，浩劫茫茫，谁能幸免，以少数人争攘权利，一旦演成惨剧，陷全国于万劫不复之地，真共和之蟊贼，人类之枭獍。"②

第三，南北双方实力悬殊是重要原因。作为北洋派来说，控制中央政府和北方数省，掌握国家机器和国家资源，北洋军队是全国最为强大的军队，又争取到地方实力派黎元洪、蔡锷等的支持，人心所向，师出有名，平叛镇乱，势如破竹，一举将国民党的势力击溃。

---

① 朱宗震、杨光辉：《民初政争与二次革命》下册，上海：人民出版社，1983 年，第 484 页。
② 《申报》1913 年 5 月 21 日。

作为南方革命党人来说，实力明显不足。号称控制南方数省，实际控制赣、湘、皖、粤四省，江苏都督程德全在革命党人的逼迫下不得不服从革命党，但很快脱离出去。革命党内部没有很好的准备，没有形成一个整体力量，各省各自为战，最终被各个击破。作为革命党军事领袖的黄兴，二次革命后的头衔不过为江苏讨袁军总司令，对武力讨袁没有信心，没有统一的部署。后来推出的讨袁军总司令岑春煊，与国民党关系不深，仅仅作为袁世凯清末政敌的身份，担当讨袁的历史重任，既无实力，又没有号召力，根本起不到应有的作用。

四、以暴力手段解决争端：二次革命影响中国转型

新浪历史：二次革命之后，袁世凯对于国民党采取了什么样的动作？

张华腾：二次革命失败后，袁世凯对国民党采取了一系列的措施。二次革命爆发后，袁世凯对国民党人区别对待，对北京国会里面的国民党议员非常客气，只要没有反对政府的现行，正常出席国会会议便可，袁世凯还要利用他们选举自己为正式大总统，制定一部正式宪法。对领导二次革命的国民党领袖黄兴、李烈钧等，则剥夺公职，悬赏捉拿。

二次革命后，袁世凯对北京国会里面的国民党人议员的态度发生了大的变化。国民党议员与进步党议员坚持国会独立制宪，按《中华民国临时约法》的原则制宪，即坚持责任内阁制，坚持议会至上的原则，拒不采纳袁世凯提出的扩大总统权力的意见，至1913年10月底，国会单方面抛出《天坛宪法草案》，并公布于报端。

一石激起千层浪，袁世凯看到宪法草案不利于自己，鼓动全国各省文武官员发表言论攻击《天坛宪法草案》，掀起了一个攻击国会、攻击宪法草案、攻击国民党的浪潮。各种通电像雪片似的飞向全国。北洋将领"群攘臂瞋目而议宪法"，奉命南下讨伐国民党二次革命的两员大将张勋与冯国璋首先发难，攻击宪草"奇谬"，是"二权分立，剥夺行政权已尽"，主张将操纵宪草的国民党"从速禁除"。接着，由黎元洪领衔，22省军政首脑署名发出拥护袁世凯的电文，反对宪草，主张解散国民党。根据我国台湾学者张玉法的研究，各省都督等关于宪法草案问题的通电有74件，发于10月28日至11月4日之间者43件，其所表白主张，明指宪草谬误、箝行政权过甚者24次，指斥国民党人假宪草会从事破坏活动者12次，主张解散国会者11次，主张重订或取消宪草者8次，主张将

宪草会解散重组者 7 次，主张将国民党解散者 7 次。① 总之，各省长官的意见主要集中于解散国民党并取消国民党议员资格及宪法草案。这就为袁世凯采取激烈手段，下令解散国民党、解散国会提供了充分的根据，创造了激昂的舆论氛围。

11月4日袁世凯下令，以查获国民党议员与二次革命有联系的证据为由，宣布国民党为"乱党"，解散国民党在北京的本部及各地支部、分部、交通部，所有国民党籍的国会议员，一律取消其议员资格，追缴其议员证书及徽章。国民党乃国会第一大党，取消国民党议员资格，即是解散国会的举措。然而，在袁世凯下令取消的国民党议员资格中，规定凡在二次革命发生时仍具有国民党党籍的350余名国会议员的证书及徽章全部追缴。但是国会议员总数为870人，取消350人后，国会议员还有520人左右，国会仍拥有开会的法定人数。于是袁世凯再次下令，虽在二次革命前已脱离国民党籍并加入他党的议员，亦视为国民党，他们的议员资格同样予以取消。最终第二次被取消议员资格的有80人，两次共取消438人，剩下的已不足半数，按国会规则不能举行会议。国会不能开会，宪法起草委员会三读会通过的《天坛宪法草案》无法通过国会审议，胎死腹中。

11月13日，参议院、众议院两院议长发出通告，宣布国会因不足法定人数而"停止议事"，国会无解散之名，有被解散之实。1914年1月10日，袁世凯发布大总统令，对国会进行攻击："共和国家，以法治为归宿。当破坏之后，亟宜为建设之谋。所有应行法治，千端万绪，虽急起直追，犹恐不及。民国初创，以参议院为立法机关，而成立年馀，制定法案，寥寥无几，惟以党争闻于天下，实为建设之障碍，决无进行之计画。中外士庶，乃移易其渴望之心，属诸国会，以为国会既成，必可将各项法制，依次制定。不意开会七阅月，糜帑百万，而于立法一事，寂然无闻。"以此为由，袁世凯悍然下令解散国会。

经过二次革命中的惨败，国民党已经失去了制衡袁世凯的基本力量，议会斗争也就成了无源之水，袁世凯凭借着其强大的政治军事实力，悍然取缔了国民党，解散了国会，国民党不但彻底失去了政权，还失去了在国内生存的合法地位。

---

① 张玉法：《民国初年的政党》，长沙：岳麓书社，2004年，第437页。

二次革命,一场可疑的讨伐

新浪历史:您怎么评价二次革命,它有什么样的影响?

张华腾:二次革命至今整整100年了,细细想想二次革命的前因后果,我认为这是一次不该发生的革命,为什么如此说呢?

首先,辛亥革命后确立了民主共和政治体制,这种政治体制就是将各党、各种政治派别的政治分歧和斗争限制在和平的议会斗争的讲坛上,这种政治体制后来印证不适合中国的国情,但在当时人们的心目中则是一条救国富强之路,是近代以来数代先进中国人向西方寻求的真理,我们不是老批评洋务派仅仅学习西方先进的生产力和科学技术是西方的皮毛,而没有和不敢涉及西方的政治制度吗?辛亥革命首先是一场政治制度方面的变革,其推翻了帝制,打倒了延续中国2000多年的封建专制制度,确立了民主共和制度,就是向西方移植过来的真理,是西学之根本,因此在那个时期的中国人心中有相当高的地位。这种政治制度刚刚运行了一年多的时间,严格说还没有真正运行,因为还没有一部正式的宪法。虽然革命党人宣言要追求真正的共和制度,但实际上或者说客观上破坏了这种制度,其采取革命的方式,武装斗争的方式取代了和平的方式,违背了人们的意愿,破坏了和平建设国家的路径。

其次,对形势的估计过于乐观,没有考虑到人心向背和力量对比,发动革命的理由又不充分,宋教仁案、善后大借款实际上都可以在法律的范围内解决,袁世凯及其北京政府基本上还在法制的范围内行事,完全可以在法律上进行较量。革命对社会破坏严重,付出的社会成本太高,虽是一种不得不采取的斗争方式,但不是一种常态方式。革命党人过于看重革命方式,轻易一试,等待的只有失败了。

二次革命虽然失败了,但革命党人无所畏惧的革命顽强精神还是要肯定的,他们的主观动机也是好的,是为了中国社会的发展进步,为了实现真正的民主共和。

二次革命的失败,对革命党本身,对民初政治、整个国家均产生了重要影响。

二次革命的失败,对革命党人造成了沉重的打击,不仅仅失去了南方诸省的地盘,也失去了国内最大政治势力的地位,革命党人领袖、骨干,不得不再次流亡海外,几乎失去了对国内政治的发言权。再加上为检讨二次革命失败的原因,两大领袖孙中山、黄兴互相埋怨、互相指责,导致革命党分裂为中华革命党和欧事研究会两股势力,力量更为弱小,基本上被排除于国内政治圈外。

二次革命的失败,国民党武装力量被消灭殆尽,革命党领袖、骨干不得不逃亡海外,袁世凯北洋势力统一中国,北洋军占领长江中下游各省。不久,袁世凯对各省都督进行调整,任命倪嗣冲为安徽都督,刘冠雄为福建都督,冯国璋为江苏都督,李纯为江西都督,段祺瑞为湖北都督(不久调整为段芝贵),汤芗铭为湖南都督,龙济光为广东都督。辛亥革命后各派政治势力的均势被打破了,严重影响了民初的政治发展。从此北洋势力一支独大,失去了受牵制的力量,从而促使袁世凯得意忘形,无所顾忌,不把任何势力看在眼里,又为其向专制集权道路上进一步迈进创造了一定的条件。

更为重要的是,二次革命的爆发与失败,使国家丧失了辛亥革命后一次和平发展的良好机遇,各派政治势力的矛盾由和平协商解决转向暴力解决,直接影响了辛亥革命后中国的社会转型,影响了中国早期现代化的进展。时人对此有着非常清醒的认识,如老同盟会会员时为报人的梁漱溟就曾经指出:"现在很清楚摆在外面的,就是武人势力的局面。至于说到助长这种武人势力的原因,却不能不责备革命先辈,他们无论如何,不应用二次革命那种手段。二次革命实在是以武力为政争的开端。从此以后,凡是要为政治活动的,总要去奔走武人的门下,武人的威权从此一步一步地增长,到现在而达极点。"[①]

以上叙述和观点,是我近年来对二次革命的新的思考和认识,为首发。难免有不足之处,望专家学者批评。

原载(《1913 年革命的反革命》,中华书局 2014 年版)

[①] 梁漱溟:《在晋讲演笔记》,《梁漱溟全集》第四卷,济南:山东人民出版社,1991 年,第 673 页。

封建买办政权还是资产阶级政府？——1912—1915年北京政府性质新议

1912—1915年的中华民国北京政府，在整个北洋军阀统治时期，或者说在中华民国早期历史中，都是非常重要的，因此备受人们的关注。但人们关注的中心，多在袁世凯如何专制集权及走向帝制的过程。对于这个政权的性质，除了极个别的文章略有看法外，绝大多数人包括笔者自己，很长时间以来一直认为这个政权是大地主、大官僚、大军阀的封建政权、买办政权。[①] 本文则认为这个政权的性质是资产阶级的，北京政府是资产阶级的政府。

一、北京政府政治体制性质是资产阶级的

我们之所以说北京政府是资产阶级性质的，北京政府是资产阶级政府，首先从政权的组成形式，即政体上说是资产阶级的。这一时期的北京政府明显分为两个不同的阶段，即《中华民国临时约法》时期和新约法时期，两个时期北京政府的政体均是资产阶级的。

（一）《中华民国临时约法》时期的北京政府（1912年3月至1914年4月）

1912年3月至1914年4月的两年，即《中华民国临时约法》时期的北京政府，北京政府由内阁制向总统独裁制转化，这一时期北京政府是资产阶级的。

---

① 只有极个别的文章认为该政权是资产阶级性质，如季云飞：《论1912—1915年袁世凯政府的性质》，《学术界》1995年第3期。但未受到学术界的重视。本文在此基础上进一步展开讨论。

因为这一时期，北京政府是按《中华民国临时约法》的精神组织起来和进行运作的，虽然袁世凯的行政权力在不断扩大，但中央政府的运作，前期的临时参议院和后来的国会，对袁世凯行政权力的限制和约束是不容忽略的，[①] 前期的内阁危机、大借款案和后期《天坛宪法草案》的制定等都说明了这一点。[②]

此时期从时间上说两年多一些，实际上也可分为两个时期，即完全责任内阁时期和名义内阁时期。

1. 完全责任内阁时期（1912年3月至1912年6月）

截止到目前为止，尽管有学者对《中华民国临时约法》提出了诸多批评[③]，但没有任何人否定它的资产阶级性质。《中华民国临时约法》规定中央政府的组织形式采取责任内阁制，即大总统是国家元首，拥有广泛的权力，如总揽政务、公布法律、统帅全国陆海军、制定官制、官规、任命文武官员等，但大总统又不负实际的责任。实际责任由内阁承担，国务总理及各部总长称之为国务员，"国务员辅佐临时大总统负其责任"，"国务员于临时大总统提出法律案，公布法律及发布命令时，行副署之"。临时大总统制定官制、官规，但须提交参议院议决。临时大总统任免文武职员，但任命国务员及外交大使、公使，须得参议员的同意。所以大总统权力的行使受内阁和议会的制约，不能自由行使。《中华民国临时约法》充分体现了西方资产阶级的行政、立法、司法三权分立并互相制衡的思想，按这种思想建立起来的政府当然是资产阶级的。

1912年3月10日，袁世凯在北京宣布就任临时大总统一职。13日提出内阁总理的人选并经议会通过。3月底，袁世凯与孙中山协商推荐的内阁阁员由议会通过。4月21日，中华民国第一届责任内阁——国务院正式在北京宣告成立。袁世凯特发布国务院成立令，"现在国务院业经成立，在京原有各部事务，应即分别交替，由各部总长接收办理"[④]。国务院于是日召开国务会议，研究重大国务问题，并规定每星期一、三、五召开国务会议，每星期二、四、六国务员晋

---

① 张华腾：《袁世凯与民初议会》，《殷都学刊》1996年第2期，第69—76页。
② 张华腾、石茂生：《〈天坛宪法草案〉新论》，《郑州大学学报》（哲学社会科学版）1991年第6期，第47—51页。
③ 杨天宏：《论〈临时约法〉对民国政体的设计规划》，《近代史研究》1998年第1期，第102—129页。
④ 朱宗震、杨光辉编：《民初政争与二次革命》，上海：上海人民出版社，1983年，第10页。

谒大总统，进行报告与请示。① 根据五月修订的《国务院官制修正草案》第三条规定，国务总理为国务员首领，保持行政之统一。第九条规定，国务会议的内容，涉及内政外交的各个方面，即法律案及教令案、预算案及决算案、预算外的支出、军队的编制、条约案、宣战媾和事项、简任官的进退、各部权限争议等，其权限是非常广泛的。第十条规定，国务会议事件，以国务员的同意定之。会议以国务总理为议长。②

国务总理唐绍仪按照《中华民国临时约法》规定的内阁制度，在同盟会阁员宋教仁、蔡元培等的支持下行使其总理权力，自主处理一些重大国务，而不秉承袁世凯的意旨，甚至有时对总统府发下的公事，唐以为不可行的，即行驳回，有时在总统府与袁面争而不屈。"③ 他总是说："责任内阁，凡事要对国家负责。自己任总理也要对国家负责。"④ 袁世凯出席临时参议院开院礼的发言稿，经过唐绍仪的数处改动才最后定稿。⑤

唐绍仪内阁时期，中央政府的运作几乎按照约法行事，临时参议院按照《中华民国临时约法》上赋予的权力，对袁世凯任命官吏多有限制，对袁世凯提交的官制官规及其他行政案件，进行严格审议，或反对，或修正，极大地限制了袁世凯在一定范围内行使权力。所以从北京政府成立到1912年6月唐绍仪内阁垮台，北京政府几乎是按约法行事的中央政府。北京政府由袁世凯北洋集团与南方革命党及其他势力共同组成，其资产阶级性质是没有任何问题的。

2. 名义内阁时期（1912年6月至1914年4月）

唐绍仪内阁倒台后，继之的是陆征祥内阁、赵秉钧内阁及熊希龄内阁，随着袁世凯总统权力的进一步加强，内阁逐渐降为总统的附属，内阁只是作为形式存在。但资产阶级控制的议会——北京临时参议院及1913年4月以后的国会，却在发挥一定的作用。这段时期应该说是名义内阁时期，是从内阁制向总统独裁制的过渡时期。

---

① 李宗一：《袁世凯传》，北京：中华书局，1980年，第210页。
② 中国第二历史档案馆编：《中华民国史档案资料汇编》第三辑，南京：江苏古籍出版社，1991年，第4—6页。
③ 李剑农：《戊戌以后三十年中国政治史》，北京：中华书局，1965年，第162页。
④ 唐在礼：《辛亥以后的袁世凯》，中国人民政治协商会议全国委员会文史资料研究室委员会编：《文史资料选辑》第53辑，北京：中华书局，1963年，第168页。
⑤ 朱宗震、杨光辉编：《民初政争与二次革命》，上海：上海人民出版社，1983年，第30—31页。

唐绍仪内阁瓦解后，针对同盟会的政党内阁主张，袁世凯提出他超然内阁的思想，即组织内阁时不论此党彼党，只看其是否为人才。按照这一思想，袁世凯任命无党派人士陆征祥为总理并获议会通过。而当陆征祥拿着袁世凯的内阁名单要求议会通过时，议会对其行使了否决权，给"府方以重大打击"，对几名阁员全部予以否决，"各方议论汹汹，全集矢于参议院，谓其不顾大局，陷国家于无政府状态"①。袁世凯不得不亲自出马，宴请全体议员，协调关系，由此可见议会的否决权在发挥着重要作用。

继陆征祥之后的是赵秉钧内阁。赵秉钧上任时宣言维持现状，就是维持总统府行政中心的地位，内阁的国务会议形同虚设。正如时人谷钟秀所说："陆内阁时代，事无大小，皆总统府决之。赵内阁时代，则直移国务会议于总统府，国务院无所谓国务会议，形式上虽有会议，然仅裁决较为细微之事务。"② 不过也不要小看这些细微的事务，国会的筹备，议员的选举，这些事务均在这一时期，均有内阁主持操办。3月底，因宋教仁案发生，涉嫌总理赵秉钧，赵秉钧不得不辞职。

1913年9月，熊希龄组阁并需议会通过。其内阁号称进步党内阁，实际是进步党与北洋集团联合组成的第一流人才内阁。第一流人才内阁与唐绍仪内阁颇为相似，不过先前为同盟会，现在为进步党而已。进步党上台伊始，就主张责任内阁，熊希龄在参、众两院议员暨各党代表茶话会上发表演说时说："虽不能胜任，但孜孜自勉者，在完成责任内阁，使中国为法制国。"他甚至还批评他的前任，"国务院不过盖印、副署之机械而已，各部总长，亦未积极负责任"③。然而，由于内阁不负责任已久，袁世凯不可能让熊希龄负起责任，所以他的责任内阁不可能与唐绍仪内阁相比。熊希龄内阁不到半年，就维持不下去了。

从陆征祥内阁到熊希龄内阁，此时期内阁都不是行政中心，北京政府的权力运作在总统府，在袁世凯，所以这一时期名义上是责任内阁，实际上是内阁制向总统独裁制的过渡时期。

不过这一时期的内阁制虽然遭到破坏，但名义上还在，资产阶级控制的议

---

① 张国淦：《北洋述闻》，上海：上海书店出版社，1998年，第127页。
② 章伯锋、李宗一主编：《北洋军阀：1912—1928》第二卷，武汉：武汉出版社，1990年，第7页。
③ 周秋光编：《熊希龄集》中，长沙：湖南人民出版社，1996年，第681—682页。

会也在发挥着一定的作用,北京政府的政治体制仍然维持着共和民主制,所以这一时期的北京政府仍然是资产阶级的政府。

(二)新约法时期的北京政府(1914年5月至1915年12月)

1914年5月,袁世凯废除了《中华民国临时约法》,颁布《中华民国约法》,即俗称新约法。新约法改内阁制为总统制,实际是总统独裁制。但这一政体仍然是资产阶级政体,不过更加保守而已。

《中华民国约法》规定,大总统为国家元首,总揽统治权(第14条);大总统代表中华民国(第15条);大总统对国民之全体负责任(第16条);大总统召集立法院宣告开会、停会、闭会(第17条);大总统制定官制官规,任命文武官员不受议会任何限制(第21条)。行政以大总统为首长,置国务卿一人赞襄之(第39条)。①

行政分设外交、内务、财政、陆军、海军、司法、教育、农商、交通各部,分别由孙宝琦、朱启钤、周学熙、段祺瑞、刘冠雄、章宗祥、汤化龙、张謇、梁敦彦担任。进步党人汤化龙、张謇出任总长,才没有使这届政府成为清一色的北洋政府。各部总长具体处理各部承担的行政事务,"各部总长,依法律命令执行主管行政事务"②,直接对袁世凯负责,如《修正财政部官制》规定:"第九条,财政部置总长1人,承大总统之命,管理本部事务。"③ 各部事务由国务卿核准,上报袁世凯定夺。通过国务卿而控制行政各部,从而保证了行政的高度统一。

新约法以立法院为立法机关,立法院有议决法律、预算、答复大总统咨询、接受人民请愿等权,此外还有建议权、弹劾权等。有议决法律、议决预算、议决或承诺关于公债募集及国库负担、答复大总统咨询事件、收受人民请愿事件、提出法律案等,对于大总统有谋叛行为时,以总议员4/5以上之出席,出席议员3/4以上可决提起弹劾之诉讼于大理院。(第31条)议员由选举产生,但在新约法公布以来的很长时间,没有进行议员选举。立法院之职权,由参政院代行

---

① 《中华民国约法》,章伯锋、李宗一主编:《近代稗海》第三辑,成都:四川人民出版社,1985年,第98—101页。
② 白蕉:《袁世凯与中华民国》,荣孟源、章伯锋主编:《近代稗海》第三辑,成都:四川人民出版社,1985年,第101页。
③ 中国第二历史档案馆编:《中华民国史档案资料汇编》第三辑,南京:江苏古籍出版社,1991年,第7页。

之，而参政院之职权："应大总统之咨询审议重要政务"①（第 49 条），完全是一个咨询机关。但参政院对立法院的立法权也有一定的制约，如第 34 条规定，"立法院议决之法律案，大总统否认时，得声明理由，交院复议，如立法院出席议员三分之二以上仍执前议，大总统认为于内治外交有重大危害，或执行有重大障碍时，经参政院之同意，得不公布之"。

参政院的参政有 70 人，由大总统根据《参政院组织法》对其委任。参政的资格：（1）有勋劳于国家者。（2）有法律政治之专门学识者。（3）有行政之经验者。（4）硕学通儒有经世著述者。（5）富于实业学识经验者。袁世凯指定黎元洪为参政院院长，进步党人士汪大燮为副院长。参政的著名人士有梁启超、熊希龄、蔡锷、王家襄、林长民、陈国祥等为进步党人士。马良、王闿运、严复、刘师培等为学者，赵尔巽、赵惟熙、荫昌、那彦图、李经羲、宝熙及袁世凯前清时的政敌军机大臣瞿鸿禨等为旧官僚，孙毓筠、徐绍桢等曾为革命派，施愚、黎渊等为法律派，参政涉及的领域还是非常广泛的。这些参政，除了极少数为旧官僚外，绝大多数为资产阶级人物。

参政院本来为一咨询机关，但由于代行立法院职权，所以又是一个立法机关，这个立法机关实际上完全是行政机关的附庸，与《中华民国临时约法》的立意几乎颠倒，与西方的行政、立法、司法三权分立互为制衡的学说相距甚远，实际是行政一权独行，袁世凯一人独裁。司法方面，"司法，以大总统任命之法官，组织法院行之"②。所以在新约法尚未公布时，有人就评论说："这种政治体制实质是'袁总统拥共和之名，行专制之实'。"③

尽管如此，我们认为，新约法是按照袁世凯的旨意对《中华民国临时约法》的一次彻底改造，除了将内阁制改为总统制外，还将立法完全降为行政的附庸。《中华民国临时约法》存在着立法权过大的弊端，对政府行使职权有过多的制约，不利于对国家的治理。新约法对其进行一定程度上的纠正，是符合当时实际的。但如同《中华民国临时约法》在限制行政权力时一样，矫枉过正，将立法降为行政的附庸，从中国民主进程来说，是一次大的倒退。但是我们也看到，

---

① 白蕉：《袁世凯与中华民国》，荣孟源、章伯锋主编：《近代稗海》第三辑，成都：四川人民出版社，1985 年，第 101 页。

② 《中华民国约法》，章伯锋、李宗一主编：《近代稗海》第三辑，成都：四川人民出版社，1985 年，第 101 页。

③ 《申报》1914 年 4 月 12 日。

袁世凯在扩大行政权力的过程中，几乎没有遇到任何阻力，也就是说，北京政府的这一行为，得到社会各界、各种政治势力（国民党除外）的支持和拥护，从当时中国的社会实际来说，是符合中国的国情的。一个有着几千年封建专制传统的国家，不可能一下子将西方运行多年的比较完整的民主政治体制拿到中国实行，中国接受西方的民主只能是逐步的，而且必须与传统有机地结合起来。长期以来，我们对袁世凯及袁世凯政府的评价，就没有考虑到历史的实际，而是一味地批评他破坏资产阶级搬来的美国、法国的民主模式，而没有考虑到这种民主模式在中国实行的实际情况，在极度缺乏民主传统的国度里，行使西方最民主的民主模式，其步履艰难或遭受破坏是很正常的。另外，从袁世凯政府按新约法的机制进行运行的实际效果来看，也比较明确地说明了这一问题。由于没有立法机关的制约，行政支配一切，此一时期北京政府对各方面的治理应该说还是有一定实效的，"自此制实现后，中央之威信日彰，政治之进行较利，财政渐归统一，各省皆极其服从，循而行之，苟无特别外患，中国犹可维持于不敝"①。到袁世凯称帝前，民国政府已经不像1912年刚刚成立时一样，完全依靠借帝国主义的款度日，到1915年，国家收支基本平衡，而略有存余，形势一派大好。可惜袁世凯满足于一时的成效而沾沾自喜，没有将这种政治体制持续下去，而是走上了复辟帝制的道路，实在是遗憾。

实际上新约法规定的政体，行政、立法、司法三权分立，改内阁制为总统制，仍然在资产阶级的民主共和范围之内，只不过更加保守而已，比较接近德国、日本的民主模式，借鉴了德国、日本宪法精神，予国家元首以极大的权力，而对议会权力减少到最低限度。摈弃美国、法国模式，而采取德国、日本模式，应该是符合中国国情的一次有益尝试，袁世凯及其袁世凯政府之所以得到国内各种政治势力的支持，其原因也在于此。

如何认识袁世凯称帝前的集权统治行为，中外学者之间对其评价的差别颇大。绝大多数中国学者长期以来一直认为，袁世凯专制集权就是为了称帝，称帝是他的既定方针，是他的野心所致，这就限制和制约了袁世凯在专制集权统治下对国家治理和发展的研究，忽略了后发型现代化国家尤其是半殖民地半封建社会的国家在现代化建设中专制集权，即强大中央政府的作用，目前这种现

---

① 章伯锋、李宗一主编：《北洋军阀：1912—1928》第二卷，武汉：武汉出版社，1990年，第1045页。

象已经有所改变。而外国学者对袁世凯这一时期的统治评价甚高。法国学者白吉尔说:"先是大总统,后为终身大总统的袁世凯的统治并不是对古代政体的简单复辟,他是政治合作制和多文化的敌人,但他也同样推行一些必要的改革措施。"① 美国学者麦金农对袁世凯的评价更高,认为"他(指袁世凯)追求权力的目的是要拯救中国,创立一个与外国并驾齐驱、强大的中央集权国家"②。尽管麦金诺夸大了袁世凯的主观能动性,但确实是对袁世凯心态的准确表述。我们用一则资料说明麦金农说法的客观性。

袁世凯绝不是一个庸庸之辈,而是一个政治强人,他有着自己的政治追求,即效法中外有作为的政治人物,做出一番轰轰烈烈的事业以名垂青史。他甚至将他尊崇的人物书之以牌,以牢记在心,中南海新华宫里留下了他这方面的痕迹。1916年6月,袁世凯病逝于北京。就在袁世凯出殡后,有人在新华宫发现了洪宪元年的月份牌。月份牌上除了书有新旧历对照表外,还有袁世凯的巨幅照片。照片两旁有一副对联,左联曰:"听四百兆人巷祝衢歌,恍亲见汉高光、唐贞观、明洪武。"右联曰:"数二十世纪武功文治,将继美俄彼得、日明治、德威廉。"③ 袁世凯这里实际上在炫耀他的功绩,与以上伟人等同,但从另一方面来看,他对这些人物也是非常崇拜的。他的视角,从中国历史上的盛世王朝到近世世界上的强大国家,尤其是实行专制集权体制的日本、俄国和德国,这说明他确实是有政治追求的,虽然与孙中山的政治追求不一,但终极目标是相同的,即建立一个强大的资本主义国家。所以对袁世凯的集权统治,我们不应该轻易否定。世界资本主义的发展史、世界现代化历程证明,发展资本主义,建设现代国家,不仅有孙中山、宋教仁等资产阶级革命派所向往的美国、法国模式,还有其他的发展道路可循。

二、资产阶级的代表人物在北京政府中任职

这一时期,资产阶级的代表人物先后加入北京政府,并在北京政府中发挥重要作用,促使中国资本主义经济快速发展,是北京政府资产阶级性质的重要

---

① 白吉尔:《中国资产阶级的黄金时代(1911—1937)》,上海:上海人民出版社,张富强、许世芬译,1998年,第225页。
② 崔志海:《国外清末新政研究专著述评》,《近代史研究》2003年第4期,第274页。
③ 刘成禺:《洪宪纪事诗本事簿注》,太原:山西古籍出版社,1997年,第49页。

封建买办政权还是资产阶级政府？

表征。资产阶级的代表人物著名者如前期的唐绍仪、宋教仁、蔡元培、王宠惠、王正廷、熊希龄、刘揆一等,后期有熊希龄、梁启超、周学熙、汪大燮、汤化龙、张謇等。

唐绍仪、宋教仁、蔡元培、王宠惠、王正廷、熊希龄的资产阶级属性恐怕没有人怀疑,他们分别是中华民国首届内阁的总理、农林总长、教育总长、司法总长、工商总长、财政总长,其中唐绍仪之前还是袁世凯的部下,北洋集团的重要人物,南北议和时加入同盟会,从而成为资产阶级的代表人物。熊希龄是立宪派的重要代表人物,代表资产阶级的温和派。其他4人都是资产阶级革命派的重要骨干力量。从人数上说,唐绍仪内阁11人,其中6人属于资产阶级(北洋集团成员的阶级属性见下)。内阁中的同盟会骨干所主导的部,过去我们一直认为是冷衙门,不握实权,其实这些部正是民国初年发展资本主义的重要部门。

唐绍仪内阁没有辜负人们对他们的期望,内阁成员奋发工作,在有限的时间内做了许多富有成效的工作,这些工作综合起来主要有:制定了内阁的施政方针,展示了中华民国第一届责任内阁发展资本主义的崭新形象;外交上极力寻求列强对中华民国的承认,坚持中国对外蒙古、西藏的领土主权,与沙俄、英国进行艰苦的谈判等。① 尽管这些工作还是初步的,但已经显示了中华民国政府与清政府的不同精神风貌,反映了辛亥革命后资产阶级发展资本主义振兴中华的要求。唐内阁得到了人们的较多赞誉,时人评价说:"唐内阁不满百日,然富于积极进行气象,虽计划疏阔,尚有政策之可言。"②

作为内阁成员的宋教仁,除了协助唐绍仪参与制定国务院的大政方针外,对于自己主管的农林部,兢兢业业的工作,他在不太长时间之内的工作,还是赋有成效的,"先生在职,拟订边境开垦、移民、殖林诸法案,及外蒙设垦殖总管府,内蒙古、满洲设垦殖厅诸官制案,注意于实边保境之大计划,提出于国务会议。又先生关于整顿农林政策诸大纲:曰设功农使于各内省,曰设蒙古兴业公司,曰测量田地清厘田亩,曰设拓殖银行,曰设督办垦屯事务官于满洲、蒙古、新疆,曰设农业银行以各省积谷常平仓谷为资本,曰征烟酒税"③。这些

---

① 姚琦:《唐绍仪内阁述评》,《贵州大学学报》(社会科学版)1995年第1期,第84—90页。
② 章伯锋、李宗一主编:《北洋军阀:1912—1928》第二卷,武汉:武汉出版社,1990年,第5页。
③ 章伯锋、李宗一主编:《北洋军阀:1912—1928》第二卷,武汉:武汉出版社,1990年,第68—69页。

计划和措施虽然大部分还没有实行，宋教仁就辞职了，但他为新中国的农林发展规划了第一个蓝图。

唐绍仪内阁的其他成员也都分别作出了他们发展资本主义的其他贡献。

继唐绍仪内阁之后是陆征祥内阁和赵秉钧内阁，而作为同盟会、国民党重要干部的刘揆一在两届内阁中任工商总长，只是碍于同盟会"政党内阁"的党见，他不得不发表声明退出同盟会。刘揆一虽然退出同盟会，但他是作为资产阶级代表任职的，在他任职期间（1912年8月至1913年7月），担当起发展资本主义工商业的重任，积极推行发展资本主义工商业的政策和措施，促使民国初年经济的发展。

刘揆一上任伊始，就提出以"工商立国"发展经济的指导方针。他说："民为邦本，本固邦宁，固本之道无他，曰促进工商而已。"① 他采取"干涉主义"以促进工商业的快速发展。所谓"干涉主义"，就是对工商业实行保护政策，克服"放任主义"，即他所说的"提倡生产教育以养国民之生产力，兴办公业以为国民之模范，补助资本以为产业之提携，排除障碍以使产业之发达，奖励发明以图学术之进步，完备机关以利工商之进行，吸收资本以厚国民之力，完成交通以谋地方之兴盛"②。刘揆一任职内，除了制定和颁布了一些经济法规和章程，如《暂行工艺品奖章》、《外国博览会中国出品通行章程》、《工商部公司注册暂行章程》等外，还于1912年11月在北京主持召开了全国工商会议，参加代表168人，他们代表了全国各省和华侨不同工商行业和部门，商讨发展中国工商业的大政方针和采取的具体措施，取得了非常好的效果，被人们誉为"工商界数千年来未有之盛举"③。刘揆一发展工商业的政策和措施为张謇进一步发展实业奠定了一定的基础。

张謇是以实业家的身份就任工商、农林两部总长的，所以他上任伊始，雄心勃勃，拿出了发展中国实业的庞大计划和一系列措施，这些计划和措施概言之就是：一是制定经济法，二是建立金融业，三是制定税则，四是对民间企业实行奖励和补助。④ 张謇想通过袁世凯业已稳定的中央政权，来实现自己庞大的

---

① 饶怀民：《刘揆一与辛亥革命》，长沙：岳麓书社，1991年，第227页。
② 饶怀民：《刘揆一与辛亥革命》，长沙：岳麓书社，1991年，第228页。
③ 《全国工商会议开幕纪事》，《神州日报》1912年11月30日。
④ 张謇：《对于工商部务的政见》，张謇研究中心、南通市图书馆编：《张謇全集》第一卷，南京：江苏古籍出版社，1994年，第270—275页。

实业计划，促进中国经济的发展。他所提出的发展实业的计划和措施，不仅在当时切中要害，很有见地，即使在改革开放的今天，仍有着一定的价值。对于袁世凯来说，他需要张謇这样的实业家来发展中国经济，所以也在一定程度上支持张謇。

张謇是一个孜孜以求的实干家，而不是一个理想主义者，上任时，他发誓说"余要之对于一阁员之责任，则必须完全负之，绝不敢轻于放弃耳"。他在任期间，将经济立法放在首位，制定经济法规、律例达20余种，重要者诸如公司保息条例、公司条例、商人通例、矿业通例、公司注册规则、劝业银行条例、商会法等。在实业各部门中，张謇发展的重点是纺织和钢铁，所以他重申他一贯坚持的棉铁主义，"謇对于实业上抱持一种主义，谓为棉铁主义"①。他力主在15—25年内把全国棉纱纺锭增加到300万枚，认为只有这样才有资格与英、日竞争。钢铁方面鉴于钢铁业投资太大，国家财政困难的现实，因此他主张利用外资。他说："至于铁矿需本尤重，非用开放主义，无可措手。但使条约正当，权限分明，既借以发展地质之蕴藏，又可以赡贫民之生活。其由钢铁而生之机械铁工厂，亦可听欧美人建设。于工业可省远运之资，于工学尤得实习之地，计所获益，良非浅鲜。"②张謇利用外资以发展重工业的思想是无可厚非的，在今天仍有积极的意义。

张謇制定的经济法规，大多得到了落实，促进了民族资本主义的较快发展，这一时期局势稳定，经济得以发展，国家财政状况大有好转。袁世凯的政治顾问、英国人莫理循曾客观地评价这一时期的形势说："形势本来很好，这个国家自行维持得相当成功，它的财政义务都已履行，可是这项帝制运动一下子搞乱了一切。"③如果袁世凯不称帝，中国还是很有希望的。

这么多的资产阶级政治人物和实业家在北京政府中发挥了重要作用，尤其是在发展资本主义工商业方面所发挥的作用重大，这个政府不是资产阶级政府是什么政府。

---

① 张謇：《实业政见宣言书》，张謇研究中心，南通市图书馆编：《张謇全集》第一卷，南京：江苏古籍出版社，1994年，第274页。

② 张謇：《宣布就部任时之政策》，张謇研究中心，南通市图书馆编：《张謇全集》第一卷，南京：江苏古籍出版社，1994年，第275页。

③（澳）骆惠敏编：《清末民初政情：〈泰晤士报〉驻北京记者、袁世凯政治顾问乔•尼•莫理循书信集（1912—1920）》下册，刘桂梁等译，北京：知识出版社，1986年，第555页。

三、北京政府制定了一系列发展经济的政策和法规

这一时期的北京政府,制定了一系列发展资本主义工商业的政策、措施、法令和法规,为中国资本主义工商业的发展奠定了一定的政策基础和法律基础,为中国资本主义的发展创造了一定的前提,中国民族资本主义之所以在1918—1920年发展到黄金时期,固然有许多原因,但与这一时期北京政府制定的政策、法令和法规有着直接的关系。北京政府的政策、法令、法规代表了资产阶级的利益,因此,北京政府是资产阶级的政府。

在制定发展经济的政策和法规方面,北京政府决策人袁世凯的态度是积极的。

(一)袁世凯重视发展经济

袁世凯在清末就重视发展实业是人所共知的,民国初年任大总统期间更注重发展实业。袁世凯在参加北京临时参议院开院礼中申明:"民国成立,宜以实业为先务。故分设工商、农林二部,以尽协助提倡二义。凡学校生徒,尤益趋重实业,以培国体。吾国实业尚在幼稚时代,实言之,中华实农业国也。垦荒、森林、畜牧、渔业、茶桑富藏于地,类多未辟之菁华。愿我国民,无从空中讨生活,总须从脚底下着想,即以矿产言之,急须更改矿章,务从便民,力主宽大,以利通行。且商律与度量、权衡,亦应迅速妥订实行。"①

袁世凯发展实业的思想符合中国当时实际,实实在在,他的一番讲话,实际是政府制定发展工商实业政策、法规的先声和依据。袁世凯发展实业不是一般号召,而是雷厉风行的实行。他特发出命令,让各省军政长官提倡实业。他说:"凡关于保护兴业各法令,凡经前清规定者,但于民国国体毫无抵触,应即遵照前次发布令概行适用,次第施行。各省民政长有提倡工商之责,须知营业自由载在国宪,尤应尊重。务望整饬所属,切实振兴,以裕国计。举凡路矿、林垦、蚕桑、畜牧以及工艺场厂,一切商办公司,其现办者,务须加意保护,即已停办及有应办而未办者,亦应设法维持,善为倡导,一面由农林工商部迅

---

① 朱宗振、杨光辉编:《民初政争与二次革命》上册,上海:上海人民出版社,1983年,第12—13页。

将各种应行修订法律，分别拟设草案，提交国会公决施行。"①

有这样一种说法，张謇入主农商部，才开始制定经济政策和法规。而实际是，袁世凯一贯重视发展经济，他发展经济的思想与张謇很多地方是相同的，张謇入主农商部，进一步促进了发展经济的政策、法令和法规的制定和实行。

（二）北京政府发展经济的政策、法令、法规

1912—1915年，北京政府有一批资产阶级代表人物，如唐绍仪、宋教仁、王正廷、熊希龄、刘揆一、周学熙、张謇等或任总理，或任财政、工商、农林总长，尤其资产阶级实业家张謇任职工商、农林总长期间②，在袁世凯的支持下制定和颁布了一系列政策法令，这些政策法令、规章，按时间顺序排列如表1所示。

表1　1912—1915年北京政府制定和颁布的主要经济政策和法规

时间	名称	门类
1912年9月24日	《农会暂行规程》、《农会规程施行细则》	农业
1912年11月11日	《东三省国有森林发放暂行规则》	林业
1912年11月27日	《兴华汇业银行则例》	金融
1912年12月	《暂行工艺品奖励章程》	工矿
1913年4月9日	《中国银行则例》	金融
1913年5月31日	《工商部公司注册暂行章程》	综合
1914年1月13日	《公司条例》、《公司保息条例》	综合
1914年2月8日	《国币条例》、《国币条例施行细则》	金融
1914年3月2日	《商人通例》	商业
1914年3月3日	《国有荒地承垦条例》	农业
1914年3月4日	《制盐特许条例》	矿业
1914年3月11日	《矿业条例》	矿业
1914年3月31日	《矿业条例施行细则》	工矿
1914年3月31日	《权度条例》	综合
1914年4月7日	《交通银行则例》	金融
1914年4月11日	《植棉制糖牧羊奖励条例》	农牧
1914年4月17日	《劝业银行则例》	金融
1914年4月28日	《公海渔业奖励条例》	渔业
1914年5月3日	《矿业注册条例》	工矿
1914年5月6日	《矿业注册条例施行细则》	工矿
1914年6月30日	《造林奖励条例》	农林

---

① 袁世凯：《袁世凯关于修订各项经济法规以利实业发达令》，中国第二历史档案室馆编：《中华民国史档案资料汇编》第三辑，南京：江苏古籍出版社，1991年，第15—16页。

② 张謇1913年9月就职时为农林、工商二部，不久合并为农商部。

续表

时间	名称	门类
1914年7月16日	《国有荒地承垦条例施行细则》、《植棉制糖牧羊奖励条例施行细则》	农牧
1914年7月19日	《公司注册规则》、《商人通例施行细则》	综合
1914年7月19日	《商业注册规则》	商业
1914年8月8日	《修正东三省国有林发放规则》	农林
1914年8月17日	《公司注册规则施行细则》	综合
1914年8月27日	《商业注册规划施行细则》	商业
1914年9月13日	《商会法》	商业
1914年9月21日	《修正公司条例》	综合
1914年11月3日	《森林法》	农林
1914年11月11日	《修正国有荒地承垦条例》	农牧
1914年11月27日	《商会法施行细则》	综合
1915年1月7日	《权度法》	综合
1915年2月15日	《权度法施行细则》	综合
1915年6月30日	《森林法施行细则》、《造林奖励条例》	农林
1915年7月11日	《小矿业暂行条例》	工矿
1915年8月24日	《银行工会章程》	金融
1915年10月20日	《取缔纸币条例》	金融

注：以上经济法规政策除《农商公报》外，均见中国第二历史档案馆编：《中华民国史档案资料汇编》第三辑，南京：江苏古籍出版社，1991年

表1所列44项经济法令、法规，是1912—1915年北京政府时期的主要经济法规，从时间上说，1912年5项，1913年2项，1915年7项，余下30项是1914年制定的。可见1914年是制定经济法规和政策的高峰期，而这一现象与政局有着直接关系。1912—1913年北京政府政潮不断，1914年最为稳定，1915年8月以后袁世凯开始进行变更国体的活动，已经无心发展经济。

这些政策法规，从门类上说，涉及农林、工矿、商业、金融等各个方面。北京政府在这么短的时间内基本确立了发展经济的经济法规，确立了市场经济的规则和运用机制，为经济的发展奠定了政策基础。中国资本主义经济在20世纪第二个10年之所以发展迅猛，固然有很多原因，如辛亥革命的影响、第一次世界大战的影响等，但更重要的是这一时期经济政策和经济法规的制定，创造了发展经济的良好环境。以后的北京政府，仅仅是在此基础上做一些修订补充而已。

北京政府的财政政策和对财政的整理也取得了显著成效。北京政府成立之初，全靠借款度日，而到1915年，北京政府的财政收支达到了基本平衡，国库

开始有了存银。1915年收入1.306 781 37亿元,支出银元1.390 364 54亿元。① 有很多方面的资料说明了这一时期的较好的财政状况。时任财政总长的周学熙说:时"中央威信已著,各省解款皆能如数而至。关、盐两税亦集权中央,故库有存余,且约计每年可余二千万"②。后人更把1915年称之为"我国财政之黄金时代,当时财政已能收支相抵,为后来所未有"③。照此状况发展下去,如果没有洪宪帝制的逆流,中国还是非常有希望的。

正因为北京政府的政策、法规、法令代表了资产阶级的利益,所以得到了资产阶级的拥护。除资产阶级激进派之外,资产阶级温和派或在野拥护北京政府,或直接参与北京政府,成为北京政府中的要员,与执政的北洋集团通力合作。所以尽管资产阶级温和派对北京政府也不十分满意,但总体上说是支持和拥护北京政府的。他们对北京政府的作为给予肯定,"四年之间,国是已经大定,内外官吏,诚能以国家为前提,辅弼鸿猷,绥厥中土,国力日见其发展,国基日见其巩固"④。

法国学者白吉尔的一段话,对我们认识这一时期的北京政府有着一定的借鉴作用。他说:"这样一个集团的社会保守性,更适合于保证而非排斥城市精英阶层的利益。另外,从城市精英阶层分化出来的现代企业家集团,为了保证自己的发展,也产生了维持社会秩序、争取国家独立、进行立法和制度改革的要求。因此,袁世凯的计划与新兴资产阶级的雄心壮志有所吻合。"⑤

资产阶级的政治代表温和派拥护北京政府,可以从梁启超、张謇两人身上得到体现。梁启超从袁世凯继任临时大总统之日就开始拥袁,一直到袁世凯称帝才与袁世凯决裂。

张謇是民族工商业界的著名人物,他与袁世凯在清末发展民族经济方面就达成了共识,袁世凯高度评价张謇,"富强之基,系于实业,公家多不留意,士

---

① 贾士毅:《民国财政史》,李新、李宗一主编:《中华民国史》第二编第一卷上册,北京:中华书局,1981年,第445页。
② 周学熙:《周止庵先生自编年谱》,周小鹃编:《周学熙传记汇编》,兰州:甘肃文化出版社,1997年,第40页。
③ 周小鹃编:《周学熙传记汇编》,兰州:甘肃文化出版社,1997年,第223页。
④ 章伯锋、李宗一主编:《北洋军阀:1912—1928》第二卷,武汉:武汉出版社,1990年,第1049页。
⑤ 白吉尔:《中国资产阶级的黄金时代(1911—1937)》,张富强、许世芬译,上海:上海人民出版社,1998年,第223页。

庶又鲜新识。惟我公先觉,历经困难,坚忍经营,开各省之风气。进出货列表考校,附以注说,精详中肯,又为人所不及察,不肯为,钦佩!须以文行之"①。袁世凯继任大总统以后,张謇极力拥袁世凯,先是以在野身份为袁世凯出谋划策②,继而参加袁世凯政府,就任农林、工商总长,直接领导民国初年的工商业发展,在袁世凯的支持下,制定了比较完善的一系列的经济政策和法规。

四、执政的北洋集团是资产阶级的一个派别

我们认为,判定北京政府是资产阶级政府,还与执政的以袁世凯为首的北洋集团的性质有重大关系。长期以来,我们始终认为中国资产阶级主要由激进和温和两大派别组成,而将北洋集团视之为官僚地主层面。而实际上,北洋集团与资产阶级改良派、革命派在清末同时崛起于中国政治舞台,其代表的是向资产阶级转化的中小官僚、地主阶级中的改革派,他们对腐朽落后的封建制度不满,主张改革,向往资本主义,应该说是资产阶级的一部分,其思维方式、价值观念几乎与资产阶级温和派相一致,正因为如此,民国初年的北洋集团才能和资产阶级温和派密切合作。北洋集团的头子袁世凯违背了资产阶级的利益,变更国体,恢复帝制,被资产阶级各个政治派别包括北洋集团上层部分成员的反对,则是必然的。

北洋集团兴起于清末,代表的是汉族地主阶级中小官僚改革派。在清末急遽变化的政治风潮中,在清末的政治改革中他们积极主动,逐渐成为政坛上一支有生力量,并开始向资产阶级转化。甲午战败,中华民族陷入危机,康、梁领导的变法运动兴起,以袁世凯为代表的汉族地主阶级中小官僚也纷纷抒发自己的政治见解,投身于变法运动。袁世凯1895年8月上光绪皇帝书——《尊奉面谕谨拟条陈事件呈》是典型事例。袁世凯在上书中慷慨陈词,大谈变法的必要性和紧迫性。他说:

> 窃谓天下大事,递变而不穷者也。变局之来,惟变法以应,则事变

---

① 张謇:《致袁世凯函》,张謇研究中心、南通市图书馆编:《张謇全集》第一卷,南京:江苏古籍出版社,1994年,第163页。

② 张謇:《为时局致袁总统函》,张謇研究中心、南通市图书馆编:《张謇全集》第一卷,南京:江苏古籍出版社,1994年,第242—243页。

乃消弭于无形。此次军兴失利，势诚岌岌。然果能中外一心，不忘仇耻，破除积习，因时变通，不过十数年间，而富强可期，是亦更始之一大转机也……试观三代之际，行井田设封建，秦汉而后，农政钞法，兵律官制，迭经更易，降至今日，旧制所存者，百难一举。以汉宋大儒名臣，亦不能强违时势，追复三代成规。盖因时制宜，人心运会，有必不能相沿者也。①

与康有为一样，袁世凯也把日本作为效法的榜样。日本向西方学习很有成效，中国只要学习日本，也会很快走向富强，"日本幅员仅敌我两省之地，我则十数倍之，彼之所以胜者，由于讲求西法，实力推行。我之所以败者，由于拘守成规，罔思改辙。殷鉴不远，亟思更张。以我之地大物博，但求日人所以制胜之故，而事半行之，必将雄视海内，强邻悚息"②。

袁世凯还向光绪皇帝提出了变法的具体措施和主张，从储才、理财、练兵、交涉四个方面入手。每一方面都有着极其丰富的内容，如理财九条中包括铸银钱、设银行、造纸币、振商务、修铁路、开矿藏、办邮政、造机器、饬厘税。这些都与康有为的变法主张极为相似，可以说是发展资本主义的经济纲领。③

袁世凯如此，北洋集团其他人物亦然，如徐世昌甲午战争之后的思想表现为："挽回大局之要为变科举、立学堂、多设报馆、广开铁路，而尤主士农工商兵，即西人征兵之制也。又详论中西学术及西政、西学之分，而痛恨词章帖括之束缚人才。"④ 正因为这样一批中小官僚思想趋向相同，即学习西方，要求对封建制度进行改革，发展资本主义，所以在甲午战争之后的19世纪末20世纪初，以袁世凯为中心很快结成了一个官僚集团——北洋集团。北洋集团之所以发展迅速，与它发展资本主义的趋向密切相关。

20世纪初期的北洋集团，在清末新政的政治环境中大显身手，先后在山东、北洋（直隶）、东三省区域推行新政，取得了为人称道的业绩。尤其是在北洋的

---

① 袁世凯：《尊奉面谕谨拟条陈事件呈》，中国第一历史档案馆藏。
② 袁世凯：《尊奉面谕谨拟条陈事件呈》，中国第一历史档案馆藏。
③ 张华腾：《康袁交往与戊戌维新政治格局》，《史学月刊》1999年第5期，第66—70页。
④ 贺新培辑：《徐世昌年谱》卷上，《近代史资料》1988年总69号，第20页。

新政，创下了全国新政的样板，引领着清末新政的大方向。"各行省咸派员视察，藉为取法之资"①。"一时北洋新政，如旭日之升，为全国所具瞻。"② 北洋新政推动着全国新政的进展，北洋新政的每一项措施经朝廷谕旨颁行全国，"凡将校之训练，巡警之编制，司法之改良，教育之普及，皆创自直隶，中央及各省或转相效法"③。清末新政是清王朝灭亡前最后的一次自救运动，其资本主义趋向是没有人怀疑的，引领新政的北洋集团的阶级属性应该是资产阶级的。袁世凯个人的阶级属性早有学者认为是资产阶级的，如章开沅、林增平先生认为他属于"早期官僚资产阶级"④。韩明认为袁世凯"属于处在向资产阶级转化过程中的官僚"。韩明还明确指出，中国资产阶级是由封建官僚、地主、买办、商人和封建知识分子转化而来的。"在半殖民地半封建社会条件下，'变成资产者'的道路不外三条：一是从经济上开始变，投资兴办近代资本主义企业，以张謇等人为代表。二是从思想上开始变，通过学习和接受西方资本主义政治思想学说，世界观发生根本转化，以孙中山、康有为、严复等人为代表。三是从政治上开始变，推行或执行代表资产阶级利益的路线和政策，以袁世凯等人为代表。"⑤假如按此情况划分，那么北洋集团成员中三者兼而有之，更应该是资产阶级。

北洋集团在发展过程中向资产阶级转化，还可以从集团成员把他们手中积累的资金投向资本主义工商业来说明。北洋集团在发展的过程中他们自己创办了不少企业，著名的如滦州煤矿、启新洋灰公司、北京自来水公司等，除了周学熙成为著名的实业家之外，北洋集团首领袁世凯及其主要成员徐世昌、冯国璋、段祺瑞、曹锟、梁士诒、严修等均有在工矿企业方面的投资。民国以来他们在天津及其周围的投资形成一股潮流或者风向，投资范围更加广泛，除了工矿、轻纺企业外还投资银行业。关于这方面的情况早有学者进行了详尽的研究，如魏明等。⑥

---

① （清）甘厚慈：《北洋公牍类纂续编·序》，台北：文海出版社，1966年。
② 周小鹃编：《周学熙传记汇编》，兰州：甘肃文化出版社，1997年，第278页。
③ 徐文霨：《跋》，沈祖宪辑：《养寿园奏议辑要》，台北：文海出版社，1966年，第885—886页。
④ 章开沅、林增平：《辛亥革命史》，北京：人民出版社，1981年。
⑤ 韩明：《孙中山让位于袁世凯原因新议》，《历史研究》1986年第5期，第104—122页。
⑥ 魏明：《论北洋军阀官僚的私人资本主义经济活动》，《近代史研究》1985年第2期，第66—110页。

民国初年北洋集团掌握国家政权，继续清末的改革并进一步发展，其代表资产阶级的利益并在多方面制定经济政策与法规，应该是资产阶级的行为。所以北洋集团是中国资产阶级的一部分，北洋集团执政的北京政府是资产阶级的政府。不过，北洋集团的大部分成员来源于官僚地主阶层，其封建性保留的更多一些，与以孙中山为首的资产阶级激进派、以梁启超为首的资产阶级温和派相比更为保守。北洋集团是一个新与旧、中与西、进步与保守等矛盾相结合的政治集团，其代表了由官僚地主阶层转化而来的那一部分资产阶级。北京政府实际上是资产阶级的北洋集团派别掌握的中央政权。只有这样，我们才能正确理解北京政府的所作所为。

以上几方面充分说明，北京政府是资产阶级的政府，而不是封建买办的政府。

原载（《史学月刊》2008年第2期）

民初"袁头币"的铸造、流通及其影响

"袁头币"是民国初年北京政府币制改革的重要体现和重大成果,是中国币制改革史上具有重大意义的事件,对当时及以后产生了深远影响。但遗憾的是,目前对"袁头币"的认识,大多停留在感性认识阶段,远未有把其放到民国初年币制改革的大背景下审视,而且对"袁头币"的评价,也似未有跳出为洪宪帝制服务的窠臼。[①] 鉴于此,我们试对民国初年"袁头币"的铸造、流通及其影响进行较深入地探讨,以求教于学界和收藏界同仁。

一、"袁头币"铸造前的币制混乱简况

民国成立前后,中国币制复杂,货币流通十分混乱,银两、银元、纸币混用。其中银元既有外国的,如鹰洋[②]、本洋[③]、日本龙洋等,又有中国自造的如龙洋[④]、宣统元宝等。就中国自造的而言,既有中央政府的,又有各省自铸的,非常复杂。[⑤] 各种货币中,银元虽流通较广,但由于种类繁多,而且成色不一,因此市价有高有低,钱商往往趁机操纵,获取暴利,不仅民众深受其害,连政

---

① 李育安:《北洋政府时期的币制和纸币的流通》,《郑州大学学报》(哲学社会科学版)1995年第6期,第96—99页;马长林:《民国时期的货币政策:清末民初紊乱的货币制度》,《金融史话》2008年第8期,第83—84页;王利中:《民国前期(1912—1927年)中国货币制度研究》,硕士学位论文,新疆大学人文学院历史系,2003年。

② 墨西哥银元称鹰洋,其一面是国徽,图案为一只鹰叼着一条蛇站在仙人掌上,俗称鹰洋。

③ 西班牙银元称本洋,是最早在中国流通的外国银元。

④ 中国最早制造的银元,是张之洞1887年在广东模仿外国银元制造的银元,正面是"光绪元宝"四字,背面是蟠龙纹,俗称龙洋。

⑤ 据我们目前看到的中国龙洋,有户部制造的,由直隶(北洋)、江南、广东、新疆、云南、吉林等制造的。

府财政也深受影响,更为重要的是严重制约经济的发展。因此早在清末新政时期,有识之士及一些有头脑的政府官员倡导对币制进行改革,币制改革呼声不绝于耳,惜清政府心有余而力不足,所以未能付诸实际。

民国取代清政府,货币混乱状况更甚,尤其是袁世凯执政北京政府的前期,各省相对独立,自行其是。币制混乱状况如内阁总理熊希龄所述:

> 金融为财政及国民生计之枢纽,而币制实与之相维。我国币制紊乱,全球共所患苦。自前清之季,已盛言改革,而筑室道谋,弗底于成。近则各省滥发纸币,价格低落,市面恐慌,人民咨怨。其直接影响及于财政者,则缘币制紊乱之故,征收复杂,官吏得上下其手;汇价参差,国库损失。缘纸币低落之故,国家一切征收,即以其低落之额为损失之额。凡兹弊害,无俟枚举。①

货币混乱状况影响了人民生活和政府财政,影响经济的发展和社会的安定,到了非进行改革不可的地步。实际上北京政府成立之后,就以积极的姿态着手币制改革。随着袁世凯镇压了国民党人的二次革命,加强中央集权,稳定了政治局势和社会的安定,开始把币制改革纳入到议事日程。袁世凯十分重视币制改革,授意国务院、财政部全权负责币制改革事宜。

二、"袁头币"铸造前的政府酝酿

袁世凯政府的币制改革并非心血来潮,而是进行了长期的准备。为了顺利推行币制改革,达到应有的效果,国务院、财政部进行了诸多论证和筹划。

(一) 设立机构、讨论币制改革

币制改革是一项系统而复杂的工程,需要由相关载体循序渐进地推行,否则,"万难收一劳永逸之效。"对此,财政部有比较清醒的认识,"窃维改革币制一节,厘定本位、重量、成色诸要务,头绪既甚纷繁,规划宜期久远。设新币稍有缺点,发行则贻害无穷,改造则耗折甚巨。始基不甚,贻害方来。倪非合

---

① 《政府大政方针宣言》,《东方杂志》1914年第6号。

群策群力，公同筹划，万难收一劳永逸之效"。且"改良币制，关系重大，非专设机关，讨论一切，不足以明得失，而定取舍"。在这一思想的主导下，财政部特设立币制局为执行机关，设币制委员会为筹议办法、指示进行之处。财政部总、次长及中国银行监督均居委员之列。设会长二人，一以财政总长兼充，一择富于币制学识及经验者，由总统任命，会同商榷。"内酌吾国之习惯，外考各国之成规，务使学理与实行折衷至当，订为成法，以利推行；并随时监督指导币制局员妥慎办理，以收圜法统一之效。"① 财政部积极网罗相关熟识币制问题的人才，派王璟芳为币制委员会副会长，吴乃琛、贾士毅、张竞仁、李景铭等为会员。② 本着这一宗旨，财政部又先后拟定《币制委员会章程草案》《币制委员会办事规则》，成立新的币制委员会，委员分法定委员、专任委员、兼任委员三种。③ 后来币制委员会裁撤，所有事宜归并泉币司办理，继续调查研究币制改革事宜。④ 除上述两机构外，袁世凯还于1913年2月特设财政委员会，筹划全国财政事宜，命周学熙、梁士诒、梁启超、陈威、徐恩远等为委员。⑤

从1912年10月8日币制委员会成立，至同年12月17日止，共召开会议38次，除了讨论银行则例外，共讨论币制问题23次。根据财政部币制委员会币制报告书，所议问题主要分为两篇，上篇为本位问题，下篇为金汇兑本位主要问题。⑥ 1913年春，周学熙主持财政后，仍就币制问题进行充分讨论，关于中国实行金本位抑或银本位问题进行激烈争辩，当时"在专任委员中，陶德琨主张金汇兑本位制，徐荣光主张银本位制，刘冕执主张金银并行本位制，相持不下"⑦。1914年1月17日，国务院特组织召开财政讨论会第一次会议，到会者有国务总理熊希龄、司法总长梁启超、总统府秘书长梁士诒、造币厂监督吴鼎昌及徐恩远、汤叡、周宏业、贾士毅、王鸿猷、黄遵楷、梁启勋、陈介、陈泽、李士熙、姚传驹、王建祖、李忾、张德熙、张大椿、陶德琨、罗鸿年、王世澄、

---

① 中国人民银行总行参事室编：《中华民国货币史资料》第一辑，上海：上海人民出版社，1986年，第56页。
② 《财政部部令》，《政府公报》1912年10月20日，命令；《财政部部令》，《政府公报》1912年11月4日，命令。
③ 《财政部部令》，《政府公报》1913年2月12日，命令。
④ 《财政部部令》，《政府公报》1913年11月4日，命令。
⑤ 凤冈及门弟子编：《三水梁燕孙（士诒）先生年谱》，凤冈及门弟子自印本，1939年，第128页。
⑥ 北洋财政部泉币司编：《币制汇编》第六编，1919年，第287—310页。
⑦ 叶世昌著：《中国货币理论史》下册，北京：中国金融出版社，1986年，第174页。

周作民、李盛铣、何福麟、王启常、杨荫渠、吴乃琛、项骧等，另有洋员：马利孙、埃德诺、亚丹、古德诺、白雪利、樊馥、马肃、葛诺夫。① 他们皆是当时熟识币制问题的专家或官员，经过充分的讨论，最终决定实行银本位制。

（二）实行银本位制

总理兼财政总长熊希龄在发言中陈述实行银本位的理由时说：

> 今日开会讨论币制问题……中国交通不便，以银为本位，虽与世界大势不合，然恶本位犹胜于无本位。国务会议亟谋币制之统一，一俟将来商业发达，再行改为金本位，为第二步之办法。政府意见，欲以最短之时间谋币制之统一。价值之多寡，定一元为单位；分量之轻重，定为六钱四分八厘。所以如此者，因今日市面通行之旧币，大约有二万万余元。现改革伊始，宜设法利用，以为暂行之媒介。政府注意之处，亦在于此。今日中外诸君同处一堂，讨论一切，各以其学识经验，就政府决定银本位之范围，发抒意见。政府不胜希望之至。②

在采用银本位，铸造新式银元问题上，梁启超与梁士诒作用突出。民国初年在梁士诒力主下，中国、交通两银行已联合"购买生银，并尽量收取流用国内之墨西哥银元及其他杂色银元，改铸国币，规定质量，严予监督。当日国内流通之大圆银币，信用卓著，各厂铸造规律严密"。财政会议期间，梁士诒"与梁启超协议，第一用银本位，认为金银复本位各国屡试皆挫，均不用，毋庸论"③。

国务院与财政委员会经过周密的调查和论证，最后经过充分讨论决定实行银本位制。应该说，国务院的这一决定是符合当时中国国情的，就中国的财政和币制状况而言，银本位制无疑是最佳选择。尽管"金本位之美善，众所共知，然中国现蓄之金，实不足供全国币材之用，购之外国，劳费太巨。国中现有之银，骤难处置，或致酿金融界非常之变扰耳。我国人性好储藏，所铸金币，得

---

① 《税务月刊》1914年第3期，第56—66页。
② 《税务月刊》1914年第3期，第66页。
③ 凤冈及门弟子编：《三水梁燕孙（士诒）先生年谱》，凤冈及门弟子自印本，1939年，第168页。

之者常扃诸箧笥，市面媒介，动生窒碍。以此诸原因，故明知金本位之良，而未敢遽采也"。所以，"以今日世界大势论，银本位固非可持久无弊。虽然，恶本位胜于无本位，今日中国所大患者，无本位也。与其梦想最良之本位，而力未能逮，徒致迁延，何如因势利导，采一较易行之本位以整齐之，而为之过渡，此政府所以暂行银本位之微意也，若夫此过渡期间，则愈短愈妙。政府则虽行银本位，然常汲汲注意，为改进金本位之预备"①。政府实行银本位制之主张昭然若揭。并于1914年2月8日颁布《国币条例》，从法律上确立了实行银本位的货币制度，使中国货币本位制的争论暂告一段落。《国币条例》对国币的种类、重量、成色、型式等都给予明确的规定，这就为币制改革指明了方向，从此，币制改革由理论技术层面进入到实践阶段，也为日后"袁头币"的铸造流通奠定了法律基础。

三、"袁头币"的铸造、流通及社会反应

《国币条例》及《国币条例施行细则》出台后，币制改革紧锣密鼓地付诸实施。北京政府决定，在国币新模未定之前，先行铸造新银元，即我们通常所说的"袁头币"。由此可见，"袁头币"当时并非是《国币条例》中规定的标准国币，那么，"袁头币"的合法地位是如何取得呢？

（一）"袁头币"法律地位的确立

实际上，"袁头币"法律地位的确立有一个渐进的过程。《国币条例》颁布后，中央政府就开始铸就新币模板。但在新币未铸以前，鉴于中国实情，先是以原北洋造银元为本位。当时财政部首先饬令湖北、奉天、四川、广东、云南各造币分厂："查现在国币新模未经制成，铸币款项亦未筹足，而各省银元花纹、成色极不一致，紊乱市面，莫此为甚。亟应改良划一，借资整理，以为实行新币之基础。嗣后各厂铸造大银元，均应暂时改用北洋造钢模，以归一律。"②其次，当新币（"袁头币"）祖模制就后，财政部就饬令各厂"亟应开始鼓铸，以便发行"。并特定"此项新币重量为七钱二分，标准成色为八九，公差均不得

---

① 北洋财政部泉币司编：《币制汇编》第一编，1919年，第1页。
② 中国人民银行总行参事室编：《中华民国货币史资料》第一辑，上海：上海人民出版社，1986年，第111页。

民初"袁头币"的铸造、流通及其影响

逾千分之三。各该厂均应一体仿造，不得稍有出入，致滋弊混"①。之所以重量为七钱二分为标准，财政部解释道："所以如此主张者，并非谓衡以学理，非此不可，不过认为事实上最便利而已。第一，现在中国用枚数计算货币之习惯，沿江沿海一带已渐养成，而所用每枚之重量，实以七钱二分为标准。其指驭物价之力，日见普及，骤易他量，徒乱观听，致金融之扰乱之范围太大。第二，历年官居所铸银元，皆用此项重量，其现存于市面者，据财政部最近之调查，已逾二万万元之多，改铸伊始，最宜设法利用之，以充暂行媒介品，以供兑换准备，使新币未铸备时，稍得周转。以此二理由，故认六钱四分八厘为最适当也。"② 这就从法律上初步认定"袁头币"具有新国币性质。③ 随后进一步指出北洋银元即为袁像银币，正式确立了"袁头币"的法律地位。关于袁像银币，财政部在通饬所属机关发行新铸袁像银币遵照通用文中指出："现在新铸银币，阳面恭摹大总统五分侧面像，上列'中华民国三年'六字，阴面嘉禾二本，左右交互，下萦结带，中镌'一圆'二字，已由各造币厂次第开铸，酌量发行。此项新币与旧日所有官铸银元一律通用，不折不扣。惟发行伊始，自当出示晓谕，官商军民等一体知照。"④ 这就为"袁头币"正了名。其实，尽管就成色上，"袁头币"与《国币条例》规定的国币有差别，⑤ 但就当时"袁头币"从币制流通过程中所发挥的作用来看，其实际已成为事实上之国币。

（二）"袁头币"的铸造和流通

"袁头币"法律地位确立后，天津造币总厂、南京造币分厂、武昌造币分厂、成都造币分厂及其余各厂次第开铸。但为了尽快统一币制，北京政府认识到先从统一大银元入手，因此力主推行"袁头币"，由于受到各种因素的制约，"袁头币"的推行并非是仅仅靠国家强制力量一步到位的，而是有一个科学的循

---

① 中国第二历史档案馆编：《中华民国史档案资料汇编》第三辑，南京：江苏古籍出版社，1991年，第234—235页。
② 民国三年（1914）二月八日公布之《国币条例》第二条规定：以库平纯银六钱四分八厘（即二十三格兰姆又九七七九五零四八）为价格之单位，定名曰元。此为每枚总重量七钱二分所含纯银之量。
③ 中国第二历史档案馆编：《中华民国史档案资料汇编》第三辑，南京：江苏古籍出版社，1991年，第85页。
④ 北洋财政部泉币司编：《币制汇编》第三编，1919年，第29页。
⑤ 《国币条例》第五条规定：国币重量、成色如下：一元银币，总重七钱二分，银九铜一。虽有差距，但相差无几。

337

序渐进的过程。

为了统一主币，顺利流通"袁头币"，中央政府分三步走：首先，统一各省旧银元之市价。《国币条例》公布后，时任造币总厂监督的吴鼎昌亲赴湖北、江西各省，与商会及中、交两银行接洽，始定以北洋通用银元为标准，即请财政部通知各省实行，将京、津、沪、汉南北洋及杂色银元的市价先后取消，银元的市价，始归统一。其次，铸发一元新主币，即"袁头币"，收回旧银元及各外国在中国通行的银元。截至民国五年（1916）十二月底，计总、分各厂，铸发新主币约160 200 550元。① 最后，有次序地分地域地推行"袁头币"。先将通商口岸实力施行，使汇兑无阻，脉络通灵，然后以次推行于腹地，期以二年，遍及全国。关于如此推行步骤的原因，主要有三方面：第一，我国幅员辽阔，各地习惯不同，而其金融待拯缓急之请不同，大率通商口岸，最感币制不一之苦，交通越不便的地方，其感觉币制不一之苦稍轻，因此"称情以施，合分先后"。第二，袁头币的铸造，由于国家造币厂造力有限，即便日夜兼程，亦不能使全国供求遽足相抵，悬而久待，窒碍滋多，故不如节节推行，易于支应。第三，各地滥钞，为袁头币施行之梗，收回整理，不能一蹴而就，"其中不无数区，应用特别方法，施行稍分次第，伸缩乃可裕如"。②

为了保证新币畅通和经济运转不受损害，袁世凯政府变通方法，对旧有官局所铸发的一元银币，一方面政府以国币兑换改铸，另一方面于一定期限内，认为与一元国币有统一的价格。其所以如此规定，目的在于一面赶铸新币，另一面仍借旧币以资流通，然后陆续抽换改铸。为了防止金融市面出现动摇，北京政府还决定外国银元也暂准以市价通用。③

由于新币铸造需要一定的成本，即便"在民国四年，物价较廉，毁旧铸新，当时铸费已在九厘二毫以上"。④ 吴鼎昌作为造币总厂的监督，对各造币厂铸币需费甚巨的事十分清楚。为了防止旧币回收时出现弊端，他在上呈大总统书中

---

① 中国人民银行总行参事室编：《中华民国货币史资料》第一辑，上海：上海人民出版社，1986年，第307页。
② 北洋财政部泉币司编：《币制汇编》第一编，1919年，第22页。
③ 中国第二历史档案馆编：《中华民国史档案资料汇编》第三辑，南京：江苏古籍出版社，1991年，第90—91页。
④ 中国人民银行总行参事室编：《中华民国货币史资料》第一辑，上海：上海人民出版社，1986年，第124—125页。

民初"袁头币"的铸造、流通及其影响

明确指出:"改铸旧币,收毁外元,火耗、人工自应亏折,各厂或尚狃于旧习,以盈绌为考成,即非督促有人,不免畏难观望。"① 有鉴于此,为了防止旧币回收出现挫折,袁世凯要求,中国、交通两银行各处收款,遇有中国各种银币,一律收用,毋得借口习惯,肆意挑剔。② 一战后,由于一切物料价值倍蓰,铸费所增亦且过半,政府仍然责令南京造币厂每日改铸20万元,且必随到遂铸。这意味着,政府为了推行"袁头币",不惜亏折铸币成本,也表明了政府极力推行"袁头币"的决心。

在"袁头币"流通的过程中,为了防止商民损害银元图利的情况,财政部密咨各省巡按使、京兆尹:"查货币行使,以保持重量为要务,近有不肖商民,损坏银元,窃取银屑或锉去外边,或用镪水侵蚀,以至重量减轻,价格低落。复有伪造成色恶劣银元,及熔化银元制为极劣生银等弊,均足妨害币制,扰乱金融。现在壹圆新币业已发行,亟应防患未然,以为信用。……遇有奸商匪徒妨害币制,务予按照现行新刑律,严行究办,以儆效尤。"③ 后来,北洋政府财政部又进一步规定军饷军用新币④,一切税项均应以国币计算税率,这无疑又进一步增强了"袁头币"的流通地位和流通力度。

总之,民国初年北京政府经过努力,新币不断得以推广,渐渐收到币制统一的功效。有人认为"自民三国币条例公布后,新币推行日见广大,旧币亦陆续销毁(壹元约共销毁七千六百九十余万枚),国币形式渐臻统一。此为我国币制改良之时期,设中途并无间辍,此时洋厘两字当成为过去之名词,大银元之自由铸造早可实行,银两无立足余地,重量之观念可绝"。就"袁头币"一项而言,截至十三年五月,铸数已达69 250余万元之巨,由此可见,其通行力很大。⑤

---

① 中国第二历史档案馆编:《中华民国史档案资料汇编》第三辑,南京:江苏古籍出版社,1991年,第254页。
② 中国人民银行总行参事室编:《中华民国货币史资料》第一辑,上海:上海人民出版社,1986年,第118—119页。
③ 中国第二历史档案馆编:《中华民国史档案资料汇编》第三辑,南京:江苏古籍出版社,1991年,第237页。
④ 中国第二历史档案馆编:《中华民国史档案资料汇编》第三辑,南京:江苏古籍出版社,1991年,第243—244页。
⑤ 中国第二历史档案馆编:《中华民国史档案资料汇编》第三辑,南京:江苏古籍出版社,1991年,第207页。

但是，也有个别地方抵触中央，广东就是一例。中国银行在呈财政部文中指出"查广东一省沿用毫洋已成锢习，于币制前途殊多窒碍"，并要求广东分行副经理梁蕚联征集官商意见，进行整改。尽管后来广东省做了重大努力，广东省田赋、地丁各项收入，业经逐渐推行新币，海、常各关所有各关税款一律改收新币，但是在广州"袁头币"的流通仍然十分有限，即便到了1924年，从财政部编制《十九省重要城市流通货币的概况》来看，其他各省"袁头币"都流通无阻，唯独广东省广州市，"袁头币和龙洋市上不甚通用，流通最多的是本省所铸双毫，是为主币"。① 但广东这样的情况并非普遍，"袁头币"已经在国内流通开来。

（三）"袁头币"流通的社会反应

"袁头币"流通之后，南京造币分厂总务科科长梁枢忠就抱以十分乐观的态度，他说："新币初出，商民必满意欢迎，零星市兑，将较旧币价高百分之一、二，乃意计中事。坐是之故，有利可图，持旧换新者，势必争先恐后。"② 总体而言，梁枢忠的预测很符合实际。天津近水楼台，"袁头币"最早试行，"铸发以来，商民称便，法价无差，各处商会迭次来函请领"③。

当时的报刊亦对之进行关注，上海《新闻报》有载："兹闻各厂刻下所铸就之新币已有数百万元。津厂铸成之新币第一批已运送到京。其式样甚佳，一面为大总统肖像，一面为嘉禾花纹，中有"一元"两字。闻不久即将发行市面。"④ 这反映了民众对"袁头币"的殷切期待。

"袁头币"铸造流通后，外国人对其也十分关注，除了从学理上争论，认为中国应实行金本位外，也有对"袁头币"进行破坏和诋毁的，如日本奸商偷运和销毁中国银元事件⑤，上海实业精查化验室总理梅皮博士破坏南京造币厂铸币

---

① 中国人民银行总行参事室编：《中华民国货币史资料》第一辑，上海：上海人民出版社，1986年，第699页。
② 中国第二历史档案馆编：《中华民国史档案资料汇编》第三辑，南京：江苏古籍出版社，1991年，第238页。
③ 《造币总厂监督吴鼎昌呈财政部历陈新币推行经过并分筹统一进行办法文》，北洋财政部泉币司编：《币制汇编》第二编，1919年，第93页。
④ 《新闻报》1915年1月26日。
⑤ 中国人民银行总行参事室编：《中华民国货币史资料》第一辑，上海：上海人民出版社，1986年，第1183—1184页。

信用等事件。特别是后一事件在金融界造成了很大影响，事情的经过先是梅皮博士撰文指出南京造币厂所铸"袁大头"成色低劣，继由《大陆报》发表论文公开报道，遂导致金融界成不安之象，引起社会各界的注意。因为银元成色不足，关系国币信用甚大，而金融界尤其将受到很大的影响。于是，南京造币厂再三辨明，并在上海总商会会议厅举行银元成色公开化验，结果证明成色不差。此场风波才得以完全消灭。① 对此人们评价说："关于袁像新币之成色，近年外人虽往往肆意讥评，但类皆不负责任。如最近沪江大学教授梅皮博士化验宁币之事，盖为极显之实例。果使各厂均能如宁厂之办事认真，成色不苟，则洋厘无存在之必要，即银两无保留之余地也。"②

其实，有关"袁头币"流通效果，比较权威的还是财政部民国十三年（1924）的调查。当年财政部对全国19个省及重要城市流通货币的概况进行了一次全面的调查，调查后的资料显示：上海，"袁头币"自发行以来即流通无阻；南京，"袁头币"极为乐用；浙江杭州，"袁头币"流通较多；绍兴，"袁头币"流行最广；安徽"袁头币"最通用，最受欢迎；江西，"袁头币"十足通用；直隶、湖北，"袁头币"最通用；山东，"袁头币"极为通用；山西，"袁头币"极乐用；奉天，"袁头币"市上通用；吉林、黑龙江，"袁头币"最受欢迎；湖南，"袁头币"称光洋，无痕印者最适用；河南，"袁头币"最通行；陕西，"袁头币"流通最广，俗呼大头洋；四川万县，"袁头币"俗称"老壳"，市上最为流行；福建，"袁头币"最乐用。③ 由此可见，"袁头币"的社会反响十分好。

四、"袁头币"的历史作用及影响

"袁头币"的铸造、流通，是民国初年袁世凯北京政府币制改革的重大成果之一，币制的统一，加快了国内商品自由流通，克服了银两和旧银元换算的繁琐和弊端，促进了资本主义经济的发展，对当时及其以后的社会产生了重大影响，为后来南京国民政府实行金本位制，成功实行"法币"政策奠定了基础，意义十分重大。其历史作用及影响主要体现在以下几个方面。

---

① 《银行月刊》1921年第5号，第11页。
② 《银行周报》1924年第9号，第18—19页。
③ 中国人民银行总行参事室编：《中华民国货币史资料》第一辑，上海：上海人民出版社，1986年，第692—700页。

第一，改变了以往币制的紊乱局面，促成了国家的币制统一。清季，各省自铸的银元，除成色相差很大外，甲地所铸乙地绝对不能流通者外，其余则也须按成色的高下，以定厘价的大小。因此各地银钱在行市表上，同一龙洋也，行市乃有江南、广东、北洋等种种差别，庞杂紊乱，且货币种类复杂，价格不一，银币折合生银，无一定交换之价，涨落无定，计算纷歧，商人和社会叫苦不迭。此种币制混乱的状况，严重阻碍了各地之间的商品流通，从而影响社会经济的发展。而"袁头币"铸造、流通后，市面上各种旧币都可以自由兑换，"袁头币"流通渐广。币制的统一，减少了商品流通时货币之间的换算的缺点，从而促进商品经济的发展。有评价说："此项新币花样崭新，成色划一，人民异常欢迎，频年铸数既多，流通愈广，今则全国可以行用无阻，足为我银元史上辟一新纪元。"① 外国人对"袁头币"的作用也给予充分肯定的评价："民国八年来，虽云变乱纷乘，然于币制之改良，颇有进步。商业上之单位，大部分已由银两易为国币，不久当见银两之完全消灭。全国之簿记，既由此较为简单，且由元易为两，两易为元，大伤商业之制度亦由此废除。有一事引人注意者，则此项改良之实行，非外国银行之利。"②

第二，逐渐取代龙洋、鹰洋行市，抵御了外币流入。"袁头币"流通后，产生了非常积极的影响，不仅回收了大量旧银元、生银，而且逐渐取代了外洋。首先，1915年7月1日上海取消龙洋行市，有记述说："民国四年（1915），袁像新币流通渐广，沪上金融界遂首倡统一龙洋行市之议。此由中、交两行与钱业公会协商结果，决将以前所开龙洋行市一律取消，只开新币行市。其江南、湖南、广东及大清银币四种银元，均按照新币行市通用。其他各种龙洋，除铜洋挫边而外，均由各庄随时向中、交调换新币，并定于八月一日起实行。于是，沪上龙洋行市乃收化杂为整之效，而新币愈利推行，杂币日就渐灭矣。"③ "自是，我国自铸之银元市价，遂成统一矣。"④ 其次，1919年5月，上海又取消了鹰洋行市。当时上海银、钱两业公会发出通告："沪市现因鹰洋逐年减少，已属

---

① 《银行周报》1924年第9号，第18—19页。
② 中国人民银行总行参事室编：《中华民国货币史资料》第一辑，上海：上海人民出版社，1986年，第530页。
③ 中国人民银行总行参事室编：《中华民国货币史资料》第一辑，上海：上海人民出版社，1986年，第567页。
④ 张家骧：《中华币制史》第二编，北京：民国大学，1925年，第6页。

民初"袁头币"的铸造、流通及其影响

供不应求。吾国旧有龙洋及续铸新币,流通行用,商界称便。对于鹰洋、龙洋、新币,业已一律通用,鹰洋行市已经取消。本公会在会银行议决,应即一致办理。"① 后来,外国银行也允许将外币交由两行送厂改铸新币。② 有人竟为此发出感慨:"近数年来,墨洋绝迹,龙洋也不可多得。"③ "自袁像币通行以后,不仅国内旧用成色不一之龙洋日被淘汰,即占有伟大势力之墨西哥鹰洋等,亦渐归消减。可称为吾国银元之统一者。"④ 外国银元被排挤出中国货币市场。这是鸦片战争以来在金融、货币方面最为值得庆幸的一件大事。

第三,调剂金融,镇定人心。"袁头币"的发行对当时的金融市场产生了重大影响,在调剂金融方面,也起到无可替代的作用。当时由于中日关于"二十一条"交涉,上海洋厘骤涨,对于金融市场而言大有阻碍,为了稳定金融秩序,沪行装银运宁厂,速铸新币运沪售出,以镇人心。但是,由于造币厂的主旨,只能以旧币换新币,以银铸币未奉准行。因此,中国银行致电财政部指出:"沪行此举为临时调剂金融,安镇人心起见,事关大局,不得不请予特别通融办理。"⑤ 财政部批准了这一请求,克日赶铸新币,运抵上海,以资维持市价。因此,上海金融市场逐渐安稳。

此外,"袁头币"的流通推广也促进了财政逐渐好转,促进了中央统一财政的过程。随着《国币条例》、《国币条例施行细则》的颁布,规定凡公款出入,必须用国币。凡向例各项赋税、公款来往及民间债务来往以银两计算的,一律按库干纯银六钱五分四厘折合一圆计算;凡中国境内无论何种款项,都不得拒绝国币收受。⑥ 这就改变了清末以来在财政收支上货币混用、折算标准混乱的状况,促使了财政的统一。

综上所述,民国初年"袁头币"的铸造、流通,通过国家的力量强制推行,

---

① 《申报》1919 年 7 月 5 日。
② 中国人民银行总行参事室编:《中华民国货币史资料》第一辑,上海:上海人民出版社,1986 年,第 123 页。
③ 中国人民银行总行参事室编:《中华民国货币史资料》第一辑,上海:上海人民出版社,1986 年,第 726 页。
④ 侯厚培:《中国货币沿革史》,上海:世界书局,1929 年,第 69—70 页。
⑤ 中国第二历史档案馆编:《中华民国史档案资料汇编》第三辑,南京:江苏古籍出版社,1991 年,第 241 页。
⑥ 中国第二历史档案馆、中国人民银行江苏省分行、江苏省金融志编委会:《中华民国金融法规选编》,北京:档案出版社,1989 年,第 76—77 页。

逐渐被人们所接受，对于平抑物价、稳定财政、金融局势发挥了重要作用。以往我们对其贬多褒少，如今再审视这一币制改革过程，我们不得不对之给予肯定的评价。特别是其对中国货币制度的现代化意义尤为深远，有学者指出，《国币条例》的制定，使银本位制得以确立，并以铸造、流通"袁头币"为标志，"此为废两改元之第一步"。"当时币制局之政策在使中交两行对于该币皆按法价出入，已达废两改元之目的，但因银两势力伟大，一时甚难立奏全功。但废两改元之呼声则甚嚣尘上。"[①] 其对南京国民政府时期的币制改革无疑起到了直接影响。

还需要特别说明的是，"袁头币"的铸造和流通，是民国初年北京政府成立以后就酝酿推行的一项货币改革，它与洪宪帝制没有丝毫关系。人们之所以把它和帝制联系起来，完全是主观想象而已，因为"袁头币"的铸造、流通在洪宪帝制的前夜，时间上有巧合，实际上风马牛不相及。

原载（《历史教学》2011 年第 7 期）

---

① 张辑颜：《中国金融论》，上海：上海书店，1991 年，第 140 页。

护法运动下限与孙中山晚年思想的变化

护法运动是孙中山领导的民主革命事业的重要一环。研究这一运动，对了解当时中国社会的复杂局面及孙中山晚年思想的转变，有着重要意义。学术界对护法运动的研究逐步深入，但对护法运动的下限问题，仍然众说纷纭。① 拙文以为护法运动的下限应为1922年6月。其理由试述如下。

一、1922年6月陈炯明叛变，吴佩孚"恢复法统"

1918年5月，滇桂军阀勾结政学系政客操纵非常国会，改组军政府，选举唐绍仪、唐继尧、岑春煊、孙中山、伍廷芳、陆荣廷、林葆怿等七人为政务总裁。孙中山虽为总裁之一，但失去了对军政府的领导权，无法实现自己的主张，于是愤然辞职，离粤赴沪。有学者以此作为护法运动结束的标志②。其实，这只是孙中山在护法运动中暂时遭到的挫折，他没有因此而气馁，而是在酝酿和筹划新的斗争。他说："此次辞职，不过在粤计画中挫，此后救国宗旨，决无变更。"③"返沪以来，力谋挽护。"④ 他在上海的一大段时间里，一方面发愤著书，

---

① 关于护法运动下限，时人李剑农认为是1920—1921年，见李剑农：《戊戌以后三十年中国政治史》北京：中华书局，1965年，第307页。国民党元老邵元冲认为1923年10月曹锟贿选为护法运动失败标志，见邵元冲：《总理护法实录》引言，罗加伦：《革命文献》第七辑，台北："中央"文物供应社，第857页。一般研究者认为，1918年5月军政府改组、孙中山离职为护法运动失败的标志，见李新等主编：《中国新民主主义革命通史》第1卷，上海：上海人民出版社，2001年，第21页。

② 来新夏：《北洋军阀史稿》，武汉：湖北人民出版社，1983年，第222页。

③ 中国社会科学院近代史研究所中华民国史研究室等编：《孙中山全集》第4卷，北京：中华书局，1985年，第451页。

④ 中国社会科学院近代史研究所中华民国史研究室等编：《孙中山全集》第4卷，北京：中华书局，1985年，第498页。

总结革命经验，以完善自己的革命学说；另一方面整理党务，发展党的力量，培养骨干，以领导革命。与此同时，他密切注意时局的发展变化，准备驱逐桂系，在广州重建护法根据地，"当今急务，在于先灭桂贼，以统一南方，然后乃能出师北上，力争中原耳"①。孙中山把"灭桂贼"统一南方的希望寄托在自己一手培育出来的以陈炯明为总司令的援闽粤军身上，"援闽粤军，关系于本党之前途者甚巨"②。1919年南北停战议和时，粤军占据闽西闽南十几个县，由原来的20营扩编为两个军，两万余人。孙中山对这支部队至为关怀，颇费苦心。由于广东军政府被桂系把持，军费无着，筹饷困难，孙中山想方设法对其进行接济，"在沪迭向华侨募款"③，派廖仲恺、朱执信赴漳州慰劳。在最困难的时候，孙中山还曾两次把自己在上海的房子作抵押，得款以济粤军④。孙中山还极力想把粤军建设为一支现代化的军队，为粤军物色飞行人才、购置无线电机等。至于枪炮子弹，不可胜计。在思想上，孙中山一再告诫粤军将领，护法的目的尚未达到，勉励他们加紧训练部队，"时时为可以作战之准备，俾日后方略一定，即可努力前驱。"⑤后来，孙中山靠这支部队，发起了粤桂战争、讨桂战争，彻底消灭了桂系军阀，清除了护法运动内部最大的敌人。桂系军阀覆灭，广西平定，两广统一，孙中山异常兴奋，即刻决定出师北伐，以完成护法意愿。

1922年元旦，孙中山在桂林设立北伐大本营。但是，自粤军回粤胜利后，集陆军部长、内务部长、粤军总司令、广东省长四职于一身的陈炯明势力坐大，自成粤系，演变为封建军阀，事事与孙中山的意见相抵触。尽管孙中山作出极大努力，劝说陈炯明参加北伐，但他终不为所动。孙中山命他为北伐军提供粮饷，自己统军出发。陈炯明表示不干涉孙中山北伐，暗地却勾结直系军阀吴佩孚，准备南北夹击北伐军，与湖南军阀赵恒惕相通，阻止北伐军入湘，对北伐

---

① 中国社会科学院近代史研究所中华民国史研究室等编：《孙中山全集》第5卷，北京：中华书局，1985年，第163页。
② 中国社会科学院近代史研究所中华民国史研究室等编：《孙中山全集》第5卷，北京：中华书局，1985年，第46页。
③ 中国人民政治协商会议广东省广州市委员会文史资料研究委员会编：《广东文史资料》第二十五辑，广州：广东人民出版社，1979年，第121页。
④ 何香凝：《我的回忆》，中国人民政治协商会议全国委员会文史资料研究委员会编：《辛亥革命回忆录》第1集，北京：文史资料出版社，1981年，第28页。
⑤ 中国社会科学院近代史研究所中华民国史研究室等编：《孙中山全集》第5卷，北京：中华书局，1985年，第160页。

护法运动下限与孙中山晚年思想的变化

军的粮饷,不惟断绝接济,且从而阻挠。孙中山的北伐计划由于陈炯明的破坏而无法实现。但孙中山对北伐的决心坚定不移,乃变更计划,出师江西。为消除北伐阻力,免去陈炯明粤军司令、广东省长、内务部长职,保留陆军部长一职以期悔悟。正当北伐军取得节节胜利之时,陈炯明凶相毕露,于6月16日凌晨2时悍然叛变,围攻总统府,炮轰孙中山在观音山的住所粤秀楼。孙中山间道出走,避登宝壁舰,不久移驻永丰舰(后改为中山舰)率海军讨伐叛逆,同时电令北伐军回师平叛。孙中山孤舰与叛军相斗50余日,后得知北伐军为陈炯明部所阻失利,待援无望,再次离粤赴沪,护法运动以失败而告终。陈炯明的叛变,给孙中山以莫大的打击,他痛心地说:"文率同志为民国而奋斗垂三十年,中间出死入生,失败之数不可缕指,顾失败之残酷,未有甚于此役者。"①

与陈炯明叛变的同时,北方直系军阀曹锟、吴佩孚导演了一出恢复法统的骗局。1922年4月第一次直奉战争,直胜奉败,奉军退回关内,直系独自掌握了北京政权。吴佩孚是北京政权的核心人物,他步袁世凯、段祺瑞的后尘,一心要实现武力统一全国的梦想。但鉴于民国以来的《中华民国临时约法》和国会毕竟还是共和的象征,孙中山据此在南方护法,是直系军阀独裁专制的一大障碍。吴佩孚施展其反革命的伎俩,阴谋利用孙中山的护法旗号打倒孙中山。所以直奉战争一结束,恢复法统的骗局就开了场。5月14日,曹锟、吴佩孚电各省征求恢复国会意见。次日,直系将领、长江上游总司令孙传芳率部下通电响应,"南北统一之破坏既以法律为后阶,统一之结束即当以恢复纯为捷径,请黎黄陂复位,召集六年旧国会……非常政府原由护法而兴,法统既复,异帜可销"②。直系军阀恢复法统的目的昭然若揭。吴佩孚对他的恢复法统更有详细的论述。他说:"目前解决时局办法,可分为两大纲,一常法、二变法。常法即恢复第一届国会,变法即召集国是会议。常法有三利:(1)法律有根据。(2)手续便利,不致多费时日。(3)易于护法各省融合,可为促成统一之捷径。变法有三不利:(1)法律无依据。(2)手续纷繁,徒费时日。(3)西南表示反对,去统一之时愈远。故于二者之中,决定取常法而不取变法。"③ 6月1日,在吴佩

---

① 中国社会科学院近代史研究所中华民国史研究室等编:《孙中山全集》第6卷,北京:中华书局,1985年,第655页。
② 李剑农:《戊戌以后三十年中国政治史》,北京:中华书局,1965年,第336页。
③ 赵恒惕等编:《吴佩孚先生集》,台北:文海出版社,1970年影印,第421页。

孚的授意下，旧国会议员王家襄、吴景濂等150多人在天津开会，宣布即日起行使职权。6月2日，非法总统徐世昌辞职。11日，黎元洪再次就总统位。从表面看来，当时的政局已恢复到护法运动前的原状，这就使护法运动失去了目标。孙中山领导的护法运动，其目标就是维护《中华民国临时约法》的法律效力和按照《中华民国临时约法》的法律程序而召开的第一届国会（时称旧国会）。现在旧国会复会，护法的旗帜应该收起来了。吴佩孚的这一手段，赢得了社会舆论的赞同。许多高级知识分子和知名人士认为，"乃者北京非法总统业已退职，前此下令解散国会之总统，已预备取消六年间不法命令，而恢复国会，护法之目的，可谓完全达到"①。他们纷纷劝说孙中山停止北伐，与非法总统徐世昌同时下野，以实现南北统一，吴佩孚达到了其预期目的。

陈炯明在南方叛变，也与吴佩孚的政治阴谋相呼应。他说："国会恢复，伪府取消，护法目的已达。黄陂复职、法律之争应候法律解决。"② 6月16日，由叛将叶举联同各将领以"国会恢复，护法告终"为词，发出请孙中山下野的通电。是日，叛军在广州市区张贴粤军总指挥叶举署名的四言布告也有同样的内容，"国会恢复，护法告终，我军将士，一致赞同，促孙下野，以示大公。商民人等，幸勿惊恐"③。护法的旗帜为军阀所利用，护法运动终被南北军阀所扼杀。所以我们说，吴佩孚的"恢复法统"和陈炯明的叛变，是护法运动结束的主要标志。

二、护法统一战线的全面崩溃

护法运动是孙中山发动和领导的。但护法运动之所以成为运动，它是由参加护法的各方共同活动的结果。参加护法的各方大致可分为四大部分：（1）资产阶级的著名人物，真诚的民主共和派，如孙中山、伍廷芳、章太炎等。（2）一部分旧国会议员组成的非常国会，护法运动的最高权力机关和立法机构。（3）南下海军，护法运动的重要武装力量。（4）西南地方实力派。四者构成了

---

① 吴相湘：《孙逸仙先生传》下，台北：远东图书公司，1982年，第1 320页。
② 陶菊隐：《北洋军阀统治时期史话》第六册，北京：生活•读书•新知三联书店，1957年，第133页。
③ 中国人民政治协商会议广东省广州市委员会文史资料研究委员会编：《广东文史资料》第二十五辑，广州：广东人民出版社，1979年，第211页。

松散的护法统一战线。关于这个松散的统一战线，孙中山曾有过表述。他说："国会开非常会议，举余为大元帅，余乃以护法号令西南。西南将帅，虽有阴持两端不受约束者，然于护法之名义，则嵩崇不敢有异。故其时西南与北方战，纯然护法与非法战也。"①虽然参加护法的各方目的不同，内部充满着矛盾和斗争，特别是滇桂军阀，他们与孙中山的护法是同床异梦，陆荣廷欲割据两广，进一步插足湖南，行使其大广西主义。唐继尧势力滇黔，向四川发展，欲做大云南王。但在护法运动的前期，在共同反对段祺瑞方面则是相同的。滇桂军阀固然没有参加孙中山的护法军政府，但陆荣廷出兵援湘，在梧州召开军事会议，特邀大元帅代表胡汉民、军政府代表外交次长王正廷参加。梧州会议在改换粤督、省长亲军20营移交军政府、军政府征闽开辟护法战争的东线战场等几个问题上达成协议。滇督唐继尧虽未宣布就元帅职，但接受了元帅印绶，他说"战功未若，不欲遽开帅府，受印已足"②。还派代表常驻广州，与军政府保持着若即若离的关系。后来军政府改组，陆荣廷、唐继尧加入，孙中山虽离粤赴沪，但不久接受了总裁当选证书，还派许谦为代表常驻广州，许谦还被任命为军政府的司法部长。直到直皖战争后，皖系势衰，直系掌握了北京政权，桂系投降直系，这个统一战线一度破裂。但不久孙中山消灭了桂系，又结成了反直统一战线，出师北伐以统一全国。1922年6月以后，这个统一战线完全崩溃。

从海军一方来说，海军为响应护法南下，深为孙中山所倚重，但由于军政府无财源供给海军经费，加之军政府无多大发展，从而引起海军的不满和波动。桂系军阀乘机离间，为海军提供饷项，这就使海军逐渐倾向桂系。桂系败亡，海军归属孙中山的护法政府。陈炯明叛乱后，海军依附陈炯明，与"陈炯明达成协议，饷项由其担负。换言之，就是变相的投降"③。海军作为护法力量来说，不复存在。非常国会一方。自曹锟、吴佩孚"法统恢复"后，议员纷纷北上，民八议员与民六议员大争正统，乞食于北洋政府，非常国会不复存在。西南实力派，滇省唐继尧、黔省卢涛、湘省赵恒惕、川省刘湘等都正热衷于联省自治，

---

① 孙中山：《中国革命史》，中国社会科学院近代史所中华民国史研究室等编：《孙中山全集》第7卷，北京：中华书局，1985年，第70页。
② 吴相湘：《孙逸仙先生传》下，台北：远东图书公司，1982年，第1 298页。
③ 中国人民政治协商会议全国委员会文史资料研究委员会编：《文史资料选辑》第24辑，北京：中华书局，1962年，第9页。

高喊"惟实行联省自治,为救国不二法门"①。他们都不否认曹吴的恢复法统,护法的口号失去了利用的价值。

在资产阶级民主共和派方面,孙中山讨伐叛军失败后回沪,伍廷芳忧愤死于陈炯明叛军之中,章太炎正在鼓吹联省自治,声言结束护法。6月28日,章太炎在上海《申报》上发表政见,"然护法之业,于此告终,时局之难,较前无减。……以要言之,结束护法,属于现在,策进联省,属于将来"②。孙中山自己也曾多次表示,护法运动至此结束。1923年1月,他在《中国革命史》一文中说:"故余于护法事业将告结束之际,发起化兵为工之主张以补救之。"③ 化兵为工的主张,即1922年6月6日孙中山发布的《工兵计划宣言》。宣言中说:"顷闻徐世昌业已潜逃,直军将领,亦有表示服从国会之事,此诚所谓无悖于护法戡乱之主张,可为嘉慰者也。六年以来,战事延长,是非莫定,直至今日,法之不可毁,始大白于天下,用兵数载,得此效果,国内问题,似可和平解决。"④ 后来,孙中山在《中国国民党宣言的旨趣》一文中也说,"护法之役,也没把革命旗帜竖起,傲起了五、六年的护法功夫,最后曹锟、吴佩孚也赞成护法,弄得护法的问题,又归调和妥协,……所以终归失败。"⑤

以上各种情况表明,参加护法的各方都放弃了护法,护法统一战线无形解散,不复存在,护法运动当然应于此时结束。

三、孙中山思想发生根本变化,中国民主革命呈现出新的生机

孙中山护法期间,国际国内发生了一系列重大事件,这些事件,给孙中山以极大的震动和鼓舞,使其思想上发生了根本性的变化。他高度赞扬五四以来的新文化运动,"社会遂蒙绝大之影响","实为最有价值之事"⑥。他对苏俄十月革命充满了向往之情,在回复苏俄外交人民委员齐契林的信中诚恳地表示:"我

---

① 李剑农:《戊戌以后三十年中国政治史》,北京:中华书局,1965年,第341页。
② 《申报》1922年6月28日。
③ 孙中山:《中国革命史》,中国社会科学院近代史所中华民国史研究室等编:《孙中山全集》第7卷,北京:中华书局,1985年,第70页。
④ 中国社会科学院近代史所中华民国史研究室等编:《孙中山全集》第6卷,北京:中华书局,1985年,第145页。
⑤ 胡汉民:《总理全集》第二集,上海:民智书局,1930年,第395页。
⑥ 中国社会科学院近代史研究所中华民国史研究室编:《孙中山全集》第5卷,北京:中华书局,1985年,第210页。

护法运动下限与孙中山晚年思想的变化

希望与您及莫斯科的其他友人获得私人的接触,我非常注意你们的事业,特别是你们苏维埃的组织,你们军队和教育的组织。"① 他决心以俄国为榜样,建立新式共和国,"法、美共和国皆旧式的,今日惟俄国为新式的。吾人今日当造成一最新式的共和国"②。这里,孙中山虽然不知道苏俄是什么性质的共和国,但对在中国建立西方形式的共和国的观念开始动摇,更对自己正在进行的护法救国的方式产生了疑问。1919 年 5 月,他在《护法宣言》中还坚持,"惟有恢复国会完全自由行使职权一途"才可以救国。③ 随其思想的变化,救国方式由一途扩大为两途,"一为护法,一为革命",而"现护法一途,已有步步荆棘之象"④,今后"惟有进而为革命耳"⑤。孙中山已经不满足于徒具虚表的共和形式了。他说:"盖护法不过矫正北政府之非法行为,即达目的,于中华民国亦无若何裨益。"⑥ 不过孙中山虽有此认识,但还在继续护法,由于中国社会的复杂性,思想上发生彻底的变化还需要一些时间,还要经受更大的波折。

陈炯明的叛变使孙中山的护法事业毁于一旦,这是孙中山一生遭受的最惨重的打击。正在他处于极端困难之时,他得到了中国共产党的热情帮助。中国共产党在当时虽然还是一个年轻的小党,但他以崭新的面貌登上中国政治舞台。1922 年 7 月,正当孙中山在广州孤舰与陈炯明叛军相持之时,中国共产党第二次代表大会在上海召开。中国共产党客观地分析了当时的国际国内形势,发表了大会宣言,不仅提出了"打倒军阀、打倒国际帝国主义"的最彻底的民主革命的纲领,同时对孙中山的功绩也给予正确的评价,向孙中山伸出了友谊之手,"中国幼稚的资产阶级已能结合全国的力量,反对外国帝国主义和北京卖国政府,……国民党所组织的广东政府,更是中国开明资产阶级民主主义的运动。

---

① 中国社会科学院近代史研究所中华民国史研究室编:《孙中山全集》第 5 卷,北京:中华书局,1985 年,第 693 页。

② 中国社会科学院近代史研究所中华民国史研究室编:《孙中山全集》第 6 卷,北京:中华书局,1985 年,第 55 页。

③ 中国社会科学院近代史研究所中华民国史研究室编:《孙中山全集》第 5 卷,北京:中华书局,1985 年,第 61 页。

④ 中国社会科学院近代史研究所中华民国史研究室编:《孙中山全集》第 5 卷,北京:中华书局,1985 年,第 321 页。

⑤ 中国社会科学院近代史研究所中华民国史研究室编:《孙中山全集》第 5 卷,北京:中华书局,1985 年,第 397 页。

⑥ 中国社会科学院近代史研究所中华民国史研究室编:《孙中山全集》第 5 卷,北京:中华书局,1985 年,第 450 页。

广东政府现在虽然倒了。但是，小资产阶级民主主义运动在中国是不会消灭的"。宣言还指出，"只有无产阶级的革命势力和民主主义的革命势力合同动作，才能使真正民主主义格外迅速成功"①。中国共产党的这些精辟见解，无疑给孙中山以极大的鼓舞。8月，中共中央又决定，在保持中国共产党独立自主原则下，共产党员以个人身份参加国民党，帮助孙中山领导民主革命。孙中山这个真正的民主主义者，适应了中国民主革命的新形势，"适乎世界之潮流，合乎人群之需要"，接受了共产党提出的国共合作改组国民党的建议。所以孙中山8月到上海，9月就召开了研究改组国民党计划的会议。中国民主革命的新起点、新生机就在这时开始了。从此，孙中山领导的民主主义革命事业就和中国共产党领导的新民主主义革命紧紧结合在一起了。所以我们说，孙中山思想发生了根本变化，中国民主革命呈现出新的生机，也标志着护法运动的结束。

有人认为，1923年10月国会议员贿选曹锟为总统，"护法之役在名义上与实质上均告中止"，把护法运动的下限定于1923年10月②。这种观点值得商榷。1922年6月到1923年1月，是孙中山新三民主义的萌发时期，是孙中山联俄、联共、扶助农工的三大政策初步确立时期，是国民革命的准备阶段，已不属于护法运动的范畴。

在这一时期，孙中山进行的重大军事活动，一是驱逐叛军陈炯明出广州，二是粉碎桂军沈鸿英的叛乱，初步巩固了广州民主革命根据地。在国事上，1922年8月17日孙中山发表《对外宣言》，指出"今国会恢复，政治上可谓统一矣"③，主张实施其工兵计划。次年1月26日，又发表《和平统一宣言》，为实现和平统一，他"期以四派（直、奉、皖、西南实力派——引者注）相周旋，以调节其利害"，建议"在统一未成以前，四派暂时划疆自守，各不侵犯"④。显然，孙中山在名义上放弃了护法。

这一时期，孙中山在中国共产党的帮助下，大量做的是党务工作。1922年

---

① 孙中山：《中国共产党第二次全国大会宣言》，中国档案馆编：《中共中央文件选集》第1册，北京："中共"中央党校出版社，1989年，第15页。

② 邵元冲：《总理护法实录》引言，罗加伦编：《革命文献》第七辑，台北："中央"文物供应社，1968年，第857页。

③ 中国社会科学院近代史研究所中华民国史研究室等编：《孙中山全集》第6卷，北京：中华书局，1985年，第526页。

④ 邵元冲：《总理护法实录》引言，罗加伦编：《革命文献》第七辑，台北："中央"文物供应社，1968年，第960页。

护法运动下限与孙中山晚年思想的变化

8月23日,中国共产党派其代表李大钊由北京南下上海,同孙中山反复讨论了"振兴国民党以振兴中国之问题"。① 9月4日,孙中山召集由中国共产党人参加的研究国民党改组计划,成立了起草宣言、党章和总纲的机构。这个时期,孙中山由对苏俄的向往转为联俄的实际。1923年1月26日,《孙文越飞宣言》发表,"中国当得俄国国民最挚热之同情,且可以俄国为依赖也"②,初步奠定了联俄政策的基础。在此之前,1923年元旦,孙中山发表《中国国民党宣言》,指出"今日革命,则立于民众之地位,而为之向导",更有革命事业"由民众发之亦有民众成之"的认识,明确产生了依靠群众的思想。孙中山对三民主义的表述,宣言中也大大前进了一步。民族主义方面,"内要促进全国民族之进化,外以谋世界民族之平等","力图改正条约,恢复我国国际上平等地位"。民权主义方面,认为西方资产阶级共和国的模式,"现代代议制度,已成民主主义之弩末,阶级选举,易为少数人操纵",因此,应当"实行普选制度"。民生主义方面,主张铁路、矿山、水利及其他大规模工商业,应为全民所有并由国家经营管理,"并得由工人参与一部分之管理权"。此外,还要"制定工人保护法","改良农村组织,增进农人生活"③ 等。不难看出,孙中山的新三民主义思想,已经在宣言中萌发了,在一年后的中国国民党第一次全国代表大会宣言中明确完整地表述了出来。所以我们说:1922年6月以后至1923年10月,孙中山在实质上放弃了护法,他的一系列政治活动和思想,已超出了护法运动的范畴,而在为国民革命作思想上组织上的准备。在此时期,他虽然说了一些护法的话,但与这一时期的主题没有什么影响。

原载(《史学月刊》1987年第4期)

---

① 李大钊:《李大钊文集》,北京:人民出版社,1984年,第890页。
② 《民国日报》1923年1月28日。
③ 《民国日报》1923年1月1日增刊。

代议制在中国的厄运

盛行于西方国家的代议制政体,是资产阶级革命的重要成果,也是资产阶级民主的最主要内容和主要表现形式。它的指导思想和理论原则是三权分立,组织形式是设立国会,其职能由宪法作保证。根据这种制度,在国民普遍选举的基础上产生代表民意的代议士(议员),组成拥有国家最高权力的代议机关——国会。国会具有立法和组织内阁监督政府的职能,为国家政治活动的中心,政府则对国会负责。代议制在限制行政机关权力过分庞大、防止野心家专制独裁、调节资产阶级各派系之间的关系、维护资产阶级的根本利益、保证国家政治生活的正常运转、促进资本主义的发展方面,起了巨大的作用。诚如列宁所说:"资产阶级的共和制、议会制和普选制,所有这一切,从全世界社会发展来看,是一种巨大的进步。"①

近代以来,先进的中国人为拯救祖国、促进社会进步,历尽千辛万苦,向西方国家寻找真理。经过几代人的努力,终于找到了代议制这种崭新的政治体制,并在20世纪初把它移植到中国。然而,代议制在中国的施行犹如昙花一现,终遭厄运。本文试图对这一现象进行解读,以求教于方家。

一、代议制在中国运行的概况

代议制在中国施行,是在中华民国成立之后,② 经过临时参议院和第一届国

---

① 列宁:《论国家》,《列宁全集》第29卷,北京:人民出版社,1956年,第442页。
② 清末新政期间各省设立咨议局、中央设立资政院,实际为代议制的初步尝试或萌芽阶段。

会两个阶段。1912年元月28日，中华民国的临时代议机关——临时参议院成立。不久，临时参议院制定了《中华民国临时约法》。约法对参议院的职权作了明确的规定。首先，参议院为最高立法机关，"中华民国之立法权，以参议院行之"。参议院议决一切法律案，议决预算、决算、税法、币制及度量衡准则等。其次，参议院还有选举权（选举临时大总统和副总统）、同意权（承诺大总统提出的条件，如任命国务员、外交大使、宣战媾和、缔结条约等）、弹劾权（弹劾大总统和国务员）等。《中华民国临时约法》还确立了内阁制度，"国务总理及各部总长，均称国务员"，"国务员辅佐临时大总统负其责任"，"国务员与临时大总统提出法律案、公布法律及发布命令时，须副署之"①。《中华民国临时约法》的效力与宪法等，实际就是临时宪法。它赋予议院广泛的权力，确立了责任内阁制，这就是近代欧美代议制的基本内容。

临时参议院又分两个时期，从1912年元月28日参议院成立到4月8日休会，为南京临时参议院时期，从4月8日议决北京开会到次年4月8日国会成立，为北京临时参议院时期。总计临时参议院从民国元年元月28日成立到民国二年4月8日解散，共历一年零两个多月。尽管南北临时参议院差别很大，北京参议院多受武力干涉，但临时参议院基本行使了职权，起了代议机关的作用，"先后开会综总220次，经议决者230案，立国纲要，未始不于此稍植基础也"②。

依据《中华民国临时约法》和临时参议院制定的《国会组织法》《议员选举法》，1913年4月8日，中华民国正式代议机关——第一届国会宣告成立。是日，在北京象坊桥众议院会场，举行了第一届国会开会典礼。议院门前，悬额结彩，大书"铸造民国"，议场正面，国旗交叉，议员齐集，鸣炮108响，欢呼国会成立。肩负全国4亿人民重托的800余名代议士，从此开始行使职权，经过2000多年封建统治的古老中国一跃而为世界先进的民主国，全国人民无不欢欣鼓舞，额手相庆，"中国之有国会，自今日始也"，"故此今日之后数日，正民国新机勃兴之日也"③。

---

① 中国第二历史档案馆编：《中华民国史档案资料汇编》第二辑，南京：江苏古籍出版社，1991年，第107—110页。
② 杨幼炯：《中国近代立法史》，上海：商务印书馆，1936年，第117页。
③ 《申报》1913年4月8日。

然而，代议制在中国的行使竟是一场厄运，国会并没有第一届、第二届、第三届……接连召开下去，连第一届国会也多灾多难。第一届国会召开前夕，袁世凯派人暗杀了在中国推行代议制最有力的国民党的领袖宋教仁。国会召开后，袁世凯不经国会同意擅自签订了《善后大借款合同》。国会成立后仅仅7个月，袁世凯以国民党议员与李烈钧有联系为借口，下令解散国民党，收缴国民党议员的徽章证书，撤销国民党议员的资格，使国会不足法定人数而休会。翌年1月，更以明令取消国会。5月，又废除《中华民国临时约法》。这是国会的第一次灾难。袁世凯死后，黎元洪继任总统，国会于1916年8月1日复会。不久，因参战案发，督军团胁迫国会，黎、段府院争斗，张勋乘机以调解为名进京，迫令黎元洪解散国会，国会二次遭难。随后孙中山南下护法，以开国会相号召，但一直没能凑够法定人数，只好开非常国会。北方段系军阀毁法、造法，召集安福国会。从此，南北纷争达6年之久。直到1922年第二次直奉大战，直系军阀战胜奉系军阀，以恢复法统召开第一届国会相标榜，这年8月1日，才凑足法定人数，国会得以二次复会。

国会二次复会后，全在直系军阀掌握中，议员投靠军阀，军阀收买议员，国会实际成为军阀的附庸。1923年10月，直系首领曹锟竟以5000元的支票相诱，贿赂议员选举他为大总统。议员为掩盖其贿选之丑行，将多年未制成的宪法草案匆匆通过，成为中国宪法史上的一大丑闻。国会议员由于贿选而声名狼藉，遭人痛骂，国会因此被唾弃。1924年冯玉祥发动兵变，囚曹锟断法统，国会最终灭绝。虽然一小部分没有参加贿选的议员仍以护法相号召，但国内各阶级、各阶层、各种政治势力无一响应。正如时人所说，"这种千夫所指的旧国会，……即令除去贿选分子，也不能得国民之信任了"[①]。"世界大多数国家所采之代议制在中国已告失败"[②]。

总计，第一届国会从1913年4月开会到1923年10月曹锟贿选被国人唾弃，名义上保存11年，而中经两次解散，两次中断，两次恢复，最后自绝于国人，统一国会实际仅存在两年半（即1913年4月至1913年11月的7个月，1916年8月至1917年6月的10个月，1922年8月至1923年10月的14个月。广州非常国会另论）。如果加上临时参议院时期的一年零两个月，那么，代议制在中国

---

① 陈独秀：《陈独秀文章选编》下，北京：生活・读书・新知三联书店，1984年，第113页。
② 谢振民：《中华民国立法史》，重庆：正中书局，1948年，第201页。

总共实行了 3 年多的时间。（国会会期，每年 4 个月，实际一直延长，直到被解散。）

至于 1948 年国民党反动派在南京召开的"行宪国大"，虽以"还政于民"、实行"民主宪政"相标榜，但只不过是面对人民解放战争的高潮，为了掩盖其内战独裁的真面目，欺骗人民，妄图孤立共产党和其他民主力量所玩弄的政治手段而已，跟体现资产阶级民主主义精神的代议制毫无干系。

代议制在中国施行的结果，并没有如人们所期望的那样。中国既没有富，也没有强，贫穷、落后任人欺凌宰割的状况如旧，半殖民地半封建的社会性质没有任何改变。中国社会南北分裂，军阀混战，政局动荡，人民流离失所。

二、代议制惨遭厄运的原因

代议制在中国厄运的原因何在？西方资本主义的民主制度为什么不能扎根中土？几代先进中国人努力寻找到的救国真理为何如此无效？笔者认为原因如下。

第一，代议制是西方资产阶级彻底战胜封建势力之后采取的管理国家的一种政治制度，是资产阶级专政的形式，资产阶级完全掌握了国家的命运。中国行使代议制的大前提与西方不同。中国资本主义在 19 世纪末 20 世纪初虽然有了一定程度的发展，但在整个国民经济中的比重仍然很小，民族资产阶级的力量相对薄弱，且天生的软弱性、妥协性表现突出。辛亥革命实际上是一次反清的民族革命，革命推翻了清王朝，建立了中华民国，满洲贵族在革命中受到冲击，但整个汉族地主阶级的统治丝毫未受到影响。相反，由于"民族革命"的完成，汉族地主阶级的势力却得到强化，成为资产阶级最主要的敌人。对此，资产阶级并无清醒的认识，反而天真地认为："武装革命时期已过，当注全力以争国会与宪法，即为巩固共和实现民治之正规。"[1] 孙中山更认为，推翻满清，建立了民国，"民族民权两主义俱达到"[2]，今后，资产阶级当致力民生主义。于是，资产阶级"尽让政权于袁氏"[3]。在封建势力异常强大，资产阶级不掌握国家机器

---

[1] 《胡汉民自传》，罗家伦编：《革命文献》第三辑，台北："中央"文物供应社，1968 年。
[2] 《孙中山选集》，北京：人民出版社，1981 年，第 93 页。
[3] 《陈其美致黄兴书》，李剑农编：《戊戌以后三十年中国政治史》，北京：中华书局，1965 年，第 167 页。

的情况下，企图凭借《中华民国临时约法》的法律条文来保障代议制的行使，这真是一个天真的幻想。实践证明，"如果没有政权，无论什么法律，无论什么选出的机关都等于零"①。

第二，代议制的行使有一定的思想基础。在西方，从文艺复兴时代就开始了对封建专制主义的批判，经过17、18世纪启蒙思想家的启迪，民主思想已深入人们的观念之中。中国则不然，中国是一个2000余年封建专制统治的国家，封建专制制度非常完备，专制主义的思想根深蒂固。虽然在明末清初的思想界闪烁了一些民主思想的火花，但始终没有蔓延开来。进入近代以来，由于时时遭受外国的侵略，挽救民族危机是时代的第一课题，而对专制主义的批判十分不力，以至于专制制度被推翻，代议制在中国行使之时，专制主义的思想并没有败下阵来，"皇帝虽然退位，而人人脑中皇帝尚未退位"②。专制主义思想是代议制民主主义思想的大敌，不彻底批判批倒专制主义思想，代议制就无其容身之地。新文化运动的志士们意识到了这一点，掀起了彻底的不妥协的反对封建专制主义的思想革命。这场革命的影响是巨大的，是中国思想界所从来没有的。但它局限于少数知识分子之中，没有也不可能达到推翻封建专制主义思想统治的任务。

第三，内阁和议会，是代议制的两大外在表现形式。内阁由议会产生，对议会负责，议会对内阁有极大的制约作用。中国的资产阶级仅仅据有议会的席位，而从来没有控制过内阁，③内阁总理的任命、阁员的选任，都唯封建军阀是从，即便有时资产阶级的个别人物也会入阁，不过都是点缀品而已。所谓议会的同意权，不过走走过场而已。议会有时也曾发挥作用，对封建军阀有所限制和抵触，但不起根本作用。从中华民国的第一届内阁唐绍仪内阁，到贿选曹锟前的张绍曾内阁，除唐绍仪内阁有所区别外，届届如是。这样的内阁，只能是封建军阀手中的工具，与代议制议会对内阁有制约作用的本义是不相符的。

第四，代议制又是和资产阶级政党制紧密相连的。一般说来，在资本主义发展充分的国家，其资产阶级的政党制度也完备，政党也稳固。政党是资产阶

---

① 列宁：《杜马的解散和无产阶级的任务》，《列宁全集》第11卷，北京：人民出版社，1963年，第98页。

② 高一涵：《非君师主义》，《新青年》1918年第六号。

③ 最初议会对内阁的控制还是很有效的，如民国元年的内阁危机。

代议制在中国的厄运

级的工具,他们之间没有根本利益的冲突,所不同的是统治手法,政策策略的缓进和激进而已。各个政党都企图控制议会,议会中的多数党出组内阁,少数党利用议会对政府进行监督,一旦执政党失策或违背了资产阶级的利益,执政党下野,议会中的党派分化组合,由少数变为多数或少数联合为多数,出组新政府。所以,资产阶级利用议会,调节各政党各派系之间的关系和利益,从而使资产阶级的统治得以长治久安。

在近代中国,资本主义的发展既不充分也不平衡,资产阶级在发展过程中不仅形成了上层和中下层两个政治派别,而且还形成了许多区域性的派别。同时,又由于几个帝国主义侵略中国,在华划分势力范围,造成了民国以来的军阀割据,还形成了依附不同军阀的资产阶级派别。特别是中国半殖民地半封建的经济,形成了众多的小资产阶级派别。这些名目繁多的资产阶级、小资产阶级派别各自代表了不同集团的利益,所形成的政党派别纷杂,极不稳固,他们的利益也很难趋向一致。这种情况反映到国会中也如是。临时参议院时代,主要政党有同盟会、共和党和统一共和党等。国会选举时有国民党、共和党、民主党和统一党四党竞选。此后不久曾一度形成了国民党、进步党的两党对峙,但顷刻消失。国民党分裂为癸丑同志会、政友会、相友会、超然社、集益社、潜社、国民党等七个团体,进步党内共和党分离独立。民国五年(1916)国会恢复后,这些派别曾一度复合为研究系和商榷系,旋又分离。民国十一年(1922)国会二次复会时,五光十色的派别则更多,不可胜计,令人目眩,"今日国会中以广义言之,则有拥黎(元洪)派、拥孙(中山)派、拥曹(锟)派、祖奉(张作霖)派、祖段(祺瑞)派。以狭义言之,则有益友、政学、研究、壬戌、适庐、乐园……宪友、西北后桑公园、化石桥五十六号各议员俱乐部之别"①。国会中各派别间的争斗,尤为剧烈,以致多次闹成武剧,议场直接成为肉搏疆场。正如时人所说:"近数载来,无论在南在北,国会已非复政治势力之中心,而内部之党争,则愈演愈烈,往往朝为友党,夕成仇敌,且必不知计划久远,置其一党基础于国民之上,而依附军阀,资为猎取一部分政权之口,逢迎以邀宠,挑拨以居奇,甲军阀与乙军阀间之嫌隙于以发生,复从而煽动之,终至酿成肉搏疆场之惨剧。"② 国会中没有一个政党、派别能够左右国会局势,

---

① 《大公报》,1922年11月19日。
② 《论议员自行延长任期之违法》,《广州民国日报》论说,1923年9月19日。

以至于从国会成立到国会被抛弃,宪法无出,议案了了。中国如是,举凡资本主义经济不发达的国家采用代议制者也莫不如是。这些国家的政局经常动荡,政治生活极不正常。①

第五,第一届国会选举与资产阶级相脱离,国会和资产阶级之间没有必然的联系。作为资产阶级的国会,当选的800余名国会议员中,资产阶级本身的议员为数极少,而原政府官吏和士绅出身的与封建经济、政治、文化密切联系的议员却数量很大,为数众多的知识分子多属小资产阶级知识分子,而称得上资产阶级代言人,即资产阶级知识分子的议员却很少。张亦工同志据《民国精华》第一辑所载455名议员的出身、经历、政治态度进行了排比分类,得出:资产阶级本身的议员——出身民族资本家的12人,仅占统计数的2.6%;原政府官吏出身的有86人,士绅65人,分别占统计数的18.9%和14.3%;小资产阶级知识分子出身的共157人,占统计数的30%以上。议员中不乏为在中国实行议会民主制而作不屈不挠斗争的勇士,但由于数量少,力量单薄,不能有效地控制国会。小资产阶级的知识分子在国会初期曾追随资产阶级政治活动家为在中国实行议会民主制而斗争,但由于斗争接连失败,而大多数议员没有固定的职业,以议员为职业,依靠政府发放的议员岁费为生,一旦政府停发岁费,生活无着,有些竟因此穷困潦倒。封建军阀利用议员的这种弱点,以金钱相诱进行收买。人民所信赖依托的民意代表,竟成为乞食的"猪仔"议员。议员被军阀收买,国会被军阀操纵,议会也就失去了本来职能,自然被国人所抛弃。②

第六,代议制在中国行使的过程中,世界局势发生了剧烈的变化,第一次世界大战爆发,苏俄十月社会主义革命胜利,极大地影响了中国政治形势的变化。世界大战暴露了资本主义贪婪的本质,暴露了民主制度掩盖下的资本主义各国的社会危机,世界资本主义经过二三百年的发展,度过了它的黄金时代,开始腐朽没落了。中国人民透过世界大战,对资本主义有了新的认识,对欧美资本主义国家的代议制开始产生了怀疑,"现行代议制度,已成民权之弩末"③。梁启超在1919年漫游欧洲时看到,"我们素来认为天经地义尽善尽美的代议政

---

① 成幸生:《三权分立和资产阶级政党制度评析》,《社会科学》1987年第2期,第6—8页。
② 张亦工:《第一届国会的建立及阶级结构》,《历史研究》1984年第6期,第111—127页。
③ 中国社会科学院近代史所中国民国史研究室等编:《孙中山全集》第7卷,北京:中华书局,1985年,第5页。

治,今日竟从墙角上筑筑摇动起来","那老英老美老德这些阔佬倌也一个个像我们一样叫起穷来","所以全社会人心都陷入怀疑、沉闷、畏惧之中,好像失去了罗针的海船,遇着风,遇着雾,不知前途怎生是好"①。

正当中国人民对代议制产生了怀疑,产生了新的认识而热情寻找新的出路时,苏俄十月革命的胜利和十月革命后出现的世界社会主义革命的高潮,极大地鼓舞了中国人民,给中国人民指出了奋斗的新方向,"十月革命帮助了全世界的也帮助了中国的先进分子,用无产阶级的宇宙观作为观察国家命运的工具,重新考虑了自己的问题。走俄国人的路——这就是结论"②。十月革命的影响,世界局势的变化,代议制在中国失败的实践,使先进中国人抛弃了向西方学习的迷梦,相信"中国将来只有实行社会主义才能兴盛起来"③的道理。一部分激进的民主主义者迅速接受了马克思主义,走上了只有社会主义才能救中国的道路。

原载(《史学月刊》1989年第1期)

---

① 李华兴:《梁启超选集》,上海:上海人民出版社,1984年,第723—733页。
② 《毛泽东选集》第四卷,北京:人民出版社,1991年,第1476页。
③ 李星华:《回忆我的父亲李大钊》,上海:上海文艺出版社,1981年,第132页。